SCHRIFTENREIHE ZUR BAYERISCHEN LANDESGESCHICHTE

Herausgegeben
von der Kommission für bayerische Landesgeschichte
bei der Bayerischen Akademie der Wissenschaften

BAND 90

D1668098

BAYERN NACH DER FRANZÖSISCHEN JULIREVOLUTION

UNRUHEN, OPPOSITION UND ANTIREVOLUTIONÄRE REGIERUNGSPOLITIK 1830-33

von

EVA ALEXANDRA MAYRING

C. H. BECK'SCHE VERLAGSBUCHHANDLUNG

MÜNCHEN 1990

ISBN 3 406 10491 6

Copyright 1990 by
Kommission für bayerische Landesgeschichte
bei der Bayerischen Akademie der Wissenschaften

Gesamtherstellung: HartDruck GmbH, D-8712 Volkach

Vorwort

Die vorliegende Arbeit wurde als Dissertation an der Ludwig-Maximilians-Universität München im Wintersemester 1986/1987 eingereicht und für die Drucklegung überarbeitet. Meinem Doktorvater Prof. Dr. Eberhard Weis möchte ich für seine stetige Gesprächsbereitschaft und vielen Anregungen herzlichst danken. Die Unterstützung und große Hilfsbereitschaft der Mitarbeiter und Angestellten des Hauptstaatsarchivs München, der Staatsarchive München, Neuburg a. d. Donau, Bamberg, Würzburg, Nürnberg und der Stadtarchive Augsburg, München und Nürnberg waren wichtige Hilfen bei den Quellenrecherchen. Für die freundliche Aufnahme in ihre Schriftenreihe danke ich der Kommission für Bayerische Landesgeschichte bei der Bayerischen Akademie der Wissenschaften.

Ich möchte die Arbeit meiner Mutter Elsbeth Mayring widmen.

London, Dezember 1989

Eva A. Mayring

INHALTSVERZEICHNIS

Abkürzungsverzeichnis

Abtlg.	Abteilung
ADB	Allgemeine Deutsche Biographie
Ämr	Ältere Magistratsregistratur
App.ger.	Appellationsgericht
Art.	Artikel
AZ	Allgemeine Zeitung
BAdW	Bayerische Akademie der Wissenschaften
Bat.	Bataillon
BayHStA	Bayerisches Hauptstaatsarchiv München
Bay.V.	Bayerisches Volksblatt
Bd.	Band
Bde.	Bände
Beil.	Beilage
Beil.bd.	Beilagenband
bes.	besonders
Bez.	Bezeichnung
BGB	Bürgerliches Gesetzbuch
d.	der, die, das
dass.	dasselbe
ders.	derselbe
DHI	Deutsches Historisches Institut
dies.	dieselbe
Diss.	Dissertation
Distr.pol.beh.	Distriktspolizeibehörde
Div.Kdo.	Divisionskommando
ebd.	ebenda
Entschl.	Entschließung
etc.	et cetera
f.	für
Fasz.	Faszikel
fl.	Gulden
Frhr.	Freiherr
GBF	Gesandtschaftsberichte aus München, französischer Gesandter
GBÖ	Gesandtschaftsberichte aus München, österreichischer Gesandter
GBP	Gesandtschaftsberichte aus München, preußischer Gesandter
Gend.Comp.Cdo.	Gendarmerie-Kompagnie-Kommando

Gend.Corps.Cdo.	Gendarmerie-Korps-Kommando
Gend.Stat.	Gendarmerie-Station
Gen.komm.	Generalkreiskommissär
Gen.leut.	Generalleutnant
GG	Geschichte und Gesellschaft
Hf.	Heft
Hft.	Hefte
Hg.	Herausgeber
Hg. (mit Ortsangabe)	Herrschaftsgericht
HR	Hauptregistratur
hrsg.	herausgegeben
HZ	Historische Zeitschrift
Intell.bl.	Intelligenzblatt
Isarkr.	Isarkreis
Jb.	Jahrbuch
Jbb.	Jahrbücher
Jg.	Jahrgang
KA	Kriegsarchiv (= Bayerisches Hauptstaatsarchiv München, Abteilung IV)
Kap.	Kapitel
KBL	Kommission für Bayerische Landesgeschichte
kgl.	königlich
kr.	Kreutzer
Lg.	Landgericht
LT	Landtag
LV Abg.	Landtagsabgeordnete
MA	Außenministerium
Mag.	Magistrat
MBM	Miscellanea Bavarica Monacensia (Dissertationen zur Bayerischen Landes- und Münchner Stadtgeschichte, Neue Schriftenreihe d. Stadtarchivs)
MF	Finanzministerium
Mfr.	Mittelfranken
Min.-Entschl.	Ministerialentschließung
MInn	Innenministerium
Ministerial.komm.	Ministerialkommission
MJ	Justizministerium
MK	Kriegsministerium
MPI	Max-Planck-Institut
ND	Neudruck
NDB	Neue Deutsche Biographie
NF	Neue Folge
Nr.	Nummer
Odkr.	Oberdonaukreis
Omkr.	Obermainkreis
o. O.	ohne Ortsangabe
pf.	Pfennig
Pol.-...	Polizei-...
Pol.dir.	Polizeidirektion

Pr. ALR	Preußisches Allgemeines Landrecht
Präs.Reg.	Präsidialregierung
Prot.	Protokoll
RA	Regierungsakten
red.	redigiert
Reg.	Regierung
Reg.beh.	Regierungsbehörde
Reg.bl.	Regierungsblatt
Reg.Präs.	Regierungspräsident
Reg.rat	Regierungsrat
Rep.	Repertorium
Rezatkr.	Rezatkreis
Rheinkr.	Rheinkreis
S.	Seite
s.	siehe
s. a.	siehe auch
StAB	Staatsarchiv Bamberg
Stadtger.	Stadtgericht
Stadtkomm.	Stadtkommissariat
StAM	Staatsarchiv München
StAN	Staatsarchiv Nürnberg
StAND	Staatsarchiv Neuburg
StAW	Staatsarchiv Würzburg
StGB	Strafgesetzbuch
T.	Teil
Tit.	Titel
u.	und
Ufr.	Unterfranken
Umkr.	Untermainkreis
v.	von
VO	Verordnung
. . .-vo.	. . .-verordnung
VSWG	Vierteljahresschrift für Sozial- und Wirtschaftsgeschichte
VU	Verfassungsurkunde
z. B.	zum Beispiel
ZBLG	Zeitschrift für Bayerische Landesgeschichte
ZfG	Zeitschrift für Geschichtswissenschaft
Ztschr.	Zeitschrift

Quellen- und Literaturverzeichnis

1. ARCHIVALISCHE QUELLEN

Bayerisches Hauptstaatsarchiv, München (BayHStA):
Bestand Innenministerium:
MInn 15391; 15413; 15504; 15885; 15888; 24185; 24186; 44216; 45176;
45200; 45378; 45380; 45381; 45395; 45513; 45514; 45515; 45518;
45519; 45520; 45521; 45522; 45524; 45525; 45526; 45582; 45584;
45585; 45587; 45596; 45597; 45598; 45718; 45832; 45836; 45995;
46019; 46020; 46030; 46066; 46128; 46424.
Bestand Außenministerium:
MA 1622; 1630; 1632; 1887; 1915.
Staatsrat:
Protokoll 107.
Bayerisches Hauptstaatsarchiv, München, Abteilung IV Kriegsarchiv (KA):
A IV 105; A IV 113; A IV 115; A IV 117; A IV 143; A XII 4 Fasz. 1;
E 83.
Staatsarchiv Bamberg:
Regierung von Oberfranken:
K 3, F I b, 2000 I.
Präsidial-Registratur (Präs.Reg.):
Präs.Reg. K 3, 858; K 3 859; K 3 860; K 3 862; K 3, 867 Bd. I; K 3,
925; K 3, 926; K 3, 931; K 3, 932; K 3, 933.
Bezirksamt Berneck K 7, 150.
Bezirksamt Ebermannstadt K 8, III, 14814; K 8, III, 17517.
Bezirksamt Forchheim K 9, II, 24.
Bezirksamt Stadtsteinach K 19, I, 112.
Bezirksamt Staffelstein K 20, I, 9.
Bezirksamt Teuschnitz K 21, XI, 1064.
Bezirksamt Wunsiedel K 22, XVIII, 1312.
Staatsarchiv Landshut:
Regierung von Niederbayern:
Rep. 164/13, Nr. 100.
Rep. 168/1, 653 Nr. 3415; 168/1, 654 Nr. 3417; 168/1, Fasz. 2214; 168/1,
1497 Nr. 18.
Rep. 168/14, Bd. 1.
Staatsarchiv München:
Regierungsakten, Regierung von Oberbayern:
RA 15833; 15867; 15885; 15887; 15895; 15896.
Appellationsgericht:
App.ger. 5148; 5152.

Staatsarchiv Neuburg:
Regierung von Schwaben:
Reg., Nr. 4299; 6701; 6889; 6911; 6912; 7057; 7058; 7060; 7069; 7085; 7144; 7145; 7146; 7149; 7150; 8846; 8847; 9399; 9564.
Staatsarchiv Nürnberg:
Regierung von Mittelfranken (Reg. Mfr.):
Abgabe 1932, II, 283.
Abgabe 1932, XVII, 63; 1932, XVII, 68; 1932, XVII, 94.
Abgabe 1968, II, 10; 1968, II, 22; 1968, II, 26; 1968, II, 27; 1968, II, 271; 1968, II, 272; 1968, II, 273; 1968, II, 276.
Abgabe 1968, XVII, 158; 1968, XVII, 201.
Abgabe 1952, II, 1652.
Abgabe 1932, Ministerial.komm. Erlangen 97.
Staatsarchiv Würzburg:
Regierung von Unterfranken (Reg. Ufr.), Präsidialakten:
Abgabe 1943/45, Nr. 331; 1162; 1165; 1168; 1762; 9829; 9830; 9834; 9836; 9837; 9838; 9852; 9853; 12751; 12757; 13019; 13020.
Stadtarchiv Augsburg:
Polizeiakten:
Bestand IV: O 14; O 15; V 49; R 60; A 270; Z 6.
Bestand V: Nr. 66; Nr. 458.
Stadtarchiv München:
Polizeidirektion München:
Nr. 20, 41, 61/2, 75, 194, 195, 197, 198, 224.
Stadtarchiv Nürnberg:
Rep. C. 6, Ältere Magistratsregistratur (ÄMR):
ÄMR Nr. 481; Nr. 194.
Rep. C. 7, Hauptregistratur (HR):
HR Nr. 3098; Nr. 3099; Nr. 10124; Nr. 10125.
Rep. C. 7, IV d 15.

GEDRUCKTE QUELLEN

Im Text wurden bei der ersten Nennung eines Werkes Autor und Titel vollständig aufgenommen, bei weiteren Zitaten nur noch Autor und das erste Substantiv des Titels wiederholt.

Zeitungen und Zeitschriften

Die alte und die neue Zeit, hrsg. u. red. Jakob Ernst Reider, Nürnberg 1830–1832.
Augsburger Abendzeitung, Augsburg 1832.
Augsburger Tagblatt, hrsg. u. red. Johann Baptist Vanoni, Valentin Österreicher, Augsburg 1832.

Bayerisches Volksblatt. Eine constitutionelle Zeitschrift, hrsg. u. red. Johann Gottfried E. Eisenmann, Würzburg 1829–1832.

Blätter aus Franken, hrsg. u. red. Viktor Amadeus Coremans, Nürnberg 1832.

Der Bote aus dem Westen (= Westbote), hrsg. u. red. Philipp Jakob Siebenpfeiffer, Zweibrücken 1831–1832.

Deutsche Tribüne, hrsg. u. red. Johann Georg August Wirth, München 1830, Homburg 1831–1832.

Freie Presse, hrsg. u. red. Viktor Amadeus Coremans, Nürnberg 1827–1832.

Gegenminister, hrsg. u. red. Emmich Karl Frhr. v. Dalberg (unperiodische Fortsetzung des »Scharffschützen«), Würzburg 1831.

Konstitutionelles Bayern, hrsg. u. red. Johann Gottfried E. Eisenmann (unperiodische Fortsetzung des »Bayerischen Volksblatts«), Würzburg 1831.

Der reisende Teuffel, hrsg. u. red. Wolf Lindner, Franz Negle, München 1830–1832.

Rheinbayern. Eine vergleichende Zeitschrift für Verfassung, Gesetzgebung, Justizpflege, gesamte Verwaltung und Volksleben des konstitutionellen In- und Auslandes, zumal Frankreichs, hrsg. u. red. Philipp Jakob Siebenpfeiffer, Zweibrücken 1830/31.

Scharffschütz, hrsg. u. red. Emmich Karl Frhr. v. Dalberg, Würzburg 1830–1832.

Volkstribun, hrsg. u. red. Gottfried Widmann, Würzburg 1832.

Die Zeit. Eine konstitutionelle Zeitschrift in zwanglosen Heften für das öffentliche Leben in Deutschland, hrsg. u. red. Heinrich K. Kurz, Augsburg 1832.

Der Zuschauer an der Pegnitz, hrsg. u. red. Viktor Amadeus Coremans, Nürnberg 1829–1832.

Zeitgenössisches Schrifttum, Flug- und Druckschriften

ALBER J. B., Bayerns Zollwesen, München 1829

Ansichten über Zollvereine unter den süddeutschen Staaten, veranlaßt durch die Schrift: Hingeworfene freimütige Gedanken über die Frage, ob Bayern mit benachbarten Staaten in eine gemeinschaftliche Mautlinie treten soll, München 1828

BAUER Bruno, Geschichte der constitutionellen und revolutionären Bewegungen im südlichen Deutschland in den Jahren 1831–1834, Charlottenburg 1845

BEHR Wilhelm Joseph, Bedürfnisse und Wünsche der Bayern. Begründet durch freimütige Reflexionen über die Verfassung, die Gesetzgebung und Verwaltung des bayerischen Staates, Stuttgart 1830

BRÜGEL F., Des Königreichs Bayern Landwehr als Abteilung der Staats-, Schutz- und Vertheidigungskräfte durch die Grundverfassung des Reiches erklärt und verbürgt. In ihrer Entstehung, Ausbildung und dermaligen Gestaltung, Erlangen 1848

Die Censur-Verordnung vom 28. Jänner 1831 und die Anklage gegen den königl. Minister des Inneren. Eine Rede, welche bei den Verhandlungen über diesen Gegenstand in der Kammer der Abgeordneten zur bayerischen Ständeversammlung hätte gehalten werden sollen, aber nicht gehalten ward, München 1831

COREMANS Viktor Amadeus, Die Freiheit — ein Recht! Eine Flugschrift. Über die Verhandlungen der periodischen Presse in Bayern 1799—1831, o. O. 1831

Denkschrift über die nachtheiligen Folgen des hohen Bayer. Eingangszolltarifs und der Bayerischen Zollordnung vom Jahre 1828. Der hohen Ständeversammlung, K. d. Abg. eingereicht von 155 Kaufleuten und Fabrikbesitzern der Stadt Nürnberg, o. O. 1831

EISENMANN Johann Gottfried E., Zweite Berufung des Dr. Eisenmann als Redakteur des bayerischen Volksblatts an die öffentliche Meinung gegen die Censur Willkühr und ihre Absurditäten. Ein censurfreyes Flugblatt, Würzburg 1832

ELLENRIEDER J. M. H. v., Über die Freiheit der Presse. Aufruf an Bayerns Volk und seine Vertreter, im Jahre 1831, Nördlingen 1831

Fränkische Männer blickt um Euch! o. O. 1832

Die sechs Gebote des deutschen Bundestages, o. O. 1832

HELDENBERG Fr., Über Preßfreiheit und Preßzwang, o. O. 1832

HORNTHAL Franz Ludwig, Zum bayerischen Landtag, Nr. 4, Nr. 5, Nürnberg 1831

HUNDT-RADOWSKY Hartwig, Über die Gewaltstreiche der Regierungen in konstitutionellen Staaten, besonders in Rücksicht der neuesten Maßregeln gegen die Preßfreiheit in Bayern, Württemberg und Baden. Nebst einem Anhang, Straßburg 1832

LINDNER Friedrich L., Considération sur le traité d'union commerciale entre la Prusse, la Bavière, le Wurttemberg, et le Hesse-Darmstadt, München 1829

Die Mauth d. Kgr. Bayern nach ihren Folgen beleuchtet, Nürnberg 1831

MUCKE Johann Richard, Die politischen Bewegungen in Deutschland von 1830 bis 1835 mit ihren politischen und staatsrechtlichen Folgen, Leipzig 1875

Offene Erklärung kurhessischer Abgeordneter hervorgerufen durch die Bundestags-Beschlüsse vom 28. Juni 1832, o. O. 1832

Petition der Gemeindebevollmächtigten gegen die Bundesbeschlüsse 28. 6. 1832: »Allerdurchlauchtigster, Großmächtigster König, Allergnädigster König und Herr«, Würzburg 1832

RUDHART Ignatz v., Über den Zustand des Königsreichs Baiern nach amtlichen Quellen, Stuttgart 1825

SAVOYE Joseph G., Garantien der freien Presse im bayerischen Rheinkreis, Zweibrücken 1832

Über die von Seiten des bayerischen Handelsstandes, mehrerer Städte, an die hohe Kammer der Abgeordneten gerichteten Vorstellungen, Aenderung des Zolltarifs von 1828 betreffend, o. O. 1831

SIEBENPFEIFFER Philipp Jakob, Freie Wahl und Freie Presse in Bayern, Zweibrücken 1831

UTZSCHNEIDER Joseph v., Antrag an die hohe Kammer der Abgeordneten zur Beförderung des Ackerbaus, des Gewerb-Fleißes und des Handels in Bayern, München 1831

Vorstellungen der Bürger und Einwohner zu Würzburg und Bamberg an Seine Majestät den König Ludwig über die Freiheit der Presse und der Landständewahl, Bamberg 1831

XV

Vorstellungen vaterlandsliebender Bürger Rheinbayerns; oder vielmehr: Erklärung über und Verwahrung gegen die Bundes-Beschlüsse vom 28. Juni 1832, o. O. 1832

WILD J. A., Bewegung der Getreidepreise des Königreiches v. J. 1750 bis auf unsere Zeit, München 1859

WIRTH Johann Georg August, Die bayerische Charte, die Ordonnanzen und die Censur. Ein censurfreyes Flugblatt als Entschädigung für die Abonnenten des Inlandes, München 1832

—, Die Congregation, der Absolutismus und die Presse. Ein censurfreyes Flugblatt als Entschädigung für die Abonnenten des Inlandes, München 1831

—, Deutschlands Pflichten, o. O. 1832

—, Die Fünfziger der Censur. Ein censurfreyes Flugblatt als Entschädigung für die Abonnenten des Inlandes, München 1831

—, Gründe für die Versetzung des bayerischen Ministers des Inneren Eduard von Schenk, in den Anklagestand. Ein censurfreyes Flugblatt als Entschädigung für die Abonnenten des Inlandes, München 1831

—, Über die Notwendigkeit eines Ministerwechsels in Bayern. Ein censurfreyes Flugblatt als Entschädigung für die Abonnenten des Inlandes, München 1831

—, Das neue Preßgesetz für Bayern, der Ministerverweser und die Congregation. Ein censurfreyes Flugblatt als Entschädigung für die Abonnenten des Inlandes, München 1831

Einige Worte über Handel und Industrie in Deutschland mit besonderer Rücksicht auf Bayern. Geschrieben für alle Stände von einem Deutschen, München 1830

Wunsch und Bitte des kgl. by. oberen Justizrathes von Hornthal zu Bamberg, die Entfesselung des Handels, die Zoll- und Mauth-Anstalt in Bayern betr., o. O. 1831

Gesetzessammlungen und Parlamentaria

DÖLLINGER Georg, Sammlung der im Gebiete der inneren Staats-verwaltung des Königreichs Bayern bestehenden Verordnungen, aus amtlichen Quellen geschöpft und systematisch geordnet. 33 Bde., München 1835–1854

FRENINGER Franz Xaver, Die Kammern des Landtages des Königreiches Bayern. Matrikel oder Verzeichnis der Direktorien und der Mitglieder der beiden Hohen Kammern von 1819 bis 1870, München 1870

Intelligenzblatt der königlichen Regierung des Isarkreises, München 1830

Intelligenzblatt der königlichen Regierung des Obermainkreises, Würzburg 1830

Intelligenzblatt der königlichen Regierung des Rezatkreises, Nürnberg 1830

Regierungsblatt für das Königreich Bayern, München 1830, 1831, 1832

Baierisches Strafgesetzbuch für das Königreich Bayern, Redaktion des allgemeinen Regierungsblatts, München 1813

Die Verfassungsurkunde des Königreichs Bayern mit den hierauf bezüglichen Gesetzen und sonstigen Bestimmungen, hrsg v. Landtagsarchivariat, München ²1905

Die Verhandlungen der zweyten Kammer der Ständeversammlung des Königreichs Bayern. Amtlich bekannt gemacht, München 1831, 1834, 1837
Die Verhandlungen der Ständeversammlung des Königreichs Bayern, Kammer
der Reichsräte, München 1831

Quellensammlungen, Briefwechsel

CHROUST Anton (Hg.), Gesandtschaftsberichte aus München, München 1816–
1848. Abtlg. I: Berichte der französischen Gesandten. 6 Bde. München
1935–37. I: 1816–25; II: 1825–31; III: 1832–37; IV: 1837–43; V:
1843–48; VI: Register (Schriftenreihe zur Bayerischen Landesgeschichte,
hrsg. v. KBL bei d. BAdW, Bd. 18–24)
—, Gesandtschaftsberichte aus München 1814–1848. Abtlg. II: Berichte der
österreichischen Gesandten. 4 Bde. München 1939–1942. I: 1814–25;
II: 1825–37; III: 1837–48; IV: Register (Schriftenreihe zur Bayerischen
Landesgeschichte, hrsg. v. KBL bei d. BAdW, Bd. 33, 36–38)
—, Gesandtschaftsberichte aus München 1814–1848. Abtlg. III: Berichte der
preußischen Gesandten. 5 Bde. München 1949–1951. I: 1814–25; II:
1825–37; III: 1837–43; IV: 1843–49; V: Register (Schriftenreihe zur
Bayerischen Landesgeschichte, hrsg. v. der KBL bei der BAdW, Bd. 39–43)
Darlegung der Hauptresultate aus den wegen der revolutionären Complotte
der neueren Zeit in Deutschland geführten Untersuchungen. Auf den Zeit-
abschnitt mit Ende Juli 1838, Frankfurt/Main 1838
HUBER Ernst Rudolf (Hg.), Dokumente zur Deutschen Verfassungsgeschichte.
Bd. 1: Deutsche Verfassungsdokumente 1803–1850, Stuttgart ²1961
ILSE Leopold Friedrich, Geschichte der politischen Untersuchungen, welche
durch die neben der Bundesversammlung errichteten Commissionen zu
Mainz und der Bundeszentralbehörde zu Frankfurt in den Jahren 1819
bis 1827 und 1833 bis 1842 geführt sind, Frankfurt/Main 1860
LERCHENFELD Max Frhr. v. (Hg.), Aus den Papieren des königlich bayerischen
Staatsministers Maximilian Freiherrn von Lerchenfeld, Nördlingen 1887
MEYER Philipp Anton Guido v. (Hg.), Staats-Acten für Geschichte und öffent-
liches Recht des Deutschen Bundes (Corpus Juris Confoederationis Germanicae). Zweite Auflage. Nach officiellen Quellen. Frankfurt/Main ²1833
NAUWERK Karl, Die Thätigkeit der deutschen Bundesversammlung oder die
wesentlichen Verhandlungen und Beschlüsse des Bundestages. Viertes Heft:
1825–46, Berlin 1846
SPINDLER Max (Hg.), Briefwechsel zwischen Ludwig I. von Bayern und
Eduard von Schenk 1823–1841, München 1930
Die Verhandlungen der Bundesversammlung von den revolutionären Bewegungen des Jahres 1830 bis zu den Geheimen Wiener Ministerial-Konfe-
renzen in ihrem wesentlichen Inhalte mitgeteilt aus den Protocollen des
Bundes, Heidelberg 1846
ZERZOG Julie v. (Hg.), Briefe des Staatsministers Grafen Maximilian Josephs
von Montgelas, Regensburg 1855

1832–1932. Hambacher Fest. Freiheit und Einheit. Deutschland und Europa. Katalog der Ausstellung zum 150jährigen Jubiläum des Hambacher Festes, Neustadt 1982

ADLER Hans (Hg.), Literarische Geheimberichte. Protokolle der Metternich-Agenten. Bd. 1 (»ilv leske republik«, Materialien zum Vormärz 5–6) Köln 1977

ANDEREGG Suzanne, Der Freiheitsbaum, ein Rechtssymbol im Zeitalter des Rationalismus, Zürich 1968

ARMANSBERG Roswitha Gräfin, Joseph Ludwig Graf Armansperg – Ein Beitrag zur Regierungsgeschichte Ludwigs I. von Bayern, Diss. München 1949

ARTZ Frederick Binkerd, Reaction and Revolution 1814–1832 (Rise of Modern Europe, hrsg. v. W. L. LANGER) New York 1934

ASMUS Helmut, Zu den Reiserouten, die von den polnischen Novemberaufständischen bei ihren Zügen durch die deutschen Staaten in das westeuropäische Exil eingeschlagen wurden (1831–1833) (Die deutsche Polenfreundschaft in den 30er Jahren des 19. Jahrhunderts. Beiträge der Leipziger Tagung der Historikerkommission der Deutschen Demokratischen Republik und der Volksrepublik Polen 27.–30. 5. 1980, hrsg. v. Societas Jablonoviana und Karl-Marx-Universität Leipzig = Wissenschaftliche Beiträge der Karl-Marx-Universität Leipzig, Reihe Gesellschaftswissenschaften) Leipzig 1981, 90–107

BACH Hans, Die Julirevolution in Frankreich und ihre Auswirkungen auf Europa (ZfG 29/3) 1981, 255–257

BADE Klaus J., Altes Handwerk, Wanderzwang und Gute Policey: Gesellenwanderung zwischen Zunftökonomie und Gewerbereform (VSWG 69) 1982, 1–37

BALSER Frolinde, Die Anfänge der Erwachsenenbildung in Deutschland in der ersten Hälfte des 19. Jahrhunderts. Eine kultursoziologische Deutung (Beiträge zur Erwachsenenbildung) Stuttgart 1959

BARTOL Gerda, Ideologie und studentischer Protest. Untersuchungen zur Entstehung deutscher Studentenbewegungen im 19. und 20. Jahrhundert (Minerva-Fachserie Wirtschafts- und Sozialwissenschaften) München 1978

BASTID Paul, Les institutions politiques de la monarchie parlementaire française 1814–1848, Paris 1954

BAUER Wilhelm, Die öffentliche Meinung und ihre geschichtlichen Grundlagen, Tübingen 1914

BAUMANN Kurt (Hg.), Das Hambacher Fest 27. 5. 1832 – Männer und Ideen (Veröffentlichungen der Pfälzischen Gesellschaft zur Förderung der Wissenschaften 35) Speyer 1957

–, Friedrich Schüler 1791–1873, Joseph Savoye 1802, Daniel Pistor 1807–1866 (BAUMANN Kurt Hg., Das Hambacher Fest 27. 5. 1832 – Männer und Ideen = Veröffentlichungen der Pfälzischen Gesellschaft zur Förderung der Wissenschaften 35) Speyer 1957, 95–180

Bavaria. Landes- und Volkskunde des Königreichs Bayern, bearbeitet von einem Kreise bayerischer Gelehrter, 5 Bde., München 1860

BAYERLE Josef, Die rechtliche Situation der bayerischen Presse von 1818–1848, Diss. München 1948

BERGERON Louis, FURET François, KOSELLECK Reinhart (Hg.), Das Zeitalter der europäischen Revolution 1789–1848 (Fischer Weltgeschichte 26) Frankfurt 1969

BERGMANN Jürgen, Das Handwerk in der Revolution von 1848. Zum Zusammenhang von materieller Lage und Revolutionsverhalten der Handwerker 1848/49 (ENGELHARDT Ulrich, Hg., Handwerker in der Industrialisierung. Lage, Kultur und Politik vom späten 18. bis ins frühe 20. Jahrhundert = Industrielle Welt 37) Stuttgart 1984, 320–346

—, Ökonomische Voraussetzungen der Revolution von 1848. Zur Krise von 1845 bis 1848 in Deutschland (BERGMANN Jürgen, MEGERLE Klaus, STEINBACH Peter, Hg., Geschichte als politische Wissenschaft. Sozialökonomische Ansätze, Analyse politikhistorischer Phänomene, politologische Fragestellungen in der Geschichte = Geschichte und Theorie der Politik: Unterreihe A, Geschichte 1) Stuttgart 1979, 25–54

BEYME Klaus v., Die parlamentarischen Regierungssysteme in Europa, München 1970

BEYME Kurt v. (Hg.), Empirische Revolutionsforschung, Opladen 1973

Die deutsch-polnischen Beziehungen 1831–1848: Vormärz und Völkerfrühling (XI. deutsch-polnische Schulbuchkonferenz der Historiker vom 16. bis 21. Mai 1978 in Deidesheim = Schriftenreihe des Georg-Eckert-Instituts für Internationale Schulbuchforschung 22/II) Braunschweig 1979

BIEBERSTEIN Johannes Rogalla v., Geheime Gesellschaften als Vorläufer politischer Parteien (LUDZ Peter Christian, Hg., Geheime Gesellschaften = Wolfenbütteler Studien zur Aufklärung 5/1) Heidelberg 1979, 429–460

—, Die These von der Verschwörung 1776–1945: Philosophen, Freimaurer, Juden, Liberale und Sozialisten als Verschwörer gegen die Sozialordnung (Europäische Hochschulschriften, Reihe 3, Geschichte und ihre Hilfswissenschaften 63) Frankfurt ²1978

BIERNATH Manfred, Die bayerische Polizei. Geschichte, Sozialstruktur und Organisation, Diss. München 1977

BILLINGER Robert Dominic jr., Metternich's policy towards the south German states, 1830–1834, Diss. University of North Carolina 1973

Allgemeine Deutsche Biographie, 56 Bde., Leipzig und München 1875–1912

Neue Deutsche Biographie, bisher 14 Bde., Berlin 1953–1985

BLOMEYER-BARTENSTEIN, NÖRGER Heribald, OLZOG Günter, RUPRECHT Ingeborg (Bearbeiter), unter Leitung v. KAUFMANN Erich, Der polizeiliche Eingriff in die Freiheiten und Rechte (Wissenschaftliche Schriften des Instituts zur Förderung öffentlicher Angelegenheiten in Frankfurt a. M. 7) Frankfurt 1951

BOCK Helmut, Die Illusion der Freiheit. Deutsche Klassenkämpfe zur Zeit der französischen Julirevolution 1830–1831, Berlin 1980

—, Deutsche Klassenkämpfe zur Zeit der französischen Julirevolution 1830–34 (Jb. f. Volkskunde und Kulturgeschichte 17, NF, 2) 1974, 40–106

BÖCK Hanns Helmut, Karl Philipp Fürst von Wrede als politischer Berater König Ludwigs I. von Bayern (1825–1838). Ein Beitrag zur Geschichte der Regierung König Ludwigs I. (MBM 8) München 1968

BÖHMER Günter, Die Welt des Biedermeier, München 1977

BOLDT Hans, Deutsche Staatslehre im Vormärz (Beiträge zur Geschichte des Parlamentarismus und der politischen Parteien 56) Düsseldorf 1975

BOLDT Werner, Die Anfänge des deutschen Parteiwesens. Fraktionen, politische Vereine und Parteien in der Revolution 1848. Darstellung und Dokumentation, Paderborn 1971

BORNGÄSSER Heinrich, Gottfried Eisenmann — ein Kämpfer für die deutsche Einheit und Vertreter des bayerischen Machtgedankens, Diss. Frankfurt 1931

BOSL Karl (Hg.), Bosls Bayerische Biographie, 8000 Persönlichkeiten aus 15 Jahrhunderten, Regensburg 1983

BOTZENHART Manfred, Deutscher Parlamentarismus in der Revolutionszeit 1848–50 (Handbuch der Geschichte des deutschen Parlamentarismus) Düsseldorf 1977

—, Reform, Restauration, Krise. Deutschland 1789–1847 (Neue Historische Bibliothek, hrsg. v. Hans-Ulrich WEHLER) Frankfurt 1985

BRANDT Hardtwig, Landständische Repräsentation im deutschen Vormärz. Politisches Denken im Einflußfeld des monarchischen Prinzips, Berlin 1968

BRAUN Hans, Philipp Jakob Siebenpfeiffer. Ein liberaler Publizist des Vormärz. 1789–1845, Diss. München 1956

BREUER Dieter, Geschichte der literarischen Zensur in Deutschland, Heidelberg 1982

BRÜCKNER Gottfried, Der Bürger als Bürgersoldat. Ein Beitrag zur Sozialgeschichte des Bürgertums und der bürgerlichen Gesellschaft des 19. Jahrhunderts. Dargestellt an den Bürgermilitärinstitutionen der Königreiche Bayern und Hannover und des Großherzogtums Baden, Diss. Berlin 1968

BRUGGER Otto, Geschichte der deutschen Handwerksvereine in der Schweiz 1836–1843. Die Wirksamkeit Weitlings (1841–1843), Diss. Bern 1932

BRUNNER Otto, CONZE Werner, KOSELLECK Reinhart (Hg.), Geschichtliche Grundbegriffe. Historisches Lexikon zur politisch-sozialen Sprache in Deutschland, Stuttgart 1979

BÜSSEM Eberhard, Die Karlsbader Beschlüsse von 1819. Die endgültige Stabilisierung der restaurativen Politik im Deutschen Bund nach dem Wiener Kongreß, Hildesheim 1974

BÜTTNER Siegfried, Die Anfänge des Parlamentarismus in Hessen-Darmstadt und das Du Thil'sche System, Darmstadt 1969

BULLIK Manfred, Staat und Gesellschaft im hessischen Vormärz. Wahlrecht, Wahlen und öffentliche Meinung in Kurhessen 1830–1848 (Neue Wirtschaftsgeschichte 7) Köln 1972

BURG Peter, Die französische Politik gegenüber Föderation und Föderationsplänen deutscher Klein- und Mittelstaaten 1830–33, o. O. 1979

BURKHARD W., Das bayerische Staatsbudget in den ersten 70 Jahren seit Bestehen der Verfassung 1819–1889 (Finanzarchiv, Ztschr. f. d. gesamte Finanzwesen 6/1) Stuttgart 1889, 220–239

BUSSMANN Walter, Europa von der Französischen Revolution zu den nationalstaatlichen Bewegungen des 19. Jahrhunderts (SCHIEDER Theodor, Hg., Handbuch der europäischen Geschichte 5) Stuttgart 1981

CALLIES Jörg, Militär in der Krise. Die bayerische Armee in der Revolution 1848/49 (Wehrwissenschaftliche Forschungen, Abtlg.: Militärgeschichtliche Studien 22) Boppard 1976

CHASTENET Jacques, Une époque de contestation. La monarchie bourgeoise 1830–48, Paris 1976

CHEVALLIER Jean-Jacques, Histoire des institutions politiques de la France de 1789 à nos jours, Paris 1952

CHURCH Clive H., Europe in 1830. Revolution and political change, London 1983

—, Forgotten revolutions: recent works on the revolutions of 1830 in Europe (European Studies Review 7) 1977, 95—106

COLLINS Irene, Government and society in France 1814—1848, London 1970

CONKLIN Robert D., Politics and politicians in Baden and Bavaria 1815—1848: a socio-political comparison of Landtag deputies, Diss. Kent State 1972

CONZE Werner (Hg.), Staat und Gesellschaft im deutschen Vormärz 1815—1848 (Industrielle Welt 1) Stuttgart ²1970

DANN Otto, Die Anfänge politischer Vereinsbildung in Deutschland (ENGELHARDT Ulrich, Hg., Soziale Bewegung und politische Verfassung. Beiträge zur Geschichte der modernen Welt. Werner Conze zum 31. Dez. 1975) Stuttgart 1976, 197—232

DICKOPF Karl, König Ludwig I. und Staatsrat Ludwig von Maurer. Beiträge zur Geschichte des Vormärz in Bayern (ZBLG 29) 1966, 157—198

DIRR Pius, Albrecht Volkhart, Augsburg 1904

DOBMANN Franz, Georg Friedrich Freiherr von Zentner als bayerischer Staatsmann in den Jahren 1799—1821 (Münchner historische Studien, Geschichte 6) Kallmünz 1962

DOEBERL Michael, Bayern und die wirtschaftliche Einigung Deutschlands, München 1915

—, Entwicklungsgeschichte Bayerns, Bd. III: Vom Regierungsantritt Ludwigs I. bis zum Tode Ludwigs II. mit Ausblick auf Bayern unter Prinzregent Luitpold, München 1931

—, Ein Jahrhundert bayerischen Verfassungslebens, München ²1918

EHLEN Peter (Hg.), Der polnische Freiheitskampf 1830/31 und die liberale deutsche Polenfreundschaft, Augsburg 1982

EHRLE Peter Michael, Volksvertretung im Vormärz — Studien zur Zusammensetzung, Wahl und Funktion der deutschen Landtage im Spannungsfeld zwischen monarchischem Prinzip und ständischer Repräsentation, 2 Teile (Europäische Hochschulschriften, Reihe III, Geschichte und ihre Hilfswissenschaften 127) Frankfurt 1979

EICHNER Ernst, Die Rechtsgrundlagen der Präventivpolizei, insbesondere der Präventivpolizeihaft nach der bayerischen Rechtsentwicklung, München-Berlin-Leipzig 1927

ENDRES Rudolf, Der fränkische Separatismus (Mitteilungen d. Vereins f. d. Geschichte d. Stadt Nürnberg 67) 1980, 157—183

ESTERMANN Alfred (Hg.), Politische Avantgarde 1830—1840. Eine Dokumentation zum jungen Deutschland, Frankfurt 1972

FABER Karl-Georg, Strukturprobleme des deutschen Liberalismus im 19. Jahrhundert (Der Staat 14) 1975, 201—227

—, Deutsche Geschichte im 19. Jahrhundert. Restauration und Revolution 1815 bis 1851 (BRANDT Otto, MEYER Arnold Oskar, JUST Leo, Hg., Handbuch der deutschen Geschichte Bd. 3/I, Teil 2) Wiesbaden 1979

FENSKE Hans, Politischer und sozialer Protest in Süddeutschland nach 1830 (REINALTER Helmut, Hg., Demokratische und soziale Protestbewegungen in Mitteleuropa 1815—1848/49) Frankfurt 1986, 143—201

FEY Gisela, Bayern als größter deutscher Mittelstaat im Kalkül der französischen Diplomatie und im Urteil der französischen Journalistik 1859–1866, Diss. München 1976

FOERSTER Cornelia, Der Preß- und Vaterlandsverein von 1832/33. Sozialstruktur und Organisationsformen der bürgerlichen Bewegung in der Zeit des Hambacher Festes (Trierer historische Forschungen 3) Trier 1982

FORD Franklin L., Reflexionen über den politischen Mord in Europa im 19. und 20. Jahrhundert (MOMMSEN Wolfgang J., HIRSCHFELD Gerhard, Hg., Sozialprotest, Gewalt, Terror. Gewaltanwendung durch politische und gesellschaftliche Randgruppen im 19. und 20. Jahrhundert = Veröffentlichungen d. DHI London 10) Stuttgart 1982, 11–23

FRANZ Eugen, Bayerische Verfassungskämpfe. Von der Ständekammer zum Landtag, München 1926

FRIAUF Karl Heinrich, Der Staatshaushaltsplan im Spannungsfeld zwischen Parlament und Regierung. Bd. I: Verfassungsgeschichtliche Untersuchungen über den Haushaltsplan im deutschen Frühkonstitutionalismus mit einer kritischen Übersicht der Entwicklung der budgetrechtlichen Dogmatik in Deutschland, Bad Homburg 1968

FRÜHWALD Wolfgang, »Ruhe und Ordnung«. Literatursprache — Sprache der politischen Werbung. Texte, Materialien, Kommentar (Reihe Hanser 204, Literatur-Kommentare 3) München 1976

FUNK F. X., Die Auffassung des Begriffs der Polizei im vorigen Jahrhundert (Ztschr. f. d. gesamte Staatswissenschaft 19) 1863, 489–555

GAILUS Manfred, Sozialer Protest und Politkbildung »von unten« (VOLKMANN Heinrich, Hg., Sozialer Protest in Deutschland im 19. Jahrhundert) Opladen 1983

GALANTE Alessandro Garrone, Filippo Buonarroti e i rivoluzionari dell'ottocento (1828–1837) (Piccolo Biblioteca Einaudi 183) Torino ²1972

—, Mazzini e gli inizi della »Giovine Italia«, Torino 1973

—, La rivoluzione di Luglio e l'Europa 1830–31, Torino 1977/78

GALL Lothar (Hg.), Liberalismus (Neue Wissenschaftliche Bibliothek, Geschichte 85) Königstein ²1980

GALL Lothar, KOCH Rainer (Hg.), Der europäische Liberalismus im 19. Jahrhundert — Texte zu seiner Entwicklung, 4 Bde., Frankfurt 1981

GENNEP Arnold v., Manuel de folklore français contemporain, Bd. 1, Paris 1943

GERECKE Anneliese, Das deutsche Echo auf die polnische Erhebung von 1830, Wiesbaden 1964

GERHARD Hans-Jürgen (Hg.), Die Löhne im vor- und frühindustriellen Deutschland (Göttinger Beiträge zur Wirtschafts- und Sozialgeschichte 7) Göttingen 1984

GERLICH Alois (Hg.), Hambach 1832. Anstöße und Folgen (Geschichtliche Landeskunde 24) Wiesbaden 1984

Die Getreidepreise in Deutschland seit dem Ausgang des 18. Jahrhunderts (Vierteljahreshefte zur Statistik d. Deutschen Reiches, hrsg. v. Statistischen Reichsamt, 44/1) 1935, 273–307

GLASHAUER Gabriele, Entstehen der politischen Parteien in Bayern 1848, Diss. München 1944

GODECHOT Jacques, Les constitutions de la France depuis 1789, Paris 1970

GÖLZ Wilhelmine, Der bayerische Landtag 1831. Ein Wendepunkt in der Regierung Ludwigs I., Diss. München 1926

GÖMMEL Rainer, Wachstum und Konjunktur der Nürnberger Wirtschaft (1815–1914) (Beiträge zur Wirtschaftsgeschichte 1) Nürnberg 1978

GOLLWITZER Heinz, Ludwig I. von Bayern. Eine politische Biographie, München 1986

GRIEWANK Karl, Der Wiener Kongreß und die europäische Restauration 1814/15, Leipzig ²1954

GRÖSSER Ludwig, Der gemäßigte Liberalismus im bayerischen Landtag 1818–1848. Diss. Augsburg 1929

GRÖSSMANN Christoph, Unruhen in Oberhessen im Herbst 1830, Darmstadt 1929

GRUNER Wolf D., Das Bayerische Heer 1825 bis 1864. Eine kritische Analyse der bewaffneten Macht Bayerns vom Regierungsantritt Ludwigs I. bis zum Vorabend des deutschen Krieges (Wehrwissenschaftliche Forschungen, Abtlg.: Militärgeschichtliche Studien 14) Boppard 1972

GÜNTHER Leo, Würzburger Chronik. Personen und Ereignisse von 1802 bis 1845, Bd. 3, Würzburg 1925

GUICHEN Vicomte de, La révolution de juillet 1830 et l'Europe, Paris 1917

HAACKE Wilmont, Die politische Zeitschrift 1665–1965, Bd. 1, Stuttgart 1968

HABERMAS Jürgen, Strukturwandel der Öffentlichkeit. Untersuchungen zu einer Kategorie der bürgerlichen Gesellschaft (Sammlung Luchterhand 25) Darmstadt ¹¹1980

HAHN Hans-Werner, Geschichte des deutschen Zollvereins, Göttingen 1984

HÄRING J., Württemberg unter dem Einfluß der Julirevolution (Ztschr. für Württembergische Landesgeschichte 1) 1937, 446–454

HAMEROW Theodor S., Restauration, revolution, reaction — economics and politics in Germany 1815–1871, Princeton 1958

HARDTWIG Wolfgang, Politische Gesellschaft und Verein zwischen aufgeklärtem Absolutismus und der Grundrechtserklärung der Frankfurter Paulskirche (BIRTSCH Günther, Grund- und Freiheitsrechte im Wandel von Gesellschaft und Geschichte. Beiträge zur Geschichte der Grund- und Freiheitsrechte vom Ausgang des Mittelalters bis zur Revolution von 1848) Göttingen 1981

—, Vormärz. Der monarchische Staat und das Bürgertum (Geschichte der neuesten Zeit vom 19. Jahrhundert bis zur Gegenwart, hrsg. v. Martin BROSZAT, Hermann GRAML) München 1985

HAUPT Heinz-Gerhard, Sozialökonomische und politische Voraussetzungen der Julirevolution 1830 (Historische Texte/Neuzeit 11) Göttingen 1971

HAUPT Heinz-Gerhard, NARR Wolf-Dieter, Vom Polizey-Staat zum Polizeistaat? Ein Forschungsbericht anhand neuerer Literatur (Neue Politische Literatur 23) 1978, 185–218

HAUSEN Karin, Schwierigkeiten mit dem »sozialen Protest«. Kritische Anmerkungen zu einem Forschungsansatz (GG 3/2) 1977, 257–263

HEER Georg, Die Demagogenzeit. Von den Karlsbader Beschlüssen bis zum Frankfurter Wachensturm (1820–1833) (WENTZCKE Paul, Geschichte der deutschen Burschenschaft 2 = Quellen u. Darstellungen zur Geschichte d. Burschenschaften 10) Heidelberg 1927

HEINLOTH Wilhelm, Die Münchner Dezemberunruhen 1830, Diss. München 1930

HEINZ Walter R., SCHÖBER Peter (Hg.), Theorien kollektiven Verhaltens. Beiträge zur Analyse sozialer Protestaktionen und Bewegungen (Sammlung Luchterhand 11) 2 Bde., Darmstadt 1972

HESSE Horst, Die sogenannte Sozialgesetzgebung Bayerns Ende der 60er Jahre des 19. Jahrhunderts. Ein Beitrag zur Strukturanalyse der bürgerlichen Gesellschaft (MBM 33) München 1971

HEYL Arnulf v., Wahlfreiheit und Wahlprüfung (Schriften zum öffentlichen Recht 262) Berlin 1975

HILDEBRANDT Günther, Programm und Bewegung des süddeutschen Liberalismus nach 1830 (Jb. für Geschichte 9) 1973, 7—46

HOBSBAWM Eric J., Politische Gewalt und »politischer Mord«: zu dem Beitrag von Franklin Ford (MOMMSEN Wolfgang J., HIRSCHFELD Gerhard, Hg., Sozialprotest, Gewalt, Terror. Gewaltanwendung durch politische und gesellschaftliche Randgruppen im 19. und 20. Jahrhundert = Veröffentlichungen d. DHI London 10) Stuttgart 1982, 24—31

HOEFER Frank Thomas, Pressepolitik und Polizeistaat Metternichs. Die Überwachung von Presse und politischer Öffentlichkeit in Deutschland und den Nachbarstaaten durch das Mainzer Informationsbüro (1833—1848) (Dortmunder Beiträge zur Zeitungsforschung 37) München 1983

HOFFMANN Hans, Johann Gottfried Eisenmann (1795—1867). Ein fränkischer Arzt und Freiheitskämpfer (Mainfränkische Hefte 49) Würzburg 1967

HOFMANN Hans Hubert, Adelige Herrschaft und souveräner Staat. Studien über Staat und Gesellschaft in Franken und Bayern im 18. und 19. Jahrhundert, München 1962

HOLZAPFEL Kurt, Die Julirevolution 1830 in Frankreich. Meinungen, Kontroversen, Forschungsdesiderata (ZfG 29/8) 1981, 710—725

—, Der Einfluß der Julirevolution von 1830/32 auf Deutschland (REINALTER Helmut, Hg., Demokratische und soziale Protestbewegungen in Mitteleuropa) Frankfurt 1986, 37—76

HUBER Ernst Rudolf, Bundesexekution und Bundesintervention. Ein Beitrag zur Frage des Verfassungsschutzes im Deutschen Bund (Archiv d. öffentlichen Rechts 79) 1953/54, 1—57

—, Zur Geschichte der politischen Polizei im 19. Jahrhundert (HUBER Ernst Rudolf, Nationalstaat und Verfassungsstaat. Studien zur Geschichte der modernen Staatsidee) Stuttgart 1965, 144—167

—, Legitimität, Legalität und Juste Milieu. Frankreich unter der Restauration und dem Bürgerkönigtum (HUBER Ernst Rudolf, Nationalstaat und Verfassungsstaat. Studien zur Geschichte der modernen Staatsidee) Stuttgart 1965, 71—106

—, Deutsche Verfassungsgeschichte seit 1789, Bd. I: Reformation und Restauration 1789 bis 1830, Stuttgart ²1975

—, Deutsche Verfassungsgeschichte seit 1789, Bd. II: Der Kampf um Einheit und Freiheit 1830 bis 1850, Stuttgart ²1975

HUBER Gustav, Kriegsgefahr über Europa 1830—1832, Berlin 1936

HUBER Max, Ludwig I. von Bayern und die Ludwig-Maximilians-Universität in München (1826—32), Diss. Würzburg 1939

HUFNAGEL Gerhard, Revolution und Systemkrise — Zur Reichweite der Konzepte (Sozialwissenschaftliche Information für Unterricht und Studium 4/1) 1975, 1—6

HUMMEL Karl-Josef, München in der Revolution von 1848/49 (Schriftenreihe der Historischen Kommission bei der BAdW 50) Göttingen 1987

HUSUNG Hans-Gerhard, Kollektiver Gewaltprotest im norddeutschen Vormärz (MOMMSEN Wolfgang J., HIRSCHFELD Gerhard, Hg., Sozialprotest, Gewalt, Terror. Gewaltanwendung durch politische und gesellschaftliche Randgruppen im 19. und 20. Jahrhundert = Veröffentlichungen d. DHI London 10) Stuttgart 1982, 47–64

—, Protest und Repression im Vormärz — Norddeutschland zwischen Restauration und Revolution (Kritsche Studien zur Geschichtswissenschaft 54) Göttingen 1983

HUTH Armin, Preßfreyheit oder Censur. Staatliche Pressepolitik und politisches Schrifttum in Würzburg und Unterfranken zwischen Revolution und Reaktion, Diss. Würzburg 1975

IMM Emil, Die nationale und freiheitliche Bewegung in Baden während der Jahre 1830–1835, Diss. Heidelberg 1909

INGRAHAM Barton L., Political crime in Europe. A comparative study of France, Germany and England, London 1979

ISELER Johannes, Entwicklung des öffentlichen politischen Lebens in Kurhessen in der Zeit von 1815–1848, Diss. Marburg 1913

JACOBS A., RICHTER H., Großhandelspreise in Deutschland von 1792 bis 1934 (Vierteljahresheft für Konjunkturforschung 37) 1935

JAEGGI Urs, PAPCKE Sven, Revolution und Theorie 1, Materialien zum bürgerlichen Revolutionsverständnis, Frankfurt 1974

JÄNICKE Martin (Hg.), Herrschaft und Krise. Beiträge zur politik-wissenschaftlichen Krisenforschung, Opladen 1973

— (Hg.), Politische Systemkrisen (Neue Wissenschaftliche Bibliothek 65, Soziologie) Köln 1973

Judenfeindschaft im 19. Jahrhundert. Ursachen, Formen und Folgen. Beiträge KUPISCH v. K., MÜNTINGA H., TÖRNE V. v. (Veröffentlichungen aus dem Institut Kirche und Judentum bei der kirchlichen Hochschule Berlin 4) Berlin 1977

KANN Robert A., Die Restauration als Phänomen der Geschichte, Graz 1974

KAPFINGER Hans, Der Eos-Kreis 1828–1833. Ein Beitrag zur Vorgeschichte des politischen Katholizismus in Deutschland (Zeitung und Leben 2) München 1928

KASCHUBA Wolfgang, Vom Gesellenkampf zum sozialen Protest. Zur Erfahrungs- und Konfliktdisposition von Gesellen-Arbeitern in den Vormärz- und Revolutionsjahren (ENGELHARDT Ulrich, Hg., Handwerker in der Industrialisierung. Lage, Kultur und Politik vom späten 18. bis ins frühe 19. Jahrhundert = Industrielle Welt 37) Stuttgart 1984, 381–406

KIENIEWICZ Stephan, Europa und der Novemberaufstand (EHLEN Peter, Hg., Der polnische Freiheitskampf 1830/31 und die liberale deutsche Polenfreundschaft) Augsburg 1982, 15–30

KLEINHEYER Gerd, Staat und Bürger im Recht. Die Vorträge Carl G. Svarez vor dem Preußischen Kronprinzen (1791–1792) (Bonner rechtswissenschaftliche Abhandlungen 47) Bonn 1959

KLIEWER Eberhard, Die Julirevolution und das Rheinland, Diss. Köln 1963

KLIPPEL Diethelm, Politische Freiheit und Freiheitsrechte im deutschen Naturrecht des 18. Jahrhunderts (Rechts- und staatswissenschaftliche Veröffentlichungen d. Görres-Gesellschaft, NF, 23) Paderborn 1976

KNEMEYER Franz-Ludwig, Polizei (BRUNNER Otto, CONZE Werner, KOSELLECK Reinhart, Hg., Geschichtliche Grundbegriffe. Historisches Lexikon zur politisch-sozialen Sprache in Deutschland 4) Stuttgart 1979, 875–897

—, Polizeibegriffe in Gesetzen des 15. bis 18. Jahrhunderts (Archiv des öffentlichen Rechts 92/1) 1967, 153–180

KOLB Eberhard, Polenbild und Polenfreundschaft der deutschen Frühliberalen. Zu Motivation und Funktion außenpolitischer Parteinahme im Vormärz (Sacculum, Jb. für Universalgeschichte 26) 1975, 111–127

KOCH Rainer, Deutsche Geschichte 1815–1848. Restauration oder Vormärz, Stuttgart 1985

KOSELLECK Reinhart, Preußen zwischen Reform und Revolution. Allgemeines Landrecht, Verwaltung und soziale Bewegung von 1791–1848 (Industrielle Welt 7) Stuttgart ³1981

KRÜGER Renate, Biedermeier. Eine Lebenshaltung zwischen 1815 und 1848, Wien 1979

KURZ Hanns, Volkssouveränität und Volksrepräsentation (Schriftenreihe Annales Universitatis Saravensis, Rechts- und Wirtschaftswissenschaftliche Abtlg. 16) Köln 1965

LANGER William, Political and social upheaval 1832–52, New York 1969

LANGEWIESCHE Dieter, Die Anfänge der deutschen Parteien. Partei, Fraktion und Verein in der Revolution von 1848/49 (GG 4) 1978, 324–361

LAUERER Franz, Die Entwicklung der Augsburger Presse, Diss. Augsburg 1944

LEMPFRIED Wilhelm, Die Anfänge des parteipolitischen Lebens und der politischen Presse in Bayern unter Ludwig I. 1825–1831 (Straßburger Beiträge zur neueren Geschichte 5) Straßburg 1912

—, Der bayerische Landtag 1831 und die öffentliche Meinung (ZBLG 24) 1961, 1–101

LESLIE R. F., Polish politics and the revolution of november 1830, University of London 1956

LHOMME Jean, La grande bourgeoisie au pouvoir 1830–1880, Paris 1960

LÖW Adolf, Die Frankfurter Bundeszentralbehörde von 1833 bis 1842, Diss. Frankfurt 1932

LÜDTKE Alf, »Gemeinwohl«, Polizei und »Festungspraxis«. Staatliche Gewaltsamkeit und innere Verwaltung in Preußen, 1815–50 (Veröffentlichungen d. MPI für Geschichte 73) Göttingen 1982

—, Von der »tätigen Verfassung« zur Abwehr von »Störern« — Zur Theoriegeschichte von »Polizei« und staatlicher Zwangsgewalt im 19. und frühen 20. Jahrhundert (Der Staat 20) 1981, 201–228

MAIER Hans, Die ältere deutsche Staats- und Verwaltungslehre (Polizeiwissenschaft). Ein Beitrag der politischen Wissenschaft in Deutschland (Politica 13) Neuwied 1966, ND 1980

MAIER Josef, Die Konservativen und die wirtschaftspolitischen Grundauffassungen im Bayerischen Landtag 1819–1848, Diss. München 1937

MARTIN-PANNETIER Andrée, Institutions et vie politique française de 1789 à nos jours, Paris 1972

MEIER Ernst, Zeitungsstadt Nürnberg (Schriften d. Instituts für Publizistik 2) Berlin 1963

MEYER Wolfgang, Das Vereinswesen der Stadt Nürnberg im 19. Jahrhundert (Nürnberger Werkstücke zur Stadt- und Landesgeschichte 3) Nürnberg 1970

Möckl Karl, Der moderne bayerische Staat. Eine Verfassungsgeschichte vom aufgeklärten Absolutismus bis zum Ende der Reformepoche (Bosl Karl, Hg., Dokumente zur Geschichte von Staat und Gesellschaft in Bayern III/1) München 1979

Mommsen Wolfgang J., Hirschfeld Gerhard (Hg.), Sozialprotest, Gewalt, Terror. Gewaltanwendung durch politische und gesellschaftliche Randgruppen im 19. und 20. Jahrhundert (Veröffentlichungen d. DHI London 10) Stuttgart 1982

Müller Friedrich, Korporation und Assoziation. Eine Problemgeschichte der Vereinigungsfreiheit im deutschen Vormärz (Schriften zum öffentichen Recht 21) Berlin 1965

Müller Hans Friedrich, Berichterstattung der Allgemeinen Zeitung Augsburg über Fragen der Wirtschaft 1814–40, Diss. München 1936

Müller Otto Heinrich, Johann Georg August Wirth und die Entwicklung des radikalen Liberalismus 1830–1848, Diss. Frankfurt 1925

Näf Werner, Die Epochen der neueren Geschichte – Staat und Staatengesellschaft vom Ausgang des Mittelalters bis zur Gegenwart, II, Aarau 1946

—, Staatsverfassungen und Staatstypen 1830/31 (Böckenförde Ernst-Wolfgang, Hg., Moderne deutsche Verfassungsgeschichte 1815–1914 = Neue Wissenschaftliche Bibliothek 51, Geschichte) Königstein 1981

Narr Wolf-Dieter, Physische Gewaltsamkeit, ihre Eigentümlichkeit und das Monopol des Staates (Leviathan, Ztschr. für Sozialwissenschaften 8/4) 1980, 541–574

Naujoks Eberhard, Pressepolitik und Geschichtswissenschaft (Geschichte in Wissenschaft und Unterricht 22/1) 1971, 7–22

Nichols Irby C., The European pentarchy and the congress of Verona 1822, Den Haag 1971

Nipperdey Thomas, Deutsche Geschichte, 1800–1866. Bürgerwelt und starker Staat, München 1983

—, Verein als soziale Struktur in Deutschland im späten 18. und frühen 19. Jahrhundert (Bockmann Hartmut, Esch Arnold, Heimpel Hermann, Nipperdey Thomas, Schmidt Heinrich, Hg., Geschichtswissenschaft und Vereinswesen im 19. Jahrhundert = Veröffentlichungen d. MPI für Geschichte 1) Göttingen 1972, 1–44

Ostadal Hubert, Die Kammer der Reichsräte in Bayern von 1819 bis 1848. Ein Betrag zur Geschichte des Frühparlamentarismus (MBM 12) Diss. München 1968

Otto Ulla, Die Problematik des Begriffs der öffentlichen Meinung (Publizistik 11/2) 1966, 99–130

—, Die literarische Zensur als Problem der Soziologie der Politik (Bonner Beiträge zur Soziologie 3) Stuttgart 1968

—, Zensur – Schutz der Unmündigen oder Instrument der Herrschaft (Publizistik 13/1) 1968, 5–15

Overesch Manfred, Presse zwischen Lenkung und Freiheit. Preußen und seine offiziöse Zeitung von der Revolution bis zur Reichsgründung (1848 bis 1871/72) (Dortmunder Beiträge zur Zeitungsforschung 19) Pullach 1974

Owsinska Anna, La politique de la France envers l'Allemagne 1830–48 à l'époque de la monarchie de Juillet 1830–48, Warschau 1974

PALMER Robert R., The age of the democratic revolution, Princeton 1959

PHILIPPI Georg, Preise, Löhne und Produktivität (Konjunkturpolitik, Ztschr. für angewandte Konjunkturforschung 12) 1966, 305–334

PINKNEY David H., The crowd in the French revolution of 1830 (American Historical Review 70/1) 1964, 1–17

POIDEVIN Raymond, BARIÉTY Jacques, Frankreich und Deutschland. Die Geschichte ihrer Beziehungen 1815–1975, München 1982

Die deutsche Polenfreundschaft in den 30er Jahren des 19. Jahrhunderts. Beiträge der Leipziger Tagung der Historikerkommission der Deutschen Demokratischen Republik und der Volksrepublik Polen 27.–30. 5. 1980, hrsg. v. Societas Jablonoviana und Karl-Marx-Universität Leipzig 1981 (Wissenschaftliche Beiträge der Karl-Marx-Universität Leipzig, Reihe Gesellschaftswissenschaften) Leipzig 1981

PRICE Arnold Hereward, The evolution of the Zollverein. A study of the ideas and institutions leading to the German economic unification between 1815 and 1833, University of Michigan 1949

PULZER Peter, Die jüdische Beteiligung in der Politik (MOSSE Werner E., Hg., unter Mitarbeit v. PAUCKER Arnold, Juden im Wilhelminischen Deutschland: 1890–1940 = Schriftenreihe wissenschaftlicher Abhandlungen des Leo-Baeck-Instituts 33) Tübingen 1976, 143–239

RATTELMÜLLER Paul Ernst, Das bayerische Bürgermilitär, München 1969

REINALTER Helmut (Hg.), Revolution und Gesellschaft. Zur Entwicklung des neuzeitlichen Revolutionsbegriffs (Vergleichende Gesellschaftsgeschichte und Politische Ideengeschichte der Neuzeit 1) Innsbruck 1980

– (Hg.), Demokratische und soziale Protestbewegungen in Mitteleuropa 1815–1848/49, Frankfurt 1986

REINHART Paul, Die sächsischen Unruhen der Jahre 1830–31 und Sachsens Übergang zum Verfassungsstaat (Historische Studien 8) Halle 1916

RENZ Franz, Der bayerische Landtag von 1827/28, Diss. München 1928

RICHARZ Monika (Hg.), Jüdisches Leben in Deutschland, Bd. 1. Selbstzeugnisse zur Sozialgeschichte 1780–1871 (Veröffentlichungen d. Leo-Baeck-Instituts) Stuttgart 1976

RIMSCHA Wolfgang v., Die Grundrechte im süddeutschen Konstitutionalismus. Zur Entstehung und Bedeutung der Grundrechtsartikel in den ersten Verfassungsurkunden von Bayern, Baden und Württemberg (Erlanger Juristische Abhandlungen 12) Köln 1973

ROGHÉ Dieter, Die französische Deutschland-Politik während der ersten zehn Jahre der Julimonarchie 1830–48, Diss. Würzburg 1970

RUCKHÄBERLE Hans-Joachim (Hg.), Bildung und Organisation in den deutschen Handwerksgesellen- und Arbeitervereinen 1834–45 (Studien und Texte zur Sozialgeschichte d. Literatur 4) Tübingen 1983

–, Flugschriftenliteratur im historischen Umkreis Georg Büchners (Skripten Literaturwissenschaft 16) Kronberg 1975

–, Frühproletarische Literatur – Die Flugschriften der deutschen Handwerksgesellenvereine in Paris 1832–39 (Monographie Literaturwissenschaft 34) Kronberg 1977

RUDÉ George, English rural and urban disturbances on the eve of the first reform bill 1830–31 (Past and Present 37) 1967, 87–102

RÜRUP Reinhard, Emanzipation und Antisemitismus: Studien zur Judenfrage der bürgerlichen Gesellschaft (Kritische Studien zur Geschichtswissenschaft 15) Göttingen 1975

RULE James, TILLY Charles, 1830 and the unnatural history of revolution (Journal of Social Issues 28/1) 1972, 49–76

RUPP Erika-Margarete, Die Pressepolitik unter Ludwig I. mit besonderer Berücksichtigung der Münchner Presse, Diss. München 1952

SACHS Lothar, Die Entwicklungsgeschichte des Bayerischen Landtags in den ersten drei Jahrzehnten nach der Verfassungsgebung 1818–48. Im Zusammenhang mit der allgemeinen politischen Geschichte jener Zeit, Würzburg 1914

SACHSSE Christoph, TENNSTEDT Florian, Geschichte der Armenfürsorge in Deutschland. Vom Spätmittelalter bis zum 1. Weltkrieg, Stuttgart 1980

SCHÄRL Walter, Die Zusammensetzung der bayerischen Beamtenschaft von 1806 bis 1918 (Münchner historische Studien, Abtlg. Bayerische Geschichte 1) Kallmünz 1955

SCHIEDER Theodor, Revolution und Gesellschaft. Theorie und Praxis der Systemveränderung, Freiburg 1973

SCHIEDER Wolfgang, Die Anfänge der deutschen Arbeiterbewegung. Die Auslandsvereine im Jahrzehnt nach der Julirevolution (Industrielle Welt 4) Stuttgart 1963

SCHLESINGER Arthur M., Liberty tree. A geneology (The New England Quarterly 25) 1952, 435–458

SCHLUMBOHM Jürgen, Freiheit. Die Anfänge der bürgerlichen Emanzipationsbewegung in Deutschland im Spiegel ihres Leitworts (circa 1760–1800) (Geschichte und Gesellschaft. Bochumer historische Studien 12) Düsseldorf 1975

—, Freiheitsbegriff und Emanzipationsprozeß. Zur Geschichte eines politischen Wortes, Göttingen 1973

SCHMELZEISEN Gustav, Polizeiordnungen und Polizeirecht (Forschungen zur Neueren Privatrechtsgeschichte 3) Münster-Köln 1955

SCHMIDT Gerhard, Die Staatsreform in Sachsen in der ersten Hälfte des 19. Jahrhunderts. Eine Parallele zu den Stein'schen Reformen in Preußen (Schriftenreihe d. Staatsarchivs Dresden 7) Weimar 1966

SCHMIDT Heinrich, Die deutschen Flüchtlinge in der Schweiz und die erste deutsche Arbeiterbewegung 1833–1836, Zürich 1899, ND Hildesheim 1971

SCHNEIDER Franz, Pressefreiheit und politische Öffentlichkeit — Studien zur politischen Geschichte Deutschlands bis 1848 (Politica 24) Berlin 1966

SCHNEIDER Gustav Heinrich, Preß- oder Vaterlandsverein 1832/33 — Beitrag zur Geschichte des Frankfurter Attentats 1833, Diss. Heidelberg 1897

SCHOTTENLOHER Karl, Flugblatt und Zeitung, München 1922

SCHRAEPLER Ernst, Handwerkerbünde und Arbeitervereine: 1830–1853. Die politische Tätigkeit deutscher Sozialisten von Wilhelm Weitling bis Karl Marx (Veröffentlichungen der Historischen Kommission zu Berlin 34 = Publikationen zur Geschichte d. Arbeiterbewegung 4) Berlin 1972

SCHROEDER Friedrich-Christian, Der Schutz von Staat und Verfassung im Strafrecht. Eine systematische Darstellung, entwickelt aus Rechtsgeschichte und Rechtsentwicklung (Münchner Universitätsschriften, Reihe d. Juristischen Fakultät 9) München 1970

SCHRÖDER Hugo, Gendarmerie in Bayern. Vorgeschichte, Errichtung und Entwicklung der bayerischen Gendarmerie, sowie deren Thätigkeit von 1812–1900, Augsburg 1900

SCHWARZ Stefan, Die Juden in Bayern im Wandel der Zeiten, München 1963

SCUPIN Hans-Harald, Die Entwicklung des Polizeibegriffs und seine Verwendung in den neuen deutschen Polizeigesetzen, Marburg 1970

SEIDE Gernot, Regierungspolitik und öffentliche Meinung im Kaisertum Österreich anläßlich der polnischen Novemberrevolution (1830–31) (Veröffentlichungen d. Osteuropa-Institutes München 38) Wiesbaden 1971

SEUFFERT Karl Georg Leopold, Statistik des Getreide- und Viktualien-Handels im Königreich Bayern mit Berücksichtigung des Auslands. Aus amtlichen Quellen, München 1857

SEYDEL Max v., Bayerisches Staatsrecht, München ²1896

—, Bayerisches Staatsrecht, München ³1903

SHORTER Edward Lazare, Social change and social policy in Bavaria. 1800–1860, Cambridge/Harvard 1967

SIEMANN Wolfram, »Deutschlands Ruhe, Sicherheit und Ordnung«. Die Anfänge der politischen Polizei 1806–1866 (Studien und Texte zur Sozialgeschichte d. Literatur 14) Tübingen 1985

SOLDANI Simonetta, Il 1830 in Europa: Dinamica e articolazioni di una crisi generale (Studi Storici XII/1–21) 1972, 34–92, 338–372

SPINDLER Max, Bernhard Grandaur, Kabinettssekretär und Staatsrat, und Ludwig I. (SPINDLER Max, Erbe und Verpflichtung. Aufsätze und Vorträge zur bayerischen Geschichte, hrsg. v. Andreas KRAUS) München 1966, 264–279

—, Das Kabinett unter König Ludwig I. (SPINDLER Max, Erbe und Verpflichtung. Aufsätze und Vorträge zur bayerischen Geschichte, hrsg. v. Andreas KRAUS) München 1966, 252–263

—, Die Regierungszeit Ludwigs I. (SPINDLER Max, Hg., Handbuch der bayerischen Geschichte 4/1) München 1979, 87–223

SPREE Reinhard, TYBUS Michael, Wachstumstrends und Konjunkturzyklen in der deutschen Wirtschaft von 1820 bis 1913. Quantitativer Rahmen für eine Konjunkturgeschichte des 19. Jahrhunderts, Göttingen 1978

SRBIK Heinrich Ritter v., Der Ideengehalt des »Metternichschen Systems« (HZ 131) 1925, 240–262

STADTMÜLLER Alois, Die Geschichte der Würzburger Presse bis zum Jahre 1900 (Zeitung und Leben 81) Würzburg 1940

STERLING Eleonore, Anti-jewish riots in Germany in 1819: A displacement of social protest (Historia Judaica 12/2) 104–142

—, Judenhaß. Anfänge des politischen Antisemitismus 1815–50, Frankfurt 1969

STEUER Oskar, Cotta in München, Diss. München 1931

STÖPSEL Ingeborg, Nürnbergs Presse in der ersten Hälfte des 19. Jahrhunderts vom Übergang der Freien Reichsstadt an Bayern bis zum Ausgang der Revolution 1848/49, Diss. München 1940

STROBEL Georg W., Die deutsche Polenfreundschaft 1830–34: Vorläuferin des organisierten politischen Liberalismus und Wetterzeichen des Vormärz (Die deutsch-polnischen Beziehungen 1831–1848: Vormärz und Völkerfrühling, XI. deutsch-polnische Schulbuchkonferenz d. Historiker vom 16. bis 21. Mai 1978 in Deidesheim = Schriftenreihe d. Georg-Eckerts-Instituts für Internationale Schulbuchforschung 22/II) Braunschweig 1979, 126–147

—, Die liberale deutsche Polenfreundschaft und die Erneuerungsbewegung Deutschlands (EHLEN Peter, Hg., Der polnische Freiheitskampf 1830/31 und die liberale deutsche Polenfreundschaft) Augsburg 1982, 31—47

—, Die Reise Adam Miekiewicz durch Süddeutschland im Sommer 1832 (Jbb. f. Geschichte Osteuropas, NF, 17) 1969, 29—44

THOMA Richard, Gesellschaft und Geistesleben im vormärzlichen Augsburg, München 1953

TILLY Charles, TILLY Louise, TILLY Richard, The rebellious century 1830—1930, London 1975

TILLY Louise, TILLY Charles (Hg.), Class conflict and collective action (New Approaches to Social Science History 1) London 1981

TILLY Richard, Popular disorders in nineteenth century Germany (Journal of Social History 4) 1970, 1—40

—, Kapital, Staat und sozialer Protest in der deutschen Industrialisierung, Göttingen 1981

— (Hg.), Sozialer Protest (GG 3/2) 1977

TEUTEBERG Hans J., WIEGELMANN Günter, Der Wandel der Nahrungsgewohnheiten unter dem Einfuß der Industrialisierung (Studien zum Wandel von Gesellschaft und Bildung im neunzehnten Jahrhundert 3) Göttingen 1972

TORNOW Ingo, Das Münchner Vereinswesen in der ersten Hälfte des 19. Jahrhunderts, mit einem Ausblick auf die zweite Jahrhunderthälfte (MBM 27) München 1977

TOURY Jacob, Soziale und politische Geschichte der Juden in Deutschland: 1847—1871, zwischen Revolution, Reaktion und Emanzipation (Schriftenreihe d. Instituts für Deutsche Geschichte, Universität Tel Aviv 2) Düsseldorf 1977

TREML Manfred, Bayerns Pressepolitik zwischen Verfassungstreue und Bundespflicht (1815—1837). Ein Beitrag zum bayerischen Souveränitätsverständnis und Konstitutionalismus (Beiträge zu einer historischen Strukturanalyse Bayerns im Industriezeitalter 16) Berlin 1977

TRÜMPY Hans, Der Freiheitsbaum (Schweizerisches Archiv für Volkskunde 57) 1961, 103—122

URNER Klaus, Die Deutschen in der Schweiz. Von den Anfängen der Koloniebildung bis zum Ausbruch des Ersten Weltkriegs, Zürich 1976

VALERIUS Gerhard, Deutscher Katholizismus und Lamennais — Die Auseinandersetzung in der katholischen Publizistik 1817—54 (Veröffentlichungen der Kommission für Zeitgeschichte, Reihe B, Forschungen 39) Mainz 1983

VIERHAUS Rudolf, Zum Problem historischer Krisen (FABER Karl-Georg, MEIER Christian, Hg., Theorie der Geschichte. Beiträge zur Historik 2: Historische Prozesse) München 1978, 313—330

VOLKMANN Hans-Erich, Der polnische Aufstand 1830—31 und die deutsche Öffentlichkeit, mit besonderer Berücksichtigung der bayerischen Rheinpfalz (Ztschr. für Ostforschung 16/3) 439—452

VOLKMANN Heinrich, Die Krise von 1830. Form, Ursache und Funktion des sozialen Protests im deutschen Vormärz, Berlin (Habilitations-Schrift) 1975

—, Kategorien des sozialen Protests im Vormarz (GG 3/2) 1977, 164—189

—, Soziale Innovation und Systemstabilität am Beispiel der Krise von 1830—32 in Deutschland (NEULOH Otto, Hg., Soziale Innovation und sozialer Konflikt = Studien zum Wandel von Gesellschaft und Bildung im 19. Jahrhundert 15) Göttingen 1977

—, Sozialer Protest in Deutschland im 19. Jahrhundert, Opladen 1983

VORMBAUM Thomas, Die Rechtsfähigkeit der Vereine im 19. Jahrhundert. Ein Beitrag zur Entstehungsgeschichte des BGB (Münsterische Beiträge zur Rechts- und Staatswissenschaft 21) Berlin 1976

WEBER Eberhard, Die Mainzer Zentraluntersuchungskommission (Studien und Quellen zur Geschichte d. deutschen Verfassungsrechts 8) Karlsruhe 1970

WEEDE Erich, Unzufriedenheit, Protest, Gewalt: Kritik an einem makroökonomischen Forschungsprogramm (Politische Vierteljahresschrift 16) 1975, 409–428

WEGENER W., Die Farben und Symbole der Bundesrepublik in historischer und verfassungsrechtlicher Sicht (Annales Universitatis Saravensis, Serie Rechts- und Wirtschaftswissenschaften 8/1,2) 1960, 33–50

WEHNER Philipp, Die burschenschaftliche Bewegung an der Universität Landshut-München in den Jahren 1815–1833, Diss. München 1917

WEIGEL Sigrid, Flugschriftenliteratur 1848 in Berlin. Geschichte und Öffentlichkeit einer volkstümlichen Gattung, Stuttgart 1979

WEIS Eberhard, Montgelas, 1759–1799, zwischen Revolution und Reform, München 1971

—, Der Durchbruch des Bürgertums 1776–1847 (Propyläen Geschichte Europas 4) Frankfurt 1982

WENDE Peter, Radikalismus im Vormärz. Untersuchungen zur politischen Theorie der frühen deutschen Demokratie (Frankfurter historische Abhandlungen 11) Wiesbaden 1975

WENTZCKE Paul, HEER Georg, Geschichte der deutschen Burschenschaft, 4 Bde., Heidelberg 1919–39

WENTZCKE Paul, Die deutschen Farben. Ihre Entstehung und Deutung in der deutschen Geschichte, Heidelberg 1955

WERNER George Stephen, Bavaria in the German confederation 1820–48, London

WEYDEN J., Eduard von Schenk. Bayerischer Dichter und Staatsmann, Graz 1932

WINTER Alexander, Fürst Wrede als Berater des Königs Max I. und des Kronprinzen Ludwig von Bayern (1813–1825) (MBM 7) München 1968

WINTER Otto Fr., Repertorium der diplomatischen Vertreter aller Länder, 3 Bde., 1764–1815, Graz 1965

WIRTZ Rainer, »Widersetzlichkeiten, Excesse, Crawalle, Tumulte und Skandale«. Soziale Bewegung und gewalthafter Protest in Baden 1815–48 (Sozialgeschichtliche Bibliothek) Frankfurt-Berlin-Wien 1981

WOLZENDORFF Kurt, Die Entwicklung des Polizeibegriffs im 19. Jahrhundert, 2 Teile (Grenzen der Polizeigewalt 5, Arbeiten aus dem juristisch-staatswissenschaftlichen Seminar d. kgl. Universität Marburg) Marburg 1906

WURZBACHER Gerhard, Die öffentliche freie Vereinigung als Faktor soziokulturellen, insbesondere emanzipatorischen Wandels im 19. Jahrhundert (RUEGG W., NEULOH O. Hg., Zur soziologischen Theorie und Analyse d. 19. Jahrhunderts) Göttingen 1971, 103–122

ZIEGLER Edda, Literarische Zensur in Deutschland 1819–1848: Materialien, Kommentare (Literatur-Kommentare 18) München 1983

ZIMMERMANN Ekkart, Krisen, Staatsstreiche und Revolutionen — Theorien, Daten und neuere Forschungsansätze (Studien zur Sozialwissenschaft 47) Opladen 1981

ZIMMERMANN Ludwig, Die Einheits- und Freiheitsbewegung und die Revolution von 1848 in Franken (Veröffentlichungen d. Gesellschaft für Fränkische Geschichte IX/9) Würzburg 1951

ZORN Wolfgang, Die wirtschaftliche Struktur Altbayerns im Vormärz (Oberbayerisches Archiv 93) 1971, 190—206

ZUBER Karl-Heinz, Der »Fürst-Proletarier« Ludwig von Oettingen-Wallerstein (1791—1870). Adeliges Leben und konservative Reformpolitik im konstitutionellen Bayern (ZBLG, Beiheft 10, Reihe B) München 1978

I. Die Bedeutung der französischen Julirevolution von 1830: Einführung und Fragestellung

Reaktion und Revolution[1], mit diesem Begriffspaar lassen sich die politischen Fronten beschreiben, die seit der französischen Julirevolution offen zutage traten.

Die Revolution 1830 wurde ausgelöst durch Regierungsmaßnahmen König Karls X.: Die Beseitigung der Pressefreiheit, die Auflösung der Deputiertenkammer und starke Beschränkungen des Wahlrechts sollten die innerfranzösische Opposition zum Schweigen bringen. Mit diesem Herrschaftsanspruch mißachtete Karl X. jedoch den Grad der politischen und gesellschaftlichen Emanzipation[2]. Die französische Regierung unter der Leitung des Ministers Polignac entbehrte der Zustimmung und Unterstützung der Parlamentsmehrheit. In vergleichbaren Fällen hatte dies 1828 und 1829 zur Entlassung der Ministerien Villèle und Martignac durch den König geführt. Die Beibehaltung des Kabinetts Polignac stand somit in Widerspruch zur bestehenden parlamentarischen Regierungspraxis. Der Protest der Deputierten in einer Adresse, die an die pouvoir neutre des Monarchen appellierte, blieb jedoch unberücksichtigt. Die Abgeordneten verlangten darin die Absetzung Polignacs und die Wiederherstellung des konstitutionellen Gleichgewichts. Der Erlaß der Regierungsmaßnahmen Juli 1830 dagegen unter Berufung auf den Notverordnungsartikel

---

[1] Vgl. Frederick B. Artz, Reaction and Revolution (William Langer, Hg., Rise of Modern Europe) London 1934; Theodor S. Hamerow, Restauration, Revolution, Reaction — Economics and Politics in Germany 1815—1871, Princeton 1958. Interessant ist die Aufarbeitung der Zeitepoche 1815—1848 in einigen Arbeiten seit 1985: Manfred Botzenhart, Reform, Restauration, Krise. Deutschland 1789—1847 (Neue Historische Bibliothek, hrsg. v. Hans-Ulrich Wehler) Frankfurt 1985; Wolfgang Hardtwig, Vormärz. Der monarchische Staat und das Bürgertum (Geschichte der neuesten Zeit vom 19. Jahrhundert bis zur Gegenwart, hrsg. v. Martin Broszat, Hermann Graml) München 1985; Rainer Koch, Deutsche Geschichte 1815—1848. Restauration oder Vormärz, Stuttgart 1985; Helmut Reinalter (Hg.), Demokratische und soziale Protestbewegungen in Mitteleuropa 1815—1848/49, Frankfurt 1986. Hier sind wichtige Aufsätze und Literaturhinweise enthalten.

[2] Literatur zu Vorgeschichte und Verlauf der Julirevolution, die hier als Grundlage dienten: Jean-Jacques Chevallier, Histoire des institutions politiques de la France de 1789 à nos jours, Paris 1952; Paul Bastid, Les institutions politiques de la monarchie parlementaire française 1814—1848, Paris 1954; Jean Lhomme, La grande bourgeoisie au pouvoir 1830—1880, Paris 1960; Ernst Rudolf Huber, Legitimität, Legalität und juste milieu, Frankreich unter der Restauration und dem Bürgerkönigtum (Ernst Rudolf Huber, Hg., Nationalstaat und Verfassungsstaat, Studien zur Geschichte der neueren Staatsidee) Stuttgart 1965, 71—106; Irene Collins, Government and Society in France 1814—1848, London 1970; Jacques Chastenet, Une époque de contestation. La monarchie bourgeoise 1830—1848, Paris 1976; Heinz-Gerhard Haupt, Sozialökonomische und politische Voraussetzungen der Julirevolution 1830 (Historische Texte/Neuzeit 11) Göttingen 1971.

Nr. 14 der französischen Verfassung bedeutete den Staatsstreich. Die Notverordnung war zum Schutz der Verfassung und zur Sicherheit des Staates gegen den Umsturz von oben gedacht[3]; die Maßnahmen Karls X. setzten verfassungsmäßig garantierte Rechte außer Kraft. Der Aufstand 26. bis 28. 7. 1830 brach in Paris los. Karl X. galt als abgesetzt, am 30./31. Juli ernannten die Abgeordneten den Prinzen Louis Philippe von Orléans zum lieutenant-général du royaume. Nach der Abdankung Karls X. proklamierten sie ihn zum neuen König. Dabei knüpfte man durch die Akklamation des Volkes von Paris und den Bruderkuß zwischen dem Abgeordneten La Fayette und Louis Philippe unter dem Zeichen der Trikolore bewußt an Traditionen der Revolution von 1789 an. Noch vor Karls Rücktritt und der Ernennung des neuen Königs betonten französische Zeitungen die entscheidende Rolle des Volkswillens, so am 29. 7. 1830: »Le duc d'Orléans est un Roi citoyen... Il attend notre voeu. Proclamons ce voeu, et il acceptera la Charte comme nous l'avons toujours entendue et voulue. C'est du peuple français qu'il tiendra sa couronne.«[4]

Der Gedanke der Volkssouveränität wurde 1830 erstmals wieder seit der Restauration der Monarchie 1814 aktualisiert[5]. Dies schlug sich auch in der neuen, revidierten Verfassung vom 14. 8. 1830 nieder[6]. Sie war nicht durch den König erlassen, sondern von den Deputierten ausgearbeitet und vom König angenommen. Die der Verfassung von 1814 vorangestellte Präambel entfiel; dies war eine Absage an die darin erhobene Legitimierung der monarchischen Gewalt durch das Gottesgnadentum. Der neue Königstitel — »Roi des Français, non de France«[7] — unterstrich ebenfalls die Bedeutung der »volonté de la nation« und des Individuums an der Spitze von Staat und Verfassung[8]. Das Volkssouveränitätsprinzip drängte 1830 das monarchische Prinzip zurück.

Die französische Julirevolution brach die vermeintliche Ruhe der Restaurationszeit; die Ideen von 1789 waren wachgerufen, Europa befand sich im

---

[3] HUBER, Legitimität, 83.
[4] Zitiert nach BASTID, institutions, 116. Louis Philippes Königsernennung ist nicht allein revolutionär zu sehen; noch vor seiner Abdankung bestätigte Karl am 2. 8. die Entscheidung der Abgeordneten, Louis Philippe zum lieutenant général zu erheben. Erst nach dem Rücktritt Karls erfolgte Louis Philippes Königsproklamation. Über den Charakter des Thronwechsels besteht in der Forschung Uneinigkeit: HUBER, Legitimität, 90, betont die Legalität als Grundlage des Königtums Louis Philippes, »... der im Willen der Kammern hervortretende Parteienkompromiß«; BASTID, institutions, 117, sieht hier nur eine illegale Usurpation der Macht durch eine »poignée d'hommes« (die Abgeordneten). Vgl. Robert A. KANN, Die Restauration als Phänomen der Geschichte, Graz 1974, 330.
[5] Volkssouveränität im Sinne der Erklärung der Menschen- und Bürgerrechte 1789, Art. 3; siehe auch die Formulierungen der Revolutionsverfassungen 3. 9. 1791, 22. 9. 1792, 29. 6. 1793, 22. 8. 1795: die Verfassung 1793 Art. 25 erklärt »La souveraineté réside dans le peuple; elle est une et indivisible, imprescriptible et inaliénable« und dazu die Verfassung 1795 »L'universalité des citoyens français est le souverain«, zitiert nach Jacques GODECHOT, Les constitutions de la France depuis 1789, Paris 1970, 82, 103. Hanns KURZ, Volkssouveränität und Volksrepräsentation (Schriftenreihe Annales Universitatis Saravensis, Rechts- und Wirtschaftswissenschaftliche Abtlg. 16) Köln 1965, 119.
[6] Gedruckt bei GODECHOT, constitutions, 247—252.
[7] Andrée MARTIN-PANNETIER, Institutions et vie politique française de 1789 à nos jours, Paris 1972, 35 ff.
[8] Werner NÄF, Staatsverfassungen und Staatstypen 1830/31 (Ernst-Wolfgang BÖCKENFÖRDE, Hg., Moderne deutsche Verfassungsgeschichte 1815—1914 = Neue wissenschaftliche Bibliothek 51, Geschichte) Königstein/Ts. 1981, 133—137, 140.

»Zeitalter der Revolutionen«[9]. 1830 wurde zum Signal für die Oppositionsbewegungen, für den Ausbruch von Aufständen und Revolutionen. Gegenüber
der bestehenden monarchisch-patriarchalischen Staatsordnung rückten Forderungen nach nationaler Selbstbestimmung, einer Liberalisierung der politischen
und gesellschaftlichen Verhältnisse, Forderungen nach mehr politischen Rechten und Mitsprache in den Vordergrund. In den Vereinigten Niederlanden erhob sich die katholische und liberale Minderheit der Südprovinzen gegen den
politisch und gesellschaftlich dominierenden Norden. Die Südprovinzen er-
klärten sich zum selbständigen Königreich Belgien mit liberaler Verfassung.
Während der Unruhen in Polen und Italien stand der Kampf um nationale
Einheit und Autonomie gegenüber russischer beziehungsweise österreichischer
Oberhoheit im Mittelpunkt. Die Wahlrechtsreform in England festigte endgültig das parlamentarische Regierungssystem. In den Schweizer Kantonen
leiteten Verfassungsänderungen die Rückkehr zur Referendumsdemokratie ein[10].
    Auch in einzelnen norddeutschen Städten, in Braunschweig, Hannover, in den
bayerischen Nachbarländern Hessen, Sachsen, Reuß und Altenburg entstanden
revolutionäre Erhebungen, Aufruhr und Protest. Sie richteten sich im wesentlichen gegen Verwaltung und Polizei, gegen Abgaben, Steuern und Zölle. Die
Opposition des städtischen Bürgertums drängte auf eine Verwirklichung libe-
ral-konstitutioneller Postulate[11]. In Kurhessen und Sachsen wurden erstmals
Verfassungen erlassen, in Braunschweig und Hannover neue, revidierte Verfassungen eingeführt. In Anlehnung an die französische Charte 1830 überwog
das Prinzip der Verfassungsvereinbarung zwischen Volksvertretern und Fürst.
Die Kompetenzen der Landtage waren durch größere Initiativrechte bei der
Gesetzgebung und Haushaltsentscheidung erweitert. Die hannoveranische

---

[9] Louis BERGERON, François FURET, Reinhart KOSELLECK (Hg.), Das Zeitalter der
europäischen Revolution 1780—1848 (Fischer Weltgeschichte 26) Frankfurt 1969, 262—
291, 296—319. — Zu Entwicklungen, Auswirkungen der Julirevolution in Europa, vgl.:
Eberhard WEIS, Der Durchbruch des Bürgertums 1776—1847 (Propyläen Geschichte
Europas 4) Frankfurt 1982, 370—399; Clive H. CHURCH, Europe in 1830. Revolution
and political change, London 1983; William LANGER, Political and social upheaval
1832—1852, New York 1969. — Zum Zusammenhang der Revolution 1789 mit der
amerikanischen Geschichte, vgl.: Robert R. PALMER, The age of democratic revolution,
2 Bde., Princeton 1959.
[10] WEIS, Durchbruch, 374—384; George RUDÉ, English rural and urban disturbances
1820—1832 on the eve of the first reform bill (Past and Present 37) 1967, 87—102.
[11] Eberhard KLIEWER, Die Julirevolution und das Rheinland, Diss. Köln 1963; Hans-
Gerhard HUSUNG, Protest und Repression im Vormärz — Norddeutschland zwischen
Restauration und Revolution (Kritische Studien zur Geschichtswissenschaft 54) Göttingen 1983; Heinrich VOLKMANN, Die Krise von 1830. Form, Ursache und Funktion
des sozialen Protests im deutschen Vormärz, Berlin (Habil.-Schrift) 1975; Paul REIN-
HART, Die sächsischen Unruhen der Jahre 1830—31 und Sachsens Übergang zum Verfassungsstaat (Historische Studien 8) Halle 1916; Gerhard SCHMIDT, Die Staatsreform
in Sachsen in der ersten Hälfte des 19. Jahrhunderts. Eine Parallele zu den Stein'schen
Reformen in Preußen (Schriftenreihe des Staatsarchivs Dresden 7) Weimar 1966; Siegfried BÜTTNER, Die Anfänge des Parlamentarismus in Hessen-Darmstadt und das du
Thil'sche System, Darmstadt 1969; Johannes ISELER, Die Entwicklung des öffentlichen
politischen Lebens in Kurhessen in der Zeit von 1815—1848, Diss. Marburg 1913; Manfred BULLIK, Staat und Gesellschaft im hessischen Vormärz. Wahlrecht, Wahlen und
öffentliche Meinung in Kurhessen 1830—1848 (Neue Wirtschaftsgeschichte 7) Köln
1972; auch Ernst-Rudolf HUBER, Deutsche Verfassungsgeschichte seit 1789, Bd. 2: Der
Kampf um Einheit und Freiheit 1830 bis 1850, Stuttgart ²1975, 44—91. Für die folgende Zusammenfassung im Text dienten diese Arbeiten als Grundlage.

Verfassung verankerte die Ministerverantwortlichkeit gegenüber dem Landtag, die kurhessische die Vereidigung von Beamten und Heer auf die Verfassung, das Verfassungsgelöbnis des Monarchen, schrieb das Ein-Kammer-System für den Landtag vor.

Die Erfolge der bürgerlichen Verfassungsbewegung 1830–1832 waren jedoch maßgeblich durch die revolutionären Aufstände der städtischen und ländlichen Unterschichten, der Taglöhner, Handlanger, Gesellen, Keinbürger und Bauern getragen[12]. Dem wurde durch Ansätze von Sozialreformen, Fortschreiten der Bauernbefreiung und Grundentlastung, einer Revision des Steuer- und Abgabensystems und der Erweiterung des Wahlrechts Rechnung getragen. Allgemein verschoben sich die Machtgewichte am stärksten zugunsten des städtischen, akademisch gebildeten und wohlhabenden Bürgertums. Doch die Forderungen der »Straße« waren damit nicht in den Hintergrund getreten. Immer wieder brachen lokale Aufstände aus. Die politische Bedeutung der Unterschichten innerhalb der Oppositionsbewegung nahm zu.

In den süddeutschen Bundesstaaten, in Baden, Württemberg und Bayern meldete sich die Opposition in den Landtagen verstärkt zu Wort; die außerparlamentarische Opposition in Presse, Flugblättern und Druckschriften, in Vereinen, auf Volksversammlungen und Festen nahm nach 1830 an Bedeutung zu[13]. Gefordert wurden ein Ausbau parlamentarischer Rechte, gesetzliche Garantie staatsbürgerlicher Freiheits- und Gleichheitsrechte.

Das Spektrum politischer Opposition zeigte in den 30er und 40er Jahren zunehmende Differenzierungen. Neben den bisher in Landtagen und Presse dominierenden konstitutionellen und parlamentarischen Liberalismus, traten republikanische und demokratische Richtungen, vor allem von Redakteuren, politischen Schriftstellern des Jungen Deutschland und Studenten getragen[14]. Hand-

---

[12] Die marxistische Geschichtsschreibung betont im Zusammenhang mit den Auseinandersetzungen in Deutschland nach 1830 die Wichtigkeit der Erforschung der antifeudalen Oppositionsbewegung und der »strategischen« Haltung des Bürgertums. Hans Bach, Die Julirevolution in Frankreich und ihre Auswirkungen auf Europa. Bericht über das Kolloquium in Leipzig der Forschungsgruppe »Vergleichende Revolutionsgeschichte der Neuzeit« 18., 19. 9. 1980 (ZfG 29/3) 1981, 255 f.; zur DDR-Forschung siehe Helmut Bock, Deutsche Klassenkämpfe zur Zeit der französischen Julirevolution 1830–34 (Jb. f. Volkskunde und Kulturgeschichte Bd. 17, NF. Bd. 2) 1974, 40–106; Helmut Bock, Die Illusion der Freiheit. Deutsche Klassenkämpfe zur Zeit der französischen Julirevolution 1830–31, Berlin 1980; Kurt Holzapfel, Die Julirevolution 1830 in Frankreich. Meinungen, Kontroversen, Forschungsdesiderata (ZfG 29/8) 1981, 710–725.
[13] Thomas Nipperdey, Deutsche Geschichte 1800–1866. Bürgerwelt und starker Staat, München 1983, 368–373; Huber, Verfassungsgeschichte 2, 30–44; Bruno Bauer, Geschichte der constitutionellen und revolutionären Bewegungen im südlichen Deutschland in den Jahren 1831–1834, Charlottenburg 1845; Johann Richard Mucke, Die politischen Bewegungen im Deutschland von 1830 bis 1835 mit ihren politischen und staatsrechtlichen Folgen, Leipzig 1875; Emil Imm, Die nationale und freiheitliche Bewegung in Baden während der Jahre 1830–1835, Diss. Heidelberg 1909; J. Häring, Württemberg unter dem Einfluß der Julirevolution (Ztschr. f. Württembergische Landesgeschichte NF. Bd. 1) 1937, 446 ff.; Hans-Joachim Ruckhäberle, Flugschriftenliteratur im historischen Umkreis Georg Büchners (Skripten Literaturwissenschaft 16) Kronberg/Ts. 1975.
[14] Huber, Verfassungsgeschichte 2, 402–414; Peter Wende, Radikalismus im Vormärz. Untersuchungen zur Theorie der frühen deutschen Demokratie (Frankfurter historische Abhandlungen 11) Wiesbaden 1975; Alfred Estermann (Hg.), Politische Avantgarde 1830–1840: Eine Dokumentation zum jungen Deutschland, 2 Bde., Frankfurt 1972; Paul Wentzcke/Georg Heer, Geschichte der deutschen Burschenschaft, 4

werksgesellen und politische Emigranten organisierten sich in Auslandsvereinen in der Schweiz und in Frankreich, die zur Basis frühsozialistischer Ideen und Parteibildung wurden[15]. Der 1834 nach dem Vorbild Giuseppe Mazzinis »Goivine Italia« gegründete Geheimbund des »Jungen Europa« kämpfte für eine zukünftige europäische Staatengesellschaft, einen Bund autonomer, demokratischer Nationen[16].

Die Julirevolution, die nachfolgenden Aufstände, Protest- und Oppositionsbewegung entzündeten sich an politischen und sozialen Spannungen, an Gegensätzen innerhalb der Herrschafts- und Gesellschaftsstrukturen[17].

Die Julirevolution von 1830, eine »vergessene Revolution«[18]? — unter diesem Motto wies die historische Forschung seit den 70er Jahren auf die weitreichende Bedeutung der Julirevolution hin[19].

Die wissenschaftliche Beschäftigung mit der Julirevolution und den durch sie initiierten Protesten und Unruhen knüpfte an Forschungsansätze der Revolutions- und Krisenforschung an: Auseinandersetzungen und Revolution als Zeichen einer politischen, gesellschaftlichen und wirtschaftlichen Systemkrise[20].

Bde., Heidelberg 1919—1939; Karl-Georg FABER, Strukturprobleme des deutschen Liberalismus im 19. Jahrhundert (Der Staat 14) 1975, 201—227; Lothar GALL/Rainer KOCH (Hg.), Der europäische Liberalismus — Texte zu seiner Entwicklung, 4 Bde., Frankfurt 1981; Günther HILDEBRANDT, Programm und Bewegung des süddeutschen Liberalismus nach 1830 (Jahrbuch f. Geschichte 9) 1973, 34—44.

[15] Wolfgang SCHIEDER, Die Anfänge der deutschen Arbeiterbewegung. Die Auslandsvereine im Jahrzehnt nach der Julirevolution (Industrielle Welt 4) Stuttgart 1963; Ernst SCHRAEPLER, Handwerkerbünde und Arbeitervereine: 1830—1853. Die politische Tätigkeit deutscher Sozialisten von Wilhelm Weitling bis Karl Marx (Veröffentlichungen der Historischen Kommission zu Berlin 34 = Publikationen zur Geschichte der Arbeiterbewegung 4) Berlin 1972; vgl. Kap. III.5.b., S. 73—77.

[16] Alessandro Galante GARRONE, Mazzini e gli inizi della »Giovine Italia«, Torino 1973; Alessandro Galante GARRONE, Filippo Buonarroti e i rivoluzionari dell'ottocento 1828—37, Torino 1972.

[17] Der Begriff »Spannungsfeld von Staat und Gesellschaft« wurde von Werner Conze formuliert: Werner CONZE (Hg.), Staat und Gesellschaft im deutschen Vormärz (Industrielle Welt 1) Stuttgart 1970, 207 ff. KLIEWER (Julirevolution, 16 f.) lehnt sich indirekt an dieses »forschungsstrategische Konstrukt« an, vgl. Rainer WIRTZ, »Widersetzlichkeiten, Excesse, Crawalle, Tumulte und Skandale«, Soziale Bewegung und sozialer Protest in Baden 1815—1848 (Sozialgeschichtliche Bibliothek) Frankfurt 1981, 36 f.

[18] VOLKMANN, Krise, 3—19; Clive H. CHURCH, Forgotten Revolutions: recent work on the revolution of 1830 in Europe (European Studies Review 7) 1977, 95—106; Clive H. CHURCH, Europe, 1—8.

[19] Vgl. Simonetta SOLDANI, Il 1830 in Europa: Dinamica e articolazioni di una crisi generale (Studi Storici XII/1—21) 1972, 34—92, 338—372.

[20] Gerhard HUFNAGEL, Revolution und Systemkrise — Zur Reichweite der Konzepte (Sozialwissenschaftliche Information für Unterricht und Studium 4/1) 1975, 1—6; Ekkart ZIMMERMANN, Krisen, Staatsstreiche und Revolutionen — Theorien, Daten und neuere Forschungsansätze (Studien zur Sozialwissenschaft 47) Opladen 1981. Zur Krisenforschung vgl. Martin JÄNICKE (Hg.), Herrschaft und Krise. Beiträge zur politikwissenschaftlichen Krisenforschung, Opladen 1973; Martin JÄNICKE (Hg.), Politische Systemkrisen (Neue Wissenschaftliche Bibliothek 65, Soziologie) Köln 1973. Zum Revolutionsbegriff vgl. Helmut REINALTER (Hg.), Revolution und Gesellschaft. Zur Entwicklung des neuzeitlichen Revolutionsbegriffs (Vergleichende Gesellschaftsgeschichte der Neuzeit 1) Innsbruck 1980; Urs JAEGGI, Sven PAPPKE (Hg.), Revolution und Theorie 1, Materialien zum bürgerlichen Revolutionsverständnis (Fischer Athenäum Taschenbücher, Sozialwissenschaften) Frankfurt 1974; Kurt von BEYME (Hg.), Empirische Revolutionsforschung, Opladen 1973; siehe Theodor SCHIEDER, Revolution und Gesellschaft. Theorie und Praxis der Systemveränderung, Freiburg 1973.

Ein neuer Forschungsschwerpunkt wurde entwickelt, Widerstand und Aufstand als kollektive Aktion[21], als »sozialen Protest«[22] begriffen.

Die durch die Julirevolution ausgelösten revolutionären und oppositionellen Impulse stellten den politischen status quo der Restaurationsepoche in Frage. Sie bedeuteten eine Herausforderung für das von den regierenden Staatsmächten auf dem Wiener Kongreß 1814/15 installierte System der politischen europäischen Ordnung.

Zentraler Punkt war die Wiedereinsetzung der Dynastien in ihre — aus der Zeit vor der Revolution 1789 — angestammten Herrscherrechte, in Frankreich die Bourbonen[23]. 1830 verloren sie jedoch durch den revolutionären Sturz Karls X. und die Ernennung des Prinzen von Orléans zum König der Franzosen diese Rechte.

Das System der Restauration sollte eine stabile politische Ordnung sichern. Besonders wichtig war seit 1815 »... als neues Element europäischer Politik das innenpolitische Sicherheitsmotiv, der Wunsch nach Erhaltung der monarchischen Autorität und ihres ständischen Unterbaus gegenüber den durch die Revolution [von 1789] geweckten und durch die Auflösung der feudalen Ordnung geförderten politischen und gesellschaftlichen Kräften der bürgerlichen Emanzipation.«[24]

Das monarchische Prinzip[25] war zur vorherrschenden Regierungsform erho-

---

[21] Zum Problem kollektiver Aktion vgl. Walter R. HEINZ, Peter SCHÖBER (Hg.), Theorien kollektiven Verhaltens. Beiträge zur Analyse sozialer Protestaktionen und Bewegungen (Sammlung Luchterhand 118) 2 Bde., Darmstadt 1972.

[22] Richard TILLY (Hg.), Sozialer Protest (GG 3/2) 1977. Richard, Louise und Charles Tilly widmeten sich besonders dem Problem der ›popular disorders‹: Charles TILLY, Louise TILLY, Richard TILLY, The Rebellious Century 1830—1930, London 1975; Louise TILLY, Charles TILLY (Hg.), Class conflict and collective action (New approaches to social science history 1) London 1981; Richard TILLY, Popular disorders in nineteenth century Germany (Journal of social history 4) 1970, 1—40; vgl. Richard TILLY, Kapital, Staat und sozialer Protest in der deutschen Industrialisierung, Göttingen 1981; James RULE, Charles TILLY, 1830 and the unnatural history of revolution (Journal of social issues 28/1) 1972, 49—76; Heinrich VOLKMANN (Hg.), Sozialer Protest in Deutschland im 19. Jahrhundert, Opladen 1983; Heinrich VOLKMANN, Kategorien des sozialen Protests im Vormärz (GG 3/2) 1977, 164—189; Heinrich VOLKMANN, Soziale Innovation und Systemstabilität am Beispiel der Krise von 1830—32 in Deutschland (Otto NEULOH Hg., Soziale Innovation und sozialer Konflikt) Göttingen 1977, 164—189; vgl. Hans-Gerhard HUSUNG, Kollektiver Gewaltprotest im norddeutschen Vormärz (Wolfgang J. MOMMSEN, Gerhard HIRSCHFELD, Hg., Sozialprotest, Gewalt, Terror. Gewaltanwendung durch politische und gesellschaftliche Randgruppen im 19. und 20. Jahrhundert = Veröffentlichungen des DHI London 10) Stuttgart 1982, 47—64; Kritik am »Modell sozialer Protest« von Karin HAUSEN, Schwierigkeiten mit dem »sozialen Protest«. Kritische Anmerkungen zu einem historischen Forschungsansatz (GG 3/2) 1977, 257—263; vgl. Erich WEEDE, Unzufriedenheit, Protest, Gewalt: Kritik an einem makroökonomischen Forschungsprogramm (Politische Vierteljahresschrift 16) 1975, 409—428; WIRTZ (Widersetzlichkeiten, 14—35) distanziert sich von diesem Modell auf Grund analytischer und terminologischer Unschärfe, der Gefahr von Verallgemeinerungen; er fordert Einzelfallstudien und Aufschlüsselung der »Innenwelt« des Protests nach dem Vorbild von Studien Eric J. Hobsbawms, George Rudés und Edward P. Thompsons.

[23] KANN, Restauration, 306—341.

[24] Karl-Georg FABER, Deutsche Geschichte im 19. Jahrhundert. Restauration und Revolution. Von 1815—1851 (O. BRANDT, A. O. MEYER, L. JUST Hg., Handbuch der deutschen Geschichte 3/Ib) 1979, 14.

[25] Dazu Hans BOLDT, Deutsche Staatslehre im Vormärz (Beiträge zur Geschichte des Parlamentarismus und der politischen Parteien 56) Düsseldorf 1975.

6

ben, beispielhaft in der französischen Verfassung von 1814 und der bayerischen Verfassung von 1818 verankert[26]. Der Monarch ist alleiniges »Oberhaupt des Staates, vereinigt in sich alle Rechte der Staatsgewalt«[27]. »... die monarchische Gewalt war ihm ... nicht erst durch die Verfassung in seine Hand gelegt. Nicht nur historisch, sondern auch nach dem logischen Zusammenhang war der Herrscher vor der Verfassung da. Die Staatsgewalt galt als ein dem Herrscher unmittelbar von Gott anvertrautes heiliges und zugleich heiligendes Amt. Die Verfassung diente nicht zur Begründung, sondern nur zur Begrenzung der herrscherlichen Macht.«[28] Der König verfügte über die Exekutivgewalt, war oberster Gerichtsherr[29], die entscheidende Machtbeschränkung erfolgte in der Legislative durch die Einführung einer Volksvertretung[30]. Das Wahlrecht schränkte den Kreis der aktiv und passiv Wahlberechtigten jedoch erheblich ein[31]. Auch die Rechte der Ständeversammlung waren auf ein Minimum begrenzt: Der König besaß alleinige Gesetzesinitiative, war aber in der Gesetzgebung und Festsetzung des Haushalts an die Beratung und Zustimmung der Ständeversammlung gebunden[32].

Das monarchische Legitimitätsprinzip, »die Lehre vom göttlichen Ursprung der Fürstenmacht«[33] drückte sich auch im Titel »König von Gottes Gnaden« aus. Der Erlaß einer Verfassung war »... ein Akt höchster Machtvollkommenheit, die nicht durch eine Verfassungsvereinbarung geschmälert werden durfte.«[34]

Vor diesem Hintergrund wird die Bedeutung der Julirevolution deutlich. Die Revolution 1830, der Sturz der restaurierten Dynastie bedeutete einen Angriff auf das Legitimitätsprinzip. Die Tatsache der Verfassungsvereinbarung 1830 zwischen dem französischen König und den Deputierten, die Verfassungsänderungen bei gleichzeitiger Betonung des Volkssouveränitätsprinzips standen im Gegensatz zur vorherrschenden Lehre des monarchischen Prinzips.

Durch zwischenstaatliche Verträge und Vereinbarungen auf regelmäßig stattfindenden Kongressen sollte die Stabilität des Restaurationssystems garantiert werden. Dies war »... Ausdruck einer übernationalen konservativen Solidarität, die gleichsam eine Reaktion auf die übernationalen Kräfte der Aufklä-

---

[26] Bayerische Verfassung 26. 5. 1818: VU 1818, Tit. II, § 1, zitiert nach: Die Verfassungsurkunde des Königreichs Bayern mit den hierauf bezüglichen Gesetzen und sonstigen Bestimmungen, hrsg. v. Landtagsarchivariat, München ²1905; La charte constitutionelle 4. 6. 1814, Präambel, zitiert nach: GODECHOT, constitutions, 217 ff.

[27] VU 1818, Tit. II, § 1.

[28] Ernst-Rudolf HUBER, Deutsche Verfassungsgeschichte seit 1789, Bd. 1: Reform und Restauration 1789 bis 1830, Stuttgart ²1975, 337.

[29] Karl MÖCKL, Der moderne bayerische Staat. Eine Verfassungsgeschichte vom aufgeklärten Absolutismus bis zum Ende der Reformepoche (Dokumente zur Geschichte von Staat und Gesellschaft in Bayern, hrsg. v. Karl BOSL, III/1) München 1979, 257; VU 1818, Tit. VIII § 1.

[30] VU 1818 Tit. I § 2.

[31] Es handelte sich um ein Zensuswahlrecht; der Zensus richtete sich nach Grundbesitz, Gewerbevermögen, Zugehörigkeit zu Korporationen; MÖCKL, Staat, 265 ff.; VU 1818, Beilage X zum Tit. VI § 10, Edict über die Ständeversammlung Tit. I, Abschnitt 1 und 2.

[32] VU 1818 Tit. VII § 2, § 3—10; vgl. Hartwig BRANDT, Landständische Repräsentation im deutschen Vormärz. Politisches Denken im Einflußfeld des monarchischen Prinzips, Berlin 1968, 46 f.

[33] J. Chr. Freiherr von ARETIN, Staatsrecht der konstitutionellen Monarchie I, Altenburg 1824, 181, zitiert bei BOLDT, Staatslehre, 58.

[34] HUBER, Verfassungsgeschichte 1, 318; vgl. MÖCKL, Staat, 255 f.

rung, der Revolution und des Empire darstellte.«[35] Wichtig war die Verpflichtung der Mächte der Quadrupelallianz, Großbritannien, Rußland, Österreich und Preußen, »... zu gemeinsamer militärischer Intervention, falls die Ordnung in Frankreich und darüberhinaus in Europa bedroht würde.«[36]

August bis September 1830 erkannten die europäischen Staatsmächte die aus der Revolution 1830 hervorgegangene französische Julimonarchie völkerrechtlich an[37]. Die beschworenen Prinzipien, die gegenseitig versicherte Solidarität gegenüber gewaltsamen Herrschaftsveränderungen waren damit aufgegeben[38]. Die Kriegsgefahr, eine bewaffnete Auseinandersetzung zwischen Restaurationsmächten und dem »revolutionären« Frankreich, hielt jedoch noch bis 1831 an[39].

Der Verzicht auf eine Intervention erfolgte aus Gründen allgemeiner Friedenssicherung. Darüber hinaus benötigten die Regierungen zur Niederwerfung der innerstaatlichen Opposition und Aufstände eine stabile außenpolitische Lage. Dennoch trat nun innerhalb des wiederhergestellten Gleichgewichtssystems der Staaten der Pentarchie der Gegensatz zwischen den liberalen Westmächten, Großbritannien und Frankreich, und den reaktionären Ostmächten, Rußland, Österreich, Preußen, der sich auf den Kongressen der 20er Jahre andeutete[40], offen hervor.

Innerstaatliche Protestbewegung, Opposition und Widerstand wurden einer allgemeinen repressiven, betont antirevolutionären Regierungspolitik unterworfen.

Diese Skizze der durch die Julirevolution ausgelösten Impulse sollen den Rahmen der vorliegenden Arbeit abgeben. Sie untersucht Opposition und Regierungspolitik in Bayern nach der Julirevolution.

Die Reaktion der Bevölkerung und die Frage, inwieweit sich nach 1830 die erstarkte Oppositionsbewegung in Protestaktionen, Tumulten und gewalthaftem Widerstand äußerte, stehen im Vordergrund — ein Aspekt, der bisher für den bayerischen Raum nicht eigens untersucht worden ist[41]. Dazu stützte ich

---

[35] Walter BUSSMANN, Europa von der französischen Revolution zu den nationalstaatlichen Bewegungen des 19. Jahrhunderts (Theodor SCHIEDER Hg., Handbuch der europäischen Geschichte 5) Stuttgart 1981, 42.

[36] Ebda, 43.

[37] Vicomte de GUICHEN, La révolution de juillet 1830 et l'Europe, Paris 1917.

[38] HUBER, Legitimität, 92.

[39] Gustav HUBER, Kriegsgefahr über Europa 1830—1832, Berlin 1936. Die Kriegsgefahr hatte sich anläßlich des belgischen Aufstands über der Frage der Unabhängigkeit Belgiens und einer Intervention akut verstärkt. Auch der Deutsche Bund war von dieser europäischen Krise betroffen, da der belgische Aufstand auf das dem Bund angehörende Großherzogtum Luxemburg übergegriffen hatte.

[40] Irby C. NICHOLS, The European pentarchy and the congress of Verona 1822, Den Haag 1971, 321 ff.

[41] Die Schwerpunkte lagen bisher auf Presse-, Landtagsgeschichte: Wilhelm LEMPFRIED, Die Anfänge des parteipolitischen Lebens und der politischen Presse in Bayern unter Ludwig I. 1825—31 (Straßburger Beiträge z. neueren Geschichte 5) Straßburg 1912; Manfred TREML, Bayerns Pressepolitik zwischen Verfassungstreue und Bundespflicht (1815—1837). Ein Beitrag zum bayerischen Souveränitätsverständnis und Konstitutionalismus (Beiträge zu einer historischen Strukturanalyse Bayerns im Industriezeitalter 16) Berlin 1977; Wilhelm GÖLZ, Der Bayerische Landtag 1831. Ein Wendepunkt in der Regierung Ludwigs I., Diss. München 1926; Wilhelm LEMPFRIED, Der bayerische Landtag 1831 und die öffentliche Meinung (ZBLG 24) 1961, 1—101.

mich hauptsächlich auf archivalisches Quellenmaterial. Auf Grund der Zensur und des schwerpunktmäßigen Interesses der Zeitungen und Zeitschriften für den Landtag 1831, die Debatten um die Pressefreiheit und konstitutionelle Programmpunkte, stellt die Überlieferung der Regierungsorgane hier die einzige Quellengrundlage dar. Zudem werden staatliche Entscheidungsprozesse und Sichtweisen deutlich. Andererseits sind durch die genaue Überwachung der Behörden detaillierte Angaben zu finden und Erlebnisberichte und Originaldokumente, wie zum Beispiel Flugzettel, Flugblätter, Eingaben und Adressen der Bevölkerung, konfiszierte Schriften und Artikel vorhanden. Neben dem Bayerischen Hauptstaatsarchiv München bieten vor allem die Staatsarchive Nürnberg, Würzburg, Bamberg, Neuburg und München und die Stadtarchive Nürnberg, München, Augsburg wertvolle Archivquellen.

Das Verhalten der bayerischen Regierung nach der Julirevolution ist von besonderem Interesse: welche antirevolutionären Maßnahmen zur Abwehr von Protest und Widerstand wurden ergriffen, oder setzten »modernisierende«[42] Maßnahmen ein, indem die Regierung Beschwerden und Forderungen, Ursachen von Unzufriedenheit berücksichtigte. Reform oder Erstarrung, eine zentrale Frage europäischer Politik der ersten Hälfte des 19. Jahrhunderts ist dadurch berührt.

Die Wechselbeziehungen zwischen staatspolitischen Richtlinien, ihrer Durchsetzung in der Verwaltungspraxis, und der Entwicklung oppositioneller Gruppen und Ausdrucksformen sollen dargestellt werden. Das Verhältnis der Regierung gegenüber Oppositionsbewegung und politischer Öffentlichkeit stehen dabei im Vordergrund[43]. Gerade der für die politische Parteienbildung wichtige Aspekt des Vereinswesens, die außerparlamentarische Opposition und die Haltung der bayerischen Regierung sind bisher kaum berücksichtigt worden.

Dieser vorwiegend strukturellen Darstellungsweise schließt sich die Erörterung der wichtigsten inhaltlichen Kontroversen in Landtag, Presse, Flugschriften, Petitionen an. Der Zeitraum der Untersuchung ist auf 1830 bis 1832/33 begrenzt, da nach dem Frankfurter Wachensturm 3. 4. 1833 die Auseinandersetzungen um die Gestaltung der innen- und verfassungspolitischen Frage zugunsten einer unverrückbar repressiven Politik entschieden war.

Im wesentlichen beschränkt sich die Untersuchung auf das rechtsrheinische Bayern.

---

[42] HUSUNG, Protest, 25 f.

[43] Dieser Aspekt wurde bisher innerhalb größerer Arbeiten zur Regierungsgeschichte Ludwigs I. besprochen: Max SPINDLER, Die Regierungszeit Ludwigs I. 1825—1848 (Max SPINDLER, Handbuch der Bayerischen Geschichte 4/1) München 1979, 149—155; Ludwig ZIMMERMANN, Die Freiheits- und Einheitsbewegung und die Revolution von 1848 in Franken (Veröffentlichungen d. Gesellschaft f. Fränkische Geschichte IX/9) Würzburg 1951, 120—145; innerhalb biographischer Arbeiten wurde knapp die Julirevolution und ihre Auswirkungen dargestellt: Hanns Helmut BÖCK, Karl Philipp Fürst von Wrede als politischer Berater König Ludwigs I. von Bayern (1825—1838). Ein Beitrag zur Geschichte der Regierung König Ludwigs I. (MBM 8) München 1968, 91—123; Karl-Heinz ZUBER, Der »Fürst-Proletarier« Ludwig von Öttingen-Wallerstein (1792—1870). Adeliges Leben und konservative Reformpolitik im konstitutionellen Bayern (ZBLG, Beiheft 10, Reihe B) München 1978, 106—129; Heinz GOLLWITZER, Ludwig I. von Bayern. Eine politische Biographie, München 1986, 443—472.

II. Reaktionen und politische Stimmung
der bayerischen Bevölkerung
nach der französischen Julirevolution

Bei König und bayerischer Staatsregierung stand das Verhalten der bayerischen Bevölkerung Herbst 1830 im Mittelpunkt staatspolitischen Interesses. Man forschte den Rückwirkungen der europäischen und deutschen Aufstände und Revolutionen intensiv nach. In einer Ministerratssitzung am 1. 10. 1830 zur »Beratung über die in mehreren teutschen Staaten ausgebrochenen Unruhen« kam man zu der Überzeugung, daß von keiner ernsthaften Störung der Ruhe und Ordnung gesprochen werden könne[1]. Das Innenministerium ließ sich durch die Regierungspräsidenten und Generalkommissäre über den Zustand der öffentlichen Ruhe und Ordnung in den Kreisen informieren. Stadtkommissariate, Landgerichtsvorstände und Polizeibehörden berichteten ihrerseits an die Kreisregierungen. Im Isarkreis seien September 1830 »... keine tumultuarischen Bewegungen und bedenkliche Störungen der öffentlichen Ruhe und Sicherheit von Seiten der eingesessenen Bevölkerung zu befürchten.«[2] Auch andere Kreisregierungen versicherten »bewährte Treue und Anhänglichkeit« der Bevölkerung an den König und »Achtung für die Heiligkeit des Gesetzes und der gesetzlichen Ordnung.«[3] Der bayerische Innenminister Eduard von Schenk gab jedoch am 22. 9. 1830 eine differenziertere Schilderung der politischen Situation ab: »Ungeachtet dieser Ruhe, — die auch beinahe in allen Teilen des Königreichs herrscht und nirgends gestört worden, obgleich in einigen, Sachsen nähergelegenen Städten namentlich in Hof und Nürnberg, die Gemüther durch den Eindruck der dortigen Unruhen mehr aufgeregt sind, als in Altbayern, — ist doch das Ministerium, sind doch alle Kreisregierungen nichts weniger als sorglos; der gegenwärtige Augenblick gebietet erhöhte Vigilanz, ...«[4] Die Beurteilung der politischen Lage in Bayern war äußerst zwiespältig; Regierungskreise und Behörden waren einerseits von der Stabilität der öffentlichen Sicherheit fest überzeugt, andererseits sahen sie vermehrt Tendenzen und Anzeichen des Aufruhrs und politischer Unruhen.

---

[1] BayHStA Staatsrat 107.
[2] BayHStA MInn 45514, Reg.Präs. Widder an Schenk.
[3] BayHStA MInn 45518 München 8. 10. 1830 Schenk; ähnliche Beurteilungen in BayHStA MInn 45515 und StAND, Reg. Nr. 7149.
[4] SPINDLER Max (Hg.), Briefwechsel zwischen Ludwig I. von Bayern und Eduard von Schenk 1823—1841, München 1930, 158; vgl. ebda, 159, Schenk an Ludwig 29. 9. 1830. — Eduard von Schenk (1788—1841) war seit 1825 Ministerialrat im Innenministerium; 1828 wurde er zum bayerischen Innenminister ernannt und mußte 1831 auf Drängen der Opposition zurücktreten, vgl. S. 203, S. 211 ff., S. 217—220; 1831 bis 1841 war Schenk Regierungspräsident des Regenkreises, vgl. Bosl Karl (Hg.), Bosls Bayerische Biographie, 8000 Persönlichkeiten aus 15 Jahrhunderten, Regensburg 1983, 672. WEYDEN J., Eduard von Schenk. Bayerischer Dichter und Staatsmann, Graz 1932.

Insbesondere in den Städten und den nördlichen Bezirken Bayerns herrsche politische Aufregung unter der Bevölkerung. »Wenn wir auch die Hoffnung hegen, die öffentliche Ruhe und Ordnung der Bewohner des Obermainkreises erhalten zu können, so wäre es bei der großen Spannung der Gemüther und bei einer Volksmenge von mehr als einer halben Million Menschen, doch nicht unmöglich, daß von einzelnen unruhigen Köpfen tumultuarische Auftritte veranlaßt werden könnten; ...«[5] In Augsburg, Nürnberg und München kursierten Gerüchte von schon entstandenen und noch bevorstehenden Aufständen[6] und über »Zusammenrottungen in den altbayerischen Kreisen«[7]; dort warte man nur ab, um in einiger Zeit loszuschlagen. »... tägliche Nachrichten über tumultuarische und blutige Auftritte in Brüssel und anderen niederländischen Städten, in Aachen, Elberfeld, Hamburg, Kassel, Leipzig, Dresden, Braunschweig, Altenburg und Chemnitz erzeugen Aufregung und Gereiztheit ...«[8], schrieb am 16. 9. 1830 der Regierungspräsident des Rezatkreises.

Die politische Sensibilität war in den nordbayerischen Gebieten, die an Sachsen, das Kurfürstentum und das Großherzogtum Hessen angrenzten, wesentlich höher als in Altbayern; in diesen Nachbarstaaten ereigneten sich revolutionäre Aufstände von Bauern, Landbevölkerung und städtischem Bürgertum[9]. Allgemeine Unzufriedenheit wuchs unter der Bevölkerung; begründet war sie vor allem in einer Lebensmittelverteuerung, in Zoll-, Steuergesetzen und dem Abgabensystem. Politische Mißstimmung zeigte sich, die Forderung nach mehr Rechten wurde erhoben.

Die den Kreisregierungen unterstehenden Stellen berichteten ausführlicher über Unzufriedenheit und politische Aufregung unter der Bevölkerung[10]. Die Bevölkerung wäre, so ein Bericht aus dem Landgericht Alzenau bei Würzburg vom 30. 9. 1830, an der »Aufrechterhaltung der Ordnung« uninteressiert, das Beispiel des hessischen Freigerichts[11] verbreite sich auch in bayerischen Bezirken[12]. Der Grundtenor der routinemäßigen Berichte der Regierungspräsidenten an das Innenministerium war jedoch abgeschwächter. Fast floskelhaft kehrte die Versicherung ungebrochener Treue und Anhänglichkeit an König, Vaterland und Verfassung wieder[13]. Verschiedene Beurteilungen lassen sich herauskristallisieren, je nachdem ob sie von ministerieller Seite, von Behörden der Kreisregierungen oder auf niedriger Verwaltungsebene von Landgerichten, Kommunen oder Polizeistellen abgegeben wurden. Es drängt sich die Vermutung

---

[5] BayHStA MInn 45519, Bayreuth 16. 9. 1830 Reg.Präs. Welden an MInn.
[6] StAND, Reg. Nr. 7149.
[7] StAN, Reg. Mfr. Abgabe 1968, II, 27.
[8] Ebda, Ansbach 16. 9. 1830 Reg.Präs. Mieg an MInn.
[9] BayHStA MInn 45520, Würzburg 18. 9. 1830 Reg.Präs. Zu Rhein an Schenk; vgl. BayHStA MInn 45519; Christoph GRÖSSMANN, Unruhen in Oberhessen im Herbst 1830, Darmstadt 1929; REINHART, Unruhen; SCHMIDT, Staatsreform; ISELER, Entwicklung; BÜTTNER, Anfänge.
[10] StAW, Reg. Ufr. Abgabe 1943/45, Nr. 9834; StAB, Präs.Reg. K 3, Nr. 858; StAN, Reg. Mfr. Abgabe 1968, II, 27.
[11] So bezeichnete man die Volksaufstände in den hessischen Bezirken: Vernichtung der Dienstpapiere aller Beamten in den Dörfern, der Hypotheken- und Rechnungsbücher, Papiere der Feldschützen und Forstbediensteten (Strafregister), der Pfarrer, standesherrlichen Rentbeamten, der Stempelämter, der Landgerichte; vgl. GRÖSSMANN, Unruhen, 1—28.
[12] StAW, Reg. Ufr. Abgabe 1943/45, Nr. 9834.
[13] BayHStA MInn 45518, 45519, 45520, 45521.

auf, daß nur ein Teil der Tumulte, Widersetzlichkeiten und Proteste, die vorgefallen waren, an die Regierung in München weitergegeben wurde[14]. Dies wird
auch durch Aufzeichnungen ausländischer Gesandter in München bestätigt, die
über politische Aufregung und wiederkehrende Unruhen in Regensburg, Augsburg, Nürnberg, Hof, Würzburg und Kronach berichteten[15].

1. TUMULTUARISCHE AKTIONEN HERBST 1830

Gegenüber diesem etwas vagen Stimmungsbild, das eher einen sicheren Zustand öffentlicher Ruhe und Ordnung zeigte und zeigen wollte, lassen sich jedoch direkte Unruhen aufdecken. Es können Reaktionen der Bevölkerung nach
der Julirevolution von unterschiedlichstem Unzufriedenheitsgrad festgestellt
werden, vom Tumult bis zum gezielten Widerstand.

»Lärmen auf der Straße« und »Nächtlicher Unfug«

Zwischen September 1830 und Januar 1831 kam es zu Aktionen auf der Straße,
die im Sprachgebrauch behördlicher Überwachungsorgane als »Lärmen auf der
Straße« oder »Nächtlicher Unfug« umschrieben wurden[16]. Diese tumulthaften
Ereignisse entstanden oft spontan und waren Ausdruck der momentanen politischen Haltung. Eine kleine Gruppe von Einwohnern zog durch die Straßen
und auf Plätze der Städte oder Dörfer, zum Teil mit Holzprügeln bewaffnet,
rief Forderungen und Beschwerden laut aus[17]. Diese Gruppen sind zahlenmäßig ungenau beschrieben, »ein paar«, meist zwei bis maximal zwölf Personen
waren beteiligt; auch wurde der Personenkreis selten näher bestimmt, es handle
sich um »junge Burschen«, »Männer«, manchmal Handwerker oder Studenten[18].
   Es wurden die verschiedensten Meinungsäußerungen kundgegeben. Am 16. 9.
1830 verlangten zum Beispiel drei Männer nachts in Regensburg: »Man solle
den Magistrat niederschlagen; die Häuser der großen Herren anzünden und sie
ins Feuer werfen ...«, am kommenden Markttag wolle man die Dultstände anzünden und über Bäcker, Melber und Metzger herfallen[19].
   In Nordbayern richtete sich der Unmut häufig gegen Zoll- und Hallämter.
An der Aschaffenburger Mainstraße rief Oktober 1830 ein »Tumultuant« vor

---

[14] Zum Teil um ministerielle Erlasse zur Abwehr von Unruhen zu vermeiden.
[15] Gesandtschaftsberichte aus München 1814—1848, hrsg. v. Anton CHROUST, 14
Bde., München 1935/51 (Schriftenreihe zur Bayerischen Landesgeschichte, hrsg. v. KBL)
Abtlg. I: Berichte der französischen Gesandten, Bd. II (künftig zitiert als GBF II)
285, 17. 9., 15. 9., 19. 9. 1830, vgl. 278, 287, 296; Abtlg. II: Berichte der österreichischen Gesandten, Bd. II (künftig zitiert als GBÖ II) 277, 294; Abtlg. III: Berichte der
preußischen Gesandten, Bd. II (künftig zitiert als GBP II) 167 f.
[16] Bei der Bezeichnung verschiedener ›Protestformen‹ verwende ich auch weiterhin
die in den Quellen wiederkehrenden, von Polizei-, Gerichts- und Verwaltungsbehörden
gebrauchten Ausdrücke.
[17] StAW, Reg. Ufr. Abgabe 1943/45, Nr. 9853, Lohr 3. 10. 1830 28. Brigade an
Gend.Comp.Cdo.
[18] Ebda, Würzburg 11. 10. 1830 Stadtkommissariat an Reg. Umkr.; vgl. BayHStA
MInn 45519, 45520, 45521; BayHStA Abt. IV Kriegsarchiv A IV 113 (künftig zitiert
KA).
[19] BayHStA MInn 45518, Regensburg 27. 9. 1830 Reg. Regenkreis an MInn.

dem dortigen Hallamt »Heute muß es noch brennen!«[20]. Ähnliches ereignete sich beim Zollamt Neunkirchen[21]. Gerade im Untermainkreis wurden in dieser Weise die Abschaffung des »Mauth-, Zoll- und Stempelmaßes« und gleichzeitig mehr politische Rechte gefordert[22]. Der Ruf, »Es lebe die Freiheit und Gleichheit«, war Herbst 1830 allgemein auch in ländlichen Gebieten um Alzenau, Aufenau, Aschaffenburg, Würzburg verbreitet[23].

Spezielle Einzelforderungen wurden mit dem Aufruf zur Volkserhebung verbunden, zum Beispiel in Buthard: »Wir haben keinen Grenzverkehr, es muß Refulution sein, Refulution und Tumult, bis Neujahr ist es vorbei.«[24] Polizeistatistiken verzeichneten ein Ansteigen solcher Aufforderungen zum Aufruhr[25]. In München zogen September 1830 Infanteriesoldaten durch die Sendlinger Straße und forderten »Vorwärts, die Revolution ist bereits im Gange!«[26]

Sogenannte Freiheitslieder und »schnelle Lieder« wurden gesungen, wie die deutsche Marseillaise und »Ein freies Leben führen wir«[27].

Nach der Julirevolution lebte die Hep-Hep-Bewegung wieder auf, die Ausdruck von Judenhaß und politischem Antisemitismus war[28]. Hep-Hep-Rufe, »Hep! Hep! Jude verreck!«[29], waren oft mit Sachbeschädigungen verbunden. Dieser antijüdische Protest war vor allem in den Städten, in Nordbayern auch auf dem Land verbreitet[30].

---

[20] StAW, Reg. Ufr. Abgabe 1943/45, Nr. 9853, 3. 10. 1830 37. Brigade an 7. Gend. Comp.Cdo.

[21] Ebda, 5. 10. 1830 Gend.Stat.Cdo. an 7. Gend.Comp.Cdo.

[22] BayHStA MInn 45521, 7. 10. 1830 60. Brigade an Gend.Comp.Cdo.

[23] BayHStA MInn 45521, September 1830, 5. 10. 1830 Gend.Comp.Cdo. an König; ebda, Würzburg 12. 10. 1830 Reg.Präs. Zu Rhein an König; ebda, 2. 10. 1830 Gend. Comp.Cdo. an König.

[24] StAW, Reg. Ufr. Abgabe 1943/45, Nr. 9853, 12. 10. 1830 62. Brigade an 7. Gend.Comp.Cdo.

[25] In den Jahren 1825 bis 1830 wurden keine Aufforderungen zum Aufruhr gemeldet, 1830 bis 1832 jedoch dagegen insgesamt 30; für die folgenden Jahre sind abnehmende Zahlen verzeichnet. Stadtarchiv München, Pol.dir. 20, 41, 61/2, 75, 194, 195, 197, 198.

[26] KA A IV, 113, München 22. 9. 1830.

[27] Ebda; BayHStA MInn 45521, 2. 10. 1830 Gend.Comp.Cdo. an König; StAN, Reg. Mfr. Abgabe 1968, II, 27; BayHStA MInn 45515, München 5. 10. 1830 Weinrich an MInn.

[28] Eleonore STERLING, Judenhaß. Die Anfänge des politischen Antisemitismus in Deutschland 1815—1850, Frankfurt 1969, 11—20, 171 ff.; Reinhard RÜRUP, Emanzipation und Antisemitismus: Studien zur Judenfrage der bürgerlichen Gesellschaft (Kritische Studien zur Geschichtswissenschaft 15) Göttingen 1975, 22, 49—67.

[29] Der Ausdruck »Hep-Hep« wurde unterschiedlich ausgelegt: es handle sich um den Schlachtruf mittelalterlicher Kreuzfahrer (Peter Gansfleisch, Conrad von Meiningen), abgeleitet von ›Hierosolyma est perdita‹ (Jerusalem ist verloren). Wilhelm und Jacob Grimm geben eine andere Interpretation (Deutsches Wörterbuch 1917): Hep-Hep sei der Ruf fränkischer Ziegenhirten; die Juden würden wegen ihres Bartes als Ziegen verspottet. Laut Allgemeiner Zeitung stamme der Ausdruck aus dem dreißigjährigen Krieg (AZ 18. 8. 1919). An anderer Stelle wird »Hep« als Abkürzung für Hebräer ausgelegt oder als die Anfangsbuchstaben der Feinde der Juden: Haman, Esau und Pharao; vgl. Eleonore STERLING, Antijewish riots in Germany in 1819: a displacement of social protest (Historia Judaica 12) 1950, 121. Der französische Gesandte (GBF II, 124, 5. 11. 1830) interpretierte Hep-Hep als »Hebreux, Edelleute et Potentat«.

[30] BayHStA MInn 45519, Bayreuth 22. 9. 1830 Reg.Präs. an MInn; ebda, Bayreuth 30. 9. 1830, 3. 10. 1830 Reg.Präs. an MInn, StAW, Reg. Ufr. Abgabe 1943/45, Nr. 9853 Würzburg 21. 9. 1830 Stadtkommissariat an Reg. Umkr.; ebda, Würzburg 12. 10., 14. 10. 1830 Reg.Präs.; BayHStA MInn 45521, Würzburg 12. 10. 1830 Reg.Präs. Zu Rhein an König; ebda, 19. 10. 1830 7. Comp. Würzburg an Gend.Comp.Cdo.

In Städten und Gemeinden ereigneten sich tumultuarische Unruhen. Zwischen Verwaltungsbeamten, Polizei und ortsansässiger Bevölkerung kam es vermehrt zu Auseinandersetzungen, es entstanden Menschenansammlungen. Die Einwohner erhoben allgemeine politische und wirtschaftliche Forderungen, signalisierten ihre Unzufriedenheit mit Behörden und Amtspersonal.

Widersetzlichkeiten der Bevölkerung gegenüber Gendarmerie, Landgerichts- und Rentamtsdienern bei der Ausübung ihrer Tätigkeit nahmen zu[31]. Zwischen 1828 und 1830 wurden in Bayern von den Polizeibehörden keine Tumulte registriert, 1830/31 jedoch dreizehn, 1831/32 nur noch acht; danach nimmt die Zahl der Tumulte weiter ab[32]. Die allgemeine Aufregung nach der Julirevolution schlug sich laut Berichten der Regierungspräsidenten auch in einem Anwachsen krimineller Delikte, Diebstählen, Körperverletzungen, Holz- und Forstfrevel nieder. Während in den Vorjahren keine Majestätsbeleidigungen vorgefallen waren, ereigneten sie sich seit der Julirevolution in zunehmendem Maße[33].

Einige Beispiele solcher Tumulte sollen zur Verdeutlichung nun geschildert werden; politische Mißstimmung und wirtschaftlicher Protest liegen ihnen in verschlüsselter Form zugrunde.

Erlangen, 16. 9. 1830: Soldaten des Infanterie-Regiments wollten in Nürnberg Beurlaubung beantragen; auf dem Weg dorthin wurden sie wegen »Lärmens auf der Straße« durch die Erlanger Polizei verhaftet. Während dieser Verhaftung entstand ein »allgemeiner Auflauf« der »minderen Classe der Erlanger Bürger«[34]. Grund dieses Vorfalls war der Ärger der Bevölkerung über die seit August 1830 stark gestiegenen Lebensmittelpreise, vor allem für Brot, Fleisch und Bier. Durch diese Teuerungen war in den Städten des Rezatkreises, in Nürnberg, Erlangen, Fürth, Ansbach, Schwabach, eine virulente Unruhe vorhanden. Verschiedenartige Anlässe lösten eine gewalthafte Artikulation der Unzufriedenheit aus[35]. Der Erlanger »Excess« war meines Erachtens auch in der Ablehnung der Bevölkerung gegenüber dem verstärkten Auftreten und der Heranziehung von Militär zur Sicherung öffentlicher Ruhe und Ordnung nach der Julirevolution begründet. So wurden im Herbst 1830 die zu Manövern einberufenen Soldaten nicht beurlaubt, der Präsenzstand der Garnisonen in den Städten auf dem Höchststand gehalten, Militär zur Unterdrückung entstandener und befürchteter Tumulte eingesetzt[36].

Verhaftungen boten häufig Anlaß zu Widersetzungen gegen Polizei und Staatsgewalt. Bei der Festnahme eines Einwohners des fürstlich öttingisch-wallerstein'schen Herrschaftsgerichts Bissingen wegen fehlender Reiselegitimation

---

[31] Stadtarchiv München, Pol.dir. 61/2, 20, 41, 75, 157, 194, 195, 198, 224, Statistiken für ganz Bayern: 1829/30: 33 Widersetzungen, 1830/31: 44 Widersetzungen, weiterhin abnehmende Zahlen.

[32] Ebda.

[33] BayHStA MInn 15413; StAB, Präs.Reg. K 3, F I b, 2000 I; vgl. Dirk BLASIUS, Kriminalität und Alltag. Zur Sozialgeschichte des Alltagslebens im 19. Jahrhundert, Göttingen 1978.

[34] BayHStA MInn 45520, 17. 9. 1830 24. Brigade Erlangen an 5. Gend.Corps.Cdo.

[35] Ebda, Ansbach 7. 9., 13. 9., 20. 9. 1830 Reg.Präs. an MInn; ebda, Erlangen 17. 9. 1830 24. Brigade an Gend.Corps.Cdo.

[36] Vgl. Kap. III.3.b., S. 49 ff.; Kap. III.3.c., S. 53—55.

beschwor der Arretierte den bevorstehenden Ausbruch von Unruhen, ganze Dörfer, Gemeinden und Landgerichtsbezirke hätten sich in Altbayern »zusammengerottet«. »Gewies kommt auch noch für die geringen Leute eine bessere Zeit, und das bald.«[37] Hierin kann man erste Anzeichen sozialrevolutionären Protests sehen, es bestand eine gesteigerte Sensibilität für soziale Spannungen. Anonyme Anzeigen berichteten über hohe Unzufriedenheit der Bevölkerung, jederzeit könne ein größerer Aufstand entstehen. Gründe hierfür waren noch bestehende grund- und gerichtsherrliche Befugnisse und Jagdgerechtsame und die rigide Ausübung der Rechte fürstlicher Behörden[38]. Die Standesherren erhoben Ansprüche, Abgaben und Leistungen, für die keine richterlichen Grundlagen existierten. Die Einwohner verweigerten Zahlungen und Leistungen, die sie gesetzlich jedoch zu entrichten hätten. Auf Grund der schlechten finanziellen Lage des öttingisch-wallerstein'schen Fürstenhauses konnten Besoldungen an die Dienstboten nicht mehr gezahlt werden. Bauaufträge blieben aus, so daß keine Verdienstmöglichkeit gegeben war. Erste Anzeichen allgemeiner Verarmung in diesen Bezirken waren die Folge[39].

Ebenfalls im Verlauf einer Verhaftung entwickelte sich in einem Dorf bei Würzburg am 6. 10. 1830 ein »allgemeiner Tumult«. Eine Polizeipatrouille hatte eine Frau unter dem Verdacht des Schmuggels verhaftet und durch den Zolleinnehmer verhören lassen. Nach ihrer Freilassung strömten die Dorfbewohner in einer großen Versammlung zusammen. Die Bevölkerung war aufgebracht, die ganze Nacht hindurch herrschte Unruhe, Postulate waren »Freiheit und Gleichheit muß werden, Mauth-, Zoll- und Stempelmaß hinweg geräumt« — »Nieder mit Reder, [der Gendarm, der die Verhaftung vorgenommen hatte] heute noch muß er sterben.«[40] Die Behörden ergriffen keine weitergehenden polizeilichen Maßnahmen, da es in der Würzburger Gegend häufiger zu Zusammenstößen zwischen Staatsbeamten und Bevölkerung gekommen war und um keine stärkeren Tumulte zu provozieren[41].

Allgemeine politische und wirtschaftliche Forderungen und die Ablehnung des zuständigen Polizeibeamten waren hier der Hintergrund der Unruhe. Auffallend ist dabei, wie heftig der Protest im Vergleich zu dem Anlaß war.

Am 20. 9. 1830 verhinderten vierzig Bürger in Eibelstadt bei Ochsenfurt die Durchführung der Gemeindewahlen. Dies weitete sich zu Tumulten aus. Die Wahl wurde bis auf weiteres verschoben. Die eigentliche Ursache des Boykotts lag in der Ablehnung eines von der Regierung eingesetzten Stadtschreibers durch die Einwohner[42]. Der Streit zwischen Bevölkerung und Regierung wurde jedoch mit dem bloßen Auswechseln der Person des Stadtschreibers nicht gelegt. Man wollte einen von der Regierung eingesetzten Beamten nicht akzeptieren. Im Dezember 1830 entstand ein ähnlicher Tumult. Mehrere hundert Menschen versammelten sich im Ort, richteten vor dem Haus des neuen Stadtschreibers einen Freiheitsbaum auf, ein Nachtwächter wurde mit Steinwürfen

---

[37] BayHStA MInn 45520, Nördlingen 21. 11. 1830 9. Brigade an Gend.Corps.Cdo.
[38] StAN, Reg. Mfr. Abgabe 1968, II, 27, Ansbach 29. 10. 1830 Reg. Rezatkreis.
[39] Ebda, Wallerstein 4. 10. 1830.
[40] BayHStA MInn 45521, Stadtprozelten 7. 10. 1830 60. Brigade an Gend.Corps. Cdo.; ausführlicher StAW, Reg. Ufr. Abgabe 1943/45, Nr. 9853.
[41] Ebda.
[42] BayHStA MInn 45521, Lg. Ochsenfurt 23. 9. 1830 2. Brigade an Gend. Corps.Cdo.

angegriffen. Das Pflanzen eines »Freiheitsbaums« — ein Baum oder langer Stab mit den schwarz-rot-goldenen Farben der deutschen Einheits- und Freiheitsbewegung geschmückt — war Zeichen der Forderung nach mehr politischen Rechten[43]. Drei Tage darauf wurden die Fenster des Hauses des Stadtschreibers eingeworfen und auf das Haus geschossen[44].

Ein anderes Beispiel eines Volkstumults war die Widersetzung gegen eine Regierungsverfügung in Selb im Oktober 1830. Vorausgegangen waren Sachbeschädigungen am Haus und Büro eines Angestellten der Forstverwaltung in der Nähe von Selb, aus Protest gegen die neue Politik der Holzabgabe. Während in früheren Jahren Brennholz aus herrschaftlichen oder staatlichen Wäldern zu niedrigen Preisen an Arme abgegeben wurde, führte man 1830 öffentliche Holzversteigerungen durch. Die dadurch verursachte Teuerung der Holzpreise machte das Anlegen eines Holzvorrats für Viele nur mehr schwer möglich. Dies prägte sich gerade kurz vor dem Winter im allgemeinen Bewußtsein als große Benachteiligung und Ungerechtigkeit ein. Einige der bei dem Anschlag gegen das Haus des Forstbediensteten beteiligten Personen wurden verhaftet[45]. Als darauf ein Regierungsbeamter nach Selb geschickt wurde, um nähere Nachforschungen zu machen und eine Regierungsverfügung öffentlich bekannt zu geben, entstanden Unruhen unter der Selber Bevölkerung. Auf den Druck der Bevölkerung hin wurde einer der Verhafteten wieder freigelassen[46].

Sachbeschädigungen

Bei dem geschilderten Selber Tumult zeigte sich eine weitere Form politischen und wirtschaftlichen Protests, die der Sachbeschädigung. Aus dem Schadensobjekt kann man auf das eigentliche Motiv des Protests schließen.

Zerstörung oder Beschädigung jüdischer Häuser nahmen einen eigenen Raum ein. Am 30. 9. 1830 wurden in Sommerach bei Volkach die Fenster eines Hauses einer jüdischen Familie gewaltsam aufgebrochen und in das Innere des Wohnhauses geschossen. Laut Berichten des Volkacher Landgerichtsvorstandes bewirkten die Zeitverhältnisse, die Unruhen und Aufstände nach der Julirevolution, daß allgemein verbreiteter Haß gegen die Juden gewaltsame Formen annahm[47]. Auch im Bezirk Karlstadt und in einem Dorf bei Ochsenfurt wurden

---

[43] 1832 wurden im Umkr. in der Würzburger Gegend mehrere Freiheitsbäume aufgestellt, siehe StAW, Reg. Ufr. Abgabe 1943/45, Nr. 9838; vgl. Kapitel IV.4.; Im Rheinkreis wurden 1832 viele Freiheitsbäume gesetzt. Dies war Anlaß zu Demonstrationen, Ansprachen, Diskussionen, politischen Veranstaltungen zugunsten des Preß- und Vaterlandsvereins; vgl. Cornelia FOERSTER, Der Preß- und Vaterlandsverein von 1832/33. Sozialstruktur und Organisationsformen der bürgerlichen Bewegung in der Zeit des Hambacher Festes (Trierer historische Forschungen 3) Trier 1982, 99, 127 ff.
[44] BayHStA MInn 45521, Lg. Ochsenfurt 17. 12. 1830 Gend.Stat.Cdo. an Gend. Corps.Cdo.; ebda, Lg. Ochsenfurt 18. 12. 1830 Gend.Stat.Cdo. an Gend.Corps.Cdo.
[45] BayHStA MInn 45519, Bayreuth 27. 12. 1830 Reg.Präs. Welden an MInn.
[46] Ebda, München 17. 10. 1830 Zentner an Reg.Präs. Welden. — Georg Friedrich Freiherr von Zentner (1752—1835) war maßgeblich an der Ausarbeitung der bayerischen Verfassung von 1818 beteiligt gewesen. 1823 bis 31. 12. 1831 war er bayerischer Justizminister, 1827/28 gleichzeitig Ministerverweser des Außenministeriums; vgl. v. EISENHART (ADB 45) 1900, 67—70; Franz DOBMANN, Georg Friedrich Freiherr von Zentner als bayerischer Staatsmann in den Jahren 1799—1821 (Münchner historische Studien, Geschichte 6) Kallmünz 1962.

wiederholt mehrere Häuser jüdischer Einwohner beschädigt[48]. In München wurde die Synagoge September 1830 mit Straßendreck beworfen[49].

In den Wochen nach der französischen Julirevolution war das Einwerfen von Fenstern eine weit verbreitete Protestform, insbesondere in der Gegend um Bayreuth[50] und in Selb. Hier wurden die Fenster der Wohnungen eines Müllergesellen und von Forstgehilfen eingeworfen[51]. Die Täter blieben meist unbekannt. Forstbeamte und Gewerbetreibende waren immer wieder Ziel solcher Angriffe. In einem Dorf im Untermainkreis wurden die Bierfässer der Gastwirte zerschlagen[52]. Mit diesen Aktionen wollte man bestehende Zustände als untragbar kritisieren. Lebensmittelpreise, vor allem von Mehl, Brot und Bier, und die Holzpreise waren Herbst 1830 stark gestiegen. Die dadurch bewirkte Unzufriedenheit und Unmut äußerten sich in der Krisenzeit nach der Julirevolution in den beschriebenen Tumulten und Sachbeschädigungen.

In Nördlingen führte die Aufrechterhaltung der Polizeistunde, die nach der Julirevolution zur Abwehr von Unruhen verschärft wurde, zu einem großen Tumult. 150 bis 200 Einwohner stürmten mit Pfiffen und Schreien »Auf die Polizei los« — »Raus!« das dortige Polizeigebäude; ein Polizeisoldat wurde bei den Auseinandersetzungen verwundet[53].

Solchen momentanen gewaltsamen Protesten lag zum Teil länger anhaltende Mißstimmung zugrunde. Als anläßlich des Nördlinger Tumults polizeiliche Untersuchungen eingeleitet werden sollten, beschwor man »Dreifaches Weh« und Rache gegen den Stadtkommissar. In anonymen Briefen drohte man dem Landrichter und seiner Familie mit Mord, falls gerichtliche und polizeiliche Recherchen durchgeführt würden[54].

Vermehrt wurden Brandstiftungen verübt, die ebenfalls durch virulent vorhandene wirtschaftliche und politische Unzufriedenheit verursacht waren. Sie richteten sich stellvertretend für eine Gruppe gegen einzelne Personen, zum Beispiel in Fürth, Ansbach und Neustadt a. d. Aisch auf Grund der Brotteuerungen gegen einzelne Bäckermeister[55]. Auch Verwaltungsbeamte wurden Opfer von Brandstiftungen als Zeichen des Protests gegen Verordnungen und Verfügungen, gegen Regierungs- und Lokalpolitik[56].

Der schon auf andere Art geäußerte Protest gegen Zölle und Maut schlug sich in einer Vielzahl von Sachbeschädigungen nieder. Die Durchführung der

---

[47] BayHStA MInn 45519, Lg. Volkach 2. 10. 1830 an Reg. Umkr.

[48] Ebda, Lg. Karlstadt 10. 10. 1830 an Reg. Umkr.; ebda, Lg. Ochsenfurt 11. 10. 1830 an Reg. Umkr.; BayHStA MInn 45521, Würzburg 19. 10. 1830 7. Comp. an Gend.Corps.Cdo.

[49] BayHStA MInn 45514, München 21. 9. 1830 Comp. der Haupt- und Residenzwache an Gend.Corps.Cdo.

[50] StAB, Präs.Reg. K 3, Nr. 858, Bayreuth 12. 10. 1830 Reg. Omkr. an MInn.

[51] BayHStA MInn 45519, Selb 27. 9. 1830 10. Brigade an Gend.Corps.Cdo.

[52] BayHStA MInn 45521, München 4. 10. 1830 Gend.Corps.Cdo. an König. Vgl. Tumult und Sachbeschädigungen bei einem Augsburger Bierwirt: Stadtarchiv Augsburg, Bestand IV, Nr. O 14, Augsburg 28. 9. 1830 Reg. Odkr. an Mag. Augsburg.

[53] StAN, Reg. Mfr. Abgabe 1968, II, 27, Mag. Nördlingen 1. 1. 1831.

[54] Ebda, Nördlingen 8. 2. 1831.

[55] BayHStA MInn 45520, Ansbach 22. 10. 1830 Reg.Präs. Mieg an MInn; StAN, Reg. Mfr. Abgabe 1968, II, 27, Lg. Neustadt a. A. 19. 10. 1830.

[56] Zum Beispiel gegen einen Patrimonialrichter im Umkr.: BayHStA MInn 45521, Burgsinn 3. 10. 1830, 50. Brigade an Gend.Corps.Cdo.; StAW, Reg. Ufr. Abgabe 1943/45, Nr. 9853 Würzburg 9. 10. 1830 Reg. Umkr. an Lg. Gemünden. Gegen einen Kronacher Landgerichtsarzt: BayHStA MInn 45519.

Zollvorschriften und -gesetze führte zu gewalthaften Zusammenstößen zwischen Zollbeamten und Bevölkerung[57]. An der nordbayerischen Grenze konzentrierten sich die Anschläge gegen Zolleinrichtungen und Wohnungen des Zollpersonals. In den sächsischen und hessischen Nachbarländern waren September, Oktober 1830 revolutionäre Aufstände ausgebrochen: Verwaltungseinrichtungen wurden zerstört, Gerichtsakten, Steuer- und Strafregister vernichtet[58]. Das Landgericht Brückenau berichtete, daß Oktober 1830 an der ganzen nordbayerischen Grenze keine Zoll-, Maut- und Lizentämter mehr existierten[59]. In Lohr wurden die Fenster des Oberzoll- und Hallamts mit Kalk beschmiert, auf dem Stadtbrunnen eine gelb-rote Fahne, in Anlehnung an die Farben der Freiheits- und Einheitsbewegung, gehißt. In der Nacht herrschte Unruhe in der Stadt, mit Stöcken bewaffnete Gruppen zogen durch die Straßen[60]. In Orb wurde die Zolltafel vom Zollbüro entwendet[61], mehrere Zollstöcke mit dem bayerischen Wappen wurden in der Nähe von Somborn und Michelbach abgesägt[62]. Gegen das Zollhaus und die Wohnung des Zollbeamten in Burgsinn wurden Sachbeschädigungen verübt[63].

Aus- und inländische Beobachter der politischen Situation nach der Julirevolution waren davon überzeugt, daß nur auf Grund des an die bayerische Grenze abkommandierten Militärs stärkere Unruhen verhindert werden konnten[64].

Auch 1831 wurden noch vereinzelt Zollstationen angegriffen; so wurden bei Brückenau Zollstöcke beschädigt und das bayerische Wappen abgerissen[65].

Vor dem Hintergrund der polnischen Revolution 1831 und ihrer gewaltsamen Niederschlagung durch die russische Armee ist die Sachbeschädigung an einem Haus eines russischen Grafen Juni 1831 in Würzburg zu beurteilen[66]. Soldaten der aufständischen polnischen Armee kamen in dieser Zeit auf ihrer Flucht nach Frankreich und in die Schweiz durch süddeutsche Städte. Das liberale Bürgertum feierte sie als Freiheitskämpfer. In Würzburg wurden ihnen zu Ehren Bälle veranstaltet, Sammlungen und ein Verein zur finanziellen Unterstützung der Polen organisiert[67]. Die Attacke gegen den russischen Grafen

---

[57] BayHStA MInn 45515, Passau 23. 10. 1830 Reg. Udkr. an MInn; ebda, München 7. 11. 1830 MA an MInn; ebda, 6. 11. 1830, 4. Zollbrigade an 2. Gend.Corps. Cdo.; ebda, Wegscheid 7. 11. 1830, 2. Sicherheitsbrigade an 2. Gend.Corps.Cdo.

[58] GRÖSSMANN, Unruhen, 1—28, 42 ff.; vgl. REINHART, Unruhen; VOLKMANN, Krise.

[59] StAW, Reg. Ufr. Abgabe 1943/45, Nr. 9834, Lg. Brückenau 1. 10. 1830. Die Hanauer Zeitung berichtete am 3. 10. 1830, »daß die Einfälle und Einbrüche ins Churhessische lediglich in der sich bemerkbar gemachten Unruhe der jenseitigen Bayerischen etc. Bewohner ihren Grund gehabt haben müssen.«

[60] StAW, Reg. Ufr. Abgabe 1943/45, Nr. 9834, Lohr 3. 10. 1830, 28. Brigade an Gend.Corps.Cdo.

[61] Ebda, Lg. Lohr 27. 9. 1830 an Reg. Umkr.

[62] Ebda, Lg. Alzenau 30. 9. 1830 an Reg. Umkr.

[63] BayHStA MInn 45521, München Gend. 4. 10. 1830; KA A IV, 113, Burgsinn 30. 9. 1830. — Vgl. Kap. I.3. S. 26—29, Analyse des Zollprotests, Forderungen für Erweiterung der Zollabkommen.

[64] StAW, Reg. Ufr. Abgabe 1943/45, Nr. 9834, Aschaffenburg 4. 10. 1830 Stadtkommssissariat und Landrichter an Reg. Umkr.

[65] StAW, Reg. Ufr. Abgabe 1943/45, Nr. 9853, Lg. Brückenau 2. 6. und 16. 8. 1830 an Reg. Umkr.

[66] Ebda, Würzburg 6. 6. 1831 Stadtkommissariat an Reg. Umkr.

[67] Leo GÜNTHER, Würzburger Chronik. Personen und Ereignisse von 1802—1845, III, Würzburg 1925, 198; vgl. Kapitel III.5.c.

war Ausdruck dieses Polenenthusiasmus. Am Fenster des beschädigten Wohnhauses lag ein Zettel, der dieses politische Motiv unterstreicht: »Gemeiner Russe — Würzburgs Söhne verachten dich wegen deiner schadenfrohen Freuden, ziehe heim zu deinen Satrapen.«[68]

2. FLUGBLÄTTER

Parallel zu den geschilderten, verschiedenartigen Aktionen und Tumulten waren nach der französischen Julirevolution eine große Anzahl von Flugblättern[69] verbreitet. Vereinzelt tauchten noch 1831 einige solcher Flugzettel auf. Herbst 1830 stellt für den Zeitraum der 30er Jahre des 19. Jahrhunderts den Höhepunkt dieser schriftlichen Äußerungen dar[70]. Aus den Flugblättern lassen sich eindeutiger und unverschlüsselt Unzufriedenheit ablesen und die Ursachen des Protests erkennen.

Äußere Form und Verbreitung

Meist handelte es sich um handschriftlich angefertigte Produkte[71]. Der Text wurde auf kleine Zettel geschrieben, Quartformat und kleiner. Zum Teil waren es beidseitig, zweizeilig beschriebene Papierschnipsel[72].
Die äußere Form dieser Zettel läßt in einigen Fällen einen Rückschluß auf ihre sachliche Aussage zu. In Nürnberg kursierten Flugblätter, blau-weiß-rot senkrecht gestreift oder mit einer angehefteten blau-weiß-roten Kokarde[73]. Dies sind die Farben der französischen Trikolore, die 1790 im Zuge der französischen Revolution von 1789 zu den Nationalfarben erhoben wurden. Ihre Verwendung war ein Zeichen der Zustimmung zu den Prinzipien und Ideen der Revolution von 1789. So wurde die französische Trikolore wieder nach der Julirevolution 1830 zur Nationalflagge[74] und sollte den revolutionären Ursprung und Charakter des Julikönigtums Louis-Philippes für Jedermann sichtbar symbolisieren[75]. Bei den Nürnberger Zetteln kann man das Aufgreifen der Trikolore als Betonung des Durchsetzungswillens und der Ernsthaftigkeit for-

---

[68] StAW, Reg. Ufr. Abgabe 1943/45, Nr. 9853, Würzburg 6. 6. 1831 Stadtkommissariat an Reg. Umkr.
[69] Ich verwende den Begriff Flugblatt im Gegensatz zu dem der Flugschrift: Flugschrift als gedruckte, in bestimmter Auflage bei einem Verlag oder einer Buchhandlung erscheinende Druckschrift; Flugblätter hier als Einzelprodukte. Zur Definition vgl. RUCKHÄBERLE, Flugschriftenliteratur 15—18; Karl SCHOTTENLOHER, Flugblatt und Zeitung, München 1922; Sigrid WEIGEL, Flugschriftenliteratur 1848 in Berlin. Geschichte und Öffentlichkeit einer volkstümlichen Gattung, Stuttgart 1979, 4 ff., 10—17.
[70] Die Verbreitung dieser Flugblätter in späteren Jahren hätte einen Niederschlag in den Archivakten gehabt haben müssen, da diese als tumultuarische, revolutionäre Umtriebe gewertet wurden und ihnen nachgeforscht wurde.
[71] Bei abschriftlich überlieferten Flugblättern wurde die äußere Form beschrieben. Ein großer Teil, vor allem der in den Staats- und Stadtarchiven aufbewahrten Zettel sind im Original vorhanden.
[72] Stadtarchiv Nürnberg, HR 3098.
[73] Ebda.
[74] Charte constitutionelle du 14. 8. 1830, Art. 67, gedruckt bei GODECHOT, constitutions, 252.
[75] GODECHOT, constitutions, 245.

mulierter Forderungen verstehen. Es waren bewußt gesetzte Zeichen politischer Meinungsäußerung.

Die größte Verbreitung fanden die Flugzettel in Städten und Gemeinden. Dabei war man um größtmögliche Publizität der Flugblätter bemüht; man wählte Plätze an denen Jedermann vorbeikommen mußte. Die Zettel lagen auf Hauptstraßen, Promenaden und Plätzen, vor dem Rathaus oder dem Polizeigebäude, waren an Kirchen, Wirtshäusern, der Stadtmauer oder dem Stadttor, an Bürgerhäusern (von Metzgermeistern, Schneidermeistern, Kaufleuten) angeheftet: Handzettel und Maueranschläge. Die Verbreiter selbst blieben unbekannt.

Innere Struktur und Aufbau

Die Flugblätter dienten als Kommunikationsmittel. Es wurde in ihnen auf den Gegenstand der Beschwerde und Unzufriedenheit hingewiesen.

Sie dienten darüber hinaus zur gegenseitigen Information über die Situation in den verschiedenen Gegenden. Ein von Neumarkter Bürgern verfaßter Zettel war am 11. 10. 1830 an der Kirche in Baiersdorf bei Erlangen angeschlagen, in dem es hieß: »Ihr Ortschaften schließt euch nicht aus, wenn es bey uns in Städten Rauscht, es wird bey euch auch sein die Noth . . .« unterzeichnet mit »An alle Örter wo Juden sich befinden im ganzen Reich.«[76]

Mit der reinen Schilderung eines Mißstandes war meist die Aufforderung zur Änderung dieses Zustandes verbunden. Die Mahnung, die geäußerten Klagen abzustellen und die Forderungen zu erfüllen, richtete sich an politisch Verantwortliche, Regierungsbehörden, Magistrate, Verwaltungsbeamte und an Privatpersonen, an die Adresse derer, die den beschriebenen Zustand verursacht hätten: so zum Beispiel an Bäcker und Brauer auf Grund der gestiegenen Brotpreise.

In München wurden Ende September 1830 Flugblätter mit folgendem Text verteilt: »Wegen Allgemeiner Unzufriedenheit der hiesigen Einwohner in Betreff des großen Aufschlags aller Bedürfnisse, vernimmt man jetzt zwar mit Vergnügen, daß von Seite der kgl. Regierung die nöthigen Vorkehrungen getroffen werden sollen, das Volk zufrieden zu stellen und zu beruhigen, allein damit kann sich das Publikum noch nicht begnügen, indem in Betreff der Juden . . . gar nichts erwähnt wurde, . . . — Man sieht dahier in Hinsicht der Juden als wie auch in Betreff der nothwendigen Bedürfnisse (d. h. Lebensmittelbedürfnisse) einen baldigen, günstigen Erfolg entgegen, . . .«[77]

Aus diesen Worten spricht auch Kritik an der Regierung, bisher politische Maßnahmen unterlassen zu haben, den Wünschen der Bevölkerung nicht entsprochen zu haben. Die Flugblätter stellten somit auch einen Versuch dar, Einfluß auf Politik und Gesetzgebung auszuüben.

Die Aufforderung zum Handeln richtete sich andererseits an Gleichgesinnte oder Personen in vergleichbarer Lage. »Bürger macht Euch frei von der Polizei. Fürchte sich doch keiner.«[78] — »Würzburger! . . . regt mit männlicher Ruhe eure Behörden auf, obige Forderungen mit Nachdruck vor den

---

[76] BayHStA MInn 45520, Erlangen 12. 10. 1830 24. Brigade an Gend.Corps.Cdo.
[77] BayHStA MInn 45514, München 24. 8. 1830 Gend. der Haupt- und Residenzwache an Gend.Corps.Cdo.
[78] StAN, Reg. Mfr. Abgabe 1968, II, 27.

Fürsten zu bringen.« — »Bürger! Kampfgenossen! Auf zum Kampfe für die Freyheit! Nieder mit den Bluthunden! Nieder mit den Mauthäusern!«[79] Hier wurde zur Selbsthilfe, zur direkten Aktion aufgerufen. Die Verantwortung für die gegenwärtige Situation wurde nicht mehr anderen zugeschoben, man sah sich selbst in der Lage, etwas zu ändern. Insofern stellen diese Art der Flugblätter eine radikalere Form als die oben geschilderten dar.

Mit dem Appell zum Handeln war oft eine Drohung verbunden: Drohbriefe. Wenn gestellte Forderungen nicht erfüllt würden, ergreife man eigene, radikale Mittel. Teilweise wurden genaue Fristen angegeben, innerhalb derer die Beschwerden abgestellt sein sollten. »... wird hiermit zum letztenmal bekannt gemacht, daß wenn binnen 4 Tagen keine Minderung in den Preisen der Nahrungsbedürfnisse ... eintritt, die Rache an den hieran Schuldigen in höchstem Maas verübt werden wird;«[80] »Freiheit, Brod oder Todt. ... Uns Unterthanen ist alles genommen worden, ... wir müssen allso anpacken wen sie es nicht machen wie es im vorigen Tarif« (Tarif der Brottaxe) »laut. Sehet euch wohl vor, in grimmigen Kleidern werden sie kommen, aber werden seyn wie die reisenden Mälte.«[81]

Mit Hilfe dieser Drohungen sollte den Forderungen mehr Gewicht verliehen werden. Inhalte der Drohungen waren Brandstiftungen, allgemeiner Aufstand, Rebellion oder Mord an den vermeintlichen Verursachern des beklagten Mißstandes.

Ein anderes Mittel, den Flugzetteln mehr Druck zu geben, war die Beschwörung einer gefährlichen Situation. Der Initiator des Flugblatts habe eine große Anhängerschaft hinter sich, die mit dem Inhalt des Blatts übereinstimme und bereit sei, Drohungen in die Tat umzusetzen. Unter die Flugzettel wurden Unterschriften gesetzt, wie »Im Namen Aller«, im Text hieß es: »Im Namen von 600 Mann vor der Hand bestehender Vereinigung...«[82] Oder: »Ihr lieben Bürger von Arzberg ... steht auf ... zwanzig Dörfer stehen euch bey Tag und Nacht bey. Verlaßt euch auf uns.«[83]

Als indirekte Drohung wurde häufig die Verläßlichkeit der Ordnungshüter, insbesondere des Militärs, in Frage gestellt, falls sie zur Unterdrückung eines angekündigten Aufstands herangezogen werden sollten. Ein Münchner Flugblatt September 1830 lautete: »... glaubt nicht, daß wir die Straßen in Haufen lärmend durchziehen, sondern auf eine ganz andere Weise werden die gräßlichsten Mordthaten und Feuerbrünste an den hieran Betheiligten statt finden. Verlaßt Euch auch nicht auf die Soldaten, denn die sind selbst hungrig.«[84] — In Würzburg waren Plakate verbreitet: »... Zu ihren innersten Gesinnungen und Forderungen sind alle Teutschen einig, und auch teutsche Militäre werden nicht die Mörder ihrer Mitbürger sein.«[85]

---

[79] BayHStA MInn 45521, Würzburg 8. 10. 1830 Reg.Präs. Zu Rhein an König.
[80] BayHStA MInn 45514, München 22. 9. 1830 Comp. der Haupt- und Residenzwache an Gend.Corps.Cdo.
[81] BayHStA MInn 45519, Gnutenberg 16. 10. 1830 19. Brigade an Gend.Corps.Cdo.
[82] Ebda, München 22. 9. 1830 Comp. der Haupt- und Residenzwache an Gend. Corps.Cdo.
[83] BayHStA MInn 45519, Bayreuth 19. 10. 1830 6. Comp. an Gend.Corps.Cdo.
[84] BayHStA MInn 45514, München 22. 9. 1830 Comp. der Haupt- und Residenzwache an Gend.Corps.Cdo.
[85] BayHStA MInn 45521, München 9. 10. 1830 Gend.Corps.Cdo. an König.

Da die Flugblätter anonym waren, läßt sich über die Verfasser wenig aussagen[86]. Einige Zettel waren mit einem Pseudonym unterzeichnet, zum Beispiel »Ausschuß der Brüder der Rache«[87]. An die Stelle einer Unterschrift wurde ein auffordernes Motto gesetz, in dem nochmals Entschlossenheit und Gemeinsamkeit betont werden sollte: »Wir sterben oder siegen.«[88] oder »Greift zu den Waffen!«[89]

Wiederkehrende Schlagworte

Bestimmte Topoi tauchen bei diesen Flugblättern immer wieder auf. Die häufigsten sind Freiheit, Gerechtigkeit und die Berufung auf Gott.

Forderungen und Drohungen wurden stereotyp mit »Vivat Freiheit« verbunden. Dadurch wollte man den zum Teil unpolitischen, lokal begrenzten Forderungen einen politischen Anstrich geben. Zugleich sollte signalisiert werden, daß man in Zusammenhang mit der allgemeinen Aufstandsbewegung Herbst 1830 stand. Als »politisch-sozialer Begriff [war ›Freiheit‹] vor allem das Losungswort in dem Emanzipationsprozeß«[90] seit Ende des 18. Jahrhunderts. »Freiheit« bedeutete hier rechtliche Gleichheit[91], die Aufhebung grund- und gerichtsherrlicher Abhängigkeiten.

An den Schluß der Flugblätter war meist eine Losung gesetzt wie »Vivat es lebe die Freiheit und Gerechtigkeit.« Man appellierte an eine allgemeingültige, absolut existierende Gerechtigkeit. »Die gute (= gerechte) Sache wird, muß siegen.«[92] ».. . das ist aber nicht gerecht, wie in Passau die Obrigkeit ist.«[93] Noch deutlicher liest man in einem Nürnberger Zettel September 1830 über mangelnde Regierungsverantwortung: »Wie können sie verlangen, daß Ihr Bürgerpflichten gegen Sie hegen könnet, wo Sie selbst Ihre Pflichten gegen Euch auf jede mögliche Art verletzt haben? . . . ein jeder wird es wissen . . . und diese Menschen verlangen das Ihr die Gerechtigkeit mit Ihnen noch mehr unterdrücken sollt . . . rufet es lebe die Freiheit und Gerechtigkeit, tausendstimmig wird es wiederhallen, und euer Anhang wird die ganze Bevölkerung seyn darum, weil Ihr einig seit.«[94]

Auf andere Weise wurde die Berechtigung der aufgestellten Forderungen dadurch unterstrichen, daß Gott auf der Seite der Aufständischen stünde. Handeln, ein geplanter Aufruhr gegen die von Gott gesetzte Obrigkeit sollte durch die Berufung auf Gott wiederum legitimiert werden. ». . . aber der liebe Gott

---

[86] Auf Grund von Stil, Grammatik und Orthographie der Texte kann man gewisse Unterscheidungen treffen. Zum Teil waren die Flugblätter in gutem Stil und Hochdeutsch verfaßt, viele dagegen in Umgangssprache, ohne erkennbare Verwendung von Sprachregeln.
[87] BayHStA MInn 45521, Würzburg 4. 10. 1830 Reg.Präs. Zu Rhein an König.
[88] Ebda.
[89] StAN, Reg. Mfr. Abgabe 1968, II, 27, Mag. Nürnberg 12. 10. 1830.
[90] Jürgen SCHLUMBOHM, Freiheitsbegriff und Emanzipationsprozeß. Zur Geschichte eines politischen Wortes, Göttingen 1973, 5; vgl. Jürgen SCHLUMBOHM, Freiheit. Die Anfänge der bürgerlichen Emanzipationsbewegung in Deutschland im Spiegel ihres Leitwortes (ca. 1760—1800), (Geschichte und Gesellschaft. Bochumer historische Studien 12) Düsseldorf 1975.
[91] SCHLUMBOHM, Freiheitsbegriff, 5.
[92] BayHStA MInn 45521, Würzburg 4. 10. 1830 Reg.Präs. Zu Rhein an König.
[93] BayHStA MInn 45515, Passau 24. 10. 1830 1. Brigade an Gend.Corps.Cdo.
[94] Stadtarchiv Nürnberg, HR 3098, Nürnberg 18. 9. 1830, Bericht eines Polizeisoldaten.

wirt uns die macht geben, das wier es vollbringen. Aber einen aufruhr wirs geben das noch nie gewesen ist und nimmer werden werd in Neustadt/A. . . .«[95] — ». . . so will man die mitverstandene Behörtte Aufmerksam machen; das recht bald Allein an mehreren Örttern die Ganze Stadt in Flammen aufgöhen Soll, wir glauben dadurch Gott einen Dünst geleistet zu haben . . .«[96]

3. FORDERUNGEN — URSACHEN UND HINTERGRÜNDE

Den geschilderten Aktionen lagen wirtschaftliche, soziale und in verschlüsselter Form politische Motive zugrunde. Klagen und Forderungen, die sich herauskristallisieren lassen, spiegelten sich auch in den Flugblättern wider.

»Mord und Tod, lieber noch als Hungersnoth«

Diese Überschrift eines Flugzettels[97] weist drastisch auf einen der Hauptbeschwerdepunkte hin: die Teuerung der Lebensmittelpreise, nämlich von Brot, Bier und Fleisch. Sofortige Preissenkung wurde verlangt, andernfalls käme es zu Revolution, Mord und Brandstiftungen. In den Städten waren Zettel verbreitet: »Magistrat! Wohlfeiles Fleisch, Brot und Bier, sonst gibt's Mord und Totschlag hier!«[98] — »Vivat Freiheit — Abschaffung der Mehl-, Brot-, Fleischtaxe oder Aufruhr, Feuer, Mord.«[99] Der Protest wandte sich gegen städtische Behörden wegen falscher Preispolitik und schlechter Verwaltung der Viktualienpolizei. Bäckern, Metzgern, Brauern und Melbern wurden Preisabsprachen und künstlich verursachte Teuerungen vorgeworfen. Drohzettel waren an ihren Häusern angeheftet, Tumulte und Sachbeschädigungen gegen sie gerichtet. »Fürchtet Euch ihr Becken und Metzger! — Billiges Brot oder Tod!«[100] Der Anteil der Ausgaben für Nahrungsmittel machte im Vormärz zwischen 70 und 65 % der Gesamtausgaben eines durchschnittlichen Haushalts von Bauhandwerkern und Arbeitern in Nürnberg aus. Daraus wird klar, wie die Teuerungen schnell zu einem Politikum werden konnten. Allein zur Deckung des Brotbedarfs (die Hälfte der Nahrungsmittelausgaben) wurde fast ein Drittel der gesamten Lebenshaltungskosten ausgegeben[101]. Demgegenüber war der Fleischkonsum relativ gering; Brot, vor allem das billigere, dunkle Roggenbrot, und Mehlspeisen, meist aus Weizenmehl, waren Hauptnahrungsmittel[102].

---

[95] StAN, Reg. Mfr. Abgabe 1968, II, 27, Lg. Neustadt a. A. 20. 10. 1830.
[96] BayHStA MInn 45515, Passau 24. 10. 1830 1. Brigade an Gend.Corps.Cdo.
[97] StAN, Reg. Mfr. Abgabe 1968, II, 27, Flugzettel.
[98] BayHStA MInn 45514.
[99] StAB, Präs.Reg. K 3, Nr. 858.
[100] StAN, Reg. Mfr. Abgabe 1968, II, 27.
[101] Rainer GÖMMEL, Wachstum und Konjunktur der Nürnberger Wirtschaft (1815—1914) (Beiträge zur Wirtschaftsgeschichte 1) Stuttgart 1978, 211, 213; vgl. Hans Jürgen TEUTEBERG, Günther WIEGELMANN, Der Wandel der Nahrungsgewohnheiten unter dem Einfluß der Industrialisierung (Studien zum Wandel von Gesellschaft und Bildung im neunzehnten Jahrhundert 3) Göttingen 1972, 259, 217 ff.
[102] Bavaria. Landes- und Volkskunde des Kgr. Bayern, bearbeitet v. einem Kreise Gelehrter, 5 Bde., München 1860, 439—442, 385—388, 999—1002, 326—328, 1019—1021, 271—274, 849—850; Preise des Roggenbrots in München August 1830: 2 kr. 3 pf. — 2 kr. 2 pf., Weizenbrot dagegen 5—6 kr.

Die Preise für Brot, Mehl und Bier richteten sich nach den Getreidepreisen und waren deren Preisschwankungen unterworfen[103].

Die allgemeine Linie der Preisentwicklung in der ersten Hälfte des 19. Jahrhunderts zeigte nach der Teuerung 1815 bis 1817 einen enormen Preissturz insbesondere bei landwirtschaftlichen Produkten auf. 1824 wurden die niedrigsten Werte während des gesamten 18. und 19. Jahrhunderts erreicht. Diese Preisschwankungen lösten eine Krise aus, vergleichbar nur mit der Krise von 1931/32[104]. Zwischen 1824 und 1828 stiegen die Getreidepreise wieder um annähernd 50 %. Nach einem mäßigen Preisabfall setzte 1830, gemessen an dem kurzen Zeitraum, ein rapider Preisanstieg bis 1832 ein. Erst das Teuerungsjahr 1847/48 brachte höhere Preise[105]. In Bayern stiegen die Getreidepreise zwischen 1829/30 und 1832 um circa 33 %[106].

Diese Preisentwicklung, das starke Auf und Ab von einem Jahr zum anderen, mußte zwangsläufig zu einer erhöhten Sensibilität für derartige Schwankungen führen[107]. Neben der Preisentwicklung über einen längeren Zeitraum hinweg ist für die subjektive Beurteilung des Ausmaßes einer Teuerung die Preisgestaltung innerhalb eines kurzen Zeitabschnitts ausschlaggebend. Anhand der Tabellen kann man ersehen, daß seit Juli 1830 das Brotgetreide sich stark verteuert hatte. Der größte Preissprung ist während der politischen Krise nach der französischen Julirevolution bei Roggen zu verzeichnen[108]. Roggen war das in den nord- und mittelbayerischen Bezirken vorwiegend angebaute Getreide[109]. Man kann Juli bis November 1830 Teuerungsschritte von circa einem Gulden festmachen; die durchschnittliche Spanne war bisher nur ein halber Gulden[110].

Ähnlich verhielt es sich bei den Brotpreisen. Im August 1830 kostete ein Pfund Roggenbrot zwischen 2 kr. 3 pf. und 3 kr. 2 pf., im September zwischen 3 kr. 3 pf. und 4 kr. 1 pf.[111], also circa ein Drittel mehr als im Vormonat. Gerade solche kurzfristigen Preisbewegungen können in einer Zeit politischer Krisen zu spontanen Protesten führen. In Ansbach stieg der Preis für das sechspfündige Roggenbrot von August bis September 1830 von 12³/₄ auf 15¹/₂

---

[103] Die Münchner Behörden berechneten den Brotpreistarif aus dem wöchentlichen Mittelpreis des Getreides zuzüglich 4 fl. Mannsnahrung, 30 kr. Aufschlag und 2 kr. Zoll pro Schäffel; bei Roggenbrot: 3 fl. 33 kr. Mannsnahrung, Zoll und Aufschlag pro Schäffel. Ein Schäffel mußte mindestens 318 Pfund Brot ergeben; Karl G. L. SEUFFERT, Statistik des Getreide- und Viktualien-Handels mit Berücksichtigung des Auslands. Aus amtlichen Quellen, München 1857, 453.
[104] Vgl. A. JACOBS, H. RICHTER, Großhandelspreise in Deutschland von 1792 bis 1934 (Vierteljahreshefte für Konjunkturforschung, hrsg. v. Ernst Wagemann, 37) Berlin 1935, 30—36, Tabellen; Getreidepreise in Deutschland seit dem Ausgang des 18. Jahrhunderts (Vierteljahreshefte zur Statistik des Deutschen Reiches, hrsg. v. Statistischen Reichsamt 44/1) 1935, 284.
[105] Berechnet nach Getreidepreise 293, 297, 301, 305.
[106] Nach SEUFFERT, Statistik 290, 295; vgl. J. A. WILD, Bewegung der Getreidepreise des Kgr. Bayern v. J. 1750 bis auf unsere Zeit, München 1859.
[107] Eine ähnliche Preisentwicklung gab es nur 1844—1847. Vgl. Reinhard SPREE, Michael TYBUS, Wachstumstrends und Konjunkturzyklen in der deutschen Wirtschaft von 1820 bis 1913, Göttingen 1978.
[108] Darstellungen I und II, s. Anhang; Tabelle I, S. 25.
[109] Vgl. Karte von Chr. BORCHARDT, abgedruckt bei Wolfgang ZORN, Die wirtschaftliche Struktur Altbayerns im Vormärz 1815—48 (Obb. Archiv 93) 1971, 191.
[110] Berechnet nach SEUFFERT, Statistik 117, 176, 186, 204, 216, 228.
[111] Intell.bl. für den Isarkreis 1830.

TABELLE I

1830	München	Augsburg	Nürnberg	Würzburg	Bamberg	Bayreuth
Mai						8 fl 41 kr
Juni	9 fl 24 kr	9 fl 1 kr	8 fl 5 kr	7 fl 10 kr	8 fl 15 kr	10 fl 5 kr
Juli	10 fl 29 kr	9 fl 58 kr	8 fl 14 kr	7 fl 33 kr	8 fl 7 kr	10 fl 3 kr
August	11 fl 23 kr	10 fl 54 kr	9 fl 46 kr	9 fl 35 kr	9 fl 21 kr	10 fl 43 kr
September	12 fl 8 kr	11 fl 50 kr	10 fl 42 kr	11 fl 18 kr	11 fl 36 kr	13 fl 25 kr
Oktober	12 fl 31 kr	11 fl 23 kr	10 fl 52 kr	11 fl 33 kr	11 fl 40 kr	13 fl 26 kr
November	12 fl 37 kr	12 fl	10 fl 31 kr	11 fl 46 kr	11 fl 22 kr	13 fl 26 kr

Monatliche Mittelpreise pro Schäffel *Roggen* im Kgr. Bayern 1830
(nach Seuffert, Statistik, 117, 176, 186, 204, 216, 228)

1830	München	Augsburg	Nürnberg	Würzburg	Bamberg	Bayreuth
auf Juni	1 fl 5 kr	57 kr	24 kr	26 kr	24 kr	1 fl 24 kr
auf Juli	54 kr	56 kr	5 kr	23 kr	14 kr	40 kr
auf August	55 kr	56 kr	1 fl 32 kr	1 fl 2 kr	2 fl 25 kr	1 fl 42 kr
auf September	23 kr		56 kr	43 kr	4 kr	1 kr
auf Oktober	6 kr	37 kr	10 kr	15 kr		
auf November				13 kr		

1 fl = 60 kr

Steigerung der monatlichen Mittelpreise pro Schäffel *Roggen* im Kgr. Bayern 1830
(nach Seuffert, Statistik, 117, 176, 186, 204, 216, 228)

25

kr.[112], in Würzburg von 17 kr. auf 19¹/₂ kr. in der Zeit Oktober bis Dezember 1830[113].

Zur Ergänzung seien noch die Fleischpreise genannt. Hier war ebenfalls seit 1828 bis 1830 eine starke Teuerung zu verzeichnen[114].

Gegenüber den Preisschwankungen blieb jedoch der Jahreslohn für ungelernte Hilfsarbeiter, Bauarbeiter und Textilarbeiter in Deutschland in den 30er Jahren des 19. Jahrhunderts konstant[115]. Das Realeinkommen von Handwerkern und Arbeitern in Nürnberg war sogar seit 1820 gesunken. Um so schwerwiegender empfand man jede Art von Lebensmittelteuerungen[116].

»Im Jahre der Rache gegen die Mauth«

Der andere wichtige Kristallisationspunkt von Unmut und Unzufriedenheit im Herbst 1830 stellte verschiedene Arten von Steuern, Abgaben dar[117]. Der Zoll soll hier als eine Sonderform von Steuern betrachtet werden; der Zollprotest war in Bayern neben dem gegen die Teuerungen zahlenmäßig am stärksten vertreten. Man kann ihn der Gruppe langfristiger, strukturell wirtschaftlicher Protestursachen zuordnen, denn »Zölle und Abgaben, Wirtschaftsverfasung und Wirtschaftsstruktur sind dauerhafte Erscheinungen«[118]. Proteste gegen Zölle äußerten sich in Bayern in verschiedenen Formen: Sachbeschädigungen, Flugblätter und Drohzettel, mündliche Äußerungen und ein Ansteigen von Zolldelikten. Die Sachbeschädigungen und Anschläge gegen Zoll- und Hallämter kann man nicht nur als zollspezifischen Widerstand, sondern auch als Protest gegen staatliche Verwaltungseinrichtungen und stellvertretend als Abwehrhaltung gegenüber obrigkeitlicher Herrschaft werten. Wirtschaftliche und politische Motive sind schwer zu trennen[119].

In ihrer direkten Aussage richteten sich die Anschläge zunächst jedoch gegen die Einrichtung der Zölle selbst. Man forderte die völlige Abschaffung von Zöllen und Maut, ein gerechteres Zollsystem, Gleichmäßigkeit einzelner Zolltarife, Wegfall lokaler Sonderzölle und generelle Herabsetzung der als zu hoch empfundenen Zollsätze. »Nieder mit der Mauth«, dieses Postulat war fester Bestandteil der Flugzettel. Eine »geschworene Gesellschaft« wäre entschlossen, »alle Zollhäuser und Mautner als Wurzel vieles Uibels zu zerstören.«[120] Das Zollsystem wurde als Hemmschuh für Handel und Wirtschaftsprosperität angeprangert. »Deutsche Bürger! Erhebt euch zum heiligen Kampfe für Freiheit, Religion und Vaterland! Steckt die Mauthäuser in Brand, diese Schlachtbänke, wo eine Glück, eine Wohlstand grausam hingeopfert wird.«[121]

Dieser Volksprotest trifft sich mit einer starken wirtschaftspolitischen Aus-

[112] Intell.bl. für den Rezatkreis 1830.
[113] Intell.bl. für den Obermainkreis 1830.
[114] Darstellung III, s. Anhang, erstellt nach JACOBS, RICHTER, Großhandelspreise, 74.
[115] Georg PHILIPPI, Preise, Löhne und Produktivität in Deutschland (Konjunkturpolitik. Ztschr. f. angewandte Konjunkturforschung 12) Berlin 1966, 318—320. Graphiken 12, 13, 14.
[116] GÖMMEL, Wachstum, 206, 131 f.; PHILIPPI, Preise, 325, Graphik 23.
[117] BayHStA MInn 45521, Großostheim 30. 9. 1830, Flugzettel.
[118] VOLKMANN, Krise, 117.
[119] Vgl. ebda, 166.
[120] StAW Reg. Ufr. Abgabe 1943/45, Nr. 9853, Obernburg 30. 9. 1830 an Reg. Umkr.
[121] BayHStA MInn 45521, Würzburg 4. 10. 1830 Reg.Präs. Zu Rhein an König.

einandersetzung Anfang des 19. Jahrhunderts. Die wirtschaftliche Landschaft des Deutschen Bundes zeigte entsprechend seinem einzelstaatlichen Partikularismus eine Vielzahl von Wirtschaftsräumen auf, jeder Staat vom Nachbarstaat durch Zölle, verschiedene Gewichts- und Münzsysteme abgegrenzt. Neben Einfuhr-, Ausfuhr- und Durchfuhrzöllen existierten innerhalb einzelner Staaten wiederum Binnenzölle, Weggelder und andere zollähnliche Abgaben, die einen fließenden Handel beeinträchtigten. Der Zoll wurde Gegenstand ausgedehnter Diskussionen um geeignete Maßnahmen zur Förderung der Entwicklung von Industrie, Gewerbe und Landwirtschaft, zur Intensivierung des Handels und ›Steigerung des Nationalwohlstandes‹. Dabei zeichneten sich folgende Positionen ab: ein vom Liberalismus favorisiertes Freihandelssystem, also Aufhebung aller Zölle, ein gemäßigtes Zollsystem mit niedrigen Tarifen oder eine protektionistische Schutzzollpolitik. Zur Debatte standen auch gemischte Modelle mit der Forderung nach Freihandel innerhalb der deutschen Bundesstaaten, zugleich jedoch mit einer starken Schutzzollgrenze gegen die Nachbarstaaten, insbesondere Frankreich und Rußland, die ihrerseits hohe Einfuhrzölle erhoben[122].

Ebenso wurde die Frage erörtert, inwieweit die Einrichtung des Zolls als staatliche Finanzquelle Sinn und Zweck erfüllen könnte und rentabel wäre. In einigen Druckschriften wurde der Zoll als zusätzliche Steuerbelastung für die Bevölkerung beklagt. In der Diskussion für und gegen einen Zollabbau spielten auch staatspolitische Erwägungen eine Rolle, da ein künftiger nationaler freier Wirtschaftsraum ohne Binnenzollgrenzen auf politischer Ebene zu einer Annäherung führen und den Weg zur deutschen Staatseinheit beschleunigen würde. Die Auseinandersetzungen sind im Vorfeld der Gründung des deutschen Zollvereins zu sehen und stehen im Zusammenhang mit den Verhandlungen um Handelsabkommen und Zollverträge 1828 bis 1833[123]. In Zeitungsartikeln und Druckschriften meldeten sich vorwiegend Verwaltungs- und Regierungsbeamte, Wirtschaftstheoretiker, Handels- und Kaufleute zu Wort[124]. Dabei überwogen die Anhänger freihändlerischer Tendenzen und reduzierter Zollsätze[125].

---

[122] Joseph von UTZSCHNEIDER, Antrag an die hohe Kammer der Abgeordneten zur Beförderung des Ackerbaus, des Gewerb-Fleißes und des Handels in Bayern, München 1831; Über die von Seiten des bayerischen Handelsstandes, mehrerer Städte, an die hohe Kammer der Abgeordneten gerichteten Vorstellungen, Aenderung des Zolltarifs von 1828 betreffend, Bayern 1831.

[123] Hans-Werner HAHN, Geschichte des deutschen Zollvereins, Göttingen 1984; vgl. William O. HENDERSON, The Zollverein, London 1959; Arnold H. PRICE, The evolution of the Zollverein. A study of the ideas and institutions leading to the German economic unification between 1815 and 1833, University of Michigan 1949; Kurt HOLZAPFEL, Der Einfluß der Julirevolution von 1830/32 auf Deutschland (Helmut REINALTER, Hg., Demokratische und soziale Protestbewegungen in Mitteleuropa 1815—1848/49) Frankfurt 1986, 133—137.

[124] PRICE, evolution, 174—190. — In Zeitungen wurden einzelne Gesetze, Verträge und die zollpolitische Entwicklung allgemein diskutiert; vgl. Hans Friedrich MÜLLER, Berichterstattung der Allgemeinen Zeitung Augsburg über Fragen der Wirtschaft 1814—40, Diss. München 1936.

[125] Einige Worte über Handel und Industrie in Deutschland mit besonderer Rücksicht auf Bayern. Geschrieben für alle Stände von einem Deutschen. München 1830; Ansichten über Zollvereine unter den süddeutschen Staaten, veranlaßt durch die Schrift: Hingeworfene freimütige Gedanken über die Frage, ob Bayern mit benach-

In Eingaben und Beschwerdeschriften wandten sich Abgeordnete für ihren Wahlkreis, Bürgermeister, Stadtmagistrate, Gewerbetreibende und Kaufleute an den bayerischen Landtag. Die Abgeordnetenkammer hatte während des Landtags 1828 die bestehenden Zolltarife als zu hoch kritisiert und auf schnellen Abschluß von Handelsverträgen und Zollvereinen mit anderen Staaten gedrängt. Dieselben Forderungen wurden in einer Flut von Petitionen und Klageschriften vorwiegend aus Regensburg, Schweinfurt, Würzburg, Bamberg, Aschaffenburg, Nürnberg erhoben und dem Landtag unterbreitet[126]. Der Abgeordnete von Hornthal bezeichnete die Zölle als »ein Kind der Finsternis«[127].

Von staatlicher Seite war man ebenfalls um eine Vereinfachung und Rationalisierung des Zollwesens bemüht. Die Bundesakte von 1815 schrieb in Artikel 19 gegenseitige Beratungen zur Vereinheitlichung der Wirtschaftssysteme mit Hinblick auf eine Zollunion der deutschen Staaten vor. Die Notwendigkeit solcher Annäherungen wurde seit der Absatz- und Ernährungskrise 1816/1817 deutlich[128]. Zoll- und Handelsverträge, die zunächst zwischen einzelnen Bundesstaaten abgeschlossen wurden, hoben die Grenzzölle auf. Mit der Errichtung des deutschen Zollvereins 1833/34 wurde die Mehrheit der deutschen Bundesstaaten zu einem einheitlichen Wirtschaftskörper zusammengefaßt.

1830 waren innerhalb Bayerns zwar offiziell Zollschranken aufgehoben, dennoch existierten weiterhin Pflasterzölle, Brücken- und Wegegelder, wurden zum Teil sogar erweitert oder neu errichtet[129].

In diese Zeit der öffentlichen Auseinandersetzung um Zollgesetze und Handelsabkommen fiel der zollpolitische Protest der Bevölkerung. Populäre Druckschriften hatten an der wirtschaftspolitischen Debatte nicht teilgenommen[130]. Die Julirevolution wirkte hier als Katalysator für den offenen Ausbruch der Unzufriedenheit mit Zollpolitik und -system[131]. Die Aufstandsbewegung in Mitteldeutschland, vor allem in der Provinz Oberhessen, in Kurhessen, Sachsen und einigen Staaten des Mitteldeutschen Handelsvereins waren insbesondere

---

barten Staaten in eine gemeinschaftliche Mautlinie treten soll. München 1828; Friedr. L. LINDNER, Considération sur le traité d'union commerciale entre la Prusse, la Bavière, le Wurttemberg, et le Hesse- Darmstadt. München 1829; J. B. ALBER, Bayerns Zollwesen. München 1829. — Auf dem LT 1831 wurde der Vertrag 1828 begrüßt, weitere Zolleinigungen gefordert; vgl. Michael DOEBERL, Bayern und die wirtschaftliche Einigung Deutschlands, München 1915, 30, 50.

[126] Landtagsverhandlungen 1831, Kammer der Abgeordneten (künftig zitiert: LV Abg.) 10. Beil.bd., Beil. 44, Beil. C, Vortrag und Antrag des Abg. Heinzelmann; Denkschrift über die nachtheiligen Folgen des hohen Bayer. Eingangszolltarifs und der Bayerischen Zollordnung vom Jahre 1828. Der hohen Ständeversammlung, K.d.Abg. eingerichtet von 155 Kaufleuten und Fabrikbesitzern der Stadt Nürnberg, Mai 1831; Die Mauth d. Kgr. Bayern nach ihren Folgen beleuchtet. Nürnberg 1831.

[127] Wunsch und Bitte des kgl. by. oberen Justizrathes von Hornthal zu Bamberg, die Entfesselung des Handels, die Zoll- und Mauth-Anstalt in Bayern betr. 1831.

[128] WEIS, Durchbruch, 400 f.

[129] LV Abg. 1831, 10. Beil.bd., Abg. Heinzelmann, S. 17 f., S. 111 f.; — Ignaz von RUDHART, Über den Zustand des Königreichs Baiern nach amtlichen Quellen, Stuttgart-Tübingen 1825, Bd. 2, 253.

[130] PRICE, evolution, 174.

[131] StAB, Präs. Reg. K 3, Nr. 858; ebd, Nr. 933; StAND, Reg. Nr. 7144; StAN, Reg. Mfr. Abgabe 1968, II. 27; StAW, Reg. Ufr. Abgabe 1943/45, Nr. 9834; ebda, Nr. 9853; BayHStA MA 1622.

auch Zollunruhen[132]. Hier bewirkten die Unruhen 1830/31 auch eine innenpolitische Wende, so in Sachsen und Kurhessen, die zugleich Vorbedingung für
eine Annäherung an den preußisch geführten Zollverein 1831 bis 1833 war[133].
Protektionistische Anhänger betrachteten diesen nun als »Schritt zu einem umfassenden nationalen Schutzzollsystem. Für die Freihändler konnte der Abbau innerdeutscher Handelsschranken als Auftakt zu einer größeren immer
mehr Staaten umfassenden Handelsfreiheit angesehen werden.«[134] Der vom
süddeutschen Liberalismus geteilte Vorbehalt gegenüber dem »unkonstitionel-
len Preußen« wurde durch ein »evolutionäres Konzept«, der Hoffnung auf eine
liberal-konstitutionelle Reform des preußischen Staats verdrängt[135].

An der norddeutschen Grenze waren ebenfalls Zollstationen, Rentämter,
Landgerichtsbüros zerstört. Papiere und Akten wurden öffentlich verbrannt.
Obwohl durch den Handelsvertrag mit dem preußisch-hessischen Zollverein
schon Erleichterungen für den Grenzverkehr eingeleitet waren, provozierten die
noch bestehenden Zollbestimmungen Unmut und Proteste in Bayern. Schmuggel
war in den nordbayerischen Grenzbezirken weit verbreitet. Die Abgeordneten
des Landtags 1831 bezeichneten den preußisch-hessisch-bayerischen Vertrag als
ungenügend und halbherzig und sprachen sich für eine Ausweitung des Vertrags
mit Preußen in Richtung auf eine große Zollunion aus. Ungleichmäßigkeiten
der Zolltarife und -verwaltung zwischen den Vertragspartnern wirkten sich
für die bayerische Bevölkerung nachteilig aus. An der Grenze zu Württemberg, an der seit dem Vertrag 1828 die Zollschranken aufgehoben waren, ereigneten sich keine Zollproteste.

Die Unzufriedenheit mit dem Zollsystem wurde in Nordbayern noch dadurch verstärkt, daß viele der 1806—10 dem Königreich Bayern neu eingeglie-
derten Gebiete von vorher bestandenen traditionellen Handelsverbindungen
und Wirtschaftsbeziehungen durch neue Zollgrenzen abgeschnitten wurden.

Steuern und Abgaben

Der Protest gegen Steuern und Abgaben Herbst 1830 in Bayern führte zwar
nicht wie in den hessischen Provinzen zu Zerstörungen von Rent und Land-
gerichtsämtern, Plünderungen von Kassen und Verbrennen von Steuerlisten
und Strafregistern; doch in lokal begrenzten Tumulten und Flugzetteln kam
der Unmut der Bevölkerung zum Ausdruck.

In Würzburg waren Oktober 1830 anonyme Anschläge verbreitet; »Wesent-
liche Verminderung der Abgaben, ein gerechtes Abgabensystem . . .«[136] wurden
gefordert. Tumulte und Flugblätter, die sich Herbst 1830 gegen die Zolleinrichtungen und Behörden wandten, standen meines Erachtens in direktem Zusammenhang mit der Zollvereinsbewegung.

Beschwerden über Steuerüberbürdung wurden 1830/31 vermehrt im Untermainkreis und Rezatkreis artikuliert, insbesondere in stark verarmten Gebieten, wie den Landgerichten Herzogenaurach, Monheim, Pleinfeld, Schillings-

---

[132] A. GRÖSSMANN, Unruhen, 1—29; VOLKMANN, Krise, 178, 187—190; HAHN, Geschichte, 58 ff.
[133] HAHN, Geschichte, 60 f.
[134] Ebda, 66 f.
[135] Ebda, 67.
[136] BayHStA MInn 45521, Würzburg 8. 10. 1830.

fürst, Erlangen und Aschaffenburg[137]. Abschaffung lokaler Steuern, zum Beispiel der städtischen Holzabgabe in Würzburg und Aschaffenburg, wurde unter Androhung von Brandstiftung gefordert[138]. In Bayreuth kündigte man den Ausbruch einer Revolution an, wenn Ungeld und Steuern nicht gesenkt würden[139]. In Nürnberg rief man im September 1830 zum Sturz des Stadtmagistrats auf, denn: »Bürger, brave Bürger: Sie sind es die die Finanzen und die Stadtkasse geschmälert, die durch unnütze Bauten auf Euch Schulden gemacht und vermittels der vielen städtischen Gefälle sie euch auf den Holz geworfen, und euch dadurch eure Nahrungsmittel vertheuert haben.«[140] Einzelne Steuern, wie die Flußbausteuer würden unrechtmäßig erhoben, die Gewerbesteuer, Wein- und Essigakzise wären verfassungswidrig[141]. Der Protest richtete sich darüber hinaus gegen Gerichts-, Sportel- und Stempeltaxen, grundherrliche und gerichtsherrliche Abgaben, Fron, Gilt, Zehnt und kommunale Umlagen (Holz- und Streuabgabe, Lokalaufschlag auf Lebensmittel)[142].

Ein Vergleich einzelner steuerlicher Staatseinnahmen zeigt, daß die Einnahmen aus lehens-, zins- und grundherrlichen Gefällen und dem Malzaufschlag in der Finanzperiode 1825 bis 1831 fast ebenso hoch wie die aus der Grundsteuer waren. Stempelgebühren und Taxen überstiegen in der II. Finanzperiode bis 1831 weit die Höhe der Einnahmen aus direkten Steuern (Haus- und Gewerbesteuer, Einkommenssteuer und Kapitalrenten). 1825 bis 1831 betrugen die direkten Einnahmen 28,5 % des Budgets, die indirekten dagegen, also aus Malzaufschlag, Taxen, Stempel, Strafen und Gebühren 33 %[143]. Die einzelnen lokalen Tumulte Herbst 1830 waren hier also im Zusammenhang gesehen Ausdruck der Unzufriedenheit mit der Zusammensetzung des Staatsbudgets und dem Ungleichgewicht des Steuersystems.

Der Protest gegen grund- und gerichtsherrliche Abgaben, Fron, Zehnt wirft ein Licht auf die soziale Lage der Bevölkerung. In der Verfassung war zwar die Ablösbarkeit von Abgaben festgesetzt worden, doch selten verwirklicht worden. Zum Teil stellte dies vor große Probleme. Bei der Umwandlung der auf dem Grundbesitz lastenden Abgaben in Geldleistungen erreichte die entstehende Hypothekenschuld eine Höhe, für die eine Deckung durch Grundbesitz

---

[137] 21000 Einwohner unterzeichneten eine Eingabe wegen Steuerüberbürdung, mehrere Gemeinden suchten beim LT 1831 um finanzielle Unterstützung nach; LV Abg. 1831 6., 7., 13. 5. 1831, 28. 10. 1831, Bd. 5, Bd. 6; StAN, Reg. Mfr. Abgabe 1968, II, 27; StAW, Reg. Ufr. Abgabe 1943/45, Nr. 9853, Reg. Umkr. Würzburg 31. 10. 1830; elf Abg. d. Umkr. stellten einen Antrag wegen Steuerüberbürdung: LV Abg. 3., 4. 8. 1831, Bd. 13.

[138] BayHStA MInn 45521, 8., 9. und 12. 10. 1830.

[139] BayHStA MInn 45519, 13. 10. 1830 19. Brigade an Gend.Corps.Cdo.

[140] Stadtarchiv Nürnberg, HR 3098, 17. 9. 1830.

[141] StAW, Reg. Ufr. Abgabe 1943/45, Nr. 9834, Lg. Alzenau 7. 10. 1830; ebda, Lg. Hörstein 5. 10. 1830; ebda, Lg. Alzenau 30. 9. 1830.

[142] StAB, Präs.Reg.. K 3, Nr. 858, Bayreuth 22. 9. 1830; ebda, 12. 10. 1830; ebda, Lg. Kemnath 21. 9. 1830; StAND, Reg. Nr. 8847, Lg. Burgau; StAN, Reg. Mfr. Abgabe 1968, II, 27, Rentamt Iphofen; StAW, Reg. Ufr. Abgabe 1943/45, Nr. 9853; BayHStA MInn 45520, Reg.Präs. Mieg 7. 9. 1830 an MInn; StAW, Reg. Ufr. Abgabe 1943/45, Nr. 9853 Reg.Präs. Zu Rhein 30. 10. 1830; LV Abg. 1831, Bd. 2, Prot. 8, Bd. 7, Prot. 40.

[143] Berechnet nach W. BURKHARD, Das bayerische Staatsbudget in den ersten 70 Jahren seit Bestehen der Verfassung 1819—89 (Finanzarchiv, Ztschr. f. das gesamte Finanzwesen 6/1) Stuttgart 1889.

große Schwierigkeiten verursachte[144]. So sei der Grundbesitz im Landgerichtsbezirk Alzenau fast überall wertlos geworden[145]. Gemeinden wandten sich wegen Überlastung durch grundherrliche Abgaben in Bittschriften an den Landtag 1831. Man forderte eine allgemeine Abgabenerleichterung[146]. Einhellig sprach sich die Abgeordnetenkammer für ein klares Gesetz über die Umwandlung oder Fixation der Grundlasten aus[147].

Die Einnahmen aus lehens-, zins- und grundherrlichen Gefällen waren 1826 bis 1829 von 4,07 Millionen fl. auf 5,7 Millionen fl. gestiegen. Das spiegelte sich auch in Eingaben wider, die Gefällüberlastung beklagten und eine Verminderung der Gefälle beantragten. Auch hier forderte die Abgeordnetenkammer mehrheitlich gesetzliche Erleichterungen. Ebenso trat sie für eine Revision des Stempelgesetzes, für die Aufhebung aller indirekten Gerichts-, Polizei- und Administrativtaxen ein[148]. Diese Punkte waren auch Gegenstand der Tumulte im Herbst 1830. Auf dem Landtag 1831 wurden die Vorlage eines Kulturgesetzes, Vereinfachung und Erleichterungen bei der Umwandlung aller auf Grund und Boden liegenden Lasten verlangt[149]. Keiner dieser Anträge führte zu einer gesetzlichen Bestimmung.

Weitere Klagen richteten sich gegen die Übernahme von Steuerpflichten aus der Zeit vor der Zugehörigkeit einzelner Bezirke zum Königreich Bayern[150]: im Landgericht Hörstein und Alzenau gegen die weiterlaufende Grundsteuererhebung nach dem großherzoglich hessischen Kataster, eine Flußbausteuer aus der Zeit der Zugehörigkeit zum Großherzogtum Hessen und gegen die ursprünglich darmstädtische Gewerbesteuer[151]. Dies zeigt, wie scheinbar vereinzelt vorgetragene Proteste, vor dem Hintergrund rechtlicher Bestimmungen und sozialer Wirklichkeit betrachtet, konkreten Bedürfnissen eines Teils der Bevölkerung entsprangen.

Judenhaß

In der Krisenstimmung nach der Julirevolution brach virulent vorhandener Antisemitismus in Sachbeschädigungen, Angriffen gegen jüdische Einwohner, Hep-Hep-Rufen, mündlich und schriftlich geäußerten Drohungen aus. An den Hep-Hep-Unruhen waren vorwiegend Taglöhner, Handwerksgesellen und Studenten beteiligt[152]. Immer wiederkehrend war in Flugzetteln und Drohbriefen die Floskel enthalten »Nieder mit den Juden!« Man kündigte an, ortsansässige Juden zu vertreiben und zu ermorden, prophezeite einen Tag, an dem mit allen Juden »abgerechnet« würde[153].

---

[144] LV Abg. 1831, Abg. Utzschneider, 2. Beil.bd., Beil. 11, S. 17 ff.
[145] StAW, Reg. Ufr. Abgabe 1943/45, Nr. 9834, Lg. Hörstein 5. 10. 1830.
[146] LV Abg. 1831, Bd. 5 Prot. 21 u. 24, S. 7, Nr. 6, Bd. 28, S. 12.3.
[147] LV Abg. 1831, Beil.bd. 3, Beil. 21, § 88—100; ebda, Bd. 11, Prot. 55, S. 26.
[148] LV Abg. 1831 Stempelgesetz: Bd. 11, Prot. 55, S. 30 und Bd. 5, Prot. 24, S. 6.2; ebda, Taxen: Bd. 23, Prot. 132, Bd. 28, Prot. 153, Bd. 12, Prot. 65.
[149] Ebda, Kulturgesetz: Bd. 4, Prot. 16, S. 95, Beil.bd. 2, Beil. 13, S. 8; ebda, Abgaben: Beil.bd. 3, Prot. 21, Bd. 11, Prot. 55, S. 8, Bd. 12, Prot. 65.
[150] StAW, Reg. Ufr. Abgabe 1943/45, Nr. 9853, Reg. Umkr. 30. 10. 1830.
[151] Ebda, Nr. 9834, Lg. Alzenau 7. 10. 1830; ebda, Lg. Hörstein 5. 10. 1830.
[152] Ebda, Nr. 9853, Würzburg 11. 10. 1830.
[153] BayHStA MInn 45514, München 24. 9. 1830 Gend. d. Haupt- und Residenzwache an Gend.Corps.Cdo.; ebda, München 21. 9. 1830 Gend. d. Haupt- und Residenzwache an Gend.Corps.Cdo.; ebda, München 22. 9. 1830 Comp. d. Haupt- und Residenzwache an Gend.Corps.Cdo.; BayHStA MInn 45520, in Baiersdorf: Erlangen

Diese Vorgänge sind Ausdruck eines über Jahrhunderte verbreiteten und tradierten Antisemitismus. Er entsprang der religiösen, politisch-rechtlichen und wirtschaftlichen Minderheitenstellung der Juden nicht nur als »der einzige Antichrist in einer christlichen Gesellschaft, sondern auch der Prototyp des Trödlers und Geldhändlers in einer agrarisch-handwerklichen, statischen und nicht auf Gewinn ausgerichteten Wirtschaft.«[154]

In der ersten Hälfte des 19. Jahrhunderts entwickelte sich ein politischer Antisemitismus, der bei reaktionären Kräften und Liberalen, Radikalen gleichermaßen vertreten war[155]. Im Zeichen der Romantik, des betonten Teutschtums, der Deutschtümelei und des Mythos vom deutschen Naturvolk wurden die Juden zum generellen Sündenbock abgestempelt und ihnen ein Feindbild auferlegt[156]. Auch die rechtliche Situation der Juden war während der Restaurationsepoche nach dem Wiener Kongreß von Rückschritten gekennzeichnet. Die Judenemanzipation der Reformzeit wurde zum Teil stark eingeschränkt. Die Bundesakte von 1815 bestimmte in § 16, daß nur die *von*, und nicht die *in* den einzelnen Bundesstaaten eingeräumten Rechte den Juden bestätigt werden sollten; dadurch konnten die Regierungen seit 1815 den Juden alle Rechte wieder nehmen, die sie als Bürger Frankreichs beziehungsweise während der napoleonischen Zeit in Deutschland erworben hatten[157].

In Bayern lebten 1815 53000 Juden; nur Österreich und Preußen hatten einen größeren jüdischen Bevölkerungsanteil innerhalb des Gebietes des Deutschen Bundes. In Hinblick auf die Gesetzgebung, die Emanzipation der Juden war Bayern jedoch der rückständigste deutsche Staat. Das Edikt vom 10. 6. 1813, die sogenannte Matrikelordnung, die das Recht zur Niederlassung und Ansässigkeit regelte, war bis 1861 in Kraft. Jede jüdische Familie erhielt danach eine Matrikelnummer, die nur auf den ältesten Sohn vererbt werden konnte, während die übrigen Kinder kein Niederlassungsrecht erwarben. Dies war nur durch Einheirat oder Erlernung eines Berufs in Handwerk, Ackerbau und Fabrikation möglich. Auch die Gleichstellung der Juden durch die Grundrechtsartikel der Verfassung von 1848 galt in Bayern nicht, da die Grundrechte der 48er Verfassung in Bayern nicht Landesgesetz wurden[158].

---

21. 10. 1830 24. Brigade an Gend.Corps.Cdo.; BayHStA MInn 45521, in Aschaffenburg: Würzburg 14. 10. 1830 Reg.Präs. Zu Rhein an König; ebda, in Goßmannsdorf: Ochsenfurt 11. 10. 1830 Gend.Stat.Cdo. an Gend.Corps.Cdo.; ebda, im Lg. Volkach: Würzburg 8. 10. 1830 Reg.Präs. Zu Rhein an König; ebda, Lg. Karlstadt 14. 10. 1830; ebda, in Aschaffenburg: Stadtkommissariat Aschaffenburg 12. 10. 1830; StAB, Präs.Reg. K 3, Nr. 858 über antijüdische Stimmungen.

[154] RÜRUP, Emanzipation 76.

[155] STERLING, riots, 107—109, 113—117; dies., Judenhaß, 77—131.

[156] Ebda; vgl. Judenfeindschaft im 19. Jahrhundert. Ursachen, Formen und Folgen, Beiträge v. K. KUPISCH, H. MÜNTINGA, V. v. TÖRNE, Veröffentlichungen aus dem Institut Kirche und Judentum bei der kirchlichen Hochschule Berlin 4, 1977, 11—14; Monika RICHARZ (Hg.), Jüdisches Leben in Deutschland, Bd. 1: Selbstzeugnisse zur Sozialgeschichte 1780—1871 (Veröffentlichungen d. Leo-Baeck-Instituts) Stuttgart 1976, 58 ff.

[157] Stefan SCHWARZ, Die Juden in Bayern im Wandel der Zeiten, München 1963; Peter PULZER, Die jüdische Beteiligung in der Politik (Werner E. MOSSE, Hg., Juden im Wilhelminischen Deutschland: 1890—1940 = Schriftenreihe wissenschaftlicher Abhandlungen des Leo-Baeck-Instituts 33) Tübingen 1976, 114 f.; RÜRUP, Emanzipation und Krise (ebda) 10—21.

[158] In der by. Pfalz wurde 1850 das Moralitätsgesetz v. 1813 aufgehoben. 1848 wurde den Juden zwar aktives und passives Wahlrecht eingeräumt, aber keine grundsätzliche Gleichstellung. Verbesserungen durch Entschließung 24. 1. 1867, Gesetz 14. 4.

Diese Sonderstellung stand in krassem Widerspruch zu dem in der bayerischen Verfassung von 1818 verankerten Prinzip der Gleichheit vor und der Gesetze. In Petitionen einzelner Juden und jüdischer Gemeinden vor allem aus dem Unter-, Rezat- und Oberdonaukreis forderte man unter Berufung auf diesen Gleichheitsgrundsatz »Revision der die Juden betreffenden Ausnahmegesetze«, insbesondere hinsichtlich der Ansässigmachung und Verehelichung[159].

Der Judenhaß, der in Bayern im Herbst 1830 gewalthaft zum Ausbruch kam, war allgemein verbreitet; am stärksten war er in den nordbayerischen Provinzen, den Gegenden um Würzburg, Bamberg, Bayreuth und Aschaffenburg vertreten[160]. Der Antisemitismus richtete sich gegen die Juden als ›Wucherer‹, ›Schacherer‹, und gegen den ›Betteljuden‹, der vom sogenannten Nothandel, dem Hausierhandel lebte. Die Entstehung solcher Klischees und Vorurteile wurde durch die jahrhundertelange rechtliche Isolierung der Juden verursacht. Ihnen waren bestimmte Tätigkeiten, zünftisches Handwerk, ordentlicher Handel und Erwerb von Grund und Boden untersagt; daher verlegten sie sich beruflich auf das Geld- und Kreditgeschäft, den Hausier- und Trödelhandel[161]. Beschränkungen im Erwerb des Bürgerrechts und der Ansässigmachung für Juden beeinflußten zudem die Berufswahl. Ohne Niederlassungsrecht, das durch die bayerische Matrikelordnung von 1813 stark eingeschränkt war, lag eine Betätigung als wandernder Händler nahe.

In Würzburg warf man den Juden Spekulationsgeschäfte in der Zeit der Lebensmittelteuerung, Vieh- und Schacherhandel vor. Sie würden Handelsgewinne machen begünstigt durch den Geldmangel der 20er und 30er Jahre des 19. Jahrhunderts, den sie wiederum verursacht hätten. Viele Bauern wären bei Juden, die ihnen Darlehen gewährt hätten, hoch verschuldet und dadurch ihnen »ausgeliefert«[162]. Die liberale, oppositionelle Zeitung »Scharffschütz« unterstellte jüdischen Geschäftsleuten Unlauterkeit, »ehrliche Juden« wäre eine Forderung der Würzburger Bürgerschaft[163]. Juden und Wucherer, Juden und Reiche wurden zu Synonymen[164].

Ende September 1830 war ein Flugblatt mit dem Wortlaut verbreitet: »Einen Brief an die Cabitalisten in Neustadt an der Aisch. Wier sind jetzt höchst benethig weil wier keine hülfe haben. So missen wier uns aufmachen und die ganzen Cabitalisten Wugerer ihr Heiser anzuzünden und was sie haben ver-

1868, Deutsche Reichsverfassung 1871; Jacob TOURY, Soziale und politische Geschichte der Juden in Deutschland: 1847—1871, zwischen Revolution, Reaktion und Emanzipation (Schriftenreihe d. Instituts f. Deutsche Geschichte, Universität Tel Aviv 2) Düsseldorf 1977, 384; RICHARZ, Leben, 24—29.
[159] LV Abg. 1831, Bd. 7, Prot. 33, Beil. 47, S. 38—49; Bd. 10, Prot. 54, Beil. 47, S. 50—59, Bd. 6, Prot. 22, S. 67 Nr. 11, Bd. 11, Prot. 55, S. 122—123, Bd. 5, Prot. 26, S. 118 Nr. 4.
[160] StAW, Reg. Ufr. Abgabe 1943/45, Nr. 9853, 14. 10. 1830 Reg.Präs. Zu Rhein an MInn; ebda, Stadtkommissariat Aschaffenburg 12. 10. 1830; BayHStA MInn 45520, Ansbach 15. 10. 1830 Reg.Präs. Mieg an MInn; StAB, Reg.Präs. K3, Nr. 858; BayHStA MInn 45519; vgl. Anm. 153, S. 31.
[161] RÜRUP, Emanzipation, 75 ff. und Anm. 9 dort; RICHARZ, Leben, 31—44 Judenfeindschaft im 19. Jahrhundert, 10 f.
[162] StAW, Reg. Ufr. Abgabe 1943/45, Nr. 9853 Stadtkommissariat Würzburg 3. 9. 1830 an Reg. Umkr.; ebda, Würzburg 20. 10. 1830; BayHStA MInn 45520.
[163] Scharffschütz, Würzburg 25. 9. 1830.
[164] TOURY, Geschichte der Juden, 371—381.

brennen.«[165] Noch krasser forderte von offizieller Seite der Landgerichtsvorstand Feuchtwangen Ende 1830 »Wuchergesetze« gegen die Juden[166].

Die Juden wurden in Flugzetteln als »der Haupt-Ruin der Bürger«[167] bezeichnet. Ein Münchner Drohbrief Ende September 1830 lautete: »Es soll also besonders denen vielen unrechtmäßig hier befindlichen herumlaufenden Handelsjuden, welche keine Steuer geben, und kein Gewerbe betreiben, sondern bloß von Betrug und Wucher-Handel leben und den rechtmäßigen Bürger und Gewerbsmann der große Abgaben zu zahlen hat in allen Geschäften sehr beeinträchtigen, Schranken gesetzt werden, deshalb sieht man sich notgedrungen in Hinsicht des Aufenthalts der Juden, die Polizey Direktion aufmerksam zu machen, ... Diese Gattung Juden, über die das Volk so sehr unzufrieden sind, weil selbe einen jeden Geschäftsmann am meisten beeinträchtigen, sollen als wie jeder andere Arbeitsscheue von hier entfernt oder separiert, und eine besondere Straße oder Vorort zu dessen Aufenthalte angewiesen werden — Die wirklich ansässigen und reichen Juden, welche doch größtentheils von dem schon längst erwucherten und quasi gestohlenen Geld die schönsten Häuser, Landgärten und Bierhäuser besitzen, sollen zum Beßten der Armen und unbemittelten Gewerbsleute eine Hilfs-Cassa einrichten ...«[168]

Die Hep-Hep-Bewegung war eine spezielle Form des antijüdischen Protests im Vormärz in Deutschland. Ausgehend von Würzburg, verbreitete sie sich erstmals im Spätsommer 1819 in ganz Deutschland[169]. Es waren Judenverfolgungen, wie sie sich seit Jahrhunderten nicht mehr ereignet hatten. Diese »Revolte der alten gegen die neue Zeit«[170] zeigte, daß im 19. Jahrhundert noch Haltungen möglich waren, die längst einer vergangenen Zeit zugedacht waren[171].

Nachdem Hep-Hep-Unruhen nach 1819 nur noch vereinzelt und sporadisch in Deutschland aufgetreten waren, kam es erst wieder nach der französischen Julirevolution während der durch sie ausgelösten Tumulte und Aufstände zu antijüdischem Protest. Während der Revolution von 1848 lebte die Hep-Hep-Bewegung erneut wieder auf.

»... an alle oberherrn ...«

Ein großer Teil der Flugblätter wandte sich direkt an staatliche und kommunale Stellen[172]. Man klagte über eine als ungerecht und unzulänglich erachtete Verwaltung und forderte Verbesserungen. Tumulte und Sachbeschädigungen richteten sich gegen Behörden und Ämter, zum Beispiel Polizei-, Gerichtsbehörden, Zollverwaltung. Die Absetzung von Regierungsbeamten und Verwaltungspersonal wurde verlangt, die Notwendigkeit ihrer Amtsfunktion überhaupt in Frage gestellt. »Auf ihr Brüder die Zeit ist da wo wier uns befreien können von den Beamten Gesindel. Greift zu den Waffen.«[173] Dies war

---

[165] Stadtarchiv Nürnberg, HR 3098.
[166] StAN, Reg. Mfr. Abgabe 1968, II, 27.
[167] Drohbriefe in BayHStA MInn 45514, z. B. München 24. 9. 1830.
[168] BayHStA MInn 45514, München 24. 9. 1830 Gend. d. Haupt- und Residenzwache an Gend.Corps.Cdo.
[169] SERLING, riots, 105—142.
[170] RÜRUP, Emanzipation, 22 ff.
[171] Ebda.
[172] Das Zitat der Kapitelüberschrift ist dem Titel eines Flugzettels entnommen; Stadtarchiv Nürnberg, HR 3098.
[173] Ebda, Nürnberg 3. 10. 1830.

der allgemein verbreitete Kampfruf in Nürnberg Anfang Oktober 1830. In Flugzetteln drohte man, Beschäftigte bei Landgerichten, Herrschaftsgerichten und Rentämtern zu töten und die Ämter in Brand zu stecken[174]. Proteste gegen die starke Präsenz von Polizei, Gendarmerie und Militär wurden geäußert und die Abschaffung dieser Institutionen gefordert[175]. In Nürnberg konzentrierten sich Tumulte gegen die Ordnungsmacht, vor allem gegen den örtlichen Polizeioffizianten Röder[176].

Gegen andere Personen des öffentlichen Lebens wurden weitere Zettel verbreitet. »Schlagt die Pfaffen tod — Neues Morgenroth!«[177] Auch höhere Regierungsangehörige waren Zielscheibe des Protests. Morddrohungen gegen den Regierungspräsidenten in Würzburg wurden ausgesprochen und zugleich der Ausbruch einer Revolution beschworen. Ursachen solcher Aggressionen waren hier die durch Regierungsbehörden angeordnete Zensur gegen die Würzburger Zeitung »Scharffschütz«[178].

Die Person Ludwigs I. war auch Gegenstand einiger Flugblätter[179]. Dabei überwog die Kritik an der Regierungspolitik. »Wenn der Bayerische König, anstatt seiner steten Abwesenheit von hier (unbekümmert seiner Wirtschaft zu Hause) die gegenwärtige Noth seiner noch bis jetzt gehorsamen und ruhig gebliebenen Unterthanen nicht bald und mit einemal abhilft, ... so wird es ihm vielleicht schlechter ergehen als dem König der Franzosen und dergleichen mehr. Mehr!«[180] In Würzburger und Nürnberger Zetteln tauchte immer wieder der Ruf auf: »Niter mit dem Pfaffen König.« und »Nieder mit dem König, es lebe die Freiheit.«[181]

Protest gegen einzelne gesellschaftliche Gruppen, die als dominierend empfunden wurden, äußerte sich Herbst 1830. Soziale Spannungen innerhalb der Bevölkerung wurden sichtbar. Lokalpolitische Filzokratie, Kumpanei zwischen Magistrat, Pfarrer, Lehrer wurden angeprangert[182].

---

[174] BayHStA MInn 45519, Kemnath 11. 10. 1830 5. Brigade an Comp.Cdo.; StAN, Reg. Mfr. Abgabe 1968, II, 27, Rentamt und Lg. Herrieden 12. 10. 1830; ebda, Hg. Schillingsfürst 10. 12. 1830.
[175] StAN, Reg. Mfr. Abgabe 1968, II, 27, Mag. Nürnberg 14. 9. 1830 an Reg. Rezatkr.; Stadtarchiv Nürnberg, HR 3098, 16. 9. 1830 und 10. 10. 1830.
[176] Ebda, Nürnberg 17. 9. 1830; ebda, Nürnberg 11. 10. 1830.
[177] Ebda, Nürnberg 16. 9. 1830.
[178] StAW, Reg. Ufr. Abgabe 1943/45, Nr. 9853, Stadtkommissariat an Reg. Umkr. Der »Scharffschütz« erschien wöchentlich in Würzburg 1829 bis 11. 5. 1833, hrsg. v. Freiherr Emmich Karl von Dalberg. Die Zeitung gab sich betont volkstümlich, kam Januar, Februar 1831 als unperiodisches Flugblatt »Der Gegenminister« heraus (zur Umgehung des Zensurerlasses 28. 1. 1831), trat für Pressefreiheit, für Handelsfreiheit ein. Leitworte im März 1831 waren: »Religiöse und kirchliche Freiheit für Alle, Politische und bürgerliche Freiheit für Alle.« Der »Scharffschütz« wurde oft mit Zensur und Beschlagnahme belegt. Er zählte neben dem bedeutenderen »Bayerischen Volksblatt« und dem »Volkstribun« zur oppositionellen Presse Würzburgs. Vgl. Alois STADT-MÜLLER, Die Geschichte der Würzburger Presse bis zum Jahre 1900 (Zeitung und Leben 81) Würzburg, 1940, 82—87; vgl. Kap. IV.1.
[179] In einzelnen Flugblättern appellierte man an die Autorität des Königs, z. B. in einem antijüdischen Drohbrief, München September 1830: »Der gerechte König wird es nicht mißbilligen. Denn die Juden werden größtenteils vernichtet.« BayHStA MInn 45514, München 22. 9. 1830 Comp. d. Haupt- u. Residenzwache an Gend.Corps.Cdo.
[100] Ebda.
[181] Stadtarchiv Nürnberg, HR 3098, Nürnberg 17. 9. 1830; StAW, Reg. Ufr. Abgabe 1943/45, Nr. 9853, Stadtkommissariat Würzburg.
[182] BayHStA MInn 45519, 14. 10. 1830 Station Arzberg an Gend.Comp.Cdo.

Indirekt ist in den nach der Julirevolution in Bayern verbreiteten Flugblättern erste Sozialkritik enthalten. Drohungen gegen »die Reichen«, gegen einzelne wohlhabende Bürger, gegen Kaufleute wurden ausgesprochen. Gefordert war »dem geringen mehr Lohn«[183].

Ausbau der Verfassung

Politisch motivierte Tumulte traten seltener auf als die wirtschaftlich begründeten Volksproteste. Es lag zwar auch diesen indirekt eine Ablehnung der Regierungspolitik, staatlicher Einrichtungen zugrunde. Doch unverschlüsselte, konkrete politische Forderungen, die über die allgemein verbreiteten Ausrufe ›Freiheit und Gleichheit‹ hinausgingen, kann man in den Tumulten nur begrenzt erkennen.

Demgegenüber wurden in den Flugblättern des Herbst 1830 zum Teil sehr detaillierte politische Forderungen erhoben. Aus einem Würzburger Maueranschlag vom Oktober 1830 kann man gezielte verfassungspolitische Vorstellungen ablesen: »Abschaffung der Militärkonskription, gute Gesetzbücher, Trennung und Öffentlichkeit der Justiz, wirkliche Verbesserung der Verfassung, unmittelbare Wahlen zum Landtag und zu den Gemeindestellen, wirkliche Preßefreiheit: dieß sind die Gegenstände, die wir zu fordern berechtigt sind, und die zu erobern man uns nicht nötigen möge!«[184]

In einer ähnlichen Kampfansage vertrat man genau definierte politische Ziele, zog einen Vergleich mit Frankreich zur Zeit der Julirevolution. Dadurch sollte der Eindruck einer revolutionären Situation in Bayern vermittelt werden, die Regierung vor Nichtachtung bestehender Gesetze gewarnt und die Bedeutung der Forderungen unterstrichen werden: »Teutschlands Fürsten mögen ja nicht glauben, daß die Teutschen ihre Rechte weniger kennen und lieben als die Franzosen. Auch sie verlangen Verfassungen, auch wahren Schutz ihrer Rechte, und nicht wie die Baierische, auf Täuschung nur begrenzt, tüchtige und verantwortliche Minister, von Willkühr unabhängige Preßfreiheit, und Aufhebung der Mauth. Zu diesen Gesinnungen und Forderungen sind alle Teutsche einig. Man mißbrauche nicht länger ihre Geduld, sie nahet ihrer Grenze. ... Höre, Fürst von Baiern, bevor es zu spät, diese wohlgemeinte Warnung!«[185]

Die in den Flugzetteln erhobenen Forderungen waren klassische Grundsätze des politischen Liberalismus des frühen 19. Jahrhunderts[186] in Süddeutschland. Der Ausbau der Verfassung, eine Weiterentwicklung des Konstitutionalismus, wie vollständige Ministerverantwortlichkeit in Bayern, waren Ziele des schriftlichen Protests. Bayern war Verfassungsstaat, zählte unter den konstitutionellen Staaten zu den liberalsten. Dennoch waren einige der in der bayerischen Verfassung von 1818 verankerten Rechte, zum Beispiel Gleichheit der Gesetze und Gleichheit vor dem Gesetz, Pressefreiheit, aktives und passives Wahlrecht durch Vollzugsbestimmungen zur Verfassung, Ministerialentschließungen und

183 BayHStA MInn 45521, Imstedt 14. 10. 1830 3. Brigade an Gend.
184 StAW, Reg. Ufr. Abgabe 1943/45, Nr. 9853, Würzburg 5. 10. 1830 Stadtkommissariat.
185 StAW, Reg. Ufr. Abgabe 1943/45, Nr. 9853, Stadtkommissariat Würzburg 5. 10. 1830 an Reg. Umkr.
186 Lothar GALL (Hg.), Liberalismus (Neue Wissenschaftliche Bibliothek, Geschichte, 85) Königstein 1980; GALL/KOCH, Liberalismus.; vgl. S. 200.

Verordnungen stark eingeschränkt. In den Flugblättern protestierte man dagegen. Der Gegensatz zwischen Verfassungstext und -wirklichkeit spiegelte sich in den Flugzetteln von 1830 wider.

Punkte, die in der Verfassung und in Gesetzen nur prinzipiell festgehalten, aber nicht näher bestimmt waren, kehrten in den Forderungen wieder; am häufigsten war hier das Postulat einer Justizreform: »Weg mit den zusammengestuzhelten Gesetzen. Wir wollen ein civil Handels und vorzüglich ein scharfes Strafgesetzbuch. Rasches Prozeß Verfahren etc. . . .«[187]

Im rechtsrheinischen Bayern gab es 58 verschiedene Gesetzbücher; verschiedenartige bürgerliche Rechtssätze und Gesetzestexte und daneben eine große Anzahl geltender Gewohnheitsrechte führten zu Verwirrung und Unsicherheit[188]. Gesetzbücher und Prozeßverfahren, wie sie durch die Justizreform nach der Revolution von 1789 und während der napoleonischen Zeit teilweise eingeführt wurden, waren Programmpunkte des Liberalismus im Vormärz, die auch in den Flugzetteln 1830 auftauchten.

In den Auseinandersetzungen während der 30er Jahre des 19. Jahrhunderts zwischen Regierung und oppositionellen Kräften standen einige der genannten Forderungen, vor allem die nach Pressefreiheit im Mittelpunkt[189]. Während des Landtags 1831 wurden viele Aspekte, die den im Herbst 1830 gewünschten Verfassungsausbau vorantreiben könnten, diskutiert: Ministerverantwortlichkeit[190], Erweiterung des Budgetrechts für die Volksvertretung[191], Vereidigung des Heeres auf die Verfassung (nicht wie bisher auf die Person des Monarchen)[192]. Es wurden heftige Debatten geführt, Gesetzesvorschläge ausgearbeitet und Anträge gestellt. Jedoch kam es zu keiner verfassungs- oder gesetzesmäßigen Fixierung.

Viele der politisch begründeten Flugzettel stammten aus den nordbayerischen Städten. Dort war die Opposition gegen die bayerische Regierung am stärksten ausgeprägt. Aus den drei fränkischen Regierungskreisen wurden insgesamt 22 oppositionelle, liberale Abgeordnete in den Landtag 1831 gewählt, gegenüber nur sieben aus den vier übrigen rechtsrheinischen Kreisen[193]. Unter ihnen ragten vor allem die Würzburger Johann Adam Seuffert (Universitätsprofessor), Joseph Leinecker (Kaufmann) und Adalbert Ziegler (Weinhändler), der Ansbacher Karl Scheuing (Magistratsrat, Lederhändler), der Kitzinger Nepomuk Schmauß (Weinhändler), Karl Chr. M. Weinmann (protestantischer Pfar-

---

[187] BayHStA MInn 45521.
[188] RUDHART, Zustand, Bd. 3, 189 ff., 192 f.
[189] Vgl. Kap. V.2.
[190] Auf Anfrage des Abg. Closen erklärte MJ Zentner (LV Abg. 26. 5. 1831, Bd. 7, Prot. 33), daß ein Gesetzentwurf zur Verankerung der Ministerverantwortlichkeit ausgearbeitet werde. König und Ministerrat konnten sich jedoch auf keinen gemeinsamen Beschluß einigen, so daß es zu keiner Vorlage vor dem LT kam. GÖLZ, Landtag, 108 ff.; BÖCK, Wrede, 111 ff.
[191] Vgl. 138 f.
[192] Debatten über den Militäretat, LV Abg. 1831, Bd. 19, Prot. 107—110; vgl. Wolf D. GRUNER, Das Bayerische Heer 1825—1864. Eine kritische Analyse der bewaffneten Macht Bayerns vom Regierungsantritt Ludwigs I. bis zum Vorabend des deutschen Krieges (Wehrwissenschaftliche Forschungen, Abtlg.: Militärgeschichtliche Studien 14) Duppard 1972, 163 f.
[193] Robert D. CONKLIN, Politics and politicians in Baden and Bavaria 1815—1848: A socio-political comparison of Landtag deputies, Diss. Kent State 1972, 232. Aus dem Rheinkreis kamen ebenfalls zwölf oppositionelle und ein regierungsnaher Abgeordneter.

rer aus Aubstadt), der Bayreuther Johann Karl Martin Vetterlein hervor. Aus den altbayerischen Kreisen kamen führende oppositionelle Abgeordnete Karl Freiherr von Closen (Gern, Isarkreis), der Kaufbeuerner Kaufmann Christian Heinzelmann und Peregrin Schwindl[194]. Prominente Liberale, wie der Würzburger Bürgermeister Wilhelm Joseph Behr, Franz Ludwig Hornthal aus Bamberg und Johann Georg Bestelmaier aus Nürnberg wurden wegen ihres oppositionellen Verhaltens auf früheren Landtagen vom Landtag 1831 ausgeschlossen[195]. 1832 etablierten sich politische Vereine am stärksten in den neubayerischen Kreisen[196]. Einflußreiche oppositionelle Zeitungen wurden in Würzburg (»Bayerisches Volksblatt«, red. Johann G. Eisenmann, »Scharffschütz«, red. Karl E. Frhr. v. Dalberg) und in Nürnberg (»Freie Presse«, »Blätter aus Franken«, red. Viktor A. Coremans) herausgegeben[197].

Fränkischer Separatismus

Bei den Protesten des Herbst 1830 zeigte sich ein Träger traditioneller Opposition im rechtsrheinischen Bayern, der fränkische Separatismus[198].

Nürnberg erlebte September, Oktober 1830 eine Flut anonymer Aufrufe und Drohbriefe, in denen man sich der Zeit vor 1806 erinnerte, als Nürnberg noch nicht Teil des bayerischen Königreichs, sondern freies reichsunmittelbares Territorium mit eigener Verwaltungs- und Gerichtshoheit war. »Nürnberg soll freie Reichsstat werden. Revolution soll angehen wegen des kleinen Brodes. Den Beken sollen die Fenster eingeworfen werden. Das Rathaus angezündet werden. wenns nit besser geit so gits a Revolution. Es lebe die Freiheit und Gleichheit.«[199]

Die Zugehörigkeit zu Bayern wurde in den Flugzetteln als ein Leben unter Fremdherrschaft empfunden, die bayerische Regierung als solche, für Mißstände verantwortlich, abgelehnt. »Heute seid Ihr 24 Jahre bairisch. Endet die Sklaverei.« — »Gestern war es 24 Jahre, seitdem Nürnberg bairisch ist; heute Abend soll es von der bairischen Herrschaft befreit werden. Ein Erlanger — Nürnberger, fürchtet euch vor den Comisbrodrittern nicht.«[200]

Ein Würzburger Flugblatt war überschrieben: »Würzburg am 6ten October im 1ten Jahre der Republik Franconias«, weiter hieß es dort: »... Alles steht auf unserer Seite. Infanterie, Cavallerie, Artillerie, Reserven, Landwehr,

---

[194] Seuffert, vgl. S. 93, Anm. 125, S. 128, S. 188 f., S. 205 f., S. 221. — Leinecker, vgl. S. 176, S. 188 f. — Ziegler, vgl. S. 176, S. 188 f.; — Scheuring, vgl. S. 176, S. 178, S. 189, S. 219, Anm. 97; — Schmauß, vgl. S. 188 f.; — Weinmann, vgl. S. 189; — Vetterlein, vgl. S. 219, Anm. 97; — Closen, vgl. S. 93, Anm. 127, S. 174 f., S. 202 f.; — Heinzelmann, vgl. S. 114, S. 190, S. 216, S. 219, Anm. 97, S. 221; — Schwindl, vgl. S. 219, Anm. 98.
[195] Behr, vgl. S. 85, S. 176, S. 191 f., S. 202 f.; — Hornthal, vgl. S. 202, S. 240 und Anm. 2 dort; — Bestelmayer, vgl. S. 176, S. 202 f.
[196] Kap. IV.2.a., S. 108—113.
[197] Eisenmann, vgl. S. 130 f., S. 155 f., S. 161 f., S. 174 f., S. 215, S. 240; — Dalberg, vgl. S. 59, Anm. 175, S. 156, S. 173, S. 243; — Coremans, vgl. S. 85, S. 156, S. 173, S. 210, S. 215, S. 240.
[198] Rudolf ENDRES, Der fränkische Separatismus (Mitteilungen des Vereins für die Geschichte der Stadt Nürnberg 67) 1980, 157—183, 168 ff.
[199] Stadtarchiv Nürnberg, HR 3098, Nürnberg 8. 10. 1830. StAN, Reg. Mfr. Abgabe 1968, II, 27, Polizeioffiziant Röder Nürnberg 16. 9. 1830.
[200] Ebda.

Communalgarden des Ober- und Untermainkreises stehen uns zu Gebote. ...
Das Maas ist voll. In einigen Tagen werden keine Behörden anerkennt, ein
Kriegsgericht organisiert, ein Bürger Ausschuß gebildet, und ohne eine hohere
Macht anzuerkennen als Franken General Consulat, ...«[201]

4. ZUSAMMENFASSENDE BEURTEILUNG

Ursache der geschilderten Tumulte und Flugzettel war die wachsende Unzufriedenheit der Bevölkerung mit der wirtschaftlichen Lage (Teuerungen, zu ent-
richtende Steuern, Abgaben, Zölle, Verarmung), mit politischen Tendenzen der
Restauration (Einschränkung bürgerlicher Rechte und Freiheiten) und mit sozialen Gegensätzen und Benachteiligungen. Verschiedenartige, zum Teil auch
unpolitische Anlässe (zum Beispiel Verhaftungen) führten kurzfristig zu star-
kem Protest.

Hier ist der Zusammenhang mit der Julirevolution zu ziehen. Sie fungierte
als eine Art Katalysator, der politische, wirtschaftliche und soziale Spannungen
zum Ausbruch kommen ließ. Sie wirkte sich mittelbar aus. Inhalte und Ziele
wurden nicht direkt übernommen. Doch immer wieder war der Volksprotest
über die Artikulation lokal begrenzter Bedürfnisse hinaus mit politischen Forderungen verbunden. Gedankengut des vormärzlichen Liberalismus wurde —
ob verstanden oder nicht teilweise schlagwortartig übernommen und zum
eigenen Anliegen erhoben.

Tumulte und Flugblätter 1830 in Bayern, wenn auch lokal begrenzt und
örtlich voneinander unabhängig, müssen im Zusammenhang gesehen werden.
Die Analyse ihrer Inhalte zeigte einen festen Katalog allgemein als drückend
empfundener Bedingungen auf: Lebensmittelpreise in Relation zum Verdienst,
Zollsystem, Steuer- und Abgabensystem, allgemein die staatliche und obrigkeitliche Administration und politische Einzelforderungen, wie Konstitutionalismus, Freiheit und Gleichheit, Pressefreiheit, Justizreform.

Die Tumulte in Bayern erreichten zwar nicht die Intensität der Unruhen und
revolutionären Bewegungen im übrigen Europa und Deutschland; aber für
einen bestimmten Augenblick wurde Unmut unterschiedlichster Art vehement
geäußert. Im Augenblick einer Krise[202], wie sie durch die Julirevolution ausgelöst worden war, wurde die Virulenz des gesellschaftlichen Spannungsfeldes
offen erkennbar.

Die Ereignisse des Herbst 1830 waren nur von kurzer Dauer. Dies hing
auch damit zusammen, daß die politische Sensibilität auf der Seite der Regierung ebenso gewachsen war. Unruhen und Revolutionen in der Nachfolge der
Julirevolution leiteten eine restaurative Gegenbewegung ein: antirevolutionäre
Politik zur Unterdrückung entstandener beziehungsweise erwarteter Aufstände
und politischer Meinungsäußerungen.

---

[201] BayHStA MInn 45521.
[202] Rudolf VIERHAUS, Zum Problem historischer Krisen (Theorie der Geschichte.
Beiträge zur Historik 2, hrsg. v. Karl-Georg Faber, Christian Meier) München 1978,
313 ff.

III. Antirevolutionäre Regierungspolitik 1830—1833

Die europäischen Staatsregierungen hatten zwischen August und September 1830 das französische Königtum Louis-Philippes völkerrechtlich anerkannt. Im Interesse des europäischen Friedens und der Erhaltung eines Mächtegleichgewichts verzichteten sie auf eine diplomatische und militärische Intervention gegen die durch die Revolution 1830 herbeigeführten Veränderungen. Auf außenpolitischer Ebene wurden dadurch die verletzten Prinzipien der Restauration nicht verteidigt[1].

Auch Bayern war als Mitgliedsstaat des Deutschen Bundes der völkerrechtlichen Anerkennung des Julikönigtums beigetreten[2]. Unabhängig davon verurteilte jedoch Ludwig I. in der Sache, daß man das Prinzip der Legitimität »geopfert«[3] haben müsse. Der Staatsstreich Karls X. war zwar in seinen Augen ein Verbrechen, doch wäre man mit der Revolution zu weit gegangen[4]. Die Julirevolution bedeutete für ihn die Entwurzelung der Monarchie. »Mein Thron steht nicht auf Barrikaden, nicht auf dem Volkssouveränitätsprinzip, sondern auf dem monarchischen.«[5], äußerte Ludwig nach der Revolution 1830. Gegenüber der Betonung des Volkssouveränitätsprinzips und dem von Adolphe Thiers formulierten Kernsatz des französischen Liberalismus und Parlamentarismus »Le roi règne, mais il ne gouverne pas«[6], machte Ludwig sein Regierungsprinzip nun deutlich: »Le roi règne et gouverne et il administre.«[7] Die politischen Beziehungen Bayerns zu Frankreich waren nach 1830 von größerer Distanz geprägt[8].

Im innenpolitischen Bereich war der status quo durch die 1830 entfachten Aufstände und das verstärkte Auftreten der Opposition in Frage gestellt. Die einzelnen Regierungen waren hier entschlossen, die Bewegungen niederzuschlagen[9]. Auch Louis-Philippe hatte dies in seiner diplomatischen Notifikation

---

[1] Vgl. Kap. I., S. 9—12.

[2] Staatsacten für Geschichte und öffentliches Recht des Deutschen Bundes (Corpus Juris Confoederationis Germanicae) Nach officiellen Quellen, hrsg. v. Philipp Anton Guido von MEYER, 2 Teile, Frnkfurt ²1833, 356 f.

[3] GBÖ II, 285.

[4] GBF II, 310.

[5] Michael DOEBERL, Ein Jahrhundert bayerischen Verfassungslebens, München ²1918, 77.

[6] HUBER, Legitimität, 81 f., 79 ff.

[7] Karl-Heinz ZUBER, Der »Fürst-Proletarier« Ludwig von Oettingen-Wallerstein (1791—1870). Adeliges Leben und konservative Reformpolitik im konstitutionellen Bayern (ZBLG, Beiheft 10, Reihe B) München 1978, 98.

[8] Gisela FEY, Bayern als größter deutscher Mittelstaat im Kalkül der französischen Diplomatie und im Urteil der französischen Journalistik 1859—1866, Diss. München 1976, 8 f.; Sylvia KRAUSS, Die diplomatischen Beziehungen zwischen Bayern und Frankreich 1814/15—1840, Diss. München 1985.

[9] Vgl. Kap. I., S. 6 ff.

August 1830 versichert. Die Macht hätte er in Frankreich übernommen, um das Land vor der Anarchie, die sich auch in den Nachbarstaaten ausbreiten könnte, zu bewahren, er werde eine Fortsetzung der Revolution verhindern[10].

Ludwig I. signalisierte, daß er keinerlei Nachahmungen der Julirevolution und revolutionäre Aufstände zulassen werde. Als in Belgien und in deutschen Staaten Unruhen ausgebrochen waren, äußerte er Ende Oktober: »J'ai eu horreur des révolutions et ceux qui les font ... J'ai fait pour le peuple tout ce qu'on peut faire sans passer les justes bornes; mais s'il y avoit eu le moindre mouvement révolutionnaire, j'aurais pas cédé cela ... et c'eut été une guerre à mort entre eux et moi.«[11] Das bedeutete ein aktives Einschreiten gegen jede Form von Unruhen. Dem preußischen Gesandten gegenüber sprach Ludwig »... seine Genugtuung« aus »über die energischen Maßregeln, mit denen man in Berlin die ersten Regungen von Unruhen unterdrückte, und stellte in Aussicht, daß, wenn in seinem Königreich Unruhen ausbrächen, er fest entschlossen sei, zur Gewalt zu schreiten.«[12]

1. POLITIK DER RUHE UND ORDNUNG NACH 1830

Schon Ende August 1830 hatte Ludwig I. ein Gutachten des Innenministers über die Haltung der Presse und die politische Stimmung der Bevölkerung verlangt[13]. Nachdem Aufstände in den bayerischen Nachbarstaaten, vor allem im Kurfürstentum Hessen und im Königreich Sachsen, ausgebrochen waren, fand am 1. 10. 1830 auf königliches Signat eine Ministerratssitzung statt[14]. Das Spektrum der Maßregeln wurde beraten, »um jedem Ausbruch von Unruhe vorzubeugen, und wenn einer erfolgen sollte, dem zu begegnen«[15]. König und Ministerrat kamen überein, daß die Kompetenzen der Regierungspräsidenten ausreichend waren; man bezog sich dabei auf die Formationsverordnung vom 17. 12. 1825: »Ferner gehört es zu den persönlichen Obliegenheiten und Befugnissen des Generalcommissärs in Fällen bedrohter oder gestörter öffentlicher Sicherheit, wo Gefahr auf dem Verzuge haftet, oder der Erfolg der Maßregel von der Bewahrung des Geheimnisses abhängt, sogleich auf seine Verantwortlichkeit ... die ersten auf die Gesetze gegründeten Verfügungen zu erlassen, damit die Gefahr noch zu rechter Zeit abgewendet, oder auf der Stelle unterdrückt...«[16] wird. In derselben Verordnung wurde des weiteren die allgemeine

---

[10] Staats-Acten, 357. Diese Erklärung war für die europäischen Mächte eine Rechtfertigung für die völkerrechtliche Anerkennung des Julikönigtums. Vgl. Dieter ROGHÉ, Die französische Deutschland-Politik während der ersten zehn Jahre der Julimonarchie 1830—1848, Diss. Würzburg 1970, 221; Anna OWSINSKA, La politique de la France envers l'Allemagne 1830—1848, Warschau 1974; Peter BURG, Die französische Politik gegenüber der Föderation und Föderationsplänen deutscher Klein- und Mittelstaaten, 1830—1833, 1979.
[11] GBÖ II, 285.
[12] GBP II, 271.
[13] SPINDLER, Briefwechsel, 149, 156.
[14] BayHStA Staatsrat 107; BayHStA MInn 45514; vgl. Kap. II. S. 10 f.
[15] BayHStA Staatsrat 107.
[16] Ebda, VO 17. 12. 1825, § 126, Bildung und der Wirkungskreis der kgl. Kreisregierungen (Georg DÖLLINGER, Sammlung der im Gebiete der inneren Staats-verwaltung des Kgr. Bayern bestehenden Verordnungen, aus amtlichen Quellen geschöpft 2) München 1835—54.

Landespolizei den Kreisregierungen unterstellt; ihr Aufgabenbereich umfaßte: »Die allgemeinen Anordnungen zur Erhaltung der öffentlichen Ruhe und Sicherheit, Wachsamkeit gegen geheime Verbindungen; Vorkehrungen zur Handhabung der Ordnung bei großen Versammlungen, Vollziehung der Verordnungen über das Paßwesen, ...; Vorsorge gegen ausbrechende Tumulte und schnelle Unterdrückung derselben; Leitung der zur Landessicherheit in den Kreisen vertheilten Gendarmerie...«[17] Die Vollmachten der Regierungspräsidenten zur Wahrung öffentlicher Sicherheit gingen bis zur Verhängung des Standrechts und der Anforderung militärischer Unterstützung[18].

Unter Berufung auf diese Befugnisse wurden antirevolutionäre Maßregeln zur Erhaltung beziehungsweise Wiederherstellung öffentlicher Ruhe und Ordnung getroffen. Die Regierungsbehörden ergriffen abwehrende Maßnahmen vor allem durch Polizei, Landwehr und Militär. Darüber hinaus sollten nach Anweisung des Königs und des Ministerrats Beschwerden der Bevölkerung aufgehoben und mögliche Unruhefaktoren durch vorbeugende soziale Maßnahmen beseitigt werden[19].

›Ruhe und Ordnung‹ war die kennzeichnende Parole des »Systems Metternichs«[20], das die Staatspolitik der Restaurationsepoche prägte[21]. Ruhe und Ordnung innerhalb von Staat und Gesellschaft waren in diesem System die Basis jeglicher Stabilität. Das revolutionäre Prinzip galt als das Stabilität und Gleichgewicht zerstörende Prinzip[22]. Unter dem Leitwort der öffentlichen Ruhe und Ordnung erfolgte die Unterdrückung revolutionärer Bewegungen seit den Karlsbader Beschlüssen von 1819. Die politischen antirevolutionären Regierungsmaßnahmen, die seit 1830 ergriffen wurden, knüpften an diese Polidiese Politik an[23].

Ende September 1830 ordnete der Landrichter von Orb an, daß in einzelnen Gemeinden an der hessischen Grenze der Gemeindeausschuß alle Einwohner versammle, um sie von der »drohenden Gefahr« durch die Aufstände im Nachbarstaat zu informieren und an »ihre bürgerliche Pflicht« zu appellieren, »alles, was die öffentliche Ruhe und Sicherheit stört, zu unterlassen.«[24]

Die Politik der Ruhe und Ordnung ging von einem Ordnungsbegriff aus, »der, universal begründet, die innere Übereinstimmung des Volkes mit den bestehenden Legitimitäten zu erhalten suchte und ... die ›Einigkeit‹, den ›Zu-

---

[17] Ebda, VO 17. 12. 1825, § 57.
[18] Ebda: Anforderung des Militärs. Verhängung des Standrechts: StGB, Teil I, Art. 443; besonders Innenminister Schenk betonte diese Vollmachten, BayHStA Staatsrat 107, München 1. 10. 1830.
[19] BayHStA Staatsrat 107, München 1. 10. 1830.
[20] Heinrich Ritter von SRBIK, Der Ideengehalt des »Metternichschen Systems« (HZ 131) 1925, 240—262.
[21] Wolfgang FRÜHWALD, »Ruhe und Ordnung«. Literatursprache — Sprache der popolitischen Werbung. Texte, Materialien, Kommentar (Reihe Hanser 204, Literatur-Kommentare 3) München 1976, 107.
[22] SRBIK, Ideengehalt, 247 ff.; Frank Thomas HOEFER, Pressepolitik und Polizeistaat Metternichs. Die Überwachung von Presse und politischer Öffentlichkeit in Deutschland und den Nachbarstaaten durch das Mainzer Informationsbüro (1822—1848), (Dortmunder Beiträge zur Zeitungsforschung 37) München 1983, 16 ff.
[23] Vgl. Kap. III.5. und IV.
[24] Diese Appelle erfolgten z.B. in Orb, Aufenau, Strülsdorf, Wirtheim, Höchst; StAW, Reg. Ufr. Abgabe 1943/45, Nr. 9834, Lg. Orb 27. 9. 1830 an Reg. Umkr.; auch enthalten in BayHStA MInn 45521.

sammenhang des Ganzen‹ zu konservieren meinte. Die ›Einigkeit‹ von Untertanen und Regierung, damit die Sicherung des Staates, schien weit in das 19. Jahrhundert hinein ... durch das einende Band des Glaubens, durch die Religion gewährleistet.«[25]

In diesem Sinne forderten die Regierungspräsidenten die Kirchenbehörden zur Unterstützung und Einflußnahme auf die Bevölkerung auf[26]. Denn »in der moralischen Kraft und Beyhülfe religiöser Mittel« sah der Bayreuther Regierungspräsident von Welden einen »besseren« Weg, die Bevölkerung von einer Teilnahme an Unruhen abzuhalten, als durch Waffengewalt vorzugehen[27]. Der Bamberger Erzbischof und das protestantische Konsistorium in Bamberg richteten Oktober 1830 Rundschreiben an die Kirchenstellen, damit diese ». . . zur Erhaltung der öffentlichen Ruhe und Ordnung bei jeder sich darbietenden Gelegenheit auf die Gemüther ihrer Parochianen zweckmäßig ein(zu)-wirken.«[28] In Predigten, persönlichen Gesprächen mit Gemeindemitgliedern und »selbst im Beichtstuhle« käme dem Klerus eine doppelte Verpflichtung als »Lehrer des Volkes« zu, »die uns anvertrauten christlichen Gemeinden vor Verführung zu warnen, und bei allen Gelegenheiten den Gehorsam und die Unterwerfung gegen Regenten, Obrigkeiten und ihre Verfügungen, welche zu befolgen Christus und seine Apostel zur heiligsten Pflicht machten . . ., an das Herz zu legen, . . .«[29]

Im März 1832 schrieben zu demselben Zweck die Bischöfe von Eichstätt, Augsburg, die Erzbischöfe von Regensburg und Bamberg, die protestantischen Konsistorien in Ansbach und Bamberg sinngleiche Hirtenbriefe[30]. Aktueller politischer Hintergrund zu diesen Appellen war das starke Auftreten der Opposition während des Landtags 1831, in Zeitungsartikeln, Flugschriften und Vereinen[31]. Ganz konkret wies der Eichstätter Bischof den Pfarrklerus an, Fremde und Reisende, religiöse und politische Schriften zu überwachen, ». . . damit nicht unberufene Aufklärer und verkappte Pharisäer . . . das unerfahrene gläubige Volk durch ihre trügerischen Lehren irre führen, durch Verbreitung irreligiöser, schlüpfriger und revolutionärer Flugschriften und Zeitungsblätter die Sitten verpesten, oder gar wohl manche sonst gute und folgsame Seelen zum Aufruhr reizen.«[32]

---

[25] FRÜHWALD, »Ruhe und Ordnung«, 108 f.
[26] BayHStA MInn 45519, Reg.präs. Welden 7. 10. 1830 an MInn.
[27] Ebda.
[28] StAN, Reg. Mfr. Abgabe 1968, II, 27, Erzbischof von Bamberg Joseph Maria 8. 10. 1830.
[29] StAN, Reg. Mfr. Abgabe 1968, XVII, 201, Rundschreiben an den gesamten ehrwürdigen Klerus der Erzdiözese Bamberg 3. 10. 1830; BayHStA MInn 45519, Reg. Präs. Welden 7. 10. 1830.
[30] StAN, Reg. Mfr. Abgabe 1968, XVII, 201. Hirtenbriefe des Bischofs von Eichstätt, Erzbischofs von Bamberg, Protestantischen Konsistoriums Ansbach; ebda, Abgabe 1968, II, 10, Bischof von Augsburg; StAL, Rep. 168/1, 1497, 18, Erzbischof von Regensburg.
[31] Vgl. Kap. IV.2.a., S. 172—179 (Vereine); vgl. Kap. V.1. bis V.3. (Landtag, Flugschriften) und Kap. V.5. (Flugblätter).
[32] StAN, Reg. Mfr. Abgabe 1968, XVII, 201, Eichstätt 20. 3. 1832 Rundschreiben: »Wir Johann Friedrich, durch göttliche und des apostolischen Stuhles Gnade Bischof von Eichstätt, entbieten allen Dekanen, Pfarrern, Benefiziaten und dem gesamten Diözesan-Klerus . . .«.

Die von Staat und Kirche gemeinsam getragene antirevolutionäre Politik beanspruchte das Konzept der ›Ruhe und Ordnung‹ gegenüber der Bedrohung der inneren Sicherheit, die die Julirevolution, Aufstände in deutschen Staaten und Tumulte in Bayern darstellten.

2. DAS VERHÄLTNIS ZUM DEUTSCHEN BUND: INNERE SICHERHEIT UND BUNDESINTERVENTION

Auch der Deutsche Bund reagierte auf die innerdeutschen Unruhen 1830 mit Beschlüssen zur Erhaltung der Ruhe gegen revolutionäre Bewegungen. Bayern mußte sich als Mitgliedsstaat des Deutschen Bundes mit dieser Politik auseinandersetzen.

Die Wiener Schlußakte garantierte zwar in Art. 25, Satz 1, daß die Aufrechterhaltung innerer Ruhe und Ordnung ausschließlich den Landesregierungen zustehe; eingeschränkt wurde dies jedoch, »mit Rücksicht auf die innere Bundessicherheit und auf Grund der wechselseitigen Beistandpflicht der Bundesglieder, falls es zur Auflehnung der Untertanen, zu offenem Aufruhr oder zu einer mehrere Gliedstaaten bedrohenden gefährlichen Bewegung kam.«[33] In diesem Fall besaß der Deutsche Bund ein Recht zur Intervention in dem durch revolutionäre Aufstände bedrohten Einzelstaat[34]. Voraussetzung war jedoch die Anforderung einer solchen »Beistandsleistung des Bundes durch die jeweilige Regierung. In besonderen Situationen, wenn eine Regierung zum Beispiel durch Aufruhr nicht mehr fähig war, Bundeshilfe herbeizurufen, konnte eine Intervention auch ohne vorige Requisition erfolgen.«[35] Die Zulassung dieses Ausnahmefalls bot dem Deutschen Bund die Möglichkeit, seine Kompetenz gegenüber der Landeshoheit der einzelnen Gliedstaaten auszubauen.

Der Zweck des Deutschen Bundes bestand laut Bundesakte Art. 2 in der »Erhaltung der äußeren und inneren Sicherheit Deutschlands und der Unabhängigkeit und Unverletzlichkeit der einzelnen Staaten.«[36] Zur inneren Sicherheit gehörten die Erhaltung eines friedlichen »Verhältnisses zwischen Fürst und Untertanen«, »Schutz der Obrigkeitsrechte gegen Aufruhr, Umsturz und unrechtmäßigen Widerstand«[37] in den Einzelstaaten.

Der Bund erwog 1830 zum ersten Mal eine direkte Intervention mit militärischen Mitteln in einem Mitgliedsstaat. Als in Kurhessen erste Unruhen vorgefallen waren, fand am 18. 9. 1830 eine außerordentliche Zusammenkunft der Bundestagsgesandten statt[38]. Am 1. Oktober wurde der Beschluß gefaßt, eine

---

[33] HUBER, Verfassungsgeschichte 1, 631 f., Wiener Schlußakte, Art. 25, Satz 2.
[34] Ebda, 632; auch in Art. 28 der Wiener Schlußakte festgelegt.
[35] Vgl. Ernst Rudolf HUBER, Bundesexekution und Bundesintervention. Ein Beitrag zur Frage des Verfassungsschutzes im Deutschen Bund (Archiv des öffentlichen Rechts 79) 1953, 1—5; nach Art. 26 der Wiener Schlußakte.
[36] HUBER, Verfassungsgeschichte 1, 594.
[37] Ebda, 595.
[38] George Stephen WERNER, Bavaria and the German confederation 1820—1848, London 1977, 93 f. Der Vorschlag des österreichischen Gesandten von Münch, jeder Staat solle ein Militärkontingent bereithalten zur Hilfe seiner Nachbarstaaten, auch wenn kein spezielles Dekret dies erfordert, lehnten Preußen, Württemberg und Bayern ab. Bei späterer ablehnender Haltung blieb Bayern jedoch allein.

mobile Macht an der kurhessischen Grenze aufzustellen, um Frieden und Ordnung wiederherzustellen[39]. Diesem 7000 Mann und 16 Geschütze starken Truppenkorps sollte Bayern 1700 Mann (1200 Infanterie, 500 Kavallerie) und vier Geschütze unter nassauischem Oberbefehl zur Verfügung stellen, dazu kamen 4000 Mann als Reserve in Brückenau stationiert[40]. Die vorläufige Zustimmung zu diesem Beschluß durch den bayerischen Gesandten Freiherrn von Lerchenfeld[41] widerrief Ludwig jedoch kurz darauf. Bayern trat als einziger Bundesstaat dem Beschluß nicht bei. Als Grund gab die bayerische Regierung an, daß Lerchenfeld ohne Rücksprache und Einverständnis mit München gehandelt habe[42]. Der eigentliche Grund war, daß Bayern eine Ausdehnung der Kompetenzen des Bundes befürchtete; denn es lag kein Hilferuf Kurhessens vor, der die Vorbereitung einer militärischen Intervention rechtfertigen würde. Darüber hinaus wurde Bayern nicht über interne Bundesverhandlungen und Berichte der kurhessischen Regierung informiert[43]. Der Bundesbeschluß vom 1. 10. 1830 löste bei König, Ministern und Staatsrat große Aufregung aus[44]. Nach einer Dringlichkeitssitzung des Ministerrats am 5. 10. erhielt Lerchenfeld neue Instruktionen für die bayerische Bundespolitik: Justizminister Zentner[45] führte dabei aus, daß der Beschluß des Bundes die Souveränität der Fürsten verletze. Bayern wolle für den Notfall eigene Hilfsmaßnahmen mit den Nachbarstaaten beraten[46]; Lerchenfeld sollte der Bundesversammlung versichern, daß genügend bayerische Soldaten an der Nordgrenze zu Kurhessen stünden, ein Abziehen von Truppen aus Bayern gefährde die Ordnung im Landesinneren[47].

Der Bundesbeschluß vom 21. 10. 1830 — »Maßregeln zur Wiederherstellung und Erhaltung der Ruhe in Deutschland« — war auch in Bayern rechtskräftig[48]. Darin wurde die Verpflichtung zur direkten und sofortigen militärischen Intervention betont; zwar war wie bisher eine Anforderung durch einen Bundesstaat notwendig, die Intervention erfolgte dann jedoch ohne vorigen Bundesbeschluß[49]. Eine weitere Bindung an den Bund bedeutete die Bekräftigung der

[39] WERNER, Bavaria, 95.
[40] Die Verhandlungen der Bundesversammlung von den revolutionären Bewegungen des Jahres 1830 bis zu den Geheimen Wiener Ministerial-Conferenzen in ihrem wesentlichen Inhalte mitgeteilt aus dem Protocoll des Bundes, Heidelberg 1846, 30—32. Neben Bayern sollten Nassau, Baden, Großherzogtum Hessen Soldaten bereitstellen.
[41] Maximilian Emmanuel Freiherr von Lerchenfeld (1778—1843) war 1826 bis 1833 und 1842/43 Bayerischer Bundesgesandter in Frankfurt. Er war 1817 bis 1825 MF, trug zur Ordnung des Finanzhaushalts bei, war an der Ausarbeitung der VU 1818 beteiligt und trat gegen die Annahme der Karlsbader Beschlüsse 1819 in Bayern ein. 1833/1834 war Lerchenfeld wieder MF; SCHÄRL, Nr. 34, S. 99.
[42] WERNER, Bavaria, 95. Ludwig rügte Lerchenfeld wegen Überschreitung seiner Autorität scharf. In München kursierten daraufhin Gerüchte über einen Rücktritt Lerchenfelds; GBF II, 294; GBÖ II, 280—287.
[43] WERNER, Bavaria, 96; GBF II, 295. Gegen den Beschluß sprach auch, daß Bayern in diesem Bundeskorps nassauischem Oberbefehl unterstellt gewesen wäre.
[44] GBF II, 294 ff.
[45] Georg Friedrich Freiherr von Zentner, vgl. Anm. 46, S. 16; Zentner war 1823 bis 1831 MJ.
[46] WERNER, Bavaria, 96.
[47] Ebda.
[48] DÖLLINGER, Verordnungs-Sammlung 13, 701—703.
[49] Die Verhandlungen der Bundesversammlung, 46—49; Heinz GOLLWITZER, Ludwig I. von Bayern. Eine politische Biographie, München 1986, 303 f. Gollwitzer betont, daß seitdem die Hilfeleistung zur Bundespflicht wurde, die Intervention den »Charakter einer Bundesexekution« erhielt.

Karlsbader Beschlüsse von 1819 zur Überwachung von Universitäten und Presse[50] durch den Bundesbeschluß vom 21. Oktober 1830. Gerade Bayern hatte die Karlsbader Beschlüsse nur unter Vorbehalt verkündet, ihre Geltung dem Vorrang der bayerischen Verfassung und der Landesgesetze unterworfen[51].

Die Unterstützung des Bundesbeschlusses vom 21. Oktober bedeutete ein Einlenken Bayerns gegenüber dem Bund. Auf die Dauer konnte sich Bayern aus Sicherheitsgründen und auf Grund der Kriegsgefahr in Europa 1830 eine isolierte Stellung nicht leisten. Nach Berichten des französischen Gesandten Rumigny in München vermutete man nach der ablehnenden Haltung Bayerns gegenüber dem Beschluß vom 1. 10. 1830 eine Separierung Bayerns vom Bund[52]. Diese Spekulationen wurden durch das Taktieren Bayerns und Württembergs mit einer süddeutschen Neutralitätserklärung im Fall eines Kriegs genährt. Österreich verstärkte dementsprechend seinen politischen Einfluß auf Bayern[53]. Zu einer Absonderung Bayerns vom Bund kam es nicht, auch zu keiner militärischen Intervention des Bundes im Herbst 1830[54]. Die zögernde Haltung Bayerns gegenüber dem Bund zeigt, daß es bemüht war, eine unabhängige Politik zu verfolgen, staatliche Souveränität gegenüber Eingriffen des Bundes zu wahren. Dies praktizierte die bayerische Regierung in der Pressepolitik Herbst 1830 bis Januar 1831 und in der Vereinspolitik März 1832 auch dadurch, daß es mit antirevolutionären, repressiven Maßnahmen voranschritt und so Bundesgesetzen vorausgriff[55].

3. DER EINSATZ VON
GENDARMERIE, LANDWEHR UND MILITÄR

Ein Mittel zur Festigung öffentlicher Ruhe und Sicherheit und zur Unterdrückung ausgebrochener Unruhen sahen König und Ministerrat in der »Bereitstellung von zureichenden Schutz- und Verteidigungsmitteln«[56]. Dies waren im

---

[50] Eberhard BÜSSEM, Die Karlsbader Beschlüsse von 1819. Die endgültige Stabilisierung der restaurativen Politik im Deutschen Bund nach dem Wiener Kongreß, Hildesheim 1974; HUBER, Verfassungsgeschichte 1, 739—749.
[51] BÜSSEM, Beschlüsse, 437—451; HUBER, Verfassungsgeschichte 1, 738 f. Jedoch schon 1824 hatte Bayern bei der Verlängerung der Geltungsdauer der Karlsbader Beschlüsse auf unbestimmte Zeit seinen Widerstand aufgegeben.
[52] GBF II, 294—296.
[53] Robert Dominic BILLINGER jr., Metternich's policy towards the south German states, 1830—1834, Diss. University of North Carolina 1973, 53—75. Oft provozierte Metternich jedoch damit das Mißtrauen Bayerns; z. B. durch die Übermittlung eines Memorandums Metternichs durch den bayerischen Gesandten in Wien von Bray, in dem die Einheit Deutschlands angesichts der revolutionären Gefahren 1830 beschworen wurde; vgl. ebda 76—79; GBF II, 301 ff.; GBÖ II, 282—289.
[54] Jedoch mußten laut Bundesbeschluß vom 1. 10. 1830 die Bundeskontingente in Bereitschaft gesetzt werden. Am 17., 18. 3. 1831 beschloß der Deutsche Bund nach einem Hilfsersuchen Luxemburgs eine militärische Intervention; sie wurde jedoch nicht durchgeführt, da der Verlauf des luxemburgischen Aufstands und der Konferenzen andere Entwicklungen eingeleitet hatte. Zudem war es auch schon während der Verstärkung der Bundesfestungen zur Meuterei gekommen, die Bundesstaaten versuchten sich der Aufstellung des Bundesheeres zu entziehen. Vgl. HUBER, Verfassungsgeschichte 2, 119 f.
[55] Vgl. Kap. IV.1.a und Kap. V.2.b.
[56] BayHStA Staatsrat 107.

Isarkreis eine verstärkt tätige Gendarmerie, ein »wohl organisiertes, zuverlässiges Landwehrregiment, drei Regimenter Infanterie, ein Regiment schwere Kavallerie und fast ein Regiment Artillerie«[57]. Auch in den übrigen Kreisen reagierten die Regierungsbehörden seit Herbst 1830 mit dem Einsatz polizeilich-militärischer Kräfte, sowohl präventiv als auch repressiv, um den Ausbruch von Tumulten zu verhindern beziehungsweise diese niederzuschlagen.

a. Polizei und Gendarmerie

Nach der Julirevolution waren die bayerischen Polizeibehörden angewiesen, ihren Dienst mit Umsicht auszuüben, um nicht erst Unruhen der Bevölkerung zu provozieren. Insbesondere Gendarmerie und Zollbehörden in Nordbayern sollten sich kulant verhalten[58]. Nachdem das forcierte Auftreten der Polizei Proteste in Flugzetteln und Tumulten hervorgerufen hatte, wurden Bürgerwachen errichtet[59]. Polizei, Landgerichte und Stadtkommissariate sollten den Kreisregierungen und dem Innenministerium über jedes Ereignis berichten, das geringsten Anlaß zur Gefährdung öffentlicher Sicherheit geben könnte[60]. Zum Teil erfolgten tägliche Rapporte[61]. Die Sensibilität der Behörden gegenüber tatsächlichen und vermeintlichen Tumulten war aufs äußerste gespannt.

»Wahrung der öffentlichen Sicherheit und Ordnung durch Abwehr der diesen Gütern drohenden Gefahren...«[62] war vorrangige Aufgabe der Polizei, durch bayerische Gesetze und Verordnungen dazu befugt und berechtigt[63]. Sie fungierte hier als Sicherheits- beziehungsweise Präventivpolizei.

In diesem Sinne ordneten die Kreisregierungen vorbeugend die Mobilmachung der Polizeikräfte an, so zur Zeit des Oktoberfestes in München und nach-

[57] Ebda.
[58] StAW, Reg. Ufr. Abgabe 1943/45, Nr. 9834, Lg. Alzenau 25. 9. 1830 an Reg. Umkr.
[59] BayHStA MInn 45514, Schenk 21. 9. 1830; BayHStA MInn 45520, Herrieden 13. 10. 1830 2. Brigade an 5. Gend.Comp.Cdo.; BayHStA MInn 45521, Obersinn 30. 9. 1830 30. Brigade an Gend.Corps.Cdo., in: München 1. 10. 1830 Gend.Corps.Cdo. an König; StAW, Reg. Ufr. Abgabe 1943/45, Nr. 9853, Lg. Obernburg 30. 9. 1830 an Reg. Umkr.; ebda, Würzburg 6. 10. 1830 an Lg. Lohr.
[60] BayHStA Staatsrat 107; BayHStA MInn 45514, Reg.Präs. Isarkr. Widder 21.9. 1830.
[61] StAN, Reg. Mfr. Abgabe 1968, II, 27, Berichte des Stadtkommissariats Nürnberg an Mag.
[62] Horst BLOMEYER-BARTENSTEIN, Heribald NÖRGER, Günter OLZOG, Ingeborg RUPRECHT, Erich KAUFMANN (Hg.), Der polizeiliche Eingriff in die Freiheiten und Rechte (Wissenschaftliche Schriften d. Instituts zur Förderung öffentlicher Angelegenheiten in Frankfurt 7) Frankfurt 1951, 178.
[63] Die wichtigsten Bestimmungen Anfang 19. Jh.: Instruktion f. d. Pol.dir. in den Städten 24. 9. 1808, § 37 ff.; Instruktion f. d. Gen.komm. 17. 7. 1812; StGB 1813, Teil II, Art. 18 (Ernst EICHNER, Die Rechtsgrundlagen der Präventivpolizei, insbesondere der Präventivpolizeihaft nach der bayerischen Rechtsentwicklung, München 1927, 5—9, 14 ff.); vgl. Manfred BIERNATH, Die bayerische Polizei. Geschichte, Sozialstruktur und Organisation, Diss. München 1977, 41—49, 55 ff.
[64] StAW, Reg. Ufr. Abgabe 1943/45, Nr. 9853, Lg. Obernburg 30. 9. 1830 an Reg. Umkr.; BayHStA MInn 45521, Gend.Stat. Poppenhausen 16. 10. 1830 an 44. Gend. Brigade; ebda, München 12. 10. 1830 Gend.Corps.Cdo. an König; BayHStA MInn 45520, 2. Brigade Herrieden 13. 10. 1830 an 5. Gend.Comp.; ebda, Ansbach 14. 10. 1830 an alle Distr.pol.beh., in: Reg.Präs. Mieg 15. 10. 1830 an König; Stadtarchiv Nürnberg, ÄMR 194, Oktober 1830; StAN, Reg. Mfr. Abgabe 1968, II, 27. Als allge-

dem wiederholt Droh- und Brandbriefe aufgefunden wurden[64]. Auch als Gegenmaßnahme nach tatsächlichen Tumulten, Sachbeschädigungen, Demonstrationen wurden die Polizeimannschaften aktiviert und zahlenmäßig verstärkt. Torwachen, Wachen an Staats- und Gemeindegebäuden, Residenz und Schlössern, Gefängnissen, Militärgebäuden, Zeughäusern, Holzmagazinen, öffentlichen Kassen wurden vermehrt durchgeführt, zusätzliche Tag- und Nachtpatrouillen vorgenommen, die Polizeistunde sorgfältig eingehalten[65]. In manchen Orten lagerten die Behörden vorsorglich Hypothekenbücher und Kassenbestände aus[66]. Den Polizeidienst übte dabei die Gendarmerie aus als das »regelmäßige Organ polizeilicher Waffengewalt«[67].

In Nordbayern bestimmten die Kreisregierungen den Landgerichtsbehörden, gegen örtliche Tumulte nach einem vorgeschriebenen Schema einzuschreiten. Sie sollten die Gemeindebevölkerung zusammenrufen und für den entstandenen Schaden haftbar machen; wenn die Gemeinde mit Hilfe örtlicher Polizeikräfte künftig nicht für Ruhe und Sicherheit garantieren könne, drohte man mit der Einquartierung von Militär[68].

Die Verhängung des Standrechts gehörte zu den Mitteln der Sicherheitspolizei[69]. Es wurde zwar im Herbst 1830 in Bayern nicht angewandt, war jedoch Gegenstand ernsthafter Überlegungen. Während des Landtags 1831 legte das Justizministerium am 19. 12. 1830 einen Gesetzentwurf »über das Verfahren der Polizey zur Stillegung von Aufruhr und Tumult« vor[70]. Das Standrecht war hier ausdrücklich als Angriffsmittel bezeichnet; das Verfahren der Polizei sollte jedoch auf Verteidigung beschränkt sein[71]. Nur nach erfolglosem Gebrauch gesetzlicher Mittel und der Heranziehung von Militär, sollte das Standrecht verhängt werden. Der Einsatz von Waffen sollte auf den Notfall beschränkt sein, wenn Personen und Eigentum durch einen länger anhaltenden Aufstand bedroht wären[72].

Der Gesetzentwurf wurde zwar nicht weiter bearbeitet. Dennoch zeigt dies,

---

meine Sicherheitsmaßregel: BayHStA MInn 45514, Pol.dir. München Rinecker 19. 9. 1830; StAM, RA 15887; StAND, Reg. Nr. 7149; BayHStA MInn 45518, Regensburg 27. 9. 1830; BayHStA MInn 45521, Gend.Corps.Cdo. München 2. 10. 1830 an König: Berichte der Gend.Stat. des Umkr.; KA, A IV 113; KA, A IV 115.

[65] BayHStA MInn 45519, Reg. Omkr. 23. 10. 1830 an MInn; ebda, Bayreuth 16. 10. 1830 Reg. Omkr. an MInn; ebda, Lg. Kronach 11. 10. 1830; StAW, Reg. Ufr. Abgabe 1943/45, Nr. 9853, Reg. Umkr. an Lg. Lohr; ebda, Aschaffenburg 52. Brigade an 7. Gend.Comp.Cdo.; ebda, Reg. Umkr. 22. 9. 1830 an alle Distr.pol.beh.; BayHStA MInn 45521, Reg. Umkr. 4. 10. 1830 an König; ebda, 1. 10. 1830 6. Brigade an Gend. Comp.Cdo.; ebda, Gend.Stat. Ochsenfurt 11. 10. 1830 an Gend.Corps.Cdo.; ebda, 7. Comp. Würzburg 19. 10. 1830 an Gend.Corps.Cdo.; ebda, Gend.Stat. Ochsenfurt 18. 12. 1830 an Gend.Corps.Cdo.

[66] Z. B. StAW, Reg. Ufr. Abgabe 1943/45, Nr. 9853, Lg. Weihers 6. 10. 1830 an Umkr.

[67] Max von SEYDEL, Bayerisches Staatsrecht, München ³1903, 259; Hugo SCHRÖDER, Die Gendarmerie in Bayern, Vorgeschichte, Errichtung und Entwicklung der bayerischen Gendarmerie, sowie deren Tätigkeit von 1812—1900, Augsburg 1900, 11 f., 34 f., 46 f.

[68] StAW, Reg. Ufr. Abgabe 1943/45, Nr. 9853, Reg. Umkr. 6. 10. 1830 an Lg. Volkach; ebda, Reg. Umkr. 10. 10. 1830 an Lg. Klingenberg; ebda, Reg. Umkr. 13. 10. 1830 an Lg. Ochsenfurt; ebda, Reg. Umkr. 31. 1. 1831 an Lg. Obernburg.

[69] Siehe BayHStA Staatsrat 107, Vortrag Schenk 1. 10. 1830.

[70] LV Abg. 1831, Beil. 82, Beil.bd. 14.

[71] Ebda, Motive zum Gesetzentwurf S. 8—16, bes. § 1—3.

[72] Ebda, Gesetzentwurf, bes. § 1—8.

daß die unruhige politische Situation im Herbst 1830 eine genaue Regelung des Einsatzes von Polizei, Landwehr und Militär zur Wahrung öffentlicher Sicherheit notwendig erscheinen ließ. Eine Konfrontation zwischen Polizei und Bevölkerung wollten die Regierungsbehörden während der Tumulte 1830 vermeiden. Hier griff man auf Militär zurück.

b. Militär und Landwehr

Schon ab September 1830 erörterten Ministerien und Kreisbehörden militärische Vorsichtsmaßregeln. Das Militär konnte als Unterstützung der Sicherheitspolizei dienen. Die Verfassung von 1818 schrieb vor: »Die Armee handelt ... im Inneren nur dann, wenn die Militaire-Macht von der competenten Civil-Behörde förmlich dazu aufgefordert wird.«[73] Ermächtigt hierfür waren das Innenministerium und die Regierungspräsidenten der Kreise[74].

Neben der militärischen Kraft wurde in Bayern zur Erhaltung des Landfriedens die Landwehr herangezogen. Die Landwehr ging zurück auf die Einrichtung der bayerischen Landfahnen und Landregimenter im 17. und 18. Jahrhundert, in direkter Fortsetzung auf Bürgermilitär, Nationalgarde seit Anfang des 19. Jahrhunderts. Während der Koalitionskriege hatte Maximilian Graf Arco[75] in einem Plan 1807 die Bildung einer Nationalmiliz vorgesehen, die neben dem ›immobilen‹ Bürgermilitär für den Grenzschutz und Festungsdienst zusammen mit den Linientruppen eingesetzt werden sollte. Nach den Tiroler und Vorarlberger Aufständen gegen die bayerische Herrschaft 1810 wurde eine Nationalgarde als Teil der bewaffneten Macht errichtet. Die Nationalgarde III. Classe, die Landwehr, war ausschließlich für die öffentliche Ruhe und Sicherheit im Land zuständig. Durch die Verfassung 1818 und die Landwehrverordnung wurde dieses Institut mit der gleichen Bestimmung bestätigt[76]. »In Friedenszeiten wirkt die Landwehr zur Erhaltung der inneren Sicherheit mit, in soferne es erforderlich ist, und die dazu bestimmten Truppen nicht hinreichen.«[77]

1830 interpretierten Kriegs- und Innenministerium diesen Verfassungssatz in dem Sinn, daß die Landwehr die Hauptkraft für die Wahrung und Festigung der öffentlichen, gesetzlichen Ordnung darstellte. Das Militär sollte im wesentlichen in Garnisonen und Kasernen konzentriert bleiben und erst bei Ausbruch eines Aufruhrs und nur im Notfall hinzugezogen werden.

De facto wurden jedoch September bis November 1830 vielfach einzelne

---

[73] VU 1818, Titel IX, § 6.

[74] VO 17. 12. 1825, Formationsverordnung, die Bildung und den Wirkungskreis der kgl. Kreise betr., § 57.

[75] Maximilian Graf von Arco war 1800—1805 bayerischer Gesandter in Malta (Johanniter-Orden), danach war er bei der Armee angestellt (Rang eines Oberst). Am 13. 8. 1808 ist Graf Arco in der Schlacht bei Wattens während des Tiroler Aufstands gefallen; vgl. Repertorium der diplomatischen Vertreter aller Länder, 3 Bde., hrsg. v. Otto Friedrich WINTER, Graz-Köln 1965, 12.

[76] Paul Ernst RATTELMÜLLER, Das bayerische Bürgermilitär, München 1969, 21—30; Gottfried BRÜCKNER, Der Bürger als Bürgersoldat. Ein Beitrag zur Sozialgeschichte des Bürgertums und der bürgerlichen Gesellschaft des 19. Jahrhunderts. Dargestellt an den Bürgermilitärinstitutionen der Königreiche Bayern und Hannover und des Großherzogtums Baden, Diss. Bonn 1968, 21—25.

[77] VU 1818, Titel IX, § 5, Absatz 3; Landwehrverordnung 7. 3. 1826 (DÖLLINGER, Verordnungssammlung 10) § 506 der Verordnung.

Militärsoldaten und ganze Truppenteile von Infanterie und Kavallerie für den Sicherheitsdienst angefordert und eingesetzt[78].

Einerseits setzte man in die Kraft der Linientruppen mehr Vertrauen. In zahlreichen Berichten aus Landgerichten und Städten des Ober- und Untermainkreises betonten die Behörden die entscheidende Rolle der Armee bei der Niederwerfung der Unruhen in Hessen, Sachsen, den reussischen und altenburgischen Gebieten. Ohne den Militäreinsatz hätte die Staatsgewalt die öffentliche Ordnung nicht wiederherstellen können[79]. Andererseits war eine Aktivierung der Landwehr 1830 vielerorts nicht möglich, da sie nur vereinzelt organisiert war. An manchen Orten existierten nur kleine Teile von Landwehrabteilungen, waren schlecht ausgerüstet oder bestanden überhaupt nicht[80].

Seit dem Ende der Befreiungskriege 1813/14 war während der Friedensepoche in den 20er Jahren das Interesse an der Landwehr gesunken. Man achtete immer weniger auf die genaue Durchführung ihrer Organisation; der Preis zur Freistellung vom Landwehrdienst wurde niedriger veranschlagt, kaum mehr Waffenübungen durchgeführt[81]. Auch die Landwehrverordnung von 1826 verzichtete auf die Einführung der Landwehr in kleineren Städten, in Märkten und auf dem Lande, wenn sie dort nicht mehr existierte[82].

Nach der Julirevolution 1830 beantragten Kreis- und Bezirksbehörden wiederholt die Wiedererrichtung der Landwehr unter Hinweis auf ihre Schutzfunktion und die von Unruhen und Tumulten bedrohte öffentliche Sicherheit[83]. Bei

---

[78] StAW, Reg. Ufr. Abgabe 1943/45, Nr. 9853, Stadtkomm. Würzburg 7.10.1830 an Reg. Umkr.; ebda, Reg. Umkr. 4.10.1830 an Lg. Obernburg; BayHStA MInn 45514, z.B. Reg.Präs. Isarkr. Widder 22.9.1830 an Schenk; BayHStA MInn 45521, Reg.Präs. Umkr. Zu Rhein 9.10.1830; ebda, Kommandantschaftsbefehl 9.10.1830 Würzburg; StAM, RA 15887, Reg.Präs. Isarkr. Widder 12.10.1830 an Schenk; KA, A IV 113, Schenk 19.9.1830 an MK Weinrich; KA, A IV 117, Würzburg 3.10.1830 4. Armee-Div.Kdo. an MK; KA, A IV 115, München 3.9.1830 MK an 3. Armee-Div. Kdo.; ebda, Nürnberg 14.9.1830 Kommandantschaftsbefehl.
[79] StAW, Reg. Ufr. Abgabe 1943/45, Nr. 9834, Stadtkomm. Aschaffenburg 29.9. 1830; ebda, Berichte der Reg.beh. aus Darmstadt, Fulda, Hanau 2.10.1830; ebda, Lerchenfeld 5.10.1830 an Reg.Präs. Zu Rhein.
[80] Militärverstärkung wegen fehlender Landwehr: BayHStA MInn 45520, für Fürth u. Ansbach, Reg.Präs. Mieg 23.9.1830 an Schenk; BayHStA MInn 45519, für Hof, 6. Gend.Comp.Cdo. an Gend.Corps.Cdo. — Mangelhafte Landwehr: StAW, Reg. Ufr. Abgabe 1943/45, Nr. 9834, Lg. Brückenau Sept. 1830 an Reg. Umkr.; ebda, Lg. Alzenau 30.9.1830 an Reg. Umkr.; ebda, Reg.komm. Heffner 2.10.1830 an Reg. Umkr.; StAB, Präs.Reg. K 3, Nr. 858, Lg. Ebermannstadt 17.9.1830 an Reg. Umkr.; ebda, Landrichter Lelewel in Rehau, 17.9.1830 (für Rehau, Schwarzenbach); ebda, Reg. Umkr. 12.10.1830 an MInn (für Naila, Lichtenberg, Schauenstein). — Das Kreiskdo. d. Rezat- u. Oberdonaukreises berichtete schon 28.6.1821 über den schlechten Zustand der Landwehr in Bayern (BRÜCKNER, Der Bürger, 26 ff.).
[81] F. BRÜGEL, Des Königreichs Bayern Landwehr als Abteilung der Staats-, Schutz- und Vertheidigungskräfte durch die Grundverfassung des Reiches erklärt und verbürgt. In ihrer Entstehung, Ausbildung und dermaligen Gestaltung, Erlangen 1848, 10—17.
[82] VO 7.3.1826, bes. § 17 (DÖLLINGER, Verordnungssammlung 10).
[83] StAN, Reg. Mfr. Abgabe 1968, II, 27, Ansbach 23.9.1830 Reg.Präs. Mieg an Schenk; StAND, Reg. Nr. 7149, Schenk 14.10.1830 an Reg. Oberdonaukr.; ebda, Reg.Präs. 16.10.1830 an MInn; StAB, Präs.Reg. K 3, Nr. 858, Reg. Omkr. 22.9.1830 an Lg. Naila: Lg. Naila u. Lichtenberg sollen wegen Reusser Unruhen Landwehr errichten; ebda, Reg. Omkr. 14.9.1830 an alle Landrichter, außer Selb, Stadtkomm. Bayreuth u. Hof: Auftrag, die Landwehr zur Erhaltung d. Ruhe u. Ordnung aktiv zu halten; StAW, Reg. Ufr. Abgabe 1943/45, Nr. 9834, Schenk 3.10.1830; StAND, Reg. Nr. 7149, Reg.Präs. 12.9.1830.

fehlender Landwehr wurde Militär zur Unterstützung des Sicherheitsdienstes der Polizei und Gendarmerie requiriert.

Über Art und Umfang des Militäreinsatzes im Verhältnis zur Landwehr waren sich jedoch Innen- und Kriegsministerium uneins. Eine Instruktion über das Verhalten von Garnison und Landwehr »im Falle von Ruhe und Ordnung gefährdenden Zusammenrottungen« wurde im September 1830 ausgearbeitet[84]. Schon 1819 hatte die bayerische Regierung mit Hilfe von Militär antijüdische Unruhen in Nordbayern[85] niedergeworfen. König Maximilian I. Joseph ließ dafür von der Münchner Gendarmerie-Kommandantschaft eine »Instruktion für die hiesige Garnison um sich hierdurch im gegebenen Falle, wenn General-Marsch geschlagen werden sollte, zu benehmen«[86], entwerfen. Diese Anweisung wurde der Instruktion 1830 zugrunde gelegt. Verschiedene Garnisonswechsel und die Notwendigkeit massiverer militärischer Vorsichtsmaßnahmen nach der Julirevolution machten eine Revision erforderlich. Linientruppen sollten, nur wenn die Landwehr gegen Tumulte und Aufstände nicht ausreichte, angefordert werden, der in Friedenszeiten ohnehin niedrige Präsenzstand des Militärs nicht durch zusätzliche Dienste geschwächt werden. Auf Grund der innerbayerischen Tumulte sollten die Truppen bereit gehalten und nicht zerstreut werden. Die Kreisregierungen beantragten wiederholt Herbst 1830 eine Erhöhung des Präsenzstandes der Garnisonen. Beurlaubungen vom Militärdienst wurden bis auf weiteres nicht mehr bewilligt[87]. Ein weiterer Grund, das Heer in konzentrierter Stellung zu belassen, war die Befürchtung, daß ein Krieg gegen Frankreich bevorstehe. Am 6. Oktober 1830 verlangte Ludwig I. ausdrücklich, vor jeder Truppenanforderung durch den Kriegsminister informiert zu werden[88].

In späteren Jahren wurde Militär häufig zur Erhaltung öffentlicher Ruhe und Sicherheit hinzugezogen. In Landshut verstärkte man Juli 1833 die Polizeiwachen mit Soldaten, nachdem ein Drohbrief die gewaltsame Befreiung des wegen Hochverrats verhafteten Redakteurs Schulz[89] und des Würzburger Bürgermeister Behr[90] angekündigt hatte[91].

In Nürnberg stand im Mai 1832 ein persönlicher Streit zwischen dem Ma-

---

[84] KA, A IV 105, MK u. Militärkommandanten befürworteten Militärverstärkung des Polizeidienstes nur für dringendsten Wachdienst (Torwachen, Hauptwachen, Gefängnisse, Residenz); die Gend.kommandantschaft München sah ursprünglich eine umfangreichere Militärverstärkung vor.

[85] STERLING, riots, 105—142.

[86] KA, A IV 105, Gen.leut. Strohl 10. 9. 1830.

[87] KA, A IV 105, Schenk 12. 10. 1830 an MK.

[88] KA, A IV 143, Randnotiz, Würzburg 1. 10. 1830 4. Armee-Div.Kdo. an König.

[89] Wilhelm Schulz-Bodmer (1797—1860) lebte 1830/31 in München. 1832 floh er ins Elsaß und in die Schweiz; vgl. v. EISENHART (ADB 32) 1891, 725 f.

[90] Wilhelm Joseph Behr (1775—1851) Professor für Staatsrecht. Während des LT 1819 war er einer der führenden liberalen Abgeordneten; von späteren LT, auch 1831, wurde er auf Grund § 44 ausgeschlossen. Wegen seiner oppositionellen Haltung, besonders seit dem Gaibacher Fest stand er unter Polizeiaufsicht, wurde am 24. 1. 1833 verhaftet, des Hochverrats und der Majestätsbeleidigung angeklagt. Am 30. 3. 1836 wurde Behr zu lebenslanger Festungshaft verurteilt. 1847 wurde er begnadigt und freigelassen. 1848 war Behr gewählter Abg. der Frankfurter Nationalversammlung. Vgl. Max DOMARUS, Bürgermeister Behr. Ein Kämpfer für den Rechtsstaat, Würzburg 1971; vgl. S. 176, S. 191 f., S. 202 f.

[91] KA, A IV 113, MInn 20. 7. 1833 an MK; ebda, Landshut 29. 7. 1833.

gistratsrat Fleischmann und dem radikaloppositionellen Redakteur Coremans[92] im Mittelpunkt des öffentlichen Interesses. Nach mehreren kritischen Artikeln Coremans entwarf Fleischmann, von Beruf Kupferstecher, Spottbilder gegen diesen. Daraufhin veranstalteten die Anhänger Coremans eine ›Katzenmusik‹ gegen Fleischmann. Es entstanden Tumulte, Fenster und Türen wurden eingeschlagen, die Wohnung Fleischmanns zerstört; man zog vor das Rathaus und versuchte, es zu stürmen. Zum Schutz öffentlicher Ordnung wurde die Landwehr bewaffnet, die Mannschaft des 5. Infanterie-Regiments zur Sicherung öffentlicher Gebäude und Unterstützung der Wachen eingesetzt. Als sich weiterhin kleinere Tumulte ereigneten und Drohbriefe verbreitet waren, setzte man eine Abteilung des 3. Chevaux-legers-Regiment ein[93]. Bis Juli 1832 hielt die starke Präsenz des Militärs in Nürnberg an: es befanden sich dort die ganze in Neumarkt stationierte Division und zwei Reiterabteilungen, auf königlichen Befehl gegen den Willen des Kriegsministers[94].

Im Juni und Juli 1832 zirkulierten in der Würzburger Gegend einige Flugschriften, die zum Aufstand aufforderten und die bayerische Regierungspolitik stark kritisierten. Vorbeugend wurden zwei Schwadron Chevaux legers nach Würzburg verlegt[95]. Als eine Petition gegen den Vollzug der Bundesbeschlüsse vom 28. 6. 1832 in Bayern protestierte und durch große Unterschriftenaktionen auf dem Land getragen wurde, beantragte die Kreisregierung eine weitere Garnisonsverstärkung; aus Bamberg kam zusätzlich eine Reiterabteilung[96]. Kreisregierungen und Militärbehörden trafen darüber hinaus militärische Sicherheitsmaßnahmen in den nordbayerischen Grenzbezirken, nachdem Juli 1832 in Kurhessen und September 1832 in Sachsen-Meiningen erneut Unruhen ausgebrochen waren[97].

Nach dem Hambacher Fest 27. 5. 1832 schickte die bayerische Regierung Feldmarschall von Wrede[98] als außerordentlichen Hofkommissär mit einem großen Truppenkontingent in die Rheinpfalz, um Ruhe und Ordnung wiederherzustellen[99].

---

[92] Zu Coremans vgl. S. 156, S. 173, S. 210, S. 215, S. 240. Zum Nürnberger Tumult: StAN, Reg. Mfr. Abgabe 1968, II, 22.

[93] KA, A IV 115, Nürnberg 22. 5. 1832 3. Armee-Div.Kdo. an MK; ebda, Nürnberg 23. 5. 1832; ebda, München 26. 5. 1832 MK an 3. Armee-Div.Kdo.; ebda, Nürnberg 25. 5. 1832, 3. Armee-Div.Kdo. an MK; ebda, Nürnberg 28. 5. 1832 3. Armee-Div.Kdo. an MK. — Anläßlich des bevorstehenden Kirchweihtages requirierte man eine zweite Schwadron Chevaux legers: KA, A IV 115, Nürnberg 24. 5. 1832 Mag. u. Bürgermeister an 3. Armee-Div.Kdo.

[94] KA, A IV 115, kgl. Befehl vom 2. 7. 1832, MInn 10. 6. 1832 an MK; ebda, MInn 5. 7. 1832 an MK.

[95] KA, A IV 117, Würzburg 26. 6. 1832 Hauptmann Welsch an König; ebda, Würzburg 9. 7. 1832, 4. Armee-Div.Kdo. an MK; ebda, 13. 7. 1832, MK an König; ebda, Ludwig 16. 7. 1832; ebda, Würzburg 23. 7. 1832.

[96] KA, A IV 117, Würzburg 16. 7. 1832 4. Armee-Div.Kdo. an MK; ebda, München 20. 8. 1832 MK.

[97] KA, A IV 143, München 27. 7. 1832; ebda, München 30. 7. 1830; ebda, Bayreuth 25. 9. 1832 3. Jäger-Bat. an MK.

[98] Vgl. Böck, Wrede; Alexander Winter, Fürst Wrede als Berater des Königs Max I. und des Kronprinzen Ludwig von Bayern (1813–1825), (MBM 7) München 1968; vgl. S. 122.

[99] Foerster, Preß- und Vaterlandsverein, 61 f.; zum Hambacher Fest vgl. Kurt Baumann (Hg.), Das Hambacher Fest 27. 5. 1832 — Männer und Ideen, Speyer 1957; Alois Gerlich (Hg.), Hambach 1832. Anstöße und Folgen (Geschichtliche Landeskunde 24) Wiesbaden 1984.

Der Einsatz von Militär beziehungsweise Landwehr zur Wahrung öffentlicher Ruhe und Ordnung und zur Niederwerfung von Aufruhr und Tumult war trotz der Instruktion 1830 noch unklar geregelt. Im September 1833 begannen Kreis-, Polizei- und Militärbehörden mit einer Novellierung der Instruktion. Gleichzeitig ließ sich Innenminister Öttingen-Wallerstein[100] beim Kriegsministerium über den Stand der militärischen Kräfte unterrichten, da die Armee jederzeit zur Unterdrückung von Unruhen der »Umwälzungspartei« bereit sein müsse[101]. Dies muß vor dem Hintergrund des Frankfurter Wachensturms 3. 4. 1833 gesehen werden, der die Regierungen und den Deutschen Bund in ihrer Befürchtung eines allgemeinen deutschen Aufstands bestätigt hatte[102]. Der Deutsche Bund beschloß am 12. 4. 1833 eine militärische Intervention und schickte 2500 preußische und österreichische Soldaten nach Frankfurt[103].

Die bayerische Instruktion 28. 7. 1833 für Militär und Landwehr für den Fall einer Störung der öffentlichen Ruhe und Ordnung war detaillierter als jene von 1830[104]. Hier legte man, anders wie Herbst 1830, eindeutiges Hauptgewicht auf die Linientruppen[105].

In den 40er Jahren des Vormärz setzte die Kreisregierung während der Bierkrawalle im Mai 1844 und 1846, während der Tumulte 1847 und der Revolution 1848 Militär zur Wiederherstellung der öffentlichen Sicherheit ein[106]. Dabei lehnte man sich an das in den Instruktionen von 1830 und 1833 vorgesehene Verfahren an[107].

c. Grenzsicherung und Militäreinsatz in Nordbayern

Besondere Schutzmaßnahmen für öffentliche Ruhe und Ordnung wurden in den nördlichen Bezirken des Obermain- und Untermainkreises getroffen. Sie grenzten direkt an das Großherzogtum und Kurfürstentum Hessen, das Königreich Sachsen und die reussisch-altenburgischen Herrschaftsgebiete an, in denen Aufstände ausgebrochen waren. Dort wurden staatliche und städtische Ver-

---

[100] Ludwig Fürst zu Öttingen-Wallerstein war 1828 bis 1831 Regierungspräsident für den Oberdonaukreis, bevor er am 1. 1. 1832 zum Innenminister (bis 4. 11. 1837) ernannt wurde; vgl. ZUBER, Fürst-Proletarier.
[101] KA, A IV 105, Staatsrat von Schilcher München 22. 7. 1833 an MK; ebda, MInn München 23. 7. 1833.
[102] Gustav Heinrich SCHNEIDER, Der Preß- oder Vaterlandsverein 1832/33. Ein Beitrag zur Geschichte des Frankfurter Attentats, Diss. Heidelberg 1897.
[103] HUBER, Verfassungsgeschichte 2, 168.
[104] KA, A IV 105, 28. 7. 1833, 11. 11. 1833 Kommandantschaft München an MK, dort Entwürfe und Instruktionen mit Beilagen.
[105] Die Betonung der Landwehr entfiel, der Militäreinsatz sollte nicht mehr ausschließlich auf den Notfall beschränkt sein; KA, A XIII 4 Fasz. 1, Reskript MK an Kommandantschaft München 29. 7. 1833.
[106] Mai 1844: BayHStA MInn 46128; — 1846: StaM, RA 15895; — 1847: BayHStA MInn 46424; 1847/48 bei: Jörg CALLIESS, Das Militär in der Krise. Die bayerische Armee in der Revolution 1848/49 (Wehrwissenschaftliche Forschungen, Abtlg. Militärgeschichtliche Studien 22) Boppard 1976, 87—90, 91—102, 121; — Mai 1844: KA, A IV 105, 1. 5. 1844.
[107] KA, A IV 105, 16. 1. 1846 Stadtkommandantschaft München. — 25. 4. 1846 MinEntschl. für das Verhalten d. Zivil- u. Militärstellen bei Ruhestörungen in München erlassen, wurde 1847 angewandt: BayHStA MInn 46424, 1. 4. 1847, als vorbeugende militärische Sicherheitsmaßnahme.

waltungseinrichtungen gestürmt, Kassenbestände geplündert, Amtspapiere und Strafregister vernichtet. Die Regierungen konnten nur mit Hilfe von Militär und durch verfassungs- und sozialpolitische Reformen die Ruhe wiederherstellen[108].

Ein Ausbreiten dieser Unruhen über die Grenze nach Bayern wollte die Regierung abwehren. Die nördlichen Landesteile um Würzburg, Aschaffenburg, Bamberg, Kronach, Hof waren auch ein Kristallisationspunkt der innerbayerischen Tumulte im Herbst 1830. Vorbeugende Grenzsicherung gegen deutsche Aufstandsgebiete und Einsatz von Ordnungskräften als Reaktion gegen erste innere Tumulte waren miteinander verbunden.

Am 29. 9. 1830 setzte der Würzburger Regierungspräsident einen außerordentlichen Regierungskommissar, Regierungsrat Heffner, ein, um Maßregeln zur Erhaltung von Ruhe und Ordnung zu treffen und dafür die Arbeit der unteren Behörden zu koordinieren. Heffner erhielt alleinige Kompetenzgewalt in den Landgerichtsbezirken Aschaffenburg, Alzenau, Orb, Brückenau, ab 4. 10. 1830 auch in Obernburg; die Militärstellen hatten jeder Anforderung von Truppen durch Heffner nachzukommen[109].

Neben Gendarmerie und verfügbarer Landwehr wurde als Schutzmaßnahme im nordbayerischen Grenzgebiet die bewaffnete Macht zusammengezogen. Während in den übrigen rechtsrheinischen Kreisen Militär hauptsächlich in den größeren Städten herangezogen wurde, griff man hier besonders auf dem Land darauf zurück. Vor allem Patrouillen ganzer Landstriche, an wichtigen Verbindungsstraßen, Abordnungen in kleine Marktgemeinden, Wachen an Rentämtern, Zollgebäuden, Holz- und Waffenlagern, Wachenverstärkung an bedrohten Gendarmeriestationen an der Grenze[110] und in Städten, Unterstützung der Zollschutzwache[111] durch Militär wurden angeordnet[112].

Im Oktober 1830 befanden sich an der hessischen Grenze in Nordbayern sechs Kompagnien Infanterie und zwei Schwadron Chevaux legers[113]. Die Mili-

---

[108] Vgl. REINHART, Unruhen; SCHMIDT, Staatsreform; BÜTTNER, Anfänge; GRÖSSMANN, Unruhen; vgl. S. 4 f. und Anl. 11 dort.

[109] BayHStA MInn 45521, Würzburg 29. 9. 1830 Reg.Präs. Zu Rhein an König; StAW, Reg. Ufr. Abgabe 1943/45, Nr. 9834, Würzburg 29. 9. 1830 Reg.Präs. Zu Rhein, Anweisungen an Heffner; ebda, Reg.Präs. Zu Rhein 4. 10. 1830 an Lg. Obernburg; die Oberzollinspektionen waren ebenfalls angewiesen, Heffners Verfügungen zu folgen.

[110] BayHStA MInn 45521, München 30. 9. 1830 MInn.

[111] BayHStA MInn 45521, Würzburg 28. 9. 1830 Reg.Präs. Zu Rhein an König.

[112] BayHStA MInn 45521, Würzburg 27. 9. 1830 Reg.Präs. an König; ebda, Reg. Präs. Zu Rhein 1. 10. 1830 an MInn: Militär nach Höchst, Wirtheim, Aufenau, Kahl, Alzenau, Orb, Brückenau, darin auch Bericht Lg. Brückenau; ebda, München 2. 10. 1830 MInn, MA an Zu Rhein; ebda, München 3. 10. 1830 MK an MInn; ebda, 2. 10. 1830 Gend.Corps.Cdo. an König, darin Bericht aus Wirtheim 28. 9. 1830; ebda, Landrichter Aschaffenburg 24. 9. 1830, 54. Gend.Brigade Aschaffenburg 28. 9. 1830, Gend. Stat. Höchstadt 28. 9. 1830, 35. Gend.Brigade 28. 9. 1830; ebda, München 4. 10. 1830, Gend.Corps.Cdo. an König, darin: 34. Gend.Brig. Alzenau 29. 9. 1830 an Würzburg 7. Gend.Comp. 1. 10. 1830, 35. Gend.Brigade 28. 9. 1830, 47. Gend.Brigade Wirtheim 28. 9. 1830, Gend.Station Höchstadt 29. 9. 1830; ebda, MK 6. 10. 1830 an MInn; ebda, München 7. 10. 1830 Gend.Corps.Cdo. an König, darin: Burgsinn 2. 10. 1830, StationsCdo. Roßbach 2. 10. 1830, Brückenau 3. 10. 1830 26. Gend.Brigade.

[113] KA, A IV 143, München 30. 9. 1830 MK; ebda, München 6. 10. 1830 MK an 3. Armee-Div.Kdo.; ebda, München 4. 10. 1830; — Beurlaubungen der Infanterie Regimenter Würzburg, Aschaffenburg, Bamberg und der Chevaux legers in Würzburg, Aschaffenburg wurden eingestellt, KA, A IV 143, München 2. 10. 1830 MK; ebda, München 4. 10. 1830 MK.

täreinheiten wurden vor allem in den Gebieten um Wirtheim, Stockstadt, Kahl, Zeitlofs, Roßbach, Brückenau, Burgsinn, Obersinn, Römershag, Alzenau, Gemünden, Aufenau und Höchst eingesetzt.

Heffner wurde in seiner Funktion als außerordentlicher Regierungskommissar am 30. 10. 1830 wieder nach Würzburg zurückgerufen, da die Lage stabilisiert schien. Am 8. November wurden die Militärabordnungen an der Grenze zurückgezogen. Kavallerie blieb jedoch in Aschaffenburg und Würzburg, die Infanterieregimenter wurden wieder auf Friedensstärke reduziert. Es blieb jedoch immer noch insgesamt eine 5000 Mann starke Militärmacht in Nordbayern versammelt, um bei einem erneuten Ausbruch von Aufständen sofort einsatzbereit zu sein. Dies geschah auch in Hinblick auf die vom Bund geforderte Mitwirkung Bayerns an einem Militärkorps[114].

d. Problematik polizeilicher und militärischer Mittel

Fragt man nach dem »Erfolg« des Einsatzes von Militär, Landwehr und Gendarmerie gegen innerbayerische Tumulte, so stellt man fest, daß schwerwiegende Unruhen oder eine Aufstandsbewegung in Bayern nicht entstanden. Es blieb bei kurz andauernden Vorfällen[115]. Nach Meinung staatlicher Behörden war dies hauptsächlich der Hinzuziehung der bewaffneten Macht zu verdanken, da Bayern als erster deutscher Bundesstaat militärische Vorsichtsmaßregeln eingeleitet habe[116].

Jedoch verlief dies nicht problemlos. Es kam zu Zusammenstößen zwischen Bevölkerung und Militär beziehungsweise Gendarmerie[117]. Einzelne Gemeinden verweigerten strikt eine Einquartierung von Militärabordnungen im Ort und die Unterbringung der Soldaten in Privathäusern[118]. Die Bewohner befürchteten, daß ihnen untragbare Unkosten entstünden, da die Verpflegungsentschädigungen zur Zeit der Lebensmittelteuerungen Herbst 1830 zu niedrig angesetzt waren. Die bayerische Regierung ordnete daraufhin an, das Militär nicht mehr zu Lasten der Bevölkerung unterzubringen[119]. Die Ablehnung des Militärs war nicht nur materiell begründet. In Stockstadt konnte nur mit Mühe ein Aufstand gegen eine Militäreinquartierung verhindert werden. Die Einwohner riefen dabei: »Wir brauchen keine Soldaten ... fürchten wir keine fremde Ruhestörer und würden solche beym Ausbruche schon zurückzuweisen wissen, und unser

---

[114] StAW, Reg. Ufr. Abgabe 1943/45, Nr. 9834, Reg. Umkr. Würzburg 30. 10. 1830 an Heffner. — KA, A IV 143, König, Gesamtministerium München 8. 11. 1830 an Reg.Präs. Zu Rhein; vgl. ebda, Handbillet Ludwigs I. 3. 11. 1830; vgl. Kap. III.2., besonders S. 44—46.

[115] Kap. II.4., S. 39 f.

[116] BayHStA MInn 45521, Heffner in Aschaffenburg 10. 10. 1830, in: Würzburg 12. 10. 1830 Zu Rhein an König; ebda, Würzburg 21. 1. 1831, Bericht Lg. Brückenau 10. 1. 1831; StAW, Reg. Ufr. Abgabe 1943/45, Nr. 9834 Lg. Wirtheim 29. 9. 1830; ebda, Stadtkomm. und Landrichter Aschaffenburg 4. 10. 1830 an Reg. Umkr.

[117] Kap. II.1., S. 14—16, S. 26 f.; Kap. II.3., S. 34 f.

[118] StAW, Reg. Ufr. Abgabe 1943/45, Nr. 9834, in Alzenau: Heffner 2. 10. 1830 an Reg. Umkr.; ebda, in Stockstadt: Lg. Alzenau 30. 9. 1830 an Reg. Umkr.

[119] BayHStA MInn 45521, München 2. 10. 1830 MInn u. MA an Zu Rhein; StAW, Reg. Ufr. Abgabe 1943/45, Nr. 9834 Zu Rhein 4. 10. 1830 an Lg. Brückenau, Gemünden, Orb, Alzenau, Aschaffenburg.

Eigenthum zu sichern wissen. ... Wir werden kein Wasser tragen, wenn das Zollamt brennt.«[120]

Ein ursprünglich unpolitischer Tumult in München Weihnachten 1830 erhielt erst durch die Reaktion der staatlichen Ordnungskräfte politische Bedeutung[121]. Studenten brachten einem kranken Kommilitonen nach Ende der Polizeistunde ein »Ständchen« vor dessen Wohnung. Die gesteigerte Sensibilität nach der Julirevolution für alles, was vom normalen Alltag abwich, zumal in der bayerischen Hauptstadt, führte dazu, daß in großem Aufwand Gendarmerie und Militärsoldaten gegen die lärmenden Studenten eingesetzt wurden. Dies wirkte provozierend: es kam zu Zusammenstößen, die Tumulte wurden in den nächsten Tagen fortgesetzt, es gab Verletzte, Studenten wurden verhaftet[122]. Die Hinzuziehung der Militärkräfte erfolgte jedoch ohne vorhergehende Anforderung der zuständigen Zivilbehörde, die Rechtmäßigkeit der Verhaftungen war ebenso fraglich[123]. Die Mißachtung bestehender Verordnungen und die Härte des Vorgehens der Ordnungskräfte während der Auseinandersetzungen lösten heftige Kritik in der Presse und auf dem Landtag aus.

Fast einstimmig verwarf die Abgeordnetenkammer des Landtags 1831 das Verhalten von Polizei und Militär während der sogenannten ›Dezemberunruhen‹[124]. Die Entscheidung über den Militäreinsatz und die Verhaftung bezeichnete der Präsident der zweiten Landtagskammer, der liberale Würzburger Johann Adam Seuffert[125], als »willkürliche Machtbefehle«, veranlaßt durch den ». . . Wahn(e), es bestehe eine geheime Verbindung, zu revolutionären Zwecken, eine Verschwörung, auf Umsturz des Thrones und gänzliche Staatsumwälzung gerichtet . . .«[126] Der liberale Abgeordnete Freiherr von Closen[127] legte einen Antrag auf »bessere Sicherstellung der Person gegen Übergriffe der Polizei- und Militärgewalt« vor[128]. Dieser Gesetzesvorschlag wollte voreiligen und nicht

---

[120] StAW, Reg. Ufr. Abgabe 1943/45, Nr. 9834, Zollamt Stockstadt 28. 9. 1830 an Reg. Umkr.
[121] Wilhelm HEINLOTH, Die Münchner Dezemberunruhen 1830, Diss. München 1930, 67—74; BÖCK, Wrede. 96; GÖLZ, Landtag, 20; LEMPFRIED, Anfänge, 207. — HUBER, Verfassungsgeschichte 2, 32, wertet die Tumulte als »Unmutsäußerung« gegenüber der restaurativen Regierungspolitik.
[122] Weitere Folgen für die Studenten, vgl. Kap. III.5.d.
[123] Zur Militäranforderung laut VU 1818, Titel IX, § 6. LV. Abg. 1831, Abg. Closen, Bd. 12, Prot. 57, S. 40 f.
[124] Als solche wurden die Tumulte Dezember 1830 im Landtag bezeichnet; LV Abg. 1831, Bd. 11, Prot. 56, S. 98—116; ebda, Prot. 57, S. 3—111; ebda, Bd. 12, Prot. 62, S. 7—9.
[125] Johann Adam Seuffert (15. 3. 1794—8. 5. 1857), Professor für Geschichte, Pandekten, bayerisches Zivilrecht, wurde als »Führer des Liberalismus« bezeichnet. Er wurde wegen seiner politischen Stellungnahmen 1831/32 am 28. 10. 1832 nach Straubing als Appellationsgerichtsassistent versetzt. 1847 trat Seuffert publizistisch als Gegner das bayerischen Innenministers Carl von Abel auf; vgl. HEIGEL (ADB 34) 1892, 58—64.
[126] LV Abg. 1831, Bd. 12, Prot. 57, 13. 7. 1831, S. 47 f.
[127] Karl Freiherr von Closen (1786—1856) war Abgeordneter im bayerischen Landtag 1819, 1825, 1828, gewählt als Vertreter der adeligen Gutsbesitzer. 1832 wurde er wegen Verbreitung einer Schrift Ernst Grosses der Majestätsbeleidigung angeklagt und erst 1835 als unschuldig freigesprochen. 1848 war Closen bayerischer Abgeordneter im Frankfurter Parlament (50er Ausschuß); vgl. HEIGEL (ADB 4) 1876, 339—341. Vgl. S. 164—177 über Closenverein und S. 202—205 über Abgeordnetenausschluß.
[128] LV Abg. 1831, Bd. 2, Prot. 8, S. 87; ebda, Beil.bd. 4, Beil. 27.

näher begründeten Verhaftungen und Haftaufenthalten vorbeugen. Die Abgeordnetenkammer verlangte die Verurteilung der Militärausschreitungen und die Ausarbeitung eines Gesetzentwurfes durch die Regierung. Darin sollten die verfassungsmäßig garantierte Sicherheit der Person bekräftigt, die Vorschriften bei Verhaftungen, Hausuntersuchungen und für Polizei und Militär im Fall von Zusammenrottungen und Tumulten genau bestimmt werden[129]. Einem Eingriff in die Freiheitsrechte sollten Grenzen gesetzt werden. In den Worten Seufferts deutete sich auch Kritik an der Verhältnismäßigkeit der Mittel gegenüber der abzuwehrenden Gefahr an[130]. In den weiteren Beratungen konnten sich jedoch erste und zweite Kammer nicht auf ein gemeinsames Gesuch um die Vorlage eines Gesetzes bei König und Regierung einigen[131].

Die Regierung reagierte auf die Debatten im Landtag mit der Vorlage der offiziellen Rechtsauffassung, einer vom Kriegsministerium ausgearbeiteten »Zusammenstellung der über den Sicherheitsdienst bestehenden gesetzlichen Bestimmungen und Verordnungen«[132]. Es waren Reglements und Vorschriften seit Ende des 18. Jahrhunderts. Hieraus ergab sich, daß die Verantwortlichkeit zur Wahrung öffentlicher Ruhe und Ordnung zunächst bei den Polizeiorganen lag, Militär nur im Ausnahmefall zugezogen werden dürfte. Die häufigen und zum Teil massiven Einsätze im Herbst 1830 zeigten, daß die Regierung in der Praxis demgegenüber sich größeren Nutzen von Militärkräften erwartete.

Die Heranziehung von Polizei, Landwehr und Militär zum Sicherheitsdienst gegen Tumult und Aufstand als Verfahrensproblem wurde erstmals 1830 aktuell[133]. Nach ersten Überlegungen 1819 begann man seit 1830 mit der Ausarbeitung verordnungsähnlicher Instruktionen: 1833, 1844, 1846; es waren zugleich Jahre, in denen die öffentliche Sicherheit durch Unruhen, Tumulte, Krawalle gefährdet war[134]. Zu einer endgültigen gesetzlichen Regelung kam es erst 1851[135].

4. SOZIALE MASSNAHMEN

In der Beurteilung der politischen Stimmung der Bevölkerung nach der Julirevolution betonten bayerische Regierungs- und Verwaltungsbehörden, daß vor allem die »minderbemittelte Volksklasse« an Unruhen beteiligt sei beziehungsweise ein Potential dafür darstelle; das Besitzbürgertum sei aus eigenen In-

[129] LV Abg. 1831, Bd. 12, Prot. 62, S. 2—9.
[130] BLOMEYER-BARTENSTEIN, Eingriff, 186.
[131] LV Abg. 1831, Bd. 16, Prot. 88, S. 23, S. 45 f.; ebda, Prot. 89; ebda, Bd. 25, Prot. 143, S. 12—17.
[132] LV Abg. 1831, Beil.bd. 4, Beil. 27, S. 30—45.
[133] Für wertvolle Hinweise möchte ich Herrn Dr. R. Braun, Kriegsarchiv München, ganz herzlich danken. — Über dieselbe Problematik in Preußen: Alf LÜDTKE, ›Gemeinwohl‹, Polizei und ›Festungspraxis‹. Staatliche Gewaltsamkeit und innere Verwaltung in Preußen, 1815—50 (Veröffentlichungen des Max-Planck-Instituts f. Geschichte 73) Göttingen 1982, 23, 238 ff., 248—258, 262 ff., Kap. 5 und 6.
[134] Vgl. Kap. III.3.b., S. 51, S. 53.
[135] SEYDEL, Staatsrecht, ³1903, 264, Gesetz 4. 5. 1851 Einschreiten der bewaffneten Macht zur Aufrechterhaltung der Ordnung.

teressen an der Wahrung der öffentlichen Ordnung interessiert[136]. Die materielle Situation und Bedingungen, die wirtschaftliche Unzufriedenheit und Armut entstehen lassen könnten, waren nach Ansicht staatlicher Stellen eine Hauptursache für den Ausbruch von Aufständen[137]. Wirtschaftliche Klagen waren auch ein Hauptelement der geschilderten Tumulte und Flugzettel Herbst 1830. Aus diesen Gründen ergriffen Staats- und Kreisregierungen zahlreiche soziale Maßnahmen. Das Aufgreifen gestellter Forderungen, die Beseitigung der Protestursache weist auf eine »innovierende«, »modernisierende«[138] Richtung der Regierungspolitik nach 1830 hin.

a. Teuerungen und staatliche Preispolitik

Allgemein verbreitet war die Unzufriedenheit über die gestiegenen Lebensmittelpreise. Insbesondere für Taglöhner, Handwerker in den Städten, Landbevölkerung und Weinbauern in Nordbayern war die Situation bedrängend[139]. Ministerrat, Kreis- und Kommunalverwaltungen bemühten sich um eine Preissenkung. Eine Ursache der Teuerungen waren die Mißernte Sommer 1830 und eine Viehseuche, die die Fleischpreise in die Höhe trieb. Darüber hinaus sahen die Verwaltungsstellen in der Aufhebung der Polizeitaxen für Mehl, Brot und Fleisch einen weiteren Grund der Preissteigerungen. Eine sofortige Wiedereinführung der Lebensmitteltaxen war jedoch umstritten. Der Münchner und der Augsburger Regierungspräsident betrachteten dies als unnötiges Zeichen der Nachgiebigkeit gegenüber den Volksprotesten. Auch Innenminister Eduard von Schenk zögerte mit einem rigorosem Umschwung der Preispolitik, nachdem die Regierung seit 1829 allein die Konkurrenzfreiheit als bestes Mittel für eine Preisregulierung und -senkung erachtet hatte[140]. Der Ansbacher Regierungspräsident zog schnelle und unbürokratische Maßnahmen den Lebensmitteltaxen vor[141]. In diesem Sinne forderten die Kreisregierungen die Gewerbetreibenden zu einer freiwilligen Preissenkung auf, ansonsten müsse man obrigkeitlichen Zwang ausüben, öffentliche Backöfen einrichten[142]. Die Behörden bemühten sich um eine Förderung der freien Konkurrenz, indem man auswärtige Händler auf den Märkten zuließ, einen zusätzlichen, wöchentlichen Markttag einführte

---

[136] BayHStA MInn 45520, Reg. Ansbach 15. 10. 1830 an MInn (ruhiger Besitzbürger); BayHStA MInn 45514, München 17. 9. 1830 MK an MInn; BayHStA Staatsrat 107, Vortrag Schenk 1. 10. 1830 (Bevölkerung bar jeden Eigentums in den Städten ohne Achtung für Recht und Gesetz).
[137] BayHStA MInn 45519, Bayreuth Reg. Omkr. 16. 9. 1830 an MInn; StAW, Reg. Ufr. Abgabe 1943/45, Nr. 9853, Stadtkomm. Würzburg 3. 9. 1830 an Reg. Umkr., darin Vergleich mit dem Ausbruch der Brüsseler Unruhen auf Grund einer Brotteuerung; StAND, Reg. Nr. 7149, Reg. Oberdkr. 21. 9. 1830 an MInn; BayHStA MInn 45520, Reg. Rezatkr. Ansbach 15. 10. 1830 an MInn.
[138] HUSUNG, Protest, 25 f.
[139] Vgl. Kap. II.3., S. 37 ff.
[140] SPINDLER, Briefwechsel, 155 ff., 157; VO 16. 8. 1829 Die Aufhebung der Polizeitaxen für Mehl, Brod und Fleisch betr., VO 6. 8. 1830 Die Aufhebung f. Pol.Taxen f. Fleisch, Brod u. Mehl betr. (DÖLLINGER, Verordnungssammlung 13, 832—835).
[141] BayHStA MInn 45520, Reg. Rezatkr. Ansbach 7. 9. 1830.
[142] Ebda; BayHStA MInn 45518, Regensburg 27. 9. 1830; StAW, Reg. Ufr. Abgabe 1943/45, Nr. 9853, Würzburg 17. 9. 1830.

58

und Preisabsprachen strikt untersagte[143]. Man ordnete eine polizeiliche Kontrolle der Mehl-, Brot- und Fleischpreise an, um zu prüfen, ob diese im ausgewogenen Verhältnis zu den Getreide- und Schlachtviehpreisen ausgeschrieben waren[144]. Dabei wies man besonders auf den Zusammenhang zwischen »... diesem wichtigen mit dem Nahrungsstande der Einwohner, besonders der minder bemittelten Classen, und mit Aufrechterhaltung der öffentlichen Ordnung so enge verbundenen Gegenstande...«[145] hin. Die Viktualienpolizei wurde verschärft durchgeführt, das bedeutete die genaue Überwachung der Maße und Gewichte, gesetzlich vorgeschriebene Lebensmittelvisitationen und Preiskontrollen durch die Behörden[146]. In der Münchner Vorstadt Au wurde ein zusätzlicher Viktualien- und Holzmarkt errichtet[147].

Ludwig I. drängte schon August 1830 auf eine schnelle Einführung der Polizeitaxen[148]. Nachdem die genannten Maßnahmen der Kreisregierung nur punktuelle Erfolge erzielten, beantragten dies ab Mitte September auch die Kreisverwaltungen. Ab 1. Oktober 1830 galten wieder die Lebensmitteltaxen; für Brot, Mehl und Fleisch bestanden also wieder amtlich festgesetzte Preise, dadurch war den Behörden ein Mittel gegeben, Teuerungen in politisch kritischen Situationen zu steuern[149].

In Nordbayern gaben die Kreisregierungen Getreideexporte als zusätzliche Ursache der Preissteigerungen an; schon 1816/17 hätten die Exporte zu einer Erhöhung des Brotpreises und zu heftigen Protesten geführt[150]. Daher forderte man Ausfuhrbeschränkungen[151]. Dies lehnte jedoch der Ministerrat als Eingriff in die gesetzlich vorgeschriebene Freiheit des Getreidehandels ab[152].

Auch der Bierpreis wurde unter Hinweis auf die Erhaltung öffentlicher Ruhe und Ordnung gesenkt. Der Biersatz 1830/31 wurde niedriger als der vergleichbare Satz von 1829/1830 angesetzt[153].

Der Zusammenhang zwischen der Höhe der Lebensmittelpreise und seinen Auswirkungen auf die öffentliche Sicherheit blieb auch in den folgenden Jahren ein Politikum. Als im Mai 1832 nochmals innerhalb eines kurzen Zeitraumes eine Lebensmittelteuerung eintrat, ergriff die bayerische Regierung erneut die beschriebenen Maßnahmen aus denselben Gründen wie 1830: »Es ist ... eine ernste Pflicht der polizeilichen Obsorge, einem etwaigen Uebermaaße der

---

[143] BayHStA MInn 45518, Regensburg 27. 9. 1830, Verfügung Regenkr. 19. 9. 1830; BayHStA MInn 45514, Reg. Isarkr. 19. 9. 1830; Kreis.intell.bl. Umkr. 21. 9. 1830.
[144] Verfügung 13. 9. 1830 Rezatkr., Die Theuerung der Brod-, Mehl- und Fleischpreise betr. (DÖLLINGER, Verordnungssammlung 13, 836 f.).
[145] Ebda.
[146] Z. B. Entschl. Reg. Oberdonaukr. 12. 9. 1830, Die Viktualienpolizei betr. (DÖLLINGER, Verordnungssammlung 13, 839—846).
[147] StAM, RA 15887, Lg. München 5. 1. 1831 an Reg. Isarkr. Reg. Isarkr. beantragte für München zusätzliche Freibänke, BayHStA MInn 45514, München 19. 9. 1830.
[148] SPINDLER, Briefwechsel, 155 ff.
[149] VO 23. 9. 1830 Die Mehl-, Brod- und Fleischtaxen betr. (DÖLLINGER, Verordnungssammlung 13, 837 f.).
[150] StAW, Reg. Ufr. Abgabe 1943/45, Nr. 9853, Mag. Würzburg 2. 9. 1830; ebda, Reg. Umkr. 30. 10. 1830.
[151] Ebda.
[152] BayHStA Staatsrat 107, Vortrag Schenk 1. 10. 1830, Beilage Q: Entschl. MInn 29. 9. 1830 an Reg.Präs. Zu Rhein.
[153] BayHStA MInn 45514, MInn Schenk 17. 9. 1830; ebda, MInn 45518, Regensburg 29. 9. 1830.

Steigerung vorzubeugen, ... zumal, da in dem gegenwärtigen Augenblicke Massen dürftiger und unbeschäftigter Menschen in allen Städten des König-reichs existiren, und bereits eine übelgesinnte Partei sichtbar dahin arbeitet, die beginnende Unzufriedenheit über die Viktualienpreise zu politischen Unord-nungen zu benützen.«[154]

b. Beschäftigungsprogramm

Eine hohe Arbeitslosenzahl galt als weiterer Unruhefaktor. Der Ministerrat wies am 1. 10. 1830 die Kreisregierungen an, in den größeren Städten für eine »angemessene Beschäftigung und Entfernung der dort nicht Ansässigen« zu sor-gen, »um jeden Ausbruch von Unruhen vorzubeugen.«[155] Insbesondere durch die Einstellung vieler Arbeiten im Baugewerbe im Winter, war eine erhöhte Zahl von Unbeschäftigten zu erwarten. Dem versuchten die Kreisregierungen durch die Vergabe öffentlicher Aufträge entgegenzuwirken, zum Beispiel durch städtische Straßenbauten, Schrannenarbeiten, beim Ingolstädter Festungsbau und dem Ludwigs-Kanal[156]. Sie ordneten Beschäftigungsprogramme und die Bildung überwachter Arbeitskompagnien an[157].

Zur Unterstützung strukturschwacher Gebiete, wie zum Beispiel des Land-gerichtsbezirks Naila, beantragte der Bayreuther Regierungspräsident die Ver-staatlichung und Subventionierung eines Bergbaubetriebes[158].

c. Armenunterstützung

Über die geschilderten Maßnahmen hinaus trafen Ministerien und Kreisver-waltungen weitere Maßnahmen zur Unterstützung der Armen. Sie zählen ebenso zu den präventiven Sicherheitsmaßregeln, um Ruhe und Ordnung zu erhalten.

Nach Protesten (Sachbeschädigungen, Brandstiftungen, Drohbriefen) in Nürn-berg, Würzburg, Aschaffenburg, Bamberg, Bayreuth verfügten die Kreisregie-rungen des Rezat-, Ober- und Untermainkreises, in Städten und Märkten Brennholz zu billigen Preisen, auch wenn dadurch Verluste erzielt würden, zu verkaufen und Holzvorräte anzulegen[159]. Als die Einstellung der Holzlie-ferungen aus dem Oberland nach Augsburg zu Preissteigerungen führte, setzte sich die Kreisverwaltung für eine Wiederbelebung des Holzhandels ein. Zu-sätzlich wurden die Militärbehörden in Augsburg angewiesen, Holz aus den

---

[154] VO 30. 5. 1832 Die Viktualien- und Getreidepreise betr. (DÖLLINGER, Verord-nungssammlung 13, 830 f.).
[155] BayHStA MInn 45513, Schenk 1. 10. 1830; ebda, Schenk an alle Kreisreg. dies-seits d. Rheins 14. 10. 1830; StAND, Reg. Nr. 7149, MInn 14. 10. 1830 an Reg. Oberdkr.
[156] BayHStA MInn 45514, Reg. Isarkr. 24. 10. 1830; ebda, Reg. Isarkr. 12. 11. 1830; BayHStA MInn 45513, Schenk 1. 10. 1830.
[157] Ebda.
[158] BayHStA MInn 45519, Bayreuth 30. 10. 1830; ebda, München 15. 1. 1831; ebda, München 19. 1. 1831.
[159] Stadtarchiv Nürnberg, ÄMR 481; BayHStA MInn 45519, Bayreuth 12. 10. 1830; KA, A IV 117; StAW, Reg. Ufr. Abgabe 1943/45, Nr. 9853, Aschaffenburg 15. 10. 1830; ebda, Reg. Umkr. 30. 10. 1830.

Militärmagazinen an die Stadt gegen spätere Rückerstattung abzugeben[160]. Das Landgericht München verteilte gratis Holz in der Vorstadt Au an Arme[161]. In München wurde ein Verein zur Unterstützung der Armen, insbesondere mit Brennmaterial im Winter, gegründet, dem auch Innenminister Schenk angehörte[162]. Nach der Einsendung zahlreicher Gesuche um eine günstige Streuabgabe, beantragte die Bayreuther Kreisregierung billigere Preise für Stroh aus den Staatswäldern[163]. Die öffentlichen Versteigerungen von Holz aus den Staatswäldern sollten eingeschränkt werden, da ärmere Bevölkerungsgruppen dabei nicht konkurrieren konnten[164].

In mündlichen und schriftlichen Protesten wurde die Herabsetzung der hohen Abgaben gefordert. Die Grundholden in Haldenwang und Waldkirch im Landgerichtsbezirk Burgau stellten an den Patrimonialrichter und Rentenverwalter ein Gesuch um Gültennachlaß. Auf Grund der niedrigen Taglöhne und hoher Lasten herrschte dort große Unzufriedenheit. Vor dem Hintergrund der politisch kritischen Situation nach der Julirevolution empfahl das Innenministerium der Augsburger Kreisverwaltung ein umfassenderes Unterstützungsprogramm für verarmte Einwohner[165]. Freiherr von Freyberg[166] bestimmte in einer privaten Initiative die Verteilung von Getreide, Brenn-, Werk- und Bauholz, Flachs und Hanf sollten zur Sicherung des Erwerbs ausgegeben und Kapitalvorschüsse an Verschuldete vorgestreckt werden[167].

Die geschilderten Fürsorgemaßnahmen und momentanen, spontanen Hilfeleistungen versuchten die materielle Situation Armer und Beschäftigungsloser zu verbessern. Eine grundlegende Veränderung der Verhältnisse wurde nicht erwogen, jedoch auch nicht gefordert.

Das Innenministerium legte den Kreisverwaltungen die genaue Durchführung und Aufsicht über die Armenpflege nahe. Sie finanzierte sich durch außerordentliche Zuschüsse, freiwillige Beiträge, Wohltätigkeitsstiftungen, zum Großteil durch den Gemeindehaushalt[168]. Den Kommunen oblag die örtliche Armenpflege[169]. Anläßlich der vom Innenministerium geforderten Intensivierung der Armenunterstützung schilderte die Kreisregierung in Augsburg die großen Schwierigkeiten bei der Durchführung der Armenpflege Herbst 1830. Die Gemeindehaushalte wären überfordert, die Linderung von Armut und Not durch gegensätzliche Bestimmungen unmöglich[170]. Insbesondere die Verordnung über Heimat, Ansässigmachung und Verehelichung vom 11.9.1825 und das neue Gewerbegesetz 1825 wurden kritisiert. Die Erleichterung der Ansässigmachung und die Aufhebung des Zunftzwangs führten zu einem Zuzug in die Städte und zu vermehrten Gewerbeniederlassungen, ohne daß zusätzliche Ab-

---

[160] StAND, Reg. 8846, Bericht Reg. Odkr. 4. 2. 1831; Entschl. MF 30. 10. 1830.
[161] StAM, RA 15887, Lg. München 5. 1. 1831.
[162] SPINDLER, Briefwechsel, 158, München 22. 9. 1830.
[163] StAB, Präs.Reg. K 3, Nr. 858, Bayreuth 22. 9. 1830.
[164] BayHStA MInn 45519, Reg. Omkr. Bayreuth 12. 10. 1830.
[165] StAND, Reg. 8847, Bericht d. Patrimonialrichters Dr. Bauer 10. 12. 1830; ebda, Entschl MInn 27. 12. 1830 an Reg. Odkr.
[166] Clement Wenzel Frhr. v. Freyberg-Eisenberg, Grundbesitzer und App.ger.direktor, wurde 1834 in den LT gewählt, vgl. CONKLIN, Politics, 446.
[167] StAND, Reg. 8847, Dr. Bauer 12. 10. 1830.
[168] SEYDEL, Staatsrecht, 115, ²1896.
[169] VO 17. 11. 1816 (DÖLLINGER, Verordnungssammlung 12).
[170] StAND, Reg. 7149, Augsburg 16. 10. 1830, Reg. Odkr. an MInn.

satz- und Verdienstmöglichkeiten entstanden seien; dies führte zu Verarmung und Not[171]. Die folgenden Überlegungen der Augsburger Kreisregierung schildern eindringlich die Probleme der Kommunalverwaltung und zugleich die sozialen und beruflichen Verhältnisse der Bevölkerung. »Offenbar ist die Gesetzgebung auf eine Stuffe gekommen, wo alte Armen-Gesetze, und neues Bürger-Aufnahms-System sich bekämpfen, und wo der Status quo der Erstern nicht ferner möglich ist. Die Armen-Taxen übersteigen in den an Wohltätigkeits-Stiftungen ärmeren Städten die Gesamtheit der Staats-Steuern sogar bis zum doppelten Betrage; sie erdrücken den Wohlstand dieser ohnehin unter den enormen Schulden der Kriegs-Jahre, unter den Postulaten einer allzu komplizierten und kostspieligen Kommunal-Verwaltung und unter dem Luxus der Dienstboten und Arbeiter zerfallenden Kommunen; sie tragen bei, die wohlhabenden städtischen Gewerbsleute in die benachbarten nicht magistratischen Ortschaften zu vertreiben, und sie wirken mit zu dem notorischen Übergehen der Industrie aus den Munizipal-Orten auf das platte Land und konkurrieren nun die sonst so ruhigen wohlhabenden Bürgerschaften rasch in unbemittelte unverlässige Bevölkerungen umzuwandeln. — Auch auf einzelne Theile des platten Landes drücken sie bereits schwer zu fühlen, und ihr Daseyn wird allgemein unter die heftigsten Elemente der Verarmung gezahlt.«[172] Gefordert wurde eine Revision oder Aufhebung der Verordnung vom 17. 11. 1816 über das Armenwesen und dabei betont: »... daß alle gegen die Gewerbs-Freyheit erhobenen und mit so vieler Bitterkeit beynahe als Landes-Beschwerde besprochenen Klagen nicht sowohl in dem Prinzip der Freyheit als vielmehr hauptsächlich in der Nichtübereinstimmung der ältern Armen-Gesetze und den neuen Legislativen Tendenzen ihren Grund finden, und daselbst eine erweiterte Gewerbsfreyheit mindern.«[173]

Diese Kritik war repräsentativ für die bis zum Jahr 1833 immer stärker werdenden Beschwerden gegen die liberalen »Sozialgesetze« von 1825[174]. Eine öffentliche Diskussion vor dem Landtag 1831 wollte der Staatsrat jedoch vermeiden und versprach eine Revision. Mai bis Oktober 1832 ordnete Innenminister Öttingen-Wallerstein eine maßvolle Vergabe der Ansässigkeits- und Gewerbebewilligungen an[175]. In der Ministerialkommission, die die Gesetzesrevision erarbeitete, konnten sich die Konservativen durchsetzen[176]. 1834 nahm der Landtag die Gesetzentwürfe des Innenministeriums an, die sogar noch weitergingen als die geschilderte Kritik. Die Befähigung zur Ansässigkeit war seither von größerem Grundbesitz abhängig, die Gemeinden erhielten ein Vetorecht gegen Ansässigkeitsentscheide; die Vergabe von Gewerbekonzessionen wurde erschwert[177]. Dies war innerhalb Deutschlands die bis dahin konservativste ›Sozialgesetzgebung‹[178].

[171] Ebda und auch dort 3. 10. 1830.
[172] Ebda, 16. 10. 1830.
[173] Ebda.
[174] Edward Lazare SHORTER, Social change and social policy in Bavaria, 1800—1860, Diss. Cambridge Mass. 1967, 183—238; vgl. Horst HESSE, Die sogenannte Sozialgesetzgebung Bayerns Ende der sechziger Jahre des 19. Jahrhunderts. Ein Beitrag zur Strukturanalyse der bürgerlichen Gesellschaft (MBM 33) München 1971, 32—35.
[175] SHORTER, change, 224—226.
[176] Ebda, S. 230 f.
[177] Ebda, S. 232 f.
[178] Ebda, S. 233.

5. POLITISCHE MASSNAHMEN:
»KAMPF GEGEN DIE UMWÄLZUNGSPARTEI«

Polizei, Landwehr und Militär sollten präventiv das Entstehen direkter Aktionen verhindern beziehungsweise tatsächlich erfolgte Unruhen unterdrükken; die materiellen Voraussetzungen eines Aufstands auf Grund wirtschaftlicher Unzufriedenheit sollten soziale Maßnahmen abbauen. Ideologisch-politische Grundlagen und Vorbedingungen von Tumult und revolutionären Unruhen versuchten die Regierungsbehörden ebenso zu bekämpfen. Diese antirevolutionären Maßnahmen waren rein politischer Natur. Neben der Kontrolle der öffentlichen Meinung in Presse, Vereinen und bei Volksversammlungen, die später ausführlich dargestellt wird, unterlagen mögliche persönliche, politische Verbindungen und Kontakte Beschränkungen und polizeilicher Überwachung. Schlagworte dieser Politik waren Unterdrückung »politischer Umtriebe«, »Kampf gegen die Umwälzpartei«. Sie richtete sich vor allem gegen oppositionelle, auf Kritik und Reform zielende Gruppen und Bewegungen, vor allem die verfassungspolitische und die nationalstaatliche Bewegung[179], gegen radikale, demokratische Richtungen[180]. In dem auf Ruhe und Sicherheit, Bewahrung und Erhaltung konzentrierten metternich'schen Ordnungssystem galten sie als Wegbereiter des politischen Umsturzes. »Revolutionär« bedeutete nicht »nur das Streben nach gewaltsamen Umsturz der bestehenden Gesellschaftsordnung ...«, sondern ›revolutionär‹ im Sinne metternich'scher Doktrin war alles, was sich in irgendeiner Form gegen die Idee seines Erhaltungssystems erklärte.«[181]

Seit dem Attentat des Burschenschafters Karl Sand auf den russischen Diplomaten und Dramatiker August von Kotzebue März 1819 war das Phänomen des politischen Verbrechens in Deutschland »unwiderlegliche Dimension«[182] geworden, galt nicht als »das Werk einzelner, sondern einer geheim operierenden ausgedehnten ›Verschwörung‹.«[183] Rechtliche Vorkehrungen, Maßnahmen zum Schutz von Staat und Verfassung war die Reaktion auf Seite der deutschen Regierungen, schlugen sich in den Bundesbeschlüssen der 20er Jahre des

---

[179] Die verfassungspolitische Bewegung war vor allem vom Liberalismus getragen; als Forderungen wurden erhoben: Einführung von Verfassungen beziehungsweise Reform der schon bestehenden, insbesondere Verankerung der Ministerverantwortlichkeit, Budgetrecht und Gesetzesinitiative für die Landtage, erweitertes Wahlrechtssystem, Vereidigung des Heeres auf die Verfassung, Steuerreform, Abschaffung bäuerlicher Lasten, Pressefreiheit, Justizreform, Öffentlichkeit und Mündlichkeit der Justiz und Geschworenengerichte. Diese Programmpunkte waren Gegenstand der Proteste und Tumulte Herbst 1830 in Bayern; vgl. Kap. II, S. 12—39. — Die von der nationalstaatlichen Bewegung postulierte Einheit Deutschlands galt als Angriff auf die bestehende Bundesverfassung.

[180] Der Radikalismus war 1830 die zahlenmäßig kleinere oppositionelle Gruppe, vertrat demokratische beziehungsweise republikanische Staatsformen.

[181] Eberhard Weber, Die Mainzer Zentraluntersuchungskommission (Studien und Quellen zur Geschichte des deutschen Verfassungsrechts 8) Karlsruhe 1970, 94.

[182] Wolfram Siemann, ›Deutschlands Ruhe, Sicherheit und Ordnung‹. Die Anfänge der politischen Polizei 1806–1866 (Studien und Texte zur Sozialgeschichte der Literatur 14) Tübingen 1985, 72.

[183] Ebda; vgl. Barton L. Ingraham, Political crime in Europe. A comparative study of France, Germany and England, London 1979.

19. Jahrhunderts seit den Karlsbader Beschlüssen von 1819 nieder[184]. Die Universitäten unterlagen obrigkeitlicher Kontrolle, die öffentliche Meinung einer scharfen Zensur.

Nach der französischen Julirevolution aktualisierte der Deutsche Bund diese auf Abwehr beschränkte Politik. Der Bundesbeschluß vom 21. 10. 1830 bekräftigte die Gültigkeit der Karlsbader Zensurvorschriften, verpflichtete die Landesregierungen, dem Bund über innerstaatliche Unruhen, politischen Aufruhr und Gegenmaßnahmen zu berichten[185].

Die bayerische Regierung verstärkte ihrerseits die Aufsicht auf oppositionelle und revolutionäre Entwicklungen. Es existierte nach der Julirevolution eine allgemeine Revolutionsangst. Sie gründete sich auf die Befürchtung, daß ähnlich wie nach der Revolution von 1789 revolutionäres Gedankengut erneut über ganz Europa verbreitet werde. Ludwig I. war seit 1830 von der Existenz eines »comité directeur révolutionnaire« fest überzeugt[186].

Schon in den ersten beiden Jahrzehnten des 19. Jahrhunderts dominierte bei den Repräsentanten der restaurativen Staats- und Gesellschaftsordnung und den Mächten der Heiligen Allianz eine Revolutionspanik. Anlaß hierfür war der von Filippo Buonarroti[187] initiierte Versuch, mit dem 1818 gegründeten »Grand Firmament«[188], ein übernationales republikanisches Revolutionskomitee, eine Dachorganisation liberaler, republikanischer, oppositioneller nationaler Gruppen in Europa zu bilden. Es bestanden Kontakte zwischen der italienischen und französischen Carbonari-Bewegung und dem deutschen Jünglingsbund. Die Regierungen nahmen an, daß die europäischen Aufstände 1820 bis 1823 von dieser »mysteriösen Organisation« gesteuert wären[189]. Metternich nutzte diese Revolutionspanik in den 20er Jahren zur Durchsetzung seiner restaurativen Politik[190].

Die Julirevolution wäre wieder, so Ludwig I. zum österreichischen Gesandten in München Oktober 1830, »sichtlich das Werk eines comité directeur.«[191] Von Frankreich ginge eine unmittelbare Revolutionsgefahr aus: »... on a vu des français partout, où il y a éclaté des insurrections, jamais on n'en a vu autant en Allemagne, même en Bavière. Dès quelque coup doit être en un lieu,

---

[184] BÜSSEM, Beschlüsse; HUBER, Verfassungsgeschichte 1, 732—754, 763—766; Ernst Rudolf HUBER (Hg.) Dokumente zur deutschen Verfassungsgeschichte Bd. 1, Deutsche Verfassungsdokumente 1803—1850, Stuttgart ²1961, 90—117; SIEMANN, Ruhe, 72—86; Hans ADLER (Hg.), Literarische Geheimberichte. Protokolle der Metternich-Agenten (»ilv leske repupublik« Materialien zum Vormärz 5—6) Köln 1977, 12—15; vgl. Friedrich Christian SCHRÖDER, Der Schutz von Staat und Verfassung im Strafrecht. Eine systematische Darstellung, entwickelt aus Rechtsgeschichte und Rechtsentwicklung (Münchner Universitätsschriften, Reihe der Jurist. Fakultät 9) München 1970.
[185] HUBER, Dokumente 1, 117 ff., Art. 7 und 3 des Beschlusses 21. 10. 1830.
[186] GBÖ II, 6. 1. 1831, 299.
[187] Alessandro Galante GARRONE, Filippo Buonarroti e i rivoluzionari dell'ottocento (1828—1837), (Piccola Biblioteca Einaudi 183) Torino ²1972.
[188] Das Grand Firmament verfolgte eine agrarisch-staatssozialistische Umgestaltung der Gesellschaft auf der Basis des Prinzips der Volkssouveränität; vgl. Johannes Rogalla von BIEBERSTEIN, Die These von der Verschwörung 1776—1945: Philosophen, Freimaurer, Juden, Liberale und Sozialisten als Verschwörer gegen die Sozialordnung (Europäische Hochschulschriften, Reihe 3, Geschichte und Hilfswissenschaften 63) Frankfurt ²1978, 138 ff.
[189] Ebda, 139—155.
[190] Ebda, 148 f.

ils y apparaissent et ils disparaissent.«[192] Auch die Regierungspräsidenten in Bayreuth und Würzburg beurteilten die Unruhen und Aufstände in Deutschland 1830 als Indiz für die »Vorbereitung einer allgemeinen deutschen Verschwörung«[193], als Zeichen »sichtlich von einer zusammenhängenden — in ganz Europa systemmäßig behandelten — Aufreizung des Volkes«[194].

Das Innenministerium legte nach der Julirevolution alphabetische Listen »politischer Umtriebe verdächtiger Personen« und einzelne Steckbriefe politisch kompromittierter Personen an, die in alle Landgerichtsbezirke verschickt wurden. Darin waren der italienische Revolutionär Giuseppe Mazzini[195] ebenso wie bayerische Bürger auf Grund des Delikts der Majestätsbeleidigung gesucht[196]. Ähnliche Folianten mit Hunderten von verbotenen politischen Flug- und Druckschriften zirkulierten im polizeilichen Dienstgebrauch[197]. Insbesondere in Nordbayern unterstanden ganze Ortschaften, in denen sich zum Teil auch schon vor 1830 Opposition etabliert hatte, verschärfter Beobachtung; Landrichter, Stadtkommissare und Polizeibeamte erstellten Geheimberichte über politische Stimmung und Aktivitäten der Einwohner[198]. Vereine und Bürger, die oppositionelle Zeitungen wie das Bayerische Volksblatt, den Freisinnigen, die Deut-

---

[191] GBÖ II, 25. 10. 1830, 287.

[192] GBF II, 22. 12. 1830, 329.

[193] StAN, Reg. Mfr. Abgabe 1968, II, 27, Welden an Stichaner, Bayreuth 26. 9. 1830.

[194] BayHStA MInn 45521, Würzburg 8. 10. 1830 Zu Rhein an König.

[195] Giuseppe Mazzini (1805—1872) gründete 1831 den Bund »Giovine Italia« und 1834 zusammen mit Vertretern des Jungen Deutschland und Jungen Polen den Bund »Junges Europa«. Mazzini und Giuseppe Garibaldi kämpften gemeinsam 1848 für die Republik Roms; vgl. GARRONE, Mazzini; siehe S. 7 f., S. 120, S. 122 f.

[196] StAB, Präs.Reg. K 8 III, Nr. 14814, Bez. Ebermannstadt 1830; ebda, K 3, Nr. 860; StAM, RA 15867; BayHStA MInn 45596, dort Listen politisch Verdächtiger. — StAND, Reg. Nr. 6912, Verzeichnisse und Signalements politisch Verdächtiger; BayHStA MInn 45587, alphabetische Liste von Personen, gegen die die Bundeszentralbehörde einschreitet; StAL, Rep. 146/13, Nr. 100, alphabetische Liste von Personen, gegen die die Centraluntersuchungskommission untersuchte, Rep. 168,1; 653, Nr. 3415; BayHStA MInn 45596, Liste und Steckbriefe politisch Verdächtiger (auch von nassauischer Reg., Oberpolizeibehörde Hanau); BayHStA MInn 45597, Verzeichnis der Teilnehmer am Frankfurter Wachensturm; BayHStA MInn 45526, Listen politisch Angeklagter (Frankfurter Untersuchungsbehörde), Listen deutscher Flüchtlinge; Personen, gegen die wegen politischer Umtriebe eingeschritten worden ist; BayHStA MInn 45832, alphabetische Liste von Studenten (Burschenschaften); BayHStA MInn 45836; StAM, RA 15885, Teilnehmer am Savoyzug 1834; BayHStA MInn 46020, Übersicht der Normen betr. Aufsicht auf verdächtige Personen 1832/33.

[197] Z. B. StAB, Präs. Reg. K 8 III, Nr. 17517 Bez. Ebermannstadt; ebda, K 19 I, Nr. 112 Bez. Stadtsteinach; ebda, K 20 I, Nr. 9 Bez. Staffelstein.

[198] StAB, Präs.Reg. K 3, Nr. 933, Politische Gesinnung in Kronach durch den Landrichter beobachtet 1830—33, Schilderung der Vereine, Politisierung des öffentlichen Lebens seit 1831 durch den Landtag, Polenzüge, Presse, Darstellung der Opposition, Listen von »Ultraliberalen«; ebda, K 3, Nr. 932, politische Situation in Weismain, Wildenroth, Gärthenroth, Mainroth, Lopp, Ebern, Rothwind, Höchstadt nach dem Frankfurter Wachensturm; ebda, K 3, Nr. 931, politische Stimmung im Omkr.; ebda, K 3, Nr. 926, Bericht über »factiöse Partei«, über Liberale in Kronach; StAW, Reg. Ufr. Abgabe 1943/45 Nr. 9829, »Politische Umtriebe« in Sommerach, Nordheim, Volkach, Schilderung des öffentlichen Lebens, politischer Gesellschaften dort; ebda, Nr. 9830 II, Nr. 9837, Nr. 12757, Berichte über politische Verhältnisse in Würzburg: Bürgervereine, Universität, politische Opposition und Kontakte seit 1827.

sche Tribüne, den Westboten abonnierten, wurden in Aktennotizen festgehalten[199].

Die Personalpolitik wurde in die Durchführung behördlicher und polizeilicher Kontrolle miteinbezogen. Die Regierung forderte politische Gutachten über Regierungsbeamte der Kreisverwaltungen, über Gerichtsräte der Appellationsgerichte Landshut, Ansbach, Würzburg, über Lehrer an; erfragt wurden Regierungstreue und politische Zuverlässigkeit[200]. Aus politischen Gründen nahm die bayerische Regierung Pensionierungen und Versetzungen vor[201]. Noch vor dem Verbot politischer Vereine im Mai 1832 legte sie seit 1831 verstärkt wieder auf die schriftliche Eidesleistung der Beamten Wert, an geheimen Gesellschaften nicht teilzunehmen, nachdem dies Gelöbnis lange nicht mehr angefordert worden war[202].

Diese Maßnahmen griffen stark in das tägliche Leben der Bevölkerung ein. Es führte einerseits zum Rückzug in politische Passivität, dem das Bild des unpolitischen, auf das Private konzentrierten Gesellschaftslebens des Biedermeier entspricht[203]. Andererseits bewirkte es gerade bei den Gruppen, die in politische Untersuchungen verwickelt waren, eine Politisierung und Radikalisierung.

Der Höhepunkt politischer antirevolutionärer Maßnahmen setzte 1832 ein. Der Januar/Februar 1832 gegründete Preß- und Vaterlandsverein trat für die politische Einheit Deutschlands, die Verwirklichung staatsbürgerlicher Freiheitsrechte, vor allem Pressefreiheit, und den Abbau feudaler Vorrechte ein; er gewann rasch in mehreren deutschen Bundesstaaten Anhänger[204]. Das Hambacher Fest am 27. 5. 1832 in der bayerischen Rheinpfalz wurde zu einer Manifestation der politischen Opposition aus allen deutschen Staaten, von Vertretern gemäßigt liberaler bis radikal-demokratischer Ideen[205]. Hambacher Fest und Preßverein waren für die Regierung der Beweis für die Existenz einer

[199] StAND, Reg. Nr. 7060, der Neuburger Verein »Harmonie« führte das »Bayerische Volksblatt«, den »Freisinnigen«; ebda, Nr. 7145, das »Casino« in Weißenhorn führte oppositionelle Zeitungen April 1832; ebda, Herrschaftsrichter in Illereichen, Stadtkomm. Kaufbeuren, Lg. Lauingen notierten Personen, die die genannten Zeitungen führten.
[200] BayHStA MInn 45995, 45596, App.ger. Würzburg, Landshut; BayHStA MInn 45585, 45995, Beamte bei Würzburger Vereinen; BayHStA MInn 45596, Regierungsbeamte, die dem oppositionellen Würzburger Bürgemeister Behr politisch nahestanden; ebda, Landrichter des Omkr., App.ger. Ansbach; StAB, Präs.Reg. K 9, Nr. 24, Bez. Forchheim, Regierungstreue der Beamten; ebda, K 21 IX, Nr. 1064, Aufsicht durch das Lg. auf Lehrer; StAL, Rep. 168,1; 2214, München 23. 3. 1832 »ultraliberale Tendenz« der äußeren Beamten.
[201] GBF III, 6. 6. 1832, 55; ebda, 15. 4. 1832, 41; BayHStA MA 1632, Stadtkomm. in Augsburg und Würzburg wegen zu geringer Schärfe in der Ausübung der Zensur abgesetzt; BAUER, Geschichte, 218, Versetzung der App.ger.räte Landshut, Stadtger. München.
[202] Es wurde von Beamten, unmittelbaren Staatsdienern, mittelbaren Justiz- und Polizeibeamten, Bürgermeistern, Magistratsräten (auch nicht rechtskundigen), Gemeindebeamten und -vorständen, von allen Advokaten, Volksschullehrern, Rechtspraktikanten angefordert, siehe StAW, Reg. Ufr. Abgabe 1943/45, Nr. 1762; StAB, Präs.Reg. K 21 IX, Nr. 1064 Bez. Teuschnitz.
[203] Günter BÖHMER, Die Welt des Biedermeier, München 1977, 9–11; Renate KRÜGER, Biedermeier. Eine Lebenshaltung zwischen 1815 und 1848, Wien 1979, 9 ff.
[204] FOERSTER, Preß- und Vaterlandsverein, 96 ff., 149 ff.
[205] Ebda, 110–119; BAUMANN, Hambacher Fest.

staatenübergreifenden Oppositionspartei, die die Veränderung der bestehenden politischen Verhältnisse beabsichtigte. Die Forderungen nach Einheit und Freiheit Deutschlands, einer Reform des Deutschen Bundes mit republikanischer Regierungsform rechtfertigten aus der Sicht des Bundes das Einschreiten als legitime Abwehrmaßnahme[206]. Eine systematische Beschränkung des Handlungsspielraumes der Opposition setzte ein.

Die sechs Artikel 28. 6. 1832 wiesen die parlamentarische Opposition in ihre durch das monarchische Prinzip bedingten Grenzen, schoben dem Ausbau konstitutionell-parlamentarischer Rechte bezüglich des Budgetrechts und der Gesetzesinitiative einen Riegel vor[207]. Die zehn Artikel vom 5. 7. 1832 engten die Möglichkeiten politischer Meinungsäußerung ein durch die Genehmigungspflicht beziehungsweise das Verbot von Vereinen, von Volksversammlungen, Druckschriften und Abzeichen; Fremdenpolizei und die Überwachung der Universitäten wurden verschärft[208]. Gegenseitige Information der Bundesstaaten über »revolutionäre, staatsgefährliche Umtriebe« und »Verbindungen«, über den Stand dagegen eingeleiteter Untersuchungen wurde explizit in dem Bundesbeschluß vom 23. 8. 1832 zur Pflicht gemacht[209]. Damit war ein gemeinsames Vorgehen der deutschen Regierungen zumindest formell garantiert.

Der Frankfurter Wachensturm am 3. 4. 1833 war als Auftakt einer deutschen Revolution geplant. Studenten, Mitglieder der verbotenen Burschenschaften versuchten Frankfurt als Sitz der deutschen Bundesversammlung mit Waffengewalt zu besetzen. Sie hofften auf die Solidarität der Frankfurter Einwohner, die sich jedoch passiv verhielten. Der Aufstand scheiterte, Polizei und Militär blieben ebenfalls bundestreu, stellten sich den Studenten entgegen und verhafteten die meisten[210]. Nach diesem Versuch eines gewaltsamen Umsturzes errichtete der Deutsche Bund in Frankfurt eine Zentralbehörde zur Untersuchung des »gegen den Bestand des Bundes und gegen die öffentliche Ordnung in Deutschland gerichteten Complotts, insbesondere das am 3. April l. J. zu Frankfurt statt gehabten Attentats«[211]. Schon von 1820 bis 1828 bestand in Mainz eine »Centralbehörde zur näheren Untersuchung der in mehreren Bundesstaaten entdeckten revolutionären Umtriebe«[212]. Sie war Vollzugsbehörde der in Karlsbad gegen oppositionelle Presse und studentische Verbindungen festgelegten Beschlüsse. In der Frankfurter Kommission war Bayern 1833 als einer der fünf Bundesstaaten mit einem Abgesandten vertreten[213] und erhielt durch diesen laufend Berichte über Untersuchungsergebnisse. Die Funktion der Behörde sollte auf polizeiliche Zwecke beschränkt sein, sie durfte keine rich-

---

[206] Bundestagssitzung 7. 6. 1832 und 5. 7. 1832 (Die Verhandlungen der Bundesversammlung, 79—103).

[207] MEYER, Staats-Acten, 397—413.

[208] Ebda, S. 415—418.

[209] Die Verhandlungen der Bundesversammlung, 104—108.

[210] HUBER, Verfassungsgeschichte 2, 164—167; SCHNEIDER, Preß- oder Vaterlandsverein.

[211] Karl NAUWERK, Die Thätigkeit der deutschen Bundesversammlung oder die wesentlichen Verhandlungen und Beschlüsse des Bundestags, 4 Hft., Berlin 1846, 73 ff., Art. 1 d. Beschlusses 20. 6. 1833 »Central-Behörde wegen eines Komplotts«; vgl. Die Verhandlungen der Bundesversammlung, 109—120; Adolf LÖW, Die Frankfurter Bundeszentralbehörde von 1833—1842, Diss. Frankfurt 1932.

[212] WEBER, Zentraluntersuchungskommission, 6.

[213] Bayerischer Kommissar war Arnold Joseph von Heinrichen (App.ger.direktor), vgl. SIEMANN, Ruhe, 95 ff., 213 f.

terlichen Aufgaben wahrnehmen[214]. Die Untersuchungen richteten sich gegen die Burschenschaften, den Preß- und Vaterlandsverein, politisch oppositionelle Gruppen. Nachforschungen nach Mitgliedern, politischen Schriften, Kontakten im In- und Ausland, zu den in Frankreich und der Schweiz sich bildenden Vereinen politischer Flüchtlinge, wurden angestellt[215].

Die Mainzer und Frankfurter Untersuchungsbehörden können als staatspolizeiliche Institute betrachtet werden[216]. Eine institutionalisierte politische Polizei[217] in Bayern gab es in den 30er Jahren des 19. Jahrhunderts nicht; jedoch kamen die beschriebenen Maßnahmen, die Anordnung der Polizeiaufsicht auf politische Entwicklungen, dem Betätigungsfeld einer politischen Polizei nahe. Seit 1832 existierte innerhalb des Innenministeriums ein eigenes Referat »Politische Umtriebe«, das ein Referent des Polizeireferats, Regierungsrat Anton von Braunmühl Juni 1832 bis Dezember 1837 bearbeitete[218]. Ein Großteil der geschilderten Recherchen und Listen wurde hier zusammengestellt; Braunmühl kooperierte mit der Frankfurter Behörde und führte in ganz Deutschland politisch-polizeiliche Sondermissionen durch[219]. März 1832 wurde Braunmühl gleichzeitig Ministerialkommissär bei der Universität München als außerordentlicher landesherrlicher Bevollmächtigter zur Beobachtung der Dozenten, zur Aufsicht auf öffentlicher Ruhe und Ordnung feindlicher Lehren[220].

Gerichtliche Untersuchungen und Urteilssprüche wurden in den Einzelstaaten geführt. In Bayern fungierte das Kreis- und Stadtgericht München als Untersuchungsgericht, das Landshuter Appellationsgericht unter Vorsitz Joseph von Hörmanns[221] als urteilsprechende Instanz für politische Prozesse[222]. Zwischen 1831 und 1839 wurden in Bayern circa 800 Prozesse wegen Hochverrats,

---

[214] GOLLWITZER, Ludwig I., 306.
[215] BayHStA MInn 45524, 45525, 45526; vgl. Leopold Friedrich ILSE, Geschichte der politischen Untersuchungen, welche durch die neben der Bundesversammlung errichteten Commissionen zu Mainz und der Bundeszentralbehörde zu Frankfurt in den Jahren 1819 bis 1827 und 1833 bis 1842 geführt sind, Frankfurt 1860; Darlegung der Hauptresultate aus den wegen der revolutionären Complotte der neueren Zeit in Deutschland geführten Untersuchungen. Auf den Zeitabschnitt mit Ende Juli 1838, Frankfurt 1838.
[216] SIEMANN, Ruhe, 76 ff.
[217] Studien zum Phänomen der politischen Polizei im Vormärz setzten in den 70er Jahren verstärkt ein. Erste theoretische Arbeiten von Ernst Rudolf HUBER, Zur Geschichte der politischen Polizei im 19. Jahrhundert: Ernst Rudolf HUBER, Hg., Nationalstaat und Verfassungsstaat, Studien zur Geschichte der modernen Staatsidee, Stuttgart 1965, 144—167; vgl. weiter: SIEMANN, Deutschlands Ruhe; Heinz-Gerhard HAUPT, Wolf-Dieter NARR, Vom Polizey-Staat zum Polizeistaat? Ein Forschungsbericht anhand neuerer Literatur (Neue Politische Literatur 23) 1978, 185—218; Wolf-Dieter NARR, Physische Gewaltsamkeit, ihre Eigentümlichkeit und das Monopol des Staates (Leviathan, Ztschr. f. Sozialwissenschaften 8/4) 1980, 541—574; Alf LÜDTKE, Von der »tätigen Verfassung« zur Abwehr von »Störern« — Zur Theoriegeschichte von »Polizei« und staatlicher Zwangsgewalt im 19. und frühen 20. Jahrhundert (Der Staat 20) 1981, 201—228; ders., ›Gemeinwohl‹, Polizei.
[218] SIEMANN, Ruhe, 213.
[219] Z. B. nach dem Wachensturm, Ermittlungen gegen Studenten, vgl. SIEMANN, Ruhe, 214.
[220] Ebda, 215 f.
[221] Joseph Hörmann v. Hörbach (1778—1852) war bayerischer Kommissar in der Mainzer Zentraluntersuchungskommission, 1832—1840 App.ger.präs. in Landshut, danach bis 1. 3. 1847 Reg.Präs. des Isarkreises; SCHÄRL, Nr. 301, S. 201; GOLLWITZER, Ludwig I., 467 f.
[222] StAM, App.ger. 5148/4, 29. 6. 1833.

Majestätsbeleidigung geführt, 1834 allein 142 Untersuchungen durch das Münchner Stadt- und Kreisgericht wegen politischer Vergehen und Verbrechen[223]. Das Münchner Gericht klagte 1834 über Arbeitsüberlastung und Überbelegung der Untersuchungsgefängnisse[224].

a. Fremdenpolizei

Die Fremdenpolizei stand nach der Julirevolution massiv im Dienst politischer Präventivpolizei, um vor einer Störung öffentlicher Ruhe und Sicherheit abzuschirmen, politisch nicht erwünschte Einflüsse und Kontakte abzuwehren. Die Regierungspräsidenten wiesen seit September 1830 immer wieder auf die Existenz »fremder Emissäre« hin, die Unruhe und Tumulte provozierten[225]. Darunter verstand man eine Art revolutionärer »Propogandisten«, die über Aufstände in den Nachbarstaaten berichteten, zu Unruhen aufforderten und politische Schriften verbreiteten. Als Gegenmaßnahme ordnete der Ministerrat Oktober 1830 eine verschärfte Kontrolle Fremder und Reisender an[226]. Die Würzburger Kreisregierung hatte schon im September 1830 unter Hinweis auf die Unruhen in den Nachbarstaaten die Beobachtung »der ohne Zweck Kommenden« und das Einschreiten der Polizeibehörden gegen »fremde, ohne gehörige Legitimation Reisende« verfügt[227].

Reisen stand nach der Julirevolution unter dem Verdacht politischer, revolutionärer Kommunikation und Information. Neben der generellen Aufsicht auf Fremde und Reisende richteten sich die Maßnahmen gegen einen näher bestimmten Kreis von Personen, die aus beruflichen Gründen viel reisten — Kaufleute, Handlungsreisende, Handwerksgesellen —, die einer sozialen Gruppe angehörten, die bei Unruhen aktiv beteiligt war — Studenten, Handwerker —, oder Personen, die aus Ländern kamen, in denen Aufstände ausgebrochen waren[228].

Dies richtete sich insbesondere gegen Franzosen; die Skepsis ihnen gegenüber **als möglichem** »Emissaire des comité directeur« oder »Spion« glich nach den Worten des Münchner Polizeidirektors einem panikartig übertriebenen Zustand[229]. Seit Juni 1831 bedurften Franzosen in München einer besonderen Aufenthaltsgenehmigung[230].

---

[223] GOLLWITZER, Ludwig I., 465 f., Anm. 704 auf S. 850.
[224] StAM, App.ger. 5148/1, München 15. 4. 1834 an App.ger.; Kreis- u. Stadtger.räte Dr. Barth, v. Steinsdorf, Schiffmann, Schäffer waren ausschließlich mit politischen Untersuchungen beschäftigt.
[225] BayHStA MInn 45514, Reg.Präs. Isarkr. 21. 9. 1830, 22. 9. 1830, 22. 10. 1830 an Lg. München; StAW, Reg. Ufr. Abgabe 1943/45, Nr. 9834, nach Ausbruch der hessischen Unruhen September 1830 vermutete Reg.Präs. Zu Rhein aus diesen Gebieten Emissäre in Nordbayern.
[226] BayHStA MInn 45513, München 1. 10. 1830.
[227] StAW, Reg. Ufr. Abgabe 1943/45, Nr. 9853, Würzburg 17. 9. 1830; ebda, Reg.Präs. Würzburg 22. 9. 1830 an Distr.pol.beh.
[228] BayHStA MInn 45513, München 1. 10. 1830.
[229] StAM, RA 15887, München 28. 3. 1831 Pol.dir. München an Reg. Isarkr.: »Eine sehr rege gewordene Phantasie erblickt in jedem reisenden Franzosen einen Emissaire des comité directeur oder einen Spion, ohne dieser stadtläufig gewordenen Behauptung nur das Gepräge der Wahrscheinlichkeit verschaffen zu können.«
[230] MInn-Entschl. 6. 6. 1831 »Aufenthalt der Franzosen in München« (DÖLLINGER, Verordnungssammlung 13, 673).

Auslandskontakte erhielten nach der Julirevolution den Anstrich politischer Aktivität und unterlagen daher gewissen Kontrollmaßnahmen. Der Ministerrat empfahl auf der Krisensitzung Ende September 1830 den Kreisregierungen: »Das Postgeheimnis muß streng gewahrt bleiben. Aber dennoch soll berichtet werden, wenn zwischen Inland und Ausland häufige Correspondenz wahrgenommen wird, außerhalb den gewöhnlichen Geschäftsverbindungen.«[231] Landrichter waren, unter strengster Geheimhaltung der Anordnung, beauftragt, daß »bei jeder verdächtigen Correspondenz, d. h. jeder Correspondenz an zweifelhafte Personen, oder aus speziell verdächtigen Orten die Namen der Adressaten, und ... der Absender ... genau bewacht ... werden.«[232] Versuche des Innenministeriums 1832 bis 1837, den Postbehörden in diesem Sinne eine politisch-polizeiliche Überwachungsfunktion aufzuerlegen, wurden jedoch scharf zurückgewiesen[233].

Als ein führender oppositioneller Landtagsabgeordneter, der Kaufbeurer Kaufmann Heinzelmann 1832/33 mehrere Auslandsreisen antrat, leitete die Augsburger Kreisregierung eine Untersuchung ein, ob ein anderer Zweck als der geschäftliche gegeben wäre[234]. Handwerker und Arbeiter, die aus Frankreich, England, Belgien und der Schweiz nach Bayern 1833 zurückkehrten, unterlagen besonderer polizeilicher Aufsicht[235].

Paßvorschriften, Durchführung und Inspektionen der Fremdenpolizei[236] wurden 1832/33 verschärft gehandhabt, insbesondere dabei betont, daß der Aufenthalt von Fremden von einer königlichen Bewilligung abhinge[237]. Charakteristisch ist die Begründung einer Entschließung des Innenministeriums vom 7. 7. 1832: »Von Tag zu Tag häufiger wiederholt sich der Fall, daß Angehörige auswärtiger Staaten die ihnen in Bayern entgegenkommende Gastfreundschaft nur benützen, um die Ruhe des beherbergenden Landes zu stören, und womöglich den Saamen der Empörung in das Herz der Monarchie zu verpflanzen ..., andere endlich durchkreuzen in der Gestalt von Lustreisenden und beauftragten Handlungscommis, und Studenten selbst die abgelegensten Gegenden, um revolutionäre Schriften von Hütte zu Hütte zu verbreiten, und den Umwälzungs-Doctrinen Eingang bis in die einsame Hütte des Armen zu verschaffen.«[238]

Das Innenministerium verschickte eine Unzahl spezieller Anweisungen zur Beobachtung Fremder und Reisender als möglichen »Emissären der revolutionären, ultraliberalen Partei«, gab Listen und Steckbriefe aus, in denen »politischer Umtriebe verdächtiger Personen« namentlich aufgeführt waren[239]. Bei Verstößen gegen Verordnungen und Gesetze waren sie aus Bayern auszuweisen.

---

[231] BayHStA MInn 45513, München 1. 10. 1830.
[232] StAN, Reg. Mfr. Abgabe 1968, II, 276, Passau 18. 5. 1833.
[233] ZUBER, Fürst-Proletarier, 123 f.
[234] StAND, Reg., Nr. 9564.
[235] Stadtarchiv Augsburg, V, Nr. 66, Augsburg 6. 8. 1833; StAB, Präs.Reg. K 3, Nr. 867 I.
[236] StAW, Reg. Ufr. Abgabe 1943/45, Nr. 9853, Reg.rat Behringer 13. 7. 1833.
[237] Dazu berief man sich auf das I. Constitutionelle Edict zur VU 1818, § 19.
[238] MInn-Entschl. 7. 7. 1832 »Die in den Königlichen Staaten sich aufhaltenden Fremden, insbesondere die auswärtigen Schriftsteller betr.« (DÖLLINGER, Verordnungssammlung 13, 673 f.).
[239] Vgl. Kap. III.5., S. 64 f.; BayHStA MInn 45522, Reisende, Emissäre der Burschenschaften, Emissäre der ultraliberalen Partei, Juli-Oktober 1832; BayHStA MInn

Fremde mußten ihren Paß mit der genau bezeichneten Reiseroute an der bayerischen Grenze vorweisen. Die Gemeinden stellten Aufenthaltskarten aus, ein Aufenthalt, der länger als eine Nacht dauerte, war nur mit einer offiziellen Bewilligung und der Vorlage des Passes bei der Polizeibehörde gestattet. Gleichzeitig wurden die Fremdenbücher monatlich überprüft[240].

Bezeichnend für die Verschärfung des Meldewesens war eine »Instruction für die Gemeindevorsteher und die Gastwirte« vom 4. 6. 1833, in der die Kreisregierung des Untermainkreises die exakte Führung der Fremdenbücher vorschrieb. Die Wirte wurden aufgefordert, der Polizei anzuzeigen, wenn majestätsbeleidigende oder revolutionäre Schriften oder Karrikaturen entdeckt würden. Ausländischen Taschenspielern, Seiltänzern, Marionettenspielern, Musikern, Scherenschleifern, Pfannenflickern und Betteljuden sollte nur mit Erlaubnis des Innenministeriums der Aufenthalt in Bayern gestattet sein[241]. Die Instruktion selbst wäre notwendig, da: »... in Frankreich eine Parthei besteht deren Absicht ist, alle Regierungen und Verfassungen umzustürzen ..., diese Parthei sehr viele Menschen in ihrer Verbindung aufgenommen hat, welche unter allerlei Gestalten Deutschland durchziehen, um die Stimmung des Volkes zu erforschen und die revolutionären Grundsätze und Schriften zu verbreiten.«[242]

Die Befürchtung revolutionärer Emissäre in Bayern war auch der Grund für die strenge Kontrolle der Eil- und Postkutschen durch die Polizeibehörden und die genau Registrierung der neuangestellten Gesellen und Dienstboten bei den Paß- und Quartierämtern[243].

b. Handwerker und politische Emigrantenvereine

Polizeiaufsicht und staatliche Reisebeschränkungen zielten nach 1830 besonders gegen Handwerksgesellen während ihrer Wanderjahre und gegen Handlungsreisende, da sie politischer Aktivität verdächtig erschienen. Die Regie-

---

45596, 56019, Emissäre, Franzosen, Polen, Handwerker und Commis (Listen) 1832—34; Stadtarchiv Augsburg, Nr. 4, V 49, 30. 3. 1832 Aufsicht auf Reisende und Fremde wegen Schriftenverbreitung (Anlaß: Verbreitung der Schrift »Deutschlands Pflichten«); StAL, Rep. 168,1 und 3417, 14. 5. 1832 Aufsicht auf Reisende wegen Verbreitung der »Zeit«; ebda, Rep. 168,14 Bd. 1, MInn 8. 8. 1832 Fremdenbücher, Verschärfung des Meldewesens; ebda, 27. 10. 1832 MInn, Verschärfung der Fremdenpolizei wegen gesteigerter Tätigkeit der ultraliberalen Partei (Emissäre, Maueranschläge); ebda, Rep. 168,1 und 2214, 20. 7. 1832, 2. 11. 1832 Fremdenpolizei gegen Reisende, Polen, Handwerker, Studenten, Franzosen; StAW, Reg. Ufr. Abgabe 1943/45 Nr. 9852, MInn 25. 10. 1832 an alle Reg.Präs. Aufsicht auf Reisende, Wortführer der ultraliberalen Partei; ebda, Nr. 331, Fremde, Reisende, revolutionäre Sendlinge; StAB, Präs.Reg., K 9 II, 24, MInn 2. 11. 1832; BayHStA MInn 45584, 45598, Aufsicht auf Reisende, Fremde, Emissäre der Umwälzungspartei.
[240] StAN, Reg. Mfr. Abgabe 1969, II, 276, Passau 11. 7. 1833; ZUBER, Fürst-Proletarier, 121; StAN, Reg. Mfr. Abgabe 1968, II, 27, Wichtigkeit der Fremdenbücher auf dem Land betont; StAW, Reg. Ufr. Abgabe 1943/45, Nr. 9853, 13. 7. 1833 Reg.rat Behringer.
[241] StAN, Reg. Mfr. Abgabe 1968, II, 276, Instruktion, als Broschüre gedruckt, S. 3—8.
[242] Ebda, S. 11.
[243] StAW, Reg. Ufr. Abgabe 1943/45, Nr. 9852, Würzburg 5. 3. 1833 Stadtkomm. an Pol.mannschaft; vgl. ebda, Nr. 9853, Würzburg Reg.rat Behringer 13. 7. 1833 an Reg. Umkr.

rung war davon überzeugt, daß politische Emissäre der Umwälzungspartei als Gesellen und Commis getarnt durch Bayern reisten[244].

Nach den Altenburger Unruhen September 1830, an denen laut Untersuchungsberichten sich auch Handwerksgesellen beteiligt hatten, wurde der Aufenthalt wandernder Gesellen ausdrücklich an den Nachweis ordnungspflichtiger Wanderbücher, legaler Papiere und ausreichender Geldmittel gebunden[245]. Die Auflagen, denen die wandernden Gesellen aus präventivpolizeilichen Gründen unterworfen wurden, griffen zum Teil in die freie Ausübung des Berufs ein. September 1831 verfügte die Regierung die Ausweisung ausländischer beschäftigungsloser Gesellen; inländische Gesellen, die vier Wochen ohne Arbeit waren oder mehrere Tage in einer Herberge blieben, ohne nach Arbeit zu suchen, wurden in ihren Heimatort zurückgeschickt[246].

Schon seit dem 18. Jahrhundert unterlagen die Gesellen staatlichen Wanderkontrollen, jedoch aus wirtschaftspolitischen Interessen[247]. Nach der Julirevolution intensivierte die Regierung staatliche Kontrollen und Observanz als Schutz- und Abwehrmaßnahme gegenüber revolutionären Kontakten. Handwerksgesellen stellten im Vormärz ein für sozialrevolutionäre Theorien anfälliges Unruhepotential dar. Wachsende Bevölkerungszahl und Übersetzung der Handwerkszweige bewirkten steigenden Konkurrenzdruck, eingeschränkte Aufstiegschancen, Verdienstlosigkeit und Verarmung[248]. Gleichzeitig stiegen die Lebenshaltungskosten und stagnierte das Einkommen[249]. Dieses Ungleichgewicht entwickelte sich in den 30er und 40er Jahren immer stärker, wurde in Zeiten politischer und wirtschaftlicher Krisen für die politische Stimmung virulent[250].

Nachdem sich schon 1832 die allgemeinen fremdenpolizeilichen Bestimmun-

---

[244] Vgl. Kap. III.5.a.; StAND, Reg., Nr. 7149, Reg. Odkr. 23. 9. 1830 an Distr. pol.beh., Stadtkomm.; BayHStA MInn 45513, Zentner München 1. 10. 1830.

[245] StAM, RA 15887, MInn 21. 9. 1830; BayHStA 45519, MA 19. 9. 1830 an MInn; StAND, Reg., Nr. 7149 MInn 21. 9. 1830; StAW, Reg. Ufr. Abgabe 1943/45, Nr. 9853, MInn 21. 9. 1830.

[246] MInn-Entschl. 11. 9. 1831 (DÖLLINGER, Verordnungssammlung 14, 946).

[247] Klaus J. BADE, Altes Handwerk, Wanderzwang und Gute Policey: Gesellenwanderung zwischen Zunftökonomie und Gewerbereform (VSWG 69) 1982, 33—35.

[248] Theodor SCHIEDER, Vom Deutschen Bund zum Deutschen Reich (Gebhardt, Handbuch der deutschen Geschichte, hrsg. v. Herbert GRUNDMANN, Bd. 15, dtv-Ausgabe) Stuttgart ⁴1970, 69 f.

[249] Vgl. Kap. II.3.; Hans-Jürgen GERHARD (Hg.), Die Löhne im vor- und frühindustriellen Deutschland (Göttinger Beiträge zur Wirtschafts- und Sozialgeschichte 7) Göttingen 1984, 458—69, 477, 502 f., 512 f.

[250] Jürgen BERGMANN, Das Handwerk in der Revolution von 1848. Zum Zusammenhang von materieller Lage und Revolutionsverhalten der Handwerker 1848/49 (Ulrich ENGELHARDT, Hg., Handwerker in der Industrialisierung. Lage, Kultur, Politik vom späten 18. bis ins frühe 20. Jahrhundert = Industrielle Welt 37) Stuttgart 1984, 320—346, 334; Jürgen BERGMANN, Ökonomische Voraussetzungen der Revolution von 1848. Zur Krise von 1845 bis 1848 in Deutschland (Geschichte als politische Wissenschaft. Sozialökonomische Ansätze, Analyse politikhistorischer Phänomene, politologische Fragestellungen in der Geschichte, hrsg. v. Jürgen BERGMANN, Klaus MEGERLE, Peter STEINBACH = Geschichte und Theorie der Politik: Unterreihe A, Geschichte, Bd. 1) Stuttgart 1979, 24—54; Wolfgang KASCHUBA, Vom Gesellenkampf zum sozialen Protest. Zur Erfahrungs- und Konfliktdisposition von Gesellen-Arbeitern in den Vormärz- und Revolutionsjahren (Handwerker in der Industrialisierung. Lage, Kultur und Politik vom späten 18. bis ins frühe 19. Jahrhundert, hrsg. v. Ulrich ENGELHARDT = Industrielle Welt 37) Stuttgart 1984, 381—406.

gen auch gegenüber Handwerkern intensiviert hatten, verschärften sich nochmals 1833/34 behördliche Reglementierungen und Polizeiaufsicht in Bayern explizit für wandernde Gesellen. Unmittelbarer Anlaß war die Tätigkeit der politischen Emigrantenvereine in Frankreich und der Schweiz. Während den seit 1832 durchgeführten polizeilichen Untersuchungen und Prozessen gegen Oppositionelle flohen Viele ins Ausland. Frankreich und die Schweiz boten Exil. Durch den Zustrom politischer Flüchtlinge politisierten sich bestehende Vereine, neue wurden gegründet. Handwerker stellten neben Intellektuellen, Journalisten und Studenten die tragende Mitgliedsschicht dieser Vereine, die die Vorläufer der deutschen Arbeiterbewegung waren[251].

Der erste politische Verein in Paris war der »Deutsche Volksverein«. 1832/33 als Filiale des Preßvereins gegründet, baute der Volksverein auf einem seit 1830 bestehenden deutschen Gesangsverein auf. Neben dem Ziel der nationalen Einheit Deutschlands trat der Verein auch für sozialreformerische Ideen ein. »Reichtum« wurde als Ursprung aller Unterdrückung bekämpft[252]. Dem Volksverein gehörten junge Kaufleute, Handwerker, Literaten und Dichter, wie Ludwig Börne[253], dessen Schriften von der bayerischen Zensur verboten wurden, und Heinrich Heine[254] an, der in der Augsburger Allgemeinen Zeitung über Ereignisse in Frankreich berichterstattete. Ende 1833 waren die Handwerksgesellen im Deutschen Volksverein zahlenmäßig am stärksten vertreten. Politischen Einfluß auf die deutschen Handwerker in Paris übten unter anderem die radikal-liberalen Zeitungen »Westbote«, von Philipp Jakob Siebenpfeiffer[255] in der bayerischen Rheinpfalz herausgegeben, und die ebenfalls dort unter der Leitung Johann Georg August Wirths[256] erscheinende »Deutsche Tri-

---

[251] Hans-Joachim RUCKHÄBERLE (Hg.), Bildung und Organisation in den deutschen Handwerksgesellen- und Arbeitervereinen 1834—45 (Studien und Texte zur Sozialgeschichte 4) Tübingen 1983; Wolfgang SCHIEDER, Die Anfänge der deutschen Arbeiterbewegung. Die Auslandsvereine im Jahrzehnt nach der Julirevolution (Industrielle Welt 4) Stuttgart 1963, 82—110; Klaus URNER, Die Deutschen in der Schweiz. Von den Anfängen der Koloniebildung bis zum Ausbruch des ersten Weltkriegs, Zürich 1976, 95—116; Ernst SCHRAEPLER, Handwerkerbünde und Arbeitervereine: 1830—1853. Die politische Tätigkeit deutscher Sozialisten von Wilhelm Weitling bis Karl Marx (Veröffentlichung d. Historischen Kommission zu Berlin 34) Berlin 1972, 95—116.

[252] URNER, Schweiz, 108.

[253] Ludwig Börne (1786—1837) ging September 1830 nach Paris ins freiwillige Exil. Seine »Briefe aus Paris« 1830 bis 1833 erschienen gedruckt in Deutschland. 1832 nahm Börne am Hambacher Fest teil; vgl. NORDHOFF (ADB 3) 1876, 164—173.

[254] Heinrich Heine (1797—1856) ging im Mai 1831 nach Paris. 1833 erschienen seine Artikel »Französische Zustände« gedruckt. Durch Bundesbeschluß 1835 wurden Heines Werke zusammen mit denen des »Jungen Deutschlands« verboten; vgl. MÄHLY (ADB 11) 1880, 338—351.

[255] Philipp Jakob Siebenpfeiffer (1789—1845) gab auch in Zweibrücken die Zeitschrift »Rheinbayern, eine vergleichende Zeitschrift für Verfassung, Gesetzgebung, Justizpflege, gesamte Verwaltung und Volksleben des konstitutionellen In- und Auslandes, zumal Frankreichs« heraus. Am 2. 3. 1832 wurde der »Westbote« durch Bundesbeschluß verboten, Siebenpfeiffer erhielt für fünf Jahre Schreibverbot. Wegen seiner Reden auf dem Hambacher Fest wurde Siebenpfeiffer des Hochverrats angeklagt, vom Landauer Assisengericht freigesprochen, jedoch wegen Beamtenbeleidigung in Frankenthal zu zwei Jahren Gefängnis verurteilt, vgl. Hans BRAUN, Philipp Jakob Siebenpfeiffer. Ein liberaler Publizist des Vormärz 1789—1845, Diss. München 1956.

[256] Johann Georg August Wirth (1798—1848), vgl. S. 215, S. 163 ff.; Otto Heinrich MÜLLER, J. G. A. Wirth und die Entwicklung des radikalen Liberalismus 1830—1848, Diss. Frankfurt 1925.

büne« aus[257]. Nachdem ein französisches Gesetz März 1834 Vereinsgründungen von behördlicher Genehmigung abhängig machte und Vereine mit mehr als 20 Mitgliedern polizeilicher Kontrolle unterwarf, wurde der Volksverein in den geheimen »Bund der Geächteten« umgewandelt[258]. Jacob Venedy[259], ehemaliger Heidelberger Burschenschafter und Freund Börnes, spielte bei der Gründung eine entscheidende Rolle, gab die Vereinszeitung »Der Geächtete« 1834 bis 1836 heraus. Er war im Frühjahr 1831 in die bayerische Pfalz gekommen und gehörte der auf dem Hambacher Fest tonangebenden Gruppe um Wirth und Siebenpfeiffer an. September 1832 wurde er wegen seiner Teilnahme am Hambacher Fest verhaftet, konnte jedoch nach Frankreich fliehen; dort hatte er schon dem Deutschen Volksverein angehört[260]. Sozialistische Vorstellungen im Sinne Lamennais'[261] und des Genfer Volkswirtschaftlers Sismondi, die eine gerechtere Verteilung materieller Güter und des Arbeitslohns befürworteten, gewannen im Bund der Geächteten vorrangiges Gewicht[262]. Die Geächteten hatten laut Berichten der Mainzer Zentralbehörde Kontakt zur übernationalen Karbonaria-Bewegung. Sie war, ausgehend von Italien, Vorbild aller politischen Geheimbünde im Vormärz. Filippo Buonarroti stellte den Zusammenhang mit der »charbonnerie française« her, die sich 1832 als »charbonnerie démocratique universelle« konstituierte[263]. 1833 gründeten Joseph Garnier[264] und acht deutsche Handwerksgesellen, darunter Gründungsmitglieder des Bundes der Geächteten, den »Sühnungsbund«. Auch er stand in enger Beziehung zur charbonnerie; in dieser Gruppe war auch der italienische Freiheitskämpfer Giuseppe Mazzini organisiert[265]. Durch personelle Kontinuität und Kontakte war eine gegenseitige politische Beeinflussung unvermeidbar. Der Bund der Geächteten jedoch betonte in seinen Statuten den nationalen deutschen Zweck.

Auch viele bayerische Handwerksgesellen gehörten dem Bund der Geächteten an. In Deutschland wurden »Lager« und »Zelte« der Geächteten gebildet, laut Untersuchungsberichten auch in Würzburg[266].

1836 spalteten sich die radikalen Mitglieder von der hierarchisch-absolutistisch strukturierten, zugleich auch anonymen Spitze des Bundes der Geächteten ab. Der »Bund der Gerechten« zielte auf eine Revolutionierung des deutschen Volkes[267], verfolgte schon eindeutig sozialistische Regierungspläne. Die Ideen Saint-Simons, Fouriers und Robert Owens beeinflußten seine Mitglie-

---

[257] Vgl. 103.

[258] SCHIEDER, Anfänge, 19 f.

[259] Jakob Venedy (1805—1871) war 1848 Abgeordneter der Frankfurter Nationalversammlung; vgl. WIPPERMANN (ADB 39) 1895, 600—604.

[260] SCHIEDER, Anfänge, 20 ff.

[261] Gerhard VALERIUS, Deutscher Katholizismus und Lamenais — Auseinandersetzung in der katholischen Publizistik 1817—54, Mainz 1983.

[262] URNER, Schweiz, 109.

[263] SCHIEDER, Anfänge, 23 f.; GARRONE, Filippo Buonarroti; vgl. S. 105.

[264] Joseph Garnier (geb. 1800) Schriftsteller u. Journalist, distanzierte sich von den »Jungdeutschen«, gründete eine »Deutsche Gesellschaft« in Frankreich; vgl. SCHIEDER, Anfänge, 63 f.

[265] SCHIEDER, Anfänge, 24 ff.

[266] BayHStA MInn 45526/4 und 45526/5; BayHStA MInn 45524; BayHStA MInn 45525.

[267] URNER, Schweiz, 109.

der[268], vor allem den Magdeburger Schneidergesellen Wilhelm Weitling[269]. Er vertrat einen »religiös verklärten Sozialismus« und gilt als bedeutendster Vertreter des »Handwerksburschen-Kommunismus«[270].

In der gleichen Zeit etablierten sich in der Schweiz politische Emigrantenvereine. Schon während der ersten Demagogenverfolgung nach den Karlsbader Beschlüssen 1819 hatten sich viele deutsche Flüchtlinge in der Schweiz niedergelassen. Ehemalige Burschenschaftsmitglieder, Journalisten, Advokaten, Professoren fanden an den Universitäten und Schulen in Basel, Zürich, Bern, dort auch in der Kantonsverwaltung und bei Justizstellen Anstellungen. In den 20er Jahren überwog das intellektuelle Element innerhalb der Emigrantengruppen. Gezielte Pläne für ein geeintes Deutschland, liberale bis radikal-demokratische Grundvorstellungen dominierten[271]. Nach dem Frankfurter Wachensturm setzte eine zweite Flüchtlingswelle in die Schweiz ein. Die Tendenz zum politischen **Aktivismus und Putschismus** wuchs seit 1833[272]. Die Bildungsgesellenvereine für deutsche Handwerker waren auch in der Schweiz die Vorläufer der Arbeiterbewegung. Der Gießener Burschenschafter Ernst Schüler[273], wegen seiner Teilnahme am Hambacher Fest verurteilt, gründete im Schweizer Exil 1833 einen Handwerker-Leseverein. Die politischen Emigranten wollten die Handwerksgesellen, die aus wirtschaftlichen Gründen in die Schweiz gegangen waren, — hier war ihre Bewegungsfreiheit nicht von behördlichen Auflagen eingeschränkt[274] —, »politisieren und für die Verbreitung eigener Ideen gewinnen.«[275] Die Handwerksgesellen sollten eine »Propaganda zu Fuß« darstellen und zur politischen Einflußnahme auf Deutschland aus der Emigration heraus eingesetzt werden. Ähnliche Vereine wie der Leseverein wurden 1834 in Zürich und Genf gebildet. April 1834 wurde der Geheimbund »Neues Deutschland«, später »Junges Deutschland« genannt, ins Leben gerufen mit dem Zweck, die deutschen Handwerksgesellen in der Schweiz einheitlich politisch zusammenzuschließen[276]. Die Schweiz war 1834 Sammelpunkt politischer Flüchtlinge aus Polen, Italien und Deutschland. Mazzini war der führende Kopf des Geheimbundes »Junges Europa«, der sich als »republikanische Verbindung« mit dem Wahlspruch »Freiheit, Gleichheit und Humanität«[277] verstand. Sektionen des Jungen Europa waren das Junge Deutschland und das Junge Polen[278]. In Frankreich

---

[268] Vgl. Hans-Joachim RUCKHÄBERLE, Frühproletarische Literatur — Die Flugschriften der deutschen Handwerksgesellenvereine in Paris 1832—1839, Kronberg 1977.
[269] Wilhelm Weitling (1808—1871) lebte 1837 bis 1841 in Paris. 1841 ging er in die Schweiz und gründete dort kommunistisch orientierte Speiseanstalten. Weitling gilt als »erster deutscher Theoretiker des Kommunismus«, sein Hauptwerk ist »Garantien der Harmonie und Freiheit«. 1847 wanderte Weitling nach Amerika aus; vgl. Otto WITTELSHÖFER (ADB 41) 1896, 624 f.
[270] URNER, Schweiz, 109.
[271] Ebda, S. 99—103.
[272] URNER, Schweiz, 107 f.
[273] Kurt BAUMANN, Friedrich Schüler 1791—1873, Joseph Savoye 1802—1869, Daniel Pistor 1807—1866 (Kurt BAUMANN, Hg., Das Hambacher Fest 27. Mai 1832, Männer und Ideen, Veröffentlichungen der Pfälzischen Gesellschaft zur Förderung der Wissenschaften 35) Speyer 1957, 95—180. Vgl. S. 173, S. 178, S. 203, S. 219 (Anm. 97).
[274] Siehe S. 117 f., S. 112 ff.
[275] URNER, Schweiz, 109.
[276] Ebda, 10; SCHIEDER, Anfänge, 29 f., 35—41.
[277] Laut Gründungsurkunde des Jungen Europa, BayHStA MInn 24185, MInn 46020.
[278] SCHIEDER, Anfänge, 30—35.

und der Schweiz wurden seit 1834 Klubs und öffentliche Handwerkervereine des Jungen Deutschland errichtet[279].

Die weit verzweigten Vereine politischer Flüchtlinge der 30er Jahre in Frankreich und der Schweiz waren personell stark verflochten, von ihnen sollte eine republikanische Reformierung Deutschlands ausgehen. Für die monarchisch geprägten, restaurativen Regierungen in Deutschland stellten sie eine politische Herausforderung dar. Die Zugehörigkeit zum Deutschen Volksverein, Bund der Geächteten, Bund der Gerechten, Jungen Deutschland war Anlaß zur gerichtlichen Verfolgung, da sie als revolutionäre Verbindungen eingestuft wurden[280].

Das bayerische Innenministerium reagierte auf die Aktivität der Emigrantenvereine in Paris und verlangte am 5. 6. 1833 nach dem Wachensturm nähere Informationen über diejenigen Gesellen, die seit der Julirevolution in Paris und Frankreich lebten. Da viele von ihnen nach ihrer Rückkehr »revolutionäre und simonistische Propaganda« leisten würden, sollten sie unter besondere Polizeiaufsicht gestellt sein. Ausländischen Gesellen, die in den Aufstandsgebieten Paris, Lyon, Marseille sich aufgehalten hatten, wurde das Arbeiten in Bayern verboten, wenn ihre Zugehörigkeit zu politischen Klubs erwiesen wäre[281]. Handwerker galten in den Augen der Regierungsbehörden als revolutionäre »Sendboten« der Auslandsvereine.

1834 verbot das Innenministerium das Wandern der Gesellen nach Frankreich und in Länder wie der Schweiz, in denen Handwerkervereine existierten, die als »Associationen zum Nachteile der öffentlichen Ruhe und Ordnung« bezeichnet wurden[282]. Eine Ministerialentschließung dehnte das Wanderverbot auf Belgien aus[283]. Der Deutsche Bund beschloß kurz darauf im Januar 1835 ebenfalls ein Wanderverbot für alle deutschen Handwerker in Länder, in denen politische Vereine bestanden[284].

Pässe und Wanderbücher der Gesellen in Frankreich und Belgien durften von der bayerischen Gesandtschaft in Paris nicht verlängert werden; bayerische Handwerker in der Schweiz wurden zur Rückkehr aufgefordert und dafür eigene Namensregister angelegt[285].

1835 dehnten sich die Reiseverbote nach Frankreich, Belgien und der Schweiz auch auf Handlungscommis aus[286].

---

[279] SCHIEDER, Anfänge, 35—41.

[280] BayHStA MInn 45526.

[281] MInn-Entschl. 5. 6. 1833 wurde am 8. 6. bzw. 10. 7. 1833 durch Reg. Rezatkr. bzw. Reg. Omkr. weitergegeben, StAL, Rep. 168/1,2214 Bd. 14,1.

[282] MInn an Reg.Präs. 3. 9. 1834 »Das Wandern der inländischen Handwerksgesellen nach der Schweiz betr.« (DÖLLINGER, Verordnungssammlung 14, 953); MInn an Reg.Präs. 4. 6. 1834 »Das Wandern der Handwerksgesellen betr.« (DÖLLINGER, Verordnungssammlung 14, 951).

[283] MInn 6. 10. 1830 an Reg.Präs. »Das Wandern der Handwerksgesellen nach Belgien betr.« (DÖLLINGER, Verordnungssammlung 14, 953).

[284] HUBER, Dokumente 1, 136 »Bundesbeschluß über das Verbot des Wanderns, der Versammlungen und Verbindungen der deutschen Handwerksgesellen« 15. 1. 1835.

[285] Laut Bundesbeschluß der 35. Sitzung, MInn an Reg.Präs. 20. 11. 1834 »Das Wandern der Handwerksgesellen nach Frankreich, Belgien und der Schweiz betr.« (DÖLLINGER, Verordnungssammlung 14, 954); vgl. MInn an Reg.Präs. 22. 11. 1834 »Das Wandern der Handwerksgesellen in der Schweiz betr.« (DÖLLINGER, Verordnungssammlung 14, 954 f.).

[286] MInn an Reg.Präs. 6. 3. 1835 »Das Wandern von Handlungscommis und Wirtschaftsteilnehmern nach Frankreich, der Schweiz und Belgien betr.« (DÖLLINGER, Verordnungssammlung 14, 955).

In Bayern gründeten sich in den 30er Jahren ebenfalls vereinzelt Handwerkerbildungsvereine, zum Beispiel Dezember 1833 in Lindau[287]. Der Lindauer Verein war eine Lesegesellschaft. Im Februar 1834 wurde das Innenministerium auf ihn aufmerksam, stufte ihn allein auf Grund der geographischen Lage politisch ein, ohne dies beweisen zu können. Öttingen-Wallerstein schrieb am 22. 2. 1834: »Welches auch der ostensible Zweck der Lindauer Anstalt und ihr scheinbarer Unternehmer seyn mögen, immerhin bleibt sehr zu fürchten, daß hinter ihr ein propagandistischer Einfluß, vielleicht unbewußt den Unternehmern verborgen seyn möge. Jedenfalls ist, namentlich bei der Nähe der Schweiz beinahe nicht zu zweifeln, daß die revolutionäre Partei sich der Sache bemächtigen werde, sobald sie constituiert seyn, und einigermassen Wurzel gefaßt haben würde.«[288] Diese Beurteilung zeigt den Grad politischer Sensibilität der Regierung, die Angst vor Revolution und Veschwörung. Nähere Recherchen der Kreisverwaltung konnten keinen politischen Zweck des Vereins nachweisen; dennoch sollte er aufgelöst und der bestehenden Lindauer Sonn- und Feiertagsschule für Handwerker eingegliedert werden[289].

Nach dem »Steinhölzli-Fest« am 27. 7. 1834, das Mitglieder des Jungen Deutschland in der Nähe von Bern organisiert hatten und das zur öffentlichen Handwerkerversammlung, einer Demonstration für die Einheit Deutschlands und für eine künftige Republik wurde, übten die europäischen Regierungen diplomatischen Druck auf die Schweiz aus. Sie verlangten die Ausweisung der politischen Flüchtlinge, da sie unter dem Schutz des Auslands den Umsturz und die Revolutionierung Europas betreiben würden[290]. Als 1836 auch der Druck der Schweizer Kantonsregierungen gegen die politischen Flüchtlinge größer wurde, gingen viele nach Frankreich; einige waren schon vor dem Steinhölzli-Fest von der Schweizer Polizei ausgewiesen worden[291].

Die bayerische Regierung hatte schon Mitte 1833 wirtschaftliche und militärische Maßnahmen gegen die Schweiz ergriffen. Ende April verstärkte sie die Garnison Lindau auf circa 6230 Mann, rief vom 10. 5. bis 8. 6. die Beurlaubten zu manöverähnlichen Waffenübungen ein[292]. Darüber hinaus drohte sie mit einer Handelssperre an der Grenze. Dies geschah, um die Schweizer Behörden zu strengeren Paßkontrollen und zu strikterer Visaausgabe an polnische Flüchtlinge zu veranlassen. Die nach dem niedergeschlagenen polnischen Novemberaufstand 1831/32 ins westeuropäische Exil gegangenen Revolutionäre wollten über den Weg durch Deutschland in ihre Heimat zurückkehren.

---

[287] StAND, Reg., Nr. 7060.
[288] Ebda, Öttingen-Wallerstein, München 22. 2. 1834.
[289] StAND, Reg., Nr. 7060, Augsburg 6. 3. 1834; ebda, Augsburg 6. 6. 1834. Der Verein wurde am 28. 12. 1833 vom Lindauer Pfarrer Leithner gegründet; es gehörten ihm Schneider-, Schuhmacher-, Schmied- und Bindergesellen an; er führte religiöse Schriften, sein Zweck war: Beschäftigung an Sonn- und Feiertagen.
[290] Heinrich SCHMIDT, Die deutschen Flüchtlinge in der Schweiz und die erste deutsche Arbeiterbewegung 1833—1836, Zürich 1899, ND Hildesheim 1971, 85 ff.; Otto BRUGGER, Geschichte der deutschen Handwerkervereine in der Schweiz 1836—1843. Die Wirksamkeit Weitlings (1841—1843), Diss. Bern 1932, 20 f.
[291] Ebda, 18 ff., 28—33; SCHIEDER, Anfänge, 49 f.
[292] StAW, Reg. Ufr. Abgabe 1943/45, Nr. 9852, MInn 21. 4. 1833; BayHStA MInn 46019, München 19. 5. 1833.

c. Polnische Flüchtlinge und Polenfreundschaft 1830—1833

Die Julirevolution gab auch Anstoß für den Ausbruch der polnischen Revolution 1830/31. Es war ein nationaler Unabhängigkeitskrieg der Polen gegen die Oberhoheit des zaristischen Rußland. Auf dem Wiener Kongreß 1815 waren die Hoffnungen auf ein national geeintes, unabhängiges Polen nicht erfüllt worden, Polen wurde wie Ende des 18. Jahrhunderts geteilt. Einzelne polnische Territorien wurden Preußen und Österreich, der größte Teil, das sogenannte Kongreßpolen, der russischen Verwaltung unterstellt. Zar Nikolaus I. war polnischer König. Ein nicht unbedeutender Impuls für den Ausbruch des polnischen Aufstands November 1830 war die Ankündigung Nikolaus' I., die polnische Armee für eine eventuelle militärische Intervention gegen Frankreich einzusetzen. Ausgelöst durch eine Insurrektion polnischer Offiziere, breitete sich die Revolution schnell aus. Der polnische Reichstag erklärte im Januar 1831 Nikolaus als polnischen König für abgesetzt und setzte eine polnische Nationalregierung ein. Ende 1831 hatte Rußland jedoch den polnischen Aufstand niedergeschlagen[293].

Die Erhebung der Polen beeinflußte auch die politischen Entwicklungen in Deutschland. In der Öffentlichkeit entfaltete sich eine ungeheure Welle der Sympathie für den polnischen Unabhängigkeitskampf[294]. Der Umfang dieser Bewegung zwang die Regierungen, sich mit ihr auseinanderzusetzen.

Die propolnischen Sympathien des liberalen Publikums, der Studenten, der Kleinbürger und Bauern wurzelte darin, daß die Polen sich einem Unterdrückungssystem entzogen hatten, das in Deutschland ertragen wurde. Der Aufstand wurde als »Konkretisierung der eigenen politischen Vorstellungen verstanden«[295], nämlich der Verwirklichung verfassungsmäßig garantierter Freiheiten und staatlicher Einheit Deutschlands[296]. Diese Haltung beschränkte sich jedoch nicht nur auf Deutschland, auch in Italien, Ungarn, Böhmen entwickelte sich ein Polonophilismus[297]. Der polnische Aufstand war stimulus für die Verfassungs-, Einheits- und Freiheitsbewegungen; der Kampf der Polen wurde

---

[293] R. F. LESLIE, Polish politics and the revolution of November 1830, London 1956.

[294] Zum Phänomen der deutschen Polensympathie seit 1830: Anneliese GERECKE, Das deutsche Echo auf die polnische Erhebung von 1830, Wiesbaden 1964; Hans-Erich VOLKMANN, Der polnische Aufstand und die deutsche Öffentlichkeit, mit besonderer Berücksichtigung der bayerischen Rheinpfalz (Ztschr. f. Ostforschung 16/3) 1967, 439—452; Gernot SEIDE, Regierungspolitik und öffentliche Meinung im Kaisertum Österreich anläßlich des polnischen Novemberrevolution (1830—31), (Veröffentlichungen d. Osteuropa-Institutes München 38) Wiesbaden 1971; Die deutsch-polnischen Beziehungen 1831—1848: Vormärz und Völkerfrühling (XI. deutsch-polnische Schulbuchkonferenz der Historiker 16.—21. 5. 1978 in Deidesheim = Schriftenreihe d. Georg-Eckert-Instituts f. Internationale Schulbuchforschung 22/II) Braunschweig 1979; Peter EHLEN (Hg.), Der polnische Freiheitskampf 1830/31 und die liberale deutsche Polenfreundschaft in den 30er Jahren des 19. Jahrhunderts. Beiträge der Leipziger Tagung der Historikerkommission der Deutschen Demokratischen Republik und der Volksrepublik Polen 27.—30. 5. 1980, hrsg. v. Societas Jablonoviana u. d. Karl-Marx-Universität Leipzig (Wissenschaftliche Beiträge d. Karl-Marx-Universität Leipzig, Reihe Geschichtswissenschaften) Leipzig 1981.

[295] Georg W. STROBEL, Die liberale deutsche Polenfreundschaft und die Erneuerungsbewegung Deutschlands (EHLEN, Freiheitskampf) 31.

[296] Ebda.

[297] Stephan KIENIEWICZ, Europa und der Novemberaufstand (EHLEN, Freiheitskampf) 21 ff.

»... als ein Kampf für Recht und Freiheit aller unerlösten Völker sowie ein Kampf gegen Despotie und Tyrannei gesehen ...«[298]

Die erste Phase der Polenfreundschaft bis September 1831 war von philantropischen, karitativen und auch emotionellen Motiven geprägt[299]. »... das Genrebild von Heldenkampf und Flüchtlingsleid der Polen stellte ... einen idealen Kristallisationskern für spätromantische Zeitstimmungen dar.«[300] Aber über einen »modischen« Polenenthusiasmus hinaus signalisierte »... die Demonstration zugunsten der polnischen Sache als solche einen politischen Akt ..., eine Stellungnahme nämlich gegen das zaristische Rußland, das als Eckpfeiler des Restaurationsregimes in Europa gelten mußte«[301]. In diesem Zusammenhang gesehen war eine propolnische Äußerung, Vivat-Rufe auf Polen, das Hissen der polnischen Fahne eine symbolische, politisch-oppositionelle Handlung gegen die monarchisch-aristokratische Reaktion.

1831 entstand eine Polenbegeisterung und Polenschwärmerei, die sich in glorifizierenden Darstellungen des polnischen Aufstands, in Polendichtung, Polenliedern, in der Malerei, in historischen Abhandlungen und in einer forcierten Übersetzungstätigkeit polnischer Werke äußerten[302].

Zeitungen berichteten ausführlich über die polnische Revolution. Die Augsburger Allgemeine Zeitung brachte bis Ende 1831 pro Ausgabe zwei Seiten Meldungen über Polen[303]. Eine dezidiert polenfreundliche Darstellung erfolgte im württembergischen »Hochwächter«, dem Straßburger »Konstitutionellen Deutschland« und in den bayerischen Blättern »Deutsche Tribüne«, »Westbote«, »Bayerisches Volksblatt« und »Neue Speyrer Zeitung«[304].

Geldspenden der deutschen Bevölkerung wurden nach Polen gesandt, medizinische Unterstützung geleistet[305]. Viele Ärzte aus Süd- und Mitteldeutschland gingen nach Polen; bekannt sind insgesamt 78, davon kamen mindestens 20 aus Bayern, aus Württemberg dagegen nur fünf und aus Baden vier[306]. Einzelne Polenfreunde zogen als freiwillige Kämpfer in den polnisch-russischen Krieg[307]. Eine in mehreren deutschen Bundesstaaten unterzeichnete Adresse appellierte an die deutsche Bundesversammlung, zugunsten des polnischen Volkes am russischen Zarenhof zu intervenieren[308].

Im bayerischen Landtag setzten sich vor allem die Abgeordneten Seuffert und Culmann in Reden für die polnischen Revolutionäre ein. Auf einen Vorschlag Culmanns hin beschloß die zweite Kammer einstimmig, pro Monat auf

---

[298] STROBEL, Die liberale deutsche Polenfreundschaft, 32.
[299] Ebda, 34 f.
[300] Eberhard KOLB, Polenbild und Polenfreundschaft der deutschen Frühliberalen. Zu Motivation und Funktion außenpolitischer Parteinahme im Vormärz (Saeculum, Jb. f. Universalgeschichte 26) 1975, 119.
[301] Ebda, 119 f.
[302] Die deutsche Polenfreundschaft, 9—17.
[303] Georg W. STROBEL, Die deutsche Polenfreundschaft 1830—1834: Vorläuferin des organisierten politischen Liberalismus und Wetterzeichen des Vormärz (Die deutsch-polnischen Beziehungen) 130.
[304] Die deutsche Polenfreundschaft, 14 ff.
[305] Zum Beispiel das Scharpiezupfen deutscher Mädchen- und Frauenvereine, ebda, 17 ff.
[306] Siehe Tafeln in: Die deutsche Polenfreundschaft.
[307] STROBEL, Die liberale deutsche Polenfreundschaft, 35.
[308] STROBEL, Die deutsche Polenfreundschft, 131; Die Verhandlungen der Bundesversammlung, 69 f.

eine ihrer Diäten als polnische Spende zu verzichten[309]. Augsburger und Nürnberger Adressen an Ludwig I. beriefen sich auf dessen Philhellenismus und forderten ihn jedoch vergeblich auf, sich an die Spitze der Polenfreunde zu setzen[310]. »Polencomitées« und »Vereine zur Unterstützung der kranken und verwundeten Polen« wurden errichtet, die ebenfalls medizinisches Material und Geld nach Polen sandten[311]. Zu diesen Vereinsgründungen hatten 1831 Zeitungen wie die »Münchner Politische Zeitung«, die »Deutsche Tribüne« (Erscheinungsort München) und der »Nürnberger Friedens- und Kriegskurier« aufgerufen[312]. In diesen Vereinen überwog noch die philantropische Motivation, man hatte sich teilweise am Vorbild der philhellenistischen Griechenvereine orientiert[313]. Dennoch war eine politische Stoßrichtung durch die personelle Identität der Vereinsmitglieder mit führenden Oppositionellen gegeben.

In der zweiten Phase der deutschen Polenfreundschaft ab Herbst 1831 trat nun der politische Charakter eindeutig hervor. Dies war auch durch den direkten Kontakt der Bevölkerung mit den polnischen Aufständischen bedingt, die nach der Niederwerfung des Aufstands durch Rußland September 1831 ins westeuropäische Exil flohen. 6–8000 Polen gingen nach Frankreich, England und die USA, in der Hoffnung, sich dort für einen erneuten Freiheitskampf gegen Rußland zu reorganisieren. Der größte Teil der Flüchtlinge waren Angehörige der revoltierenden polnischen Armee gewesen[314].

Auf dem Weg nach Westen wählten sie meist dieselben Stationen. Bayern war Hauptdurchzugsgebiet; von insgesamt drei eingeschlagenen Wegen nach Frankreich führten zwei durch Bayern. Ein weit verzweigtes Netz von Routen konzentrierte sich nördlich von Sachsen kommend auf die Orte Hof, Kronach, Bayreuth, Bamberg, Schweinfurt, Würzburg, Remlingen, Aschaffenburg beziehungsweise Nürnberg, Ansbach, Rothenburg, Feuchtwangen. Die andere Route kam südlich aus dem österreichischen Galizien und Ungarn über Höll, Regensburg, Ingolstadt, Neuburg a. D., Augsburg, Donauwörth, Günzburg nach Ulm[315].

Die Polen wurden bei ihrem Zug durch Bayern als Märtyrer, als Vorkämpfer für politische Freiheit gefeiert. Man gab ihnen zu Ehren Festessen, Konzerte, Gesellschaftsfeiern. Gastwirte und Privatleute luden sie als Gäste zur Übernachtung ein. Finanzielle und moralische Unterstützung geschah durch die bestehenden und durch neu gegründete »Vereine zur Unterstützung polnischer Flüchtlinge«[316]. Auch in Landgemeinden, abseits von den Durchzugsrouten bil-

---

[309] GERECKE, Echo, 54, 56.
[310] GERECKE, Echo, 59, laut »Deutsche Tribüne« 19. 9. 1831.
[311] Die deutsche Polenfreundschaft, 18; STROBEL, Die deutsche Polenfreundschaft, 134 f.
[312] GERECKE, Echo, 55, 58.
[313] STROBEL, Die deutsche Polenfreundschaft, 135.
[314] Slawomir KALEMBA, Der Novemberaufstand und die Große Emigration als beziehungsgeschichtliches Problem (EHLEN, Der polnische Freiheitskampf) 121–130.
[315] Helmut ASMUS, Zu den Reiserouten, die von den polnischen Aufständischen bei ihren Zügen durch die deutschen Staaten in das westeuropäische Exil eingeschlagen wurden (1831–1833), (Die deutsche Polenfreundschaft) 90–107, vgl. die dort anliegenden Karten; Georg W. STROBEL, Die Reise von Adam Miekiewicz durch Süddeutschland im Sommer 1832 (Jbb. f. Geschichte Osteuropas) 1969, NF 17, 29–44.
[316] Die deutsche Polenfreundschaft, 25–28; STROBEL, Die deutsche Polenfreundschaft, 135–139; ders., Die liberale deutsche Polenfreundschaft, 36–39.

deten sich Polenfreundevereine. Sie können als »die ersten legalen politischen Organisationen in Deutschland«[317] bezeichnet werden. Als Leitgedanken standen dabei das Prinzip der internationalen Solidarität im Kampf gegen die Mächte der Heiligen Allianz, Rußland, Österreich und Preußen, und die »staatliche und nationale Erneuerung Deutschlands« im Vordergrund[318]. »Sie [die Vereine] sind als Vorreiter der liberalen Parteiung Deutschlands zudem für die politische Landschaft des Vormärz und die Geschichte der politischen Organisation Deutschlands von ganz besonderer Bedeutung.«[319] Die Verflochtenheit der Ziele der deutschen Oppositionsbewegung, der deutschen Einheits- und Freiheitsbewegung und der polnischen Aufständischen bekräftigten die Worte Wirths in seiner Schrift »Deutschlands Pflichten« vom 30. 1. 1832: »Sollen die Völker endlich die Freiheit erlangen, ... muß Rußland von Preußen und Österreich durch ein demokratisch gesinntes Polen getrennt, das Übergewicht des preußischen und österreichischen Königs durch die Organisation eines deutschen Reiches mit demokratischer Verfassung aufgehoben und eine europäische Staatengesellschaft durch ein treues Bündnis des französischen, deutschen und polnischen Volkes vorbereitet werden. Die Wiederherstellung Polens kann nur durch Deutschland geschehen. ... unser Volk muß die Herstellung Polens aber auch wegen der eigenen Interessen zu seiner wichtigsten und dringendsten Aufgabe machen.«[320]

Seit 1831 entstanden circa 100 Polenfreundevereine in Deutschland. Sie standen in Kontakt mit dem Polnischen Nationalkomitee in Paris und dem Polnischen Komitee in Dresden[321]. Beauftragte dieser Organisationen saßen in Regensburg, Nürnberg, Bayreuth, Hof, Würzburg und Zweibrücken. Durch sie wurde die Weiterleitung eines Teils der Hilfsgüter geregelt und auch politische Verbindungen zu polnischen Geheimorganisationen hergestellt[322]. Dreizehn bayerische Polenfreundevereine in München, Augsburg, Neuburg a. D., Regensburg, Nürnberg, Fürth, Kulmbach, Würzburg und fünf weitere in der Rheinpfalz standen in Briefverkehr mit dem Polnischen Nationalkomitee in Paris. Engere politische Beziehungen zu polnischen Gruppen im Exil besaßen demgegenüber in Württemberg und Baden nur sieben beziehungsweise vier Vereine[323].

Die gemeinsame politische Absicht zeigte sich auch auf den Konstitutionsfesten in Süddeutschland, in Hambach, Wilhelmsbad und Oppenheim. Gemeinsam operierten deutsche Oppositionelle und polnische Revolutionäre beim Frankfurter Wachensturm, gemeinsame politische Verschwörungen waren 1832 in Württemberg und in Altenburg, 1834 in Dresden, Sachsen und Berlin geplant[324].

Umfang und politische Bedeutung der Polenfreundschaft rief die Reaktion der Regierungen in ihrer antirevolutionären Haltung gegen politische »Um-

---

[317] Ebda, 40.
[318] Ebda, 40.
[319] Ebda.
[320] Zitiert nach STROBEL, Die deutsche Polenfreundschaft, 134.
[321] STROBEL, Die liberale deutsche Polenfreundschaft, 41 f.
[322] ASMUS, Reiserouten, dazu anliegende Karten; in Württemberg und Baden hielten sich zwei bzw. ein Beauftragter der polnischen Exilkomitees auf.
[323] Ebda.
[324] Die deutsche Polenfreundschaft, 70—80; STROBEL, Die liberale deutsche Polenfreundschaft, 41—45.

triebe und Umwälzung« hervor[325]. Die Haltung gegenüber den propolnischen Aktionen war 1831 von stillschweigender Tolerierung geprägt. Eine offizielle Erwähnung der Vereine durch ein Verbot oder eine Erlaubnis sollte vermieden werden, um ihnen dadurch nicht erst besondere Wichtigkeit zukommen zu lassen[326]. Ein bayerisches Reskript vom 18. 7. 1831 betonte, daß Sammlungen für verwundete Polen nicht verboten werden, aber auch nicht authorisiert und unterstützt werden sollten[327].

Preußen schritt mit der antipolnischen Haltung voran, es verbot von vorneherein jede Gründung von Polen- und Unterstützungsvereinen. In Bayern geschah dies durch das Vereinsverbot vom 1. 3. 1832. Auf preußische Initiative beriet der Deutsche Bund seit 30. 5. 1832 über den Einfluß der Polen auf die politischen Verhältnisse in Deutschland. Preußen regte einen allgemeinen Auflösungserlaß gegen die Polenvereine an[328]; einigen konnte man sich schließlich darauf, die Polen ohne Aufenthaltsgenehmigung auf schnellstem Weg nach Frankreich durch das Bundesgebiet durchzuschleusen[329]. Die Einstellung der Regierungen gegenüber den polnischen Flüchtlingen und Vereinen wandelte sich von passiver Duldung zu offener Unterdrückung, in dem Moment als die Polenfreundschaft selbst klar politisch auftrat.

Die bayerische Regierung bezog die Polen in ihre fremdenpolizeilichen Maßnahmen gegen politische Emissäre ein. Steckbrieflich wurden polnische Offiziere gesucht, wie General Bem, der politische Kontakte zu polnischen Komitees vermittelte, und General Joseph Dwernicki, der dem polnischen Nationalkomitee in Paris vorstand. Noch vor den Bundesbeschlüssen verfügte eine Ministerialentschließung am 20. 2. 1832, daß die zur Durchreise notwendigen polnischen Pässe »für den kürzesten Weg lautend ausgestellt werden, daß diejenigen, welche längeren Aufenthalt in Bayern wünschen eigens um Erlaubnis dazu anzuhalten haben.«[330] Die Regierung schrieb bestimmte Reiserouten vor, Offiziere der dritten Infanterie-Division wurden zur Begleitung der Polen abgestellt. Dadurch sollte ein schnelles Durchführen der polnischen Flüchtlinge erreicht und engere Kontakte mit der Bevölkerung verhindert werden[331]. Am 27. 5. 1832 wies die Regierung die Kreisverwaltungen an, polnische Soldaten bei längeren Aufenthalten direkt zu entfernen, außer ein ärztliches Attest bewiese die Reiseuntüchtigkeit, da »... in verschiedenen Theilen des Königreichs noch polnische Militärs, theils unter dem Vorwande von Kränklichkeit, theils unter Vorschützung dringender Geschäfte sich aufhalten, da dem Verweilen dieser Militärs aber in der That politische Zwecke von tiefster Bedeutung zu Grunde liegen, ...«[332]

[325] ASMUS, Reiserouten, 100, betont, daß keine Regierung propolnisch eingestellt war; STROBEL, Adam Miekiewicz, 30, nimmt Sachsen davon aus.
[326] Die deutsche Polenfreundschaft, 28 f.
[327] Stadtarchiv Augsburg, 4, R 60.
[328] STROBEL, Die deutsche Polenfreundschaft, 145.
[329] Die Verhandlungen der Bundesversammlung, 71, 77 f.
[330] StAM, RA 15833; StAN, Reg. Mfr., Abgabe 1968, II, 271, MInn 20. 2. 1832 an Reg. Odkr., Udkr., Regenkr., Umkr., Isarkr., Rezatkr.
[331] StAM, MInn 7. 1. 1832; StAL, Rep. 168/1, 2214, 21. 3. 1832 Reiseroute durch den Regenkreis soll über Regensburg, Ingolstadt, Donauwörth, Dillingen, Günzburg nach Ulm führen.
[332] StAM, RA 15833, 27. 5. 1832; StAN, Reg. Mfr. Abgabe 1968, II, 271, 27. 5. 1832.

Bei der Festsetzung der Reisewege der Polen versuchten die Regierungen politisch brisante Punkte zu umgehen. Preußen verbot eine Route durch die politisch liberal eingestellte preußische Rheinprovinz, aus Angst, die polnische Solidarität könne in aktiven Widerstand umschlagen. Nachdem propolnische Empfänge in Gießen sich zu einer Protestkundgebung gegen die Regierung entwickelt hatten, untersagte die hessische Regierung den Polen den Aufenthalt in der Stadt. Österreich legte die Wege um die von Tschechen bewohnten böhmischen Länder und deutsch-österreichischen Gebiete herum[333]. März/April 1832 verwehrte die bayerische Regierung den Polen den Weg über München und Augsburg, als polnische Empfänge in München gegeben wurden und die Augsburger Soldaten sich mit polnischen Emigranten solidarisierten[334]. Nach dem Hambacher Fest wurde die ganze Rheinpfalz für polnische Züge gesperrt[335].

In der Handhabung der Fremden- und Paßvorschriften gegenüber Polen läßt sich eine Wandlung erkennen. Bis 1832 wurde der Durchzug der Polen durch Regierungs- und Polizeibehörden lediglich beobachtet und die Einhaltung der vorgeschriebenen Routen kontrolliert[336]. Seit 1833 schlug diese Aufsicht in eine Verfolgung polnischer Militärs um[337]. Der Verdacht der Demagogie verhärtete sich als Dezember 1832 ein polnischer Aufruf des polnischen Nationalkomitees, General Dwernickis, an die deutsche Jugend gefunden wurde. Darin forderte er zur Unterstützung der Polen in ihrem Freiheitskampf und zur Vorbereitung der polnischen Jugend im Ausland für diesen Kampf auf[338]. Die veränderte Haltung der bayerischen Regierung drückte sich 1833 in der Behandlung der Polen aus, die von Frankreich und der Schweiz aus über den Weg durch Deutschland in ihre Heimat zurückkehren wollten. Zur Durchreise durch Bayern waren Mai 1833 legale, von der französischen Gesandtschaft ausgestellte und der russischen beziehungsweise österreichischen Gesandtschaft geprüfte Papiere notwendig[339]. Dadurch sollte die Einreise nach Bayern erschwert werden. Die repressive Politik der bayerischen Regierung wird durch die Worte des Innenministers Öttingen-Wallerstein nach dem Frankfurter Wachensturm am 19. 5. 1833 deutlich: »Die vorzügliche Aufmerksamkeit verdienen die Polen. Sie sind von der Idee durchdrungen: ›das, durch eine Revolution untergegangene Land könne nur durch eine Revolution wieder erstehen.‹ Dann erklären sie laut ›ihr Beruf sey, solange allenthalben zu zünden, und bei Feuersbrünsten Oel in die Flamme zu geben, bis der allgemeine Brand auch ihre Ketten schmelze‹.«[340]

[333] ASMUS, Reiserouten, 94 ff.
[334] ASMUS, Reiserouten, 97.
[335] STROBEL, Die deutsche Polenfreundschaft, 145; diese Anordnungen wurden jedoch mehr oder weniger streng eingehalten, STROBEL, Adam Mieckiewicz, 32 ff.
[336] StAN, Reg. Mfr. Abgabe 1968, II, 271—273.
[337] Ebda, Abgabe 1932, II, 283.
[338] Ebda, Abgabe 1968, II, 271, MInn 21. 3. 1833 an Reg.Präs., dort Aufruf Dwernickis vom 8. 12. 1832.
[339] KA, A IV 143, München 1. 5. 1833.
[340] StAND, Reg., 6912, Öttingen-Wallerstein 19. 5. 1833 an König.

d. Studenten und Burschenschaften

Die Unruhen nach der Julirevolution in Leipzig, Jena, Göttingen, Altenburg, Borna waren auch von Studenten getragen. Dies löste erste antirevolutionäre Maßnahmen im September 1830 aus, die sich gegen Studenten richteten. Die Einreise von Studenten der dortigen Universitäten unterlagen einem behördlichen Leumundszeugnis. Allgemeine fremdenpolizeiliche Vorschriften wandten sich in zunehmenden Maß gegen reisende Studenten[341], die sich jeweils nach dem Hambacher Fest und dem Frankfurter Wachensturm verschärften. Seit Sommer 1832 wurden Studenten während der Semesterferien polizeilich genau beaufsichtigt; Kontakte zur Landbevölkerung, politische Reden der Studenten und das Verteilen von Flugschriften sollten verhindert werden[342].

Auch in Bayern hatten sich Studenten immer wieder an Tumulten beteiligt. Die weitreichendsten Konsequenzen zogen die Dezemberunruhen 24. bis 29. 12. 1830 nach sich[343]. Auf Befehl Ludwigs I. wurde die Münchner Universität geschlossen, alle nicht in München ansässigen Studenten sollten die Stadt verlassen. Der Protest der Münchner Bürger, die unter anderem wirtschaftliche Einbußen befürchteten, bewirkte jedoch die Zurücknahme dieser Anordnung[344]. 59 Studenten blieben jedoch in Untersuchungshaft. Nach langen Recherchen traf das Landshuter Appellationsgericht ein anderes Urteil als die Münchner Polizeidirektion, eine politische Tendenz lag dem Tumult nicht zugrunde[345]. Während ebenso aufgeklärt-liberale zeitgenössische Beobachter wie der ehemalige Staatskanzler Maximilian Joseph Graf Montgelas und der französische Gesandte in München Rumigny das Ganze als Studentenspektakel[346] oder Schülerstreich[347] beurteilten, sahen dagegen Angehörige des konservativ-restaurativen Lagers hier einen Beweis revolutionär-verschwörerischer Verbindungen mit Frankreich und den deutschen Aufständen 1830[348]. Obwohl Ludwig I. sein ursprünglich ähnlich lautendes Urteil revidiert hatte, blieb jedoch der allgemeine Verdacht revolutionärer Aktivitäten der Studenten erhalten.

Seit dem Wartburgfest und dem Attentat Karl Sands an Kotzebue richtete sich mit dem Argument politischer und demagogischer Umtriebe die repressive Politik im Sinne Metternichs gegen die Studenten. Die illegale Periode der

---

[341] Ebda, 7149, Augsburg 23. 9. 1830 Reg.Präs. an Distr.pol.beh., Stadtkomm.; BayHStA MInn 45513, Zentner 1. 10. 1830; Stadtarchiv Augsburg, 5, 488, Augsburg 8. 11. 1830.

[342] StAB, Bez. Berneck, K 7, 150, MInn 22. 9. 1832; StAW, Reg. Ufr. Abgabe 1943/45, Nr. 12751.

[343] Vgl. S. 92; HEINLOTH, Dezemberunruhen; Michael DOEBERL, Entwicklungsgeschichte Bayerns, Bd. III: Vom Regierungsantritt Ludwigs I. bis zum Tode Ludwigs II. mit Ausblick auf Bayern unter Prinzregent Luitpold, München 1931, 100 ff.

[344] Eine Parallele zu den Unruhen am 2. 3. 1847 und 9. 2. 1848: nach Studentenkrawallen wurde auch die Universität geschlossen, jedesmal nach Protest der Bürger wurde die Anordnung zurückgenommen; vgl. GBP IV, 233 f., GBF V, 238 f.; SPINDLER, Regierungszeit, 215.

[345] HEINLOTH, Dezemberunruhen, 67—73.

[346] So äußerte sich Montgelas (1759—1838). Erster Minister 1799—1817 unter König Maximilian I. v. Bayern; vgl. Eberhard WEIS, Montgelas, 1759—1799, zwischen Revolution und Reform, München 1971; Julie von ZERZOG (Hg.), Briefe des Staatsministers Graf Maximilian Josephs von Montgelas. Regensburg 1855, 69, vgl. 67 ff.

[347] GBF II, 399, vgl. 336 ff.

[348] GBÖ II, 29 ff.

Studentengesellschaften begann 1819[349]. Bundes- und Landesgesetze verboten burschenschaftliche Vereine und schrieben die politische Kontrolle der Hochschulen vor[350].

Das studentische Leben war von verschiedenen Verbindungen geprägt. Gegenüber den Landsmannschaften, in München die Suevia, Bavaria, Palatia, Isaria, verfolgten die Burschenschaften konkretere politische Ziele[351]. Die allgemeinen politischen Vorstellungen der Burschenschaften waren beeinflußt durch die Zeit der Befreiungskriege, der Turnerbewegung und den nationaldeutschen Hoffnungen des Wiener Kongresses. Das liberal-nationale Programm der Burschenschaften stand für die staatliche und wirtschaftliche Einheit Deutschlands, für ein einheitliches Recht, Geschworenengerichte und öffentliches Verfahren, Rede- und Pressefreiheit; radikale Gruppen forderten die Einführung der Republik. An den bayerischen Universitäten München, Erlangen und Würzburg waren als burschenschaftliche Verbindungen die Markomannia, Amicitia, Arminia und Germania vertreten. Der politisch aktive Verein war die Germania; sie war auch Mitglied der allgemeinen deutschen Burschenschaft[352].

Unter dem Einfluß der Julirevolution entwickelte sich der Verband der allgemeinen deutschen Burschenschaft immer radikaler. Die Burschenschaften der bayerischen Universitäten trieben diese Politisierung maßgeblich voran. Auf dem Frankfurter Burschentag 26. 9. bis 4. 10. 1831 beschlossen Burschenschaftsvertreter der einzelnen deutschen Universitäten eine Satzungsänderung; sie sprachen sich für den Grundsatz der praktisch-politischen Tendenz aus: ». . . ›da die Zeit dringend fordert, daß die Burschenschaft als politische Assoziation gegen jedes illiberale Prinzip auftrete‹.«[353] Münchner und Erlanger Germanen galten in Frankfurt als Ultras; der Antrag der Erlanger und Würzburger Studentenvertreter, die Burschenschaft solle nach Gelegenheiten zur Aktion, zur Einleitung revolutionärer Bewegungen suchen, wurde auf dem Frankfurter Burschentag jedoch abgelehnt[354]. Politische Bildung, so einigte man sich, durch Publizierung von Aufsätzen, in studentischen und bürgerlichen Philistervereinen wäre das geeignetere Mittel zur Verwirklichung des Verbindungszwecks, der staatlichen Einheit und politischen Freiheit der Deutschen[355].

Im Sommer 1831 verteilte die Münchner Germania gedruckte Aufrufe zur Unterstützung polnischer Emigranten, beteiligte sich Oktober 1831 an einer

[349] Gerda BARTOL, Ideologie und studentischer Protest. Untersuchungen zur Entstehung deutscher Studentenbewegungen im 19. und 20. Jahrhundert (Minerva-Fachserie Wirtschafts- und Sozialwissenschaften) München 1978, 78, vgl. 72 f.
[350] Vgl. 72 f.; BÜSSEM, Beschlüsse; Verbote und Kontrolle, festgelegt im Universitätsgesetz der Karlsbader Beschlüsse 20. 9. 1819 (§ 3) und in der Preußischen Universitäts-Verordnung 18. 9. 1819, HUBER, Dokumente, 1, 90 f., 99—102.
[351] SPINDLER, Regierungszeit, 152; Max HUBER, Ludwig I. von Bayern und die Ludwig-Maximilians-Universität in München (1826—1832), Diss. Würzburg 1939, 62 f., 130.
[352] Philipp WEHNER, Die burschenschaftliche Bewegung an der Universität Landshut-München in den Jahren 1815—1833, Diss. München 1917, 29—34, 40—48; Georg HEER, Die Demagogenzeit. Von den Karlsbader Beschlüssen bis zum Frankfurter Wachensturm (1820—1833), (Paul WENTZCKE, Geschichte der deutschen Burschenschaft 2 = Quellen u. Darstellungen zur Geschichte d. Burschenschaft und der deutschen Einheitsbewegung 10) Heidelberg 1927.
[353] HEER, Demagogenzeit, 237.
[354] StAM, App.-ger. 5148/8, München Kreisger. 21. 2. 1835; HEER, Demagogenzeit, 238.
[355] Ebda, 238 f.

Aktiengesellschaft, die Johann Georg August Wirth zur finanziellen Unterstützung der von der bayerischen Zensur bedrängten Zeitung »Deutsche Tribüne« gegründet hatte[356]. Seit 1831 entstanden engere Kontakte der Burschenschaften zu bürgerlichen oppositionellen Kreisen. Die Münchner Germanen trafen sich mit führenden oppositionellen Landtagsabgeordneten, mit Closen, Seuffert, Culmann, Schwindel, Eberts[357], standen Bürgervereinen, vor allem der Pistor'schen Gesellschaft nahe[358]. Daniel Pistor war ein wichtiges Mitglied des Preßvereins[359]. Preßverein und Burschenschaften verfolgten ähnliche politische Vorstellungen. Münchner, Erlanger und Würzburger Burschenschaftsstudenten leisteten für den Preßverein Beitragszahlungen[360].

Der engere Verband der Würzburger und Erlanger Germania war sich schon Sommer 1832 einig, daß ihr Vereinsziel nicht mehr allein durch »moralische und körperliche Ausbildung«, sondern nur durch direktes politisches Handeln, durch einen gewaltsamen Umsturz möglich war[361]. Nach anfänglichem Zögern der norddeutschen Burschenschaften, vor allem Kiels, die eine Politisierung ablehnten, wurde für den 26., 27. 12. 1832 ein Burschentag in Stuttgart einberufen. Er war richtungsweisend. Die bayerischen Burschenschaften konnten sich durchsetzen[362]. Die praktisch-politische Tendenz wurde bekräftigt; als den einzig richtigen Weg akzeptierte man nun nur den einer Revolution, da die Mehrheit des Volkes den politischen Umsturz befürworte[363]. Diesen Beschluß begrüßten die Burschenschaften der bayerischen Universitäten einhellig. An den übrigen Universitäten, in Heidelberg, Jena, Kiel, Marburg und Gießen war er hart umstritten. Viele Studenten traten aus der Germania aus, gründeten andere Vereinigungen[364].

Über die engen Beziehungen zum Preßverein erfuhren die Burschenschaften Januar 1833 von den Revolutionsplänen in Frankfurt. Am Wachensturm 3. 4. 1833 nahmen Würzburger und Erlanger Studenten aktiv teil. Von 38 während der Niederwerfung des Putsches in Frankfurt verhafteten Studenten kamen elf aus Würzburg und Erlangen, achtzehn weitere bayerische Studenten konnten fliehen[365]. Nach dem Wachensturm leiteten der Deutsche Bund und die einzelstaatlichen Regierungen massive polizeiliche und gerichtliche Untersuchungen gegen Studenten und Burschenschaften ein[366]. Dabei richtete sich der Hauptverdacht gegen die bayerischen Universitäten. Die Nachforschungen der Frank-

---

[356] HEER, Demagogenzeit, 269—272. — Wirth wollte mit dieser Maßnahme seiner Zeitung eine wirtschaftlich sichere Basis schaffen, da wegen den häufigen Zensureinsprüchen das Risiko für Druckerei, Verlag hoch war. Seit Beginn 1832 erschien die »Deutsche Tribüne« im pfälzischen Homburg; vgl. FOERSTER, Preß- und Vaterlandsverein, 17 f.

[357] Siehe S. 37 f.

[358] WEHNER, Bewegung, 64 ff., 79 ff.

[359] FOERSTER, Preß- und Vaterlandsverein, 31.

[360] HEER, Demagogenzeit, 270 ff.

[361] Ebda, 282 f.

[362] Am Burschentag in Stuttgart nahmen Vertreter der Germania Erlangen (Krämer), Germania München (Arnold), Germania Würzburg (Wislizenus), Germania Heidelberg (v. Reitzenstein), Germania Kiel (Waldemar Müller), Germania Tübingen (Böhringer) teil; vgl. HEER, Demagogenzeit, 282.

[363] Weitere Beschlüsse in Frankfurt: Anschluß an den Preßverein, Bildung politischer Klubs mit Bürgern, Waffenübungen; HEER, Demagogenzeit, 282.

[364] Ebda, 288 f.

[365] StAM, App.-ger. 5148/4, Lerchenfeld an App.ger. Landshut 11. 5. 1833.

[366] Siehe S. 63 f., S. 67 ff.

furter Bundeszentralbehörde wurden rückwirkend angelegt, die politischen Aktivitäten seit 1830 standen im Vordergrund.

Die bayerische Regierung hatte seit der Verlängerung der Karlsbader Beschlüsse 1824 ein erstes allgemeines Verbot der Burschenschaften Amicitia, Markomannia und Germania unter Androhung des Ausschlusses von allen bayerischen Universitäten am 10. 4. 1832 ausgesprochen[367]. Unter Berufung auf diese Anordnung wurden am 15. 5. 1833 erstmals elf Studenten von der Würzburger Universität relegiert, drei Studenten wurden von der Universität verwiesen; drei weitere entgingen einer Bestrafung durch freiwilligen Austritt[368]. Die Relegation bedeutete nicht nur den permanenten Ausschluß von einer bayerischen Hochschule, sondern auch von einer Anstellung im Staatsdienst.

Am 17. 5. 1832 wurde nochmals die Auflösung der Münchner Germania und der sich ihnen angeschlossenen Isaria verfügt[369]. Trotz dieser und weiterer Verbote bestanden Restgruppen der burschenschaftlichen Verbindungen weiterhin fort[370]. Im Sommer 1832 hatten erste strafrechtliche Untersuchungen vor dem Münchner Stadt- und Kreisgericht begonnen, Polizei- und Gerichtsbehörden beobachteten politische Aktivitäten an den bayerischen Hochschulen[371].

Auf die Teilnahme bayerischer Studenten am Frankfurter Wachensturm reagierte die Regierung mit wiederholten Verboten sogenannter unerlaubter politischer Gesellschaften, vor allem der Arminia, Markomannia, Amicitia und Germania. Eine Mitgliedschaft an diesen Burschenschaften zog die sofortige Relegation nach sich. Relegation drohte auch in dem Fall, wenn ein Student ohne vorige Meldung bei Polizeibehörden beziehungsweise Universitätsamt Besuch bei sich beherbergte[372]. Durch diese »Meldepflicht« konnten mögliche politische Kontakte und Verbindungen kontrolliert werden.

An der Universität München wurde im Mai 1833 ein eigenes Universitätspolizeidirektorat eingeführt, wie es schon an der Erlanger und Würzburger Universität bestand[373].

Im Zuge der nach dem Wachensturm einsetzenden Untersuchungen waren 1800 Personen in Hochverratsprozesse verwickelt, allein 1200 davon waren Burschenschaftsstudenten[374]. Am 14. 6. 1833 wurden alle ermittelten Mitglieder der Germania verhaftet[375].

[367] HUBER, Ludwig I., 131.
[368] StAW, Reg. Ufr. Abgabe 1943/45, Nr. 13019, Würzburg 18. 5. 1833 Ministerial-Komm. d. Universität Würzburg Graf Giech an Reg. Umkr.
[369] HEER, Demagogenzeit, 270.
[370] Ebda, 271 f.
[371] WEHNER, Bewegung, 86 f.; StAN, Reg. Mfr. Abgabe 1968, II, 10, MInn 8. 7. 1832; ebda, Pfaffenhofen a. d. Ilm 13. 5. 1832; StAW, Reg. Ufr. Abgabe 1943/45, Nr. 12757, Bericht Dr. Grossbach über Universität Würzburg 1827—1832.
[372] MInn 15. 4. 1833 »Die Theilnahme mehrerer Studenten der Universität Würzburg und Erlangen an den Vorfällen in Frankfurt betr.«, dies wurde revidiert durch die MInn-Entschl. 6. 5. 1833 »Die Aufsicht auf die Hochschüler betr.« und die Ausführungsvo 9. 5. 1833 (DÖLLINGER, Verordnungssammlung 9, 477—483); siehe StAW, Reg. Ufr. Abgabe 1943/45, Nr. 13020; StAN, Reg. Mfr., Min.-Komm. Erlangen 97.
[373] MInn-Entschl. 6. 5. 1833, Ziffer 5, »Die Aufsicht auf die Hochschüler betr.« und Ausführungsvo 9. 5. 1833, § 2 (DÖLLINGER, Verordnungssammlung 9, 479 f.). Neben dem Universitätspol.dir. bestand an jeder Universität eine Ministerialkomm., die über Einhaltung der Bestimmungen wachte; über Relegation, Dimission entschieden Universitätssenat, -rektor und Ministerialkomm.
[374] HEER, Demagogenzeit, 324 f.
[375] HEER, Demagogenzeit, 318.

November 1835 wurden die ersten Urteile gefällt. Auch bei einem Freispruch waren zwei bis drei Jahre Untersuchungshaft vergangen. Die Entwicklung der Burschenschaften war in langen Verhören recherchiert worden. Die Beziehungen zu Bürgervereinen, zu den Polenkomitees und dem Preßverein, die Teilnahme an Volksversammlungen und -festen, das Verbreiten politischer Schriften dienten neben der Mitgliedschaft zu einer unerlaubten Verbindung als Belastungspunkte[376]. In die strafrechtliche Untersuchung wurden letztendlich nur die nach dem Stuttgarter Burschentag Dezember 1832 im Verband der deutschen Burschenschaften gebliebenen Studenten gezogen. Häufig wurden die Erhebungen mangels Beweises eingestellt, zum Beispiel am 23. 11. 1835 gegen 71 Erlanger Arminen, 28 Erlanger, Jenaer und Hallenser Germanen, 36 Würzburger Germanen und 64 weitere Würzburger, die im Zusammenhang mit den Untersuchungen gegen oppositionelle Vereine, gegen Wilhelm Joseph Behr und Gottfried W. Eisenmann auch in Burschenschaftsprozesse verwickelt waren[377].

In einzelnen Fällen sprach 1835 das Landshuter Appellationsgericht jedoch äußerst harte Strafen aus. 13 Erlanger Studenten, die dem engeren Verein der Germania angehörten, waren auf Grund der Burschenschaftszugehörigkeit und Verbindungen zum Frankfurter Wachensturm des Hochverrats angeklagt; sieben wurden zum Tode verurteilt, zwei zu Festungshaft und vier freigesprochen[378]. Diese Todesurteile wurden jedoch nicht ausgeführt, sondern in zum Teil lebenslange Festungsstrafen umgewandelt[379].

Beabsichtigt war eine abschreckende Wirkung solcher Urteile. In der Öffentlichkeit reagierte man empfindlich. Juni 1836 war in München ein Flugzettel verbreitet, der diese Urteile zum Anlaß heftigster Kritik gegen die Regierung Ludwigs I. nahm: »Durch alle diese Aburtheilungen ... verewigt sich König Ludwig in den Annalen der bayerischen Geschichte um Justiz als der absoluteste König unter konstitutioneller Maske ... gleich dem argsten, argwöhnischsten und furchtsamsten Tyrannen! Dieß Verfahren ist um so ungerechter, als dadurch bloße Meinungen, Ansichten, Irrthümer gleich dem Verbrechen selbst bestraft werden.«[380]

---

[376] StAM, App.ger. 5148/2—9, 19—20 Untersuchungen gegen Erlanger Burschenschaft; ebda, 5148/13—18 gegen Würzburger Burschenschaft; ebda, 5152/2 gegen Münchner Burschenschaft.

[377] StAM, App.ger. 5148/7—8; ebda, App.ger. 5148/18; — zu den Untersuchungen gegen Vereine vgl. Kap. IV.2.b.; — Eisenmann wurde am 21. 9. 1832/25. 10. 1832 wegen Hochverrats auf Grund seiner politischen Schriften und Zeitungsartikel zu Festungsstrafe auf unbestimmte Zeit verurteilt; 1847 wurde er begnadigt; vgl. Hans HOFFMANN, Johann Gottfried Eisenmann (1795—1867). Ein fränkischer Arzt und Freiheitskämpfer (Mainfränkische Hefte 49) Würzburg 1967, 28—33; — Behr wurde 1832 verhaftet und 1835 wegen Hochverrats auf Grund seiner Schriften und seiner Rede auf dem Gaibacher Fest ebenso zu Festungshaft auf unbestimmte Zeit verurteilt; vgl. Max DOMARUS, Bürgermeister Behr. Ein Kämpfer für den Rechtsstaat, Würzburg 1971.

[378] StAM, App.ger. 5148/2 fol. 89—100, Landshut 23. 11. 1835.

[379] Ebda, fol. 101—129, Landshut 23. 11. 1835, fol. 245—267 Begnadigung 11. 7. 1836, 21. 9. 1836.

[380] BayHStA MInn 45395, München 22. 6. 1836, der Zettel wurde vor dem Münchner Kreis- und Stadtgericht gefunden, das die polizeilichen Untersuchungen durchgeführt hatte; im weiteren Text wurde Ludwig I. mit Philipp II. zur Zeit der spanischen Inquisition verglichen.

IV. Antirevolutionäre Regierungspolitik und die Entwicklung politischer Öffentlichkeit nach 1830

Die Bedeutung des Begriffs »Öffentlichkeit« liegt auf zwei miteinander verflochtenen Ebenen: »Öffentlichkeit meint einmal die Evidenz eines Sachverhaltes, ... Die zweite, abgeleitete Bedeutung läßt sich als Kommunikationsbereich umschreiben, innerhalb dessen Sachverhalte zu allgemeiner Evidenz gelangen können. ›Öffentlichkeit‹ meint in diesem Fall einen kommunikativen Bezirk, ein potentielles Gesprächsforum...«[1] Die Existenz dieses kommunikativen Bezirks ist die Voraussetzung der Bildung der öffentlichen Meinung[2].

Der ersten Bedeutung nach war »Öffentlichkeit« eine der zentralen Forderungen der liberalen bürgerlichen Verfassungsbewegung nach 1815. Verfassungsrechtliche Programmpunkte waren Öffentlichkeit der Landtagsverhandlungen, Öffentlichkeit der Justiz; hierzu könnte man auch die Sicherung des Austausches freier Meinungen durch Presse-, Rede- und Versammlungsfreiheit zählen.

Die Forderung nach Öffentlichkeit in der ersten Hälfte des 19. Jahrhunderts war auch die nach Partizipation an politischen Willensbildungs- und Entscheidungsprozessen[3].

Foren politischer Öffentlichkeit im bayerischen Vormärz waren vor allem die alle drei Jahre einberufenen Landtage[4] und die Presse[5]. Wachsenden Stellenwert als Träger politischer Öffentlichkeit gewann seit den 30er Jahren das Vereinswesen. Bisher im wesentlichen auf Bildungs- und Gesellschaftsvereine konzentriert, erlebten die bestehenden Vereine seit 1830 eine Politisierung, neue rein politische Vereine wurden gegründet. Sie sind als Vorläufer politischer

---

[1] Franz SCHNEIDER, Pressefreiheit und politische Öffentlichkeit — Studien zur politischen Geschichte Deutschlands bis 1848 (Politica 24) Neuwied 1966, 12.

[2] Ebda, 12. Zum Aspekt der öffentlichen Meinung: Wilhelm BAUER, Die öffentliche Meinung und ihre geschichtlichen Grundlagen, Tübingen 1914; Ulla OTTO, Die Problematik des Begriffs der öffentlichen Meinung (Publizistik, 11/2), 1966, 99—130.

[3] Zur Problematik politischer Öffentlichkeit: Jürgen HABERMAS, Strukturwandel der Öffentlichkeit. Untersuchungen zu einer Kategorie der bürgerlichen Gesellschaft (Sammlung Luchterhand 25) Darmstadt [11]1980; HOEFER, Pressepolitik, 21.

[4] Zur Einberufung der Ständeversammlung alle drei Jahre war der bayerische König laut VU 1818, Präambel und Tit. I, § 2 verpflichtet; Wahlen zur Abgeordnetenkammer fanden alle sechs Jahre statt, laut VU 1818, Tit. VI, § 13.

[5] In der vorliegenden Arbeit konzentriere ich mich auf Presse, Vereine, Versammlungen, Feste und Abzeichen als Formen politischer Öffentlichkeit. Sie waren am stärksten von der restaurativen Regierungspolitik seit 1830 betroffen. Andere schriftliche Ausdrucksformen, Druck- und Flugschriften, Adressen und Petitionen, und der Landtag werden im Zusammenhang, bei der Darlegung der Auseinandersetzungen mit der Regierungspolitik erörtert (Kap. V.).

Parteien anzusehen[6]. Der Aufruf zur Gründung politischer Vereine war ein politischer Akt, da er als Forderung zur Teilnahme am Staatsleben verstanden wurde[7].

Unter dem Eindruck der französischen Julirevolution schritten die Regierungen zur verschärften Kontrolle und Unterdrückung der Foren politischer Öffentlichkeit. Nachdem dies zunächst die Presse betraf, verlegte sich das Gewicht politischer Öffentlichkeit auf Vereine, Volksversammlungen und -feste. Dies führte zu weiteren repressiven Regierungsmaßnahmen. Die Regierungspolitik näherte sich seit 1830 der Arkanhaltung des 18. Jahrhunderts an, das hieß »... die Abschirmung des politischen Raumes ... gegenüber der sich bildenden räsonierenden bürgerlichen Öffentlichkeit.«[8]

1. PRESSEPOLITIK

a. Presserechtliche Entwicklung

Nach der Julirevolution rückte die pressepolitische Frage innerhalb der bayerischen Regierungspolitik in den Vordergrund. Der Einfluß der Presse auf die öffentliche Meinung und die politische Stimmung der Bevölkerung wurde hoch eingeschätzt. Ludwig I. war davon überzeugt, daß die Presse zum Ausbruch der Julirevolution beigetragen habe[9]. Daher sah er die Notwendigkeit repressiver Maßnahmen und sogar ein gemeinsames Handeln auf Bundesebene gerechtfertigt: »Es kann Ihnen nicht entgangen sein, welche Wichtigkeit in gegenwärtig aufgeregter Zeit die Tagblätter haben, ... Wenn auch ... für Bayern kein Grund vorliegt, die jedem Bundesstaate nach Art. XXVI der Akte vom 15. May 1820 von von dem gesamten Bunde zu leistende Hülfe anzurufen, so ist doch der Fall gegeben, da in mehreren Bundesstaaten zu Leipzig, Dresden, Cassel, Braunschweig, Homburg, Gera etc. gefährliche Bewegungen stattfanden, um nach Art. XXV der angeführten Akte die vollste Aufmerksamkeit der Bundesversammlung in Anspruch zu nehmen, welche dann unfehlbar und selbst nach vorliegendem offenen Geständnisse französischer

---

[6] Zur Entwicklung und Bedeutung des Vereinswesens: Wolfgang HARDTWIG, Politische Gesellschaft und Verein zwischen aufgeklärtem Absolutismus und der Grundrechtserklärung der Frankfurter Paulskirche (G. BIRTSCH, Grund- und Freiheitsrechte im Wandel von Gesellschaft und Geschichte. Beiträge zur Geschichte der Grund- und Freiheitsrechte vom Ausgang des Mittelalters bis zur Revolution von 1848) Göttingen 1981, 336—358; Dieter LANGEWIESCHE, Die Anfänge der deutschen Parteien. Partei, Fraktion und Verein in der Revolution von 1848/49 (Geschichte u. Gesellschaft 4) 1978, 324—361; Thomas NIPPERDEY, Verein als soziale Struktur in Deutschland im späten 18. und frühen 19. Jh. (Geschichtswissenschaft und Vereinswesen im 19. Jh., Göttingen 1972 = Veröffentlichungen des MPI f. Geschichte 1) 1—44; Gerhard WURZBACHER, Die öffentliche freie Vereinigung als Faktor soziokulturellen, insbesondere emanzipatorischen Wandels im 19. Jh. (W. RÜEGG/O. NEULOH, Hg., Zur soziologischen Theorie und Analyse des 19. Jh.) Göttingen 1971, 103—122; Johannes Rogalla von BIEBERSTEIN, Geheime Gesellschaften als Vorläufer politischer Parteien (Peter Chr. LUDZ, Hg., Geheime Gesellschaften = Wolfenbütteler Studien z. Aufklärung 5/1, Heidelberg 1979, 429—460.
[7] Siehe Kap. IV.2.a., S. 108 ff.
[8] SCHNEIDER, Pressefreiheit, 56.
[9] TREML, Pressepolitik, 136.

Zeitungen zuerst die Tagblätter treffen muß, die auch in Frankreich ein Haupthebel zur Umwälzung der Dinge waren.«[10]

Diese Haltung zeigte eine Wende Ludwigs I., da er bisher die Wahrung der verfassungsmäßig garantierten Pressefreiheit verteidigt hatte. Freiheit der Presse und des Buchhandels war in der bayerischen Verfassung von 1818 verankert, jedoch mit der einschränkenden Ausführungsbestimmung: »Ausgenommen von dieser Freiheit sind alle politischen Zeitungen und periodischen Schriften politischen und statistischen Inhalts. Dieselben unterliegen der dafür angeordneten Censur.«[11] Seit Regierungsantritt leitete Ludwig eine andere Pressepolitik als die seines Vaters ein, der sich streng an die Bundesgesetze angelehnt hatte. Am 22. 11. 1825 hob Ludwig eine Anordnung vom 23. 6. 1823 auf, die die Zensur für nicht politische Unterhaltungsblätter vorschrieb. Damit war zwar keine generelle Aufhebung der Zensur ausgesprochen. Doch bei Bevölkerung und ausführenden Verwaltungsstellen setzte sich die Auffasung durch, die Zensur für Schriften, Zeitungen innenpolitischen Inhalts wäre aufgehoben. König und Regierung unterbanden diese Entwicklung nicht[12].

Die Unterweisung der Zensur, für die bisher das Außenministerium verantwortlich war, unter das Innenministerium am 9. 12. 1825 und die gleichzeitige Ernennung des liberalen Joseph Ludwig von Armansperg[13] zum Innenminister am 1. 6. 1826 deuteten ebenfalls eine liberale Grundeinstellung zur Pressefreiheit an. Denn dadurch war die Pressepolitik der inneren Souveränität als möglichem Schutz gegenüber restaurativ-repressiven Bundeseinwirkungen unterstellt[14]. Weitere Verordnungen 1826 bis 1829 unterstreichen, daß von Regierungsseite Pressefreiheit grundsätzlich befürwortet wurde und in der Verwaltungspraxis danach verfahren werden sollte[15]. Auch die Versuche des 1829 zum Innenminister ernannten Eduard von Schenk, die Zensur strenger zu handhaben, wehrte Ludwig ab. In einer Staatsratssitzung schlug Schenk vor, die Zensur für innenpolitische Artikel und Schriften wiederherzustellen. Vor allem Zentner lehnte dies als verfassungswidrig ab; da, so führte Zentner aus, der als »Vater der Verfassung« als kompetent für den Sinn des Verfassungstextes gelten mußte, »... nach dem gewöhnlichen Sprachgebrauch und nach bisheriger Übung unter Politik nur die Verhältnisse zu fremden Staaten verstanden würden.«[16] Interessant war auch der Erlaß 22. 7. 1830, der festlegte, daß »die Aufhebung der Zensur über die mit der inneren Politik sich befassenden Tagblätter denselben keineswegs das Recht gibt, durch die Abschweifung in das Gebiet der Außenpolitik die dafür fortbestehende Zensur zu umgehen.«[17] Dies führte zur Interpretation, »daß die Zensur für periodische Blätter, die sich mit innerer Politik befaßten, aufgehoben sei.«[18] Die Praxis des Presserechts

---

[10] Max Freiherr von LERCHENFELD (Hg.), Aus den Papieren des kgl. bayerischen Staatsministers Max Freiherr v. Lerchenfeld, Nördlingen 1887, 423.

[11] VU 1818, Tit. IV, § 11; III. konstitutionelles Edikt § 2.

[12] TREML, Pressepolitik, 113 f.; Josef BAYERLE, Die rechtliche Situation der bayerischen Presse von 1818–1848, Diss. München 1948, 47–50.

[13] Roswitha Gräfin ARMANSPERG, Joseph Ludwig Graf Armansperg — Ein Beitrag zur Regierungsgeschichte Ludwigs I. von Bayern, Diss. München 1949.

[14] BAYERLE, Situation, 50; TREML, Pressepolitik, 114 f.

[15] TREML, Pressepolitik 114.

[16] Ebda, 133; BAYERLE, Situation, 51 ff.

[17] BAYERLE, Situation, 54.

[18] Ebda, 54.

wurde bis Mitte 1830 weitgehend großzügig gehandhabt, innenpolitische Artikel nicht zensiert.

Demgegenüber wirkt die anfangs zitierte Überlegung, eine restriktivere Pressepolitik durchzusetzen, als krasse Wende. Insbesondere da Ludwig sich auf den Art. 25 der Wiener Schlußakte von 1820 berufend Maßnahmen des Bundes befürwortete, nachdem er in der Frage des gegenseitigen militärischen Beistands eine Intervention des Bundes zur Erhaltung und Wiederherstellung öffentlicher Ordnung und innerer Sicherheit abgelehnt hatte[19].

Die Julirevolution leitete in der Frage der Zensur ein Umschwenken ein. Dabei mögen Berichte der Regierungspräsidenten über die negativen Folgen der Pressefreiheit den König in der Richtigkeit seines Vorgehens bestätigt haben[20]. Ludwig verlangte ausdrücklich am 20. 9. 1830, Schenks Antrag vom Februar 1830 über die Wiederherstellung der Zensur erneut dem Staatsrat vorzulegen. Staatsrat Johann Baptist Stürmer[21] verteidigte dabei die Pressefreiheit »als eines der obersten konstitutionellen Rechte«[22] und nahm nochmals zur Rechtslage Stellung: »Die Befreiung der inneren Politik von Zensur sei vom König erlassen und mehrere Jahre hindurch praktiziert worden. In einem Signat vom 9. Februar habe der König bestimmt, daß das einmal Gegebene nicht verringert werden dürfe.«[23] Übereinstimmend lehnte der Staatsrat eine Änderung der Zensurbestimmungen ab; jedoch nicht nur aus innerer Überzeugung, sondern auch da der Zeitpunkt ungünstig wäre. Gerade nach der Julirevolution, die ihrerseits unter anderem durch eine Zensurordonnanz ausgelöst wurde, würde eine ähnliche Verordnung in Bayern nur Unruhe erzeugen[24].

Ludwig war trotzdem fest entschlossen, die Zensur einzuführen; seine bisherige Pressepolitik bezeichnete er als falsch. Am 27. 9. 1830 schrieb er dem bayerischen Bundesgesandten Lerchenfeld: »Ich wünsche von Seite des Bundes angegangen zu werden, dasjenige, was Bayern auf die Karlsbader Beschlüsse erlassen, in Ausführung zu bringen; denn Bayern trat denselben bei insofern sie nicht seiner Verfassung entgegen sind, und derselben nicht entgegen, sondern sogar von ihr vorgeschrieben ist die Zensur aller periodischen Schriften politischen Inhalts, demnach auch der inneren Politik, die ich seither aus Irrthum freigegeben und nur die der äußeren unter Censur hielt. Meine Regierung war für Freigebung der inneren, doch die Verfassung gebiete anders, . . .«[25] Am 18. 11. 1830 nannte er die Lockerung der innenpolitischen Zensur eine verfassungswidrige Handhabe[26]. Um innerstaatliche Proteste zu vermeiden, wollte Ludwig eine Rückkehr zur Zensur nicht von sich aus in Bayern erlassen, sondern regte eine Bundesinitiative an; dadurch könnte ein äußerer Zwang vor-

[19] Siehe Kap. III.2., S. 44 ff.
[20] StAND, Reg., Nr. 7149; BayHStA MInn 45519 Reg.Präs. Bayreuth 9. 10. 1830; GÖLZ, Landtag, 12 ff.
[21] Johann Baptist Stürmer (1777—1856) war 1823—48 Staatsrat im MInn, nach dem Rücktritt Schenks als Innenminister wurde er 27. 5. 1831 bis 31. 12. 1831 zum Ministerverweser des MInn ernannt; SCHÄRL, Nr. 65, S. 114.
[22] TREML, Pressepolitik, 137.
[23] Ebda, 137.
[24] Ebda, 137; BAYERLE, Situation, 56.
[25] LERCHENFELD, Papiere, 423 f.
[26] BAYERLE, Situation, 56; GOLLWITZER, Ludwig I., 446.

gegeben werden. Er wies Lerchenfeld jedoch an, den Vorschlag des bayerischen Königs innerhalb des Bundes und gegenüber dem bayerischen Ministerium geheim zu halten[27]. Der preußische Gesandte Nagler konnte in einem persönlichen Gespräch Lerchenfelds gewonnen werden, vor der Bundesversammlung einen Zensurantrag zu stellen[28].

Auf den Bundestagssitzungen September 1830 anläßlich der sächsischen und hessischen Unruhen, beriet man auch über die Zensur innenpolitischer Themen[29]. Ludwig wurde jetzt wieder schwankend. Die konsequent ablehnende Haltung des Staatsrats und die Einwände nun auch Innenministers Schenk aus innenpolitischen Rücksichten angesichts der bevorstehenden Landtagswahlen[30] machten Ludwig unsicher: »... Ich muß daher Bedenken tragen, in diesem Augenblicke eine Verfügung zu treffen, welche auf die Wahlen den nachtheiligsten Einfluß haben, äußern könnte. Wäre der Beschluß zu jener Zeit gefaßt worden, wo Ich denselben erwartete, so würde Ich das Bewußte bereits ausgeführt haben, bei der gegenwärtigen Lage der Sache habe ich vor, dasselbe nach erfolgten Wahlen ins Werk zu setzen ... daß die Vorlage eines neuen Budgets mir die Wahlen zu wichtig mache.«[31]

Am 21. 10. 1830 wurde ein Bundesbeschluß getroffen, der die Pressebestimmungen der Karlsbader Beschlüsse betonte, Zensur von Nachrichten über Unruhen und Aufruhr und die Aufsicht auf Zeitungen mit innenpolitischer Berichterstattung vorschrieb, »... indem auch diese bei ungehinderter Zügellosigkeit das Vertrauen in die Landesbehörden und Regierungen schwächen und dadurch indirect zum Aufstand reitzen.«[32]

Inzwischen wurden in Bayern pressepolitische Verfügungen, Kabinettsbefehle erlassen, die eine eindeutigere Linie zeigten. Die Kreisregierungen wurden zum genauesten Vollzug der Pressegesetze angewiesen, die Wichtigkeit der Zensurüberwachung wiederholt betont. Nach 1830 durften Nachrichten über den König, die königliche Familie und politische Maßnahmen der Regierung nur in der Augsburger Allgemeinen Zeitung erscheinen beziehungsweise ihr entnommen sein[33]. Am 3. 8. 1830 verfügte ein Ministerialreskript Schenks, daß die Zeitungsberichte aus und über Frankreich nur französischen, englischen oder niederländischen Blättern mit Angabe der Quelle entstammen durften[34]. Am 6. 8. ordnete Ludwig an, daß die zensurfreien Zeitungen und Zeitschriften sich nicht »... in auswärtige Politik durch Mittheilung von Thatsachen und Nachrichten oder durch Betrachtungen über deren Ursachen und Folgen noch durch Beziehungen auf auswärtige Regierungen und Vorfälle einlassen.«[35] Die Skepsis an der Zuverlässigkeit der Zeitung als Informationsquelle drückte

---

[27] LERCHENFELD, Papiere, 424.
[28] TREML, Pressepolitik, 138.
[29] LERCHENFELD, Papiere, 424 f., 432 ff.; TREML, Pressepolitik, 138 f.
[30] LERCHENFELD, Papiere, 433, 435 ff.; SPINDLER, Briefwechsel, 149, 163 ff.
[31] LERCHENFELD, Papiere, 434.
[32] HUBER, Dokumente 1, 118, Art. 5 des Bundesbeschlusses.
[33] LEMPFRIED, Anfänge, 161 f.
[34] StAND, Reg., Nr. 7058, München Schenk.
[35] StAN, Reg. Mfr. Abgabe 1968, XVII, 158, Ludwig Bad Brückenau 6. 8. 1830 persönliches Schreiben an Reg.Präs. Mieg; StAND, Reg., Nr. 7058, MInn Schenk 3. 8. 1830 an Reg. Odkr.

sich in einer Anweisung aus, gegen die Verbreitung »falscher Gerüchte«, besonders über ausgebrochene Unruhen, einzuschreiten[36].

Dezember 1830 ergriff Ludwig vehement die Initiative und forderte Schenk auf, eine Zensurverordnung auszuarbeiten. Nach anfänglichem Zögern Schenks befahl Ludwig am 8. 1. 1831 die Vorlage einer Zensurverordnung. Am 28. 1. 1831 wurde sie erlassen, am 31. 1. 1831 im Regierungsblatt bekanntgegeben, als die Wahlen für den Landtag abgeschlossen waren[37]. Das hatte den beabsichtigten Nebeneffekt, daß die geplante Ausschließung liberaler Abgeordneter von der Wahrnehmung ihres Mandats nicht in den Zeitungen diskutiert werden konnte[38]. Der Zensurerlaß war eine Ausführungsverordnung zum § 2 der III. Verfassungsbeilage und lautete: »Alle Zeitungen und periodischen Schriften, welche sich mit der inneren oder äußeren Politik oder mit Statistik befaßten, unterliegen ohne Unterschied und Ausnahme der nach § 2 des Edikts über die Freiheit der Presse angeordneten Zensur.«[39] Dadurch war die Bestimmung, »Zensur politischer Artikel und Schriften« in der Verfassungsbeilage, eindeutig interpretiert. Es wurde darunter nicht mehr allein die Außenpolitik, sondern auch die Innenpolitik begriffen. Beide unterlagen von nun an der Zensur; neu war, daß erstmals seit Regierungsantritt Ludwigs die Zensur für Themen der Innenpolitik verfügt wurde. Aus den weiteren Bestimmungen der Zensurverordnung spricht ein grundsätzliches Mißtrauen gegenüber der Berichterstattung in Zeitungen. Zensiert werden sollten Aufsätze, »Wenn in denselben notorische Unwahrheiten oder erdichtete Nachrichten von zu erwartenden Regierungsmaßnahmen enthalten sind.«[40] Die Veröffentlichung der Landtagsverhandlungen durfte nur noch in erzählenden Berichten geschehen[41]. Die bis Juli 1830 wohlwollende Haltung gegenüber der Presse hatte sich nun radikal geändert.

Dieser Zensurerlaß stieß auf vehemente Kritik und mobilisierte eine starke Opposition der Bevölkerung. Im Verlauf der Auseinandersetzungen, die später dargestellt werden[42], wurde die Zensurverordnung zurückgenommen, Innenminister Schenk, der die Verordnung gegengezeichnet hatte, trat zurück.

Nach der Zurücknahme des Zensurerlasses war derselbe Zustand erreicht wie im Herbst 1830. Die Bestimmungen über Pressefreiheit waren unklar definiert. Grundsätzlich waren innenpolitische Artikel und Aufsätze zensurfrei, dies konnte jedoch durch Verfügungen und Erlasse eingeschränkt werden. In einer Zusammenstellung vom 8. 3. 1836 der seit Januar 1832 getroffenen Entscheidungen über das Pressewesen bestimmte man Zensurfreiheit innenpolitischer Zeitungen und Zeitschriften, aber mit dem Vorbehalt eventueller anderer Verfügungen[43]. »Die Redakteure könnten zu diesem Zweck zwei verschiedene Blätter herausgeben, eines, das sich mit der inneren und eines, das

---

[36] BayHStA MInn 45513, München 1. 10. 1830; ebda, Staatsrat 107, München 1. 10. 1830; StAND, Reg., Nr. 7149, MInn 14. 10. 1830 an Reg. Odkr.
[37] SPINDLER, Briefwechsel, 164 f., 167: Reg.bl. 31. 1. 1831, Nr. 4, Spalte 34—40.
[38] Zum Ausschluß der Abgeordneten vom Landtag, Kap. V.1.
[39] § 2 der Zensurverordnung 28. 1. 1831, Reg.bl. 31. 1. 1831, Nr. 4, Spalte 34—40.
[40] Ebda, § 4,2 der Zensurverordnung 28. 1. 1831.
[41] Ebda, § 5 der Zensurverordnung 28. 1. 1831.
[42] Kap. V.2.
[43] BayHStA MInn 45176, Ministerialentschl. 8. 3. 1836; vgl. BAYERLE, Situation, 77—82.

sich mit der äußeren Politik befasse. Würden aber in einem Blatt äussere und innere Politik behandelt oder Artikel mit gemischten Inhalt aufgenommen, so unterliege das ganze Blatt der Zensur.«[44]

Der Handhabung der Zensur war durch den Vorbehalt repressiver Maßnahmen ein relativ großer Handlungsspielraum eingeräumt. Die genaue Ausführung der Verfassungsbestimmungen war gesetzlich nicht geregelt. Dies führte auch zu Unsicherheit der Zensoren und Kreisregierungen, wie bei der Zensur vorzugehen wäre. Immer wieder griff das Innenministerium direkt ein, wenn die Zensur nicht streng angewandt wurde. Zwei Beispiele seien genannt.

Die Darstellung des Tumults in Nürnberg 21., 22. 5. 1832[45] in der »Augsburger Abendzeitung« (Nr. 144) rügte das Innenministerium, da die dortige Schilderung den amtlichen Berichten widerspreche, die Ereignisse »in Beunruhigung und Aufregung erzeugender Art« mitgeteilt würden. Die Kreisregierung mußte sich rechtfertigen, warum die zuständige Zensurstelle, das Stadtkommissariat Augsburg, nicht gegen diese Zeitungsnummer eingeschritten wäre[46]. Kurz zuvor war schon der Augsburger Stadtkommissär wegen zu geringer Schärfe in der Durchführung der Zensur des Amtes enthoben worden[47].

März 1833 druckte dieselbe Zeitung einen Korrespondenzartikel aus Paris (Nr. 62, 3. 3. 1833). Das Innenministerium intervenierte, da »unziemliche und strafwürdige Angriffe« auf das Legitimitätsprinzip geäußert würden, und berief sich auf die Zensurvorschrift für außenpolitische Artikel. Hier lag ein Grenzfall vor, da Artikel ausländischer Zeitungen keiner Zensur unterlagen. In der Verwaltungspraxis war die Einstufung sogenannter Korrespondenzartikel unklar. Die Kreisregierung wehrte den Eingriff des Innenministeriums ab und verteidigte den betreffenden Zensor als zuverlässigen Beamten[48].

Seit 19. 7. 1832 unterstanden Artikel der Zensur, auch wenn sie von Zeitungen nachgedruckt wurden, die ihrerseits schon von Zensurstellen geprüft worden waren. Eine weitere Verschärfung der Maßnahmen war die Unterstellung der Beilagen politischer Zeitungen unter die Zensur, auch wenn die Beilagen keine politischen Themen behandelten[49].

Die Informationsquellen wurden durch einen Erlaß vom 27. 2. 1832 weiter eingeschränkt, da ein freies Erscheinen ausländischer Zeitungen verboten wurde; sie mußten der Zensur vorgelegt werden[50].

Die Darstellung außenpolitischer Themen in periodischen Blättern wurde nach der Aufhebung des Zensurerlasses in einer eigenen Instruktion vom 30. 9. 1831 geregelt[51]. Bundespolitik, die Beziehungen Bayerns zum Deutschen Bund und den einzelnen Bundesstaaten, Verhältnisse im Ausland und Bayerns Stellung zu ausländischen Staaten wurden zensiert. Vor allem wurde ausgeführt: »Aufsätze, worin Bayern aufgefordert wird, sich von dem deutschen Bunde zu

---

[44] BAYERLE, Situation, 78.
[45] Siehe S. 51 f.
[46] StAND, Reg., Nr. 7069, MInn München 26. 5. 1832 an Reg. Odkr.
[47] BayHStA MA 1632, MInn 9. 5. 1832.
[48] StAND, Reg., Nr. 7069, München Öttingen-Wallerstein 8. 3. 1833 an Reg. Odkr.
[49] BAYERLE, Situation, 76.
[50] Ebda, 77.
[51] BayHStA MInn 45176; StAN, Reg. Mfr. Abgabe 1968, XVII, 158, »Instruktion für die Ausübung der Censur über die in den politischen Zeitungen und periodischen Schriften erscheinenden Artikel der auswärtigen Politik«.

trennen und von seinen Gesetzen loszusagen ... können die Genehmigung der Censur nicht erhalten ...«[52] Dadurch konnte Kritik an der Verfassung des Bundes, Reformforderungen insbesondere liberaler Gruppen nach staatlicher Einheit Deutschlands unterschlagen werden. Protest gegen die bayerische Bundespolitik erhob sich seit Juli 1832 in zunehmenden Maße in Flugblättern[53].

Die Bundesbeschlüsse 1831 und 1832 enthielten ebenfalls presserechtliche Bestimmungen. Die Pressegesetze 1819 und 1824 waren die Richtschnur. Schwerwiegende Einwände und Proteste, die Wahrung bayerischer Souveränitätsrechte in der Frage der Pressegesetzgebung wie 1819 erfolgten nun weder bei König noch Ministerrat. Die Zensur wurde im gesamten Bundesgebiet auf einen einheitlichen Nenner gebracht[54]. Jede in einem Bundesstaat erscheinende Zeitschrift oder politische Druckschrift, die über 20 Bogen stark war, mußte von der Regierung genehmigt werden, unterlag also der Vorzensur[55]. Diesen Beschluß vom 5. 7. 1832 machte die bayerische Regierung nicht publik, sondern nur die sogenannten Sechs Artikel vom 18. 6. 1832. Darin wurden nähere Bestimmungen gegen den »Mißbrauch der periodischen Presse« erst in Aussicht gestellt und betont, daß bis dahin allein die Bundesversammlung zur Interpretation und zum Erlaß von Ausführungsvorschriften der Bundes- und Schlußakte, somit auch der Pressegesetze, befugt wäre[56]. Der Bund griff auch direkt in einzelstaatliche Gesetzgebung ein; das badische Pressegesetz, das völlige Pressefreiheit vorsah, erklärte der Bundesbeschluß 5. 7. 1832 für bundeswidrig und forderte Baden zur Aufhebung des Pressegesetzes auf[57].

Die bayerische Regierung befürchtete Proteste gegen den Vollzug der Sechs Artikel in Bayern, nachdem bisher Bayern sich immer gegen ähnliche Versuche einer Vormachtstellung des Bundes in innerstaatlichen Angelegenheiten verwahrt hatte. So fügte die Regierung der Veröffentlichung der Sechs Artikel den Zusatz hinzu, daß die bayerische Verfassungsurkunde nicht berührt würde[58].

Zusammenfassend wird deutlich, daß die Presse seit der Julirevolution starken Zensurmaßnahmen unterworfen wurde. Herbst 1830 geschah dies vorwiegend durch Ministerialentschließungen, Kabinettsbefehle, Verwaltungsverfügungen. Die Zensurverordnung vom 28. 1. 1831 schrieb generelle Vorzensur politischer, periodischer Zeitungen vor. Auch nach der Aufhebung dieses Erlasses im Mai 1831 bestand die Möglichkeit von Zensurverfügungen. Berichterstattung über Bundes- und Außenpolitik unterlag strenger Zensur. Die bayerische Regierung kehrte zur harten Linie der Pressepolitik der Karlsbader Beschlüsse zurück. 1832 war der Höhepunkt der Zensurverschärfungen.

---

[52] Ebda, Absatz 5.
[53] Kap. V.5.
[54] MEYER, Staatsacten, 392 »Beschluß gegen d. Mißbrauch d. Prese, v. 10. November 1831, XXXVIII. Sitzung«; ebda, 397—413 »Maaßregeln zur Aufrechterhaltung der gesetzlichen Ordnung u. Ruhe im Deutschen Bunde — öffentliches Protocoll u. Bundesbeschluß 28. Juni 1832, XXII. Sitzung«; ebda, 415—418 »Maaßregeln z. Aufrechterhaltung d. gesetzlichen Ordnung u. Ruhe im Deutschen Bunde, XXIV. Sitzung«.
[55] Beschluß 5. 7. 1832, Art. 1, HUBER, Dokumente 1, 120 f.
[56] Beschluß 28. 6. 1832, Art. 6, HUBER, Dokumene 1, 120.
[57] HUBER, Verfassungsgeschichte 2, 41 ff.
[58] Reg.bl. 17. 10. 1832, Nr. 339, 657—663.

b. Verfolgung einzelner Zeitungen und Journalisten

Angesichts fehlender exakter rechtlicher Bestimmungen über Pressefreiheit und Zensur, kommt den einzelnen Verfügungen und Anweisungen, die die Regierung gegen bestimmte Zeitungen und Redakteure erließ, große Bedeutung zu. Hieraus läßt sich eine zweite Ebene der Pressepolitik ablesen: die tatsächliche Umsetzung und Durchführung der Vorschriften in der Verwaltungspraxis, wie stark Verstöße der Presse geduldet beziehungsweise die Bestimmungen großzügig ausgelegt wurden.

Allgemein ist zu erkennen, daß die Aufmerksamkeit der Zensur sich auf einzelne, stärker beachtete Presseorgane konzentrierte. Aber auch dort wurde die Zensur sehr uneinheitlich gehandhabt. Wenn jedoch sich ein Verdacht einmal verhärtet hatte, leiteten die Regierungsbehörden gegen einzelne Redakteure zum Teil härteste Verfolgungsmaßnahmen ein.

Der Höhepunkt liberaler bayerischer Pressepolitik war Juli 1830 erreicht[59]. Zeitungen und Zeitschriften wurden neu gegründet, offener berichterstattet. Nach der Julirevolution wurde Kritik und Opposition der Zeitungen strenger beurteilt und häufiger gestrichen. Städte mit der größten Zeitungsdichte waren München, Augsburg, Nürnberg, Würzburg[60]. Hier konzentrierten sich auch die Kontrolle der Zensur und die Überwachung durch Polizeibehörden.

Oppositionelle Blätter mit dem größten Leserkreis waren laut Berichten der Kreisverwaltungen: »Bayerisches Volksblatt. Eine constitutionelle Zeitschrift« (herausgegeben und redigiert von Johann Gottfried E. Eisenmann in Würzburg 1829–32), »Der Scharffschütz« (herausgegeben und redigiert von Karl Emmich Freiherr von Dalberg in Würzburg 1829–1833), »Der reisende Teufel« (herausgegeben und redigiert von Wolf Lindner, Franz Negle in München 1828 bis 1832), die »Deutsche Tribüne« (herausgegeben und redigiert von Johann Georg August Wirth in München 1830, Juli 1831 bis März 1832 in Homburg), der »Bote aus dem Westen« (= »Westbote«, herausgegeben und redigiert von Philipp Jakob Siebenpfeiffer in Zweibrücken 1831 bis 1832), das »Augsburger Tagblatt« (herausgegeben und redigiert von Johann Baptist Vanoni, Valentin Österreicher in Augsburg), »Die Zeit. Eine konstitutionelle Zeitschrift in zwanglosen Heften für das öffentliche Leben in Deutschland« (herausgegeben und redigiert von Heinrich Kurz 1832 in Augsburg), die von Victor Amadeus Coremans in Nürnberg herausgegebenen Organe »Die Freie Presse« (1827 bis 1832), »Der Zuschauer an der Pegnitz« (1829 bis 1832), der »Beobachter im Rezatkreis« (1830), die Zeitungen »Die alte und die neue Zeit« (herausgegeben und redigiert von Jakob Ernst Reider in Nürnberg 1830 bis 1832), »Die Nürnberger Blätter« (herausgegeben und redigiert von Richard Otto Spazier in Nürnberg 1830 bis 1831), »Der Deutsche Volksbote« und »Der Verfas-

---

[59] Durch den Erlaß 22. 7. 1830, siehe S. 91.
[60] Ernst MEIER, Zeitungsstadt Nürnberg (Schriften d. Instituts f. Publizistik 2) Berlin 1963, 38 f.; Ingeborg STÖPSEL, Nürnbergs Presse in der ersten Hälfte des 19. Jahrhunderts vom Übergang der Freien Reichsstadt an Bayern bis zum Ausgang der Revolution 1848/49, Diss. München 1940; Armin HUTH, Preßfreyheit oder Censur. Staatliche Pressepolitik und politisches Schrifttum in Würzburg und Unterfranken zwischen Revolution und Reaktion, Würzburg 1975; Franz LAUERER, Die Entwicklung der Augsburger Presse, Diss. München 1941; STADTMÜLLER, Geschichte; LEMPFRIED, Anfänge, 98–137.

sungsrath« (beide herausgegeben und redigiert von Edmund Manso in Nürnberg 1832)[61].

Das Beispiel des »Augsburger Tagblatts« zeigt, wie eine ursprünglich zensurfreie Zeitung, in zunehmenden Maß Kontrollen und Zensureinsprüchen unterworfen wurde, bis es von sich aus jegliche politische Information und Kommentar einstellte.

Das Augsburger Tagblatt vertrat politisch einen gemäßigt liberalen Standpunkt[62]. Ab 1832 war Valentin Österreicher verantwortlicher Redakteur[63]. Schon Anfang März 1832 wurde ein gerichtliches Untersuchungsverfahren gegen ihn auf Grund eines majestätsbeleidigenden Artikels eingeleitet. Er wurde unter Polizeiaufsicht gestellt und aus der Stadt ausgewiesen[64].

Das Tagblatt stand bisher nicht unter Zensur. Das Innenministerium rügte 1832 die Zensurfreiheit der Zeitung, da sie mehrere außenpolitische Artikel gedruckt, somit gegen das Presseedikt verstoßen, und allgemein in seinen Berichten das monarchische Prinzip in Frage gestellt habe[65]. Die Zensurverweise häuften sich gegen Ende 1832. Am 26. 10. 1832 beschwerte sich die Redaktion beim Augsburger Stadtmagistrat über die als schikanös empfundenen Maßregelungen. »... und wir sehen uns gezwungen, Hilfe und Schutz höheren Orts anzurufen, um so mehr, da wir nur solche Artikel aufnehmen, die in der gemässigsten Art Thatsachen und Wahrheiten meldeten, welche auch stets in öffentlichen Blättern erscheinen dürfen, solange wir in Bayern auch nur den Schein einer *Preßfreiheit* haben.«[66].

November 1832 veröffentlichte das »Augsburger Tagblatt« (Nr. 307) eine amtliche Zensurvorschrift, durch die Berichte über Griechenland und bayerisch-griechische Beziehungen der Zensur unterworfen wurden. Das Innenministerium legte darauf Verwahrung bei der Augsburger Kreisregierung ein, da Zensurvorschriften weder an Redaktionen weitergegeben, noch in Zeitungen veröffentlicht werden durften. Das mit der Zensur betraute Stadtkommissariat Augsburg wurde angewiesen, das »Augsburger Tagblatt« von nun an streng zu kontrollieren, innerhalb der Zensurschranken zu halten: »... da dasselbe sich seit neuester Zeit, wenn auch mit verdeckten Angriffen wieder mehr und mehr der heftigsten und bittersten Opposition zuwendet.«[67] Der Zensurbeamte sollte darüber hinaus die Aufnahme auch nur der Überschrift eines gestrichenen Artikels unterbinden, da dies indirekt dem Abdruck des ganzen Artikels gleichkäme[68]. Dezember 1832 leitete die Stadt gegen Valentin Österreicher ein Gerichtsverfahren ein[69]. Die Kreisregierung führte aus, die Redaktion Österrei-

---

[61] BayHStA MInn 15504; ebda, MInn 15391; ebda, MInn 15413, aus den dreijährigen Verwaltungsberichten 1830—33; Literatur siehe Anm. 60. Die Jahreszahlen in den Klammern umreißen Anfang und Ende des Erscheinens der Zeitungen.

[62] LAUERER, Entwicklung.

[63] Zum Teil schrieb er unter dem Pseudonym Julius Frankenthal, StAND, Reg., Nr. 7085.

[64] Ebda, Augsburg 5. 3. 1832, 8. 3. 1832 Reg. Odkr.

[65] StAND, Reg., Nr. 7085, MInn München 16. 7. 1832 an Reg. Odkr., Verstöße auf Grund außenpolitischer Artikel; ebda, Augsburg 8. 3. 1832 Reg. Odkr. an Stadtkomm.; ebda, MInn München 27. 3. 1832 an Reg. Odkr.

[66] Stadtarchiv Augsburg, 4, Nr. A 270, Augsburg 26. 10. 1832, in diesem Bestand weitere Zensurhinweise; vgl. StAND, Reg., Nr. 7085; BayHStA MA 1915.

[67] StAND, Reg., Nr. 7085, München MInn 15. 11. 1832 an Reg. Odkr.

[68] Ebda.

[69] Ebda, Stadtkomm. Augsburg 17. 12. 1832 an Reg. Odkr.

chers habe das »Augsburger Tagblatt« ».. . zu einem der heftigsten Oppositionsblätter geschaffen und [das Tagblatt] behielt diese Richtung auch nach der
Entfernung dieses Redakteurs bei — durch ununterbrochenen meist unverdien-
ten Tadel das amtliche Wirken der Behörden angreifend — die höchsten und
allerhöchsten Absichten verdächtigend — und auf solchen Schleichwegen den
ruhigen, seinen Vorgesetzten ergebenen Kreisbewohner aufregend.«[70] Grund
der behördlichen Verfolgung war also die kritische Berichterstattung über innenpolitische Verhältnisse, Verwaltungs- und Regierungsmaßnahmen.

Als im März 1833 eine polizeiliche Untersuchung gegen das Tagblatt sich
über eine längere Zeit hinweggezogen hatte, kündigte die Redaktion an (Nr.
71), daß sie »die Ereignisse der Gegenwart nicht ferner mehr besprechen«
werde[71]. Um vollkommene Gewißheit über diesen Rückzug der Zeitung von
politischer Berichterstattung zu erhalten, ordnete das Innenministerium Mai
1833 der Kreisregierung an, weiterhin regelmäßig Zensur und polizeiliche Aufsicht über das »Augsburger Tagblatt« zu üben[72].

Der Oppositionsgeist des Tagblatts war gebrochen. Auffallend war dabei das
wiederholte Eingreifen des Innenministeriums, um das Blatt schärfster Kontrolle zu unterstellen[73].

Neben dem Tagblatt erschien in Augsburg seit 1. 4. 1832 »Die Zeit. Eine
konstitutionelle Zeitschrift in zwanglosen Heften für das öffentliche Leben in
Deutschland«. Sie bezeichnete sich selbst als Oppositionsblatt. In der Voran-
kündigung »An die Leser« schrieb Herausgeber und Redakteur Heinrich Kurz:
»›Die Zeit soll ein Organ der öffentlichen Meinung in Deutschland werden, sie
wird daher die Verhältnisse aller deutschen Staaten berücksichtigen‹;«[74] Diese
Verlautbarung mußte den Verdacht der Behörden wecken, da auf Grund der
Instruktion 30. 9. 1831 Artikel über Situation und Ereignisse in den deutschen
Bundesstaaten der Zensur unterlagen[75].

»Die Zeit« vertrat einen genau bestimmten politischen Standpunkt. Frankreich galt Redakteur Kurz als »nachahmenswertes Beispiel des gesellschaftlichen Fortschritts« für Deutschland, »Freiheit« war das Ziel[76]. Und weiter:
»Deutschland sey unser drittes Losungswort. Die Zerrissenheit unseres armen
Vaterlandes . . . trägt die Schuld, daß wir Deutschen zurückstehen an politischer Bedeutung hinter beinahe allen Völkern Europas, daß wir sie alle über-
treffen an politischer Schwäche. . . Alle für Einen, und Einer für Alle.«[77] Dieses nationalpolitische Programm erinnerte an Vorstellungen aus der Zeit der
Befreiungskriege 1813/15, an die Hoffnungen, der Wiener Kongreß werde die
Frage der politischen Ordnung Deutschlands in Form einer Nationaleinheit
mit gemeinsamer Verfassung lösen. Der Publizist und Literaturhistoriker Heinrich K. Kurz (1805—73) hatte in Leipzig studiert, wurde dort wegen seiner

---

[70] StAND, Reg., Nr. 7085, Reg. Odkr. 12. 3. 1833 an MInn.
[71] Ebda, Reg. Odkr. 12. 3. 1833 an MInn; ebda, Stadtkomm. Augsburg 31. 3. 1833.
[72] Ebda, MInn-Entschl. München 12. 5. 1833 an Reg. Odkr.
[73] Vgl. TREML, Pressepolitik, 257; Ludwig war auch an einer Zensur des »Augsburger Tagblatts« interessiert.
[74] Wilmont HAACKE, Die politische Zeitschrift 1665—1965, Bd. 1, Suttgart 1968, 157.
[75] Siehe Kap. IV.1.a., S. 95 f.
[76] HAACKE, Zeitschrift, 159.
[77] Ebda.

politischen Parteinahme für die Burschenschaft relegiert. Nach der Fortsetzung des Orientalistikstudiums in München lebte er seit 1827 in Paris. 1830 kehrte Kurz nach München zurück, in der Hoffnung, die Julirevolution werde auch in Deutschland eine politische Liberalisierung einleiten. In München übernahm er die Redaktion der von Johann G. Eisenmann gegründeten Zeitschrift »Bayerns Deputiertenkammer«. Nach dem Ende des Landtags Dezember 1831 ging Kurz nach Augsburg und gab zusammen mit dem Buchdrucker Albrecht Volkhart »Die Zeit« heraus[78].

Schon zwei Wochen nach der Gründung wurden einige Nummern der Zeitung zensiert und konfisziert wegen — so lautete die amtliche Begründung — ehrenbeleidigender Angriffe gegen die Staatsregierung, gegen König und den Bundestag. Dies bezog sich auf Texte, in denen die Zustimmung Bayerns zu dem Bundesbeschluß vom 2. 3. 1832 kritisiert wurden, durch den die rheinpfälzischen Zeitungen »Deutsche Tribüne«, »Westbote« und »Zeitschwingen« verboten wurden[79]. Darüber hinaus wurde die Politik repressiver Ordonnanzen und Kabinettreskripte und das politische Denunziantenwesen angeprangert. Diese Schilderung war allgemein gehalten, ohne ein bestimmtes Land zu nennen; den Einspruch der Zensurbehörde an diesem Punkt könnte man als indirektes Schuldbekenntnis werten[80]. Die Zensurstelle beantragte die Einleitung einer gerichtlichen Untersuchung gegen »Die Zeit«; der Augsburger Magistrat lehnte dies jedoch ab[81]. Am 1. 5. 1832 druckte Kurz einen Aufruf zur Bildung eines süddeutschen Pressevereins nach dem Muster des Deutschen Preß- und Vaterlandsvereins. Daraufhin wurde gegen Kurz ein Gerichtsverfahren eröffnet, da er die Gründung »eines der Staatsregierung entgegengesetzten Vereins beabsichtigt« und gegen die Verordnung vom 1. 3. 1832 verstoßen hätte, die ein generelles Verbot politischer Vereine aussprach[82]. Am 25. 5. 1832 wurde Kurz verhaftet[83]. Die Aufmerksamkeit des Innenministeriums richtete sich seit dem Aufruf vom 1. Mai gegen die Zeitung. Die betreffende Nummer (Nr. 29) und auch spätere wurden beschlagnahmt[84]. Das Innenministerium verlangte eine striktere Zensur der »Zeit«. Da auch außenpolitische Artikel erschienen, unterstellte man seit Juni 1832 alle Nummern der Zeitung der Zensur; das Innenministerium ermahnte die Kreisregierung zu strengerer Anwendung der Vorschriften[85].

---

[78] Zu Heinrich Kurz vgl. SCHUMANN (ADB 17) 1883, 421—424; zu Albrecht Volkhart (1804—1863) vgl. Pius DIRR, Albrecht Volkhart, Augsburg 1904; vgl. S. 187.
[79] Die Verhandlungen der Bundesversammlung, 140—171.
[80] Stadtarchiv Augsburg, 4, Z 6, Augsburg 18. 4. 1832 Reg. Odkr. Beschlagnahmung von Nr. 13, 13. 4. 1832 »Die bayerische Regierung und der konstitutionelle Geist ihrer Politik«; ebda, Augsburg 28. 4. 1832 Reg. Odkr., Augsburg 22. 4. 1832 Beschlagnahmung von Nr. 20, 20. 4. 1832 »Garantien der freien Presse im Rheinkreis«; ebda, Augsburg 17. 4. 1832 Beschlagnahmung Nr. 16, 16. 4. 1832 »Die sogenannten Freunde des Thrones«.
[81] Ebda, Augsburg 17. 4. 1832 Stadtkomm. an Mag. Augsburg; ebda, Augsburg 26. 4. 1832 Mag. an Stadtkomm.
[82] Ebda, Augsburg 5. 5. 1832 Kreis- und Stadtger.; ebda, Augsburg 4. 5. , 6. 5. 1832 Untersuchungsprotokolle; ebda, Augsburg 5. 5. 1832 Mag. — Zur Verordnung 1. 3. 1832 siehe Kap. IV.2.b., S. 115 ff.
[83] Stadtarchiv Augsburg, 4, Z 6.
[84] Ebda; vgl. StAND, Reg., Nr. 7057.
[85] StAND, Reg., Nr. 7057, MInn München 27. 5., 16. 5., 31. 5., 12. 6., 8. 7., 10. 7. 1832 an Reg. Odkr.

Am 30. 11. 1832 wurde Redakteur Heinrich Kurz zu zwei Jahren Festungs-haft verurteilt. Nach seiner Entlassung wanderte er in die Schweiz aus, war als Professor für deutsche Sprache und Literatur tätig[86].

Anders wie das »Augsburger Tagblatt« stellte »Die Zeit«, die von der Person Kurz' geprägt war, im September 1832 ihr Erscheinen völlig ein.

In beiden Fällen — »Augsburger Tagblatt« und »Die Zeit« — hatte das Innenministerium maßgeblich zur Verschärfung der Zensur und Anordnung der Beschlagnahme beigetragen, bis schließlich jede politische Berichterstattung aufgegeben wurde. Es fällt auf, daß trotz presserechtlicher Einschränkungen viele Artikel die Vorzensur passierten und veröffentlicht werden konnten. Oft wurden erst nachträglich, dann um so härtere Maßnahmen ergriffen und die Zeitung generell starker Kontrolle unterzogen.

Dies drohte auch den Würzburger Zeitungen »Bayerisches Volksblatt«, »Der Scharffschütz« und die Zeitschrift »Volkstribun«. Wenn weiterhin Reportagen über Bundes- und Außenpolitik gedruckt würden, so eine Weisung der Kreisregierung vom 30. 3. 1832, würden alle Artikel zensiert[87]. Auch innenpolitische, zensurfreie Berichterstattung im »Bayerischen Volksblatt« wurde beanstandet, verschiedene Ausgaben dieser Zeitung beschlagnahmt; so zum Beispiel auf Grund einer Artikelserie über Verfassungsfeste in Bayern 1832 und über politisches Spitzeltum[88]. Das Volksblatt stellte ebenso wie »Die Zeit« 1832 sein Erscheinen ein. Die Zensurverfolgungen hatten den Höhepunkt erreicht. Innerhalb von vier Wochen wurden insgesamt 142 Zeitungsnummern in Bayern beschlagnahmt. Am 21. 9. 1832 wurde Johann Gottfried E. Eisenmann, Herausgeber und Redakteur des »Bayerischen Volksblatts«, verhaftet. 1836 wurde er wegen Majestätsbeleidigung und Hochverrats »begangen durch Verfassen und Verbreiten umstürzlerischer Schriften«[89] zu Zuchthaus auf unbestimmte Zeit verurteilt. 1847 wurde Eisenmann begnadigt und März/April 1848 rehabilitiert. Er war ein herausragender bayerischer Abgeordneter im Frankfurter Vorparlament, im 50er Ausschuß und in der Frankfurter Nationalversammlung 1848[90].

Diese Beispiele seien stellvertretend für Verfolgung und Unterdrückung von Zeitungen und Zeitschriften 1830/32 in Bayern genannt.

---

[86] ADB 17, 1883, 421—424.
[87] StAW, Reg. Ufr. Abgabe 1943/45, Nr. 1165, »Der Scharffschütz« 12. 4. 1832, Nr. 15 und 16.
[88] Ebda, Nr. 1162, z. B. Reg. Umkr. Würzburg an MInn Beschlagnahmung von Nr. 49 wegen Bericht über Closenverein und Kritik an der Verordnung 1. 3. 1832; ebda, Würzburg 10. 5. 1832 Bericht d. Stadtkomm., Beschlagnahmung von Nr. 55 »Spioniersystem in Bayern«, »Zustände in Bayern«; ebda, Würzburg 5. 6. 1832 Beschlagnahmung von Nr. 66 »Volksfeste im Mai 1832«.
[89] HOFFMANN, Johann Gottfried Eisenmann, 32; — Urteil des App.ger.Isarkr. 9. 12. 1836: Schuldig des Hochverrats auf Grund des Zeitungsartikels »Aus dem Rheinkreis« Bay. V. 1832, Nr. 3, 2. Semester, und auf Grund des Flugblatts »Zweite Berufung des Dr. Eisenmann als Redakteur des Bayerischen Volksblatts an die öffentliche Meinung«, und schuldig der Majestätsbeleidigung auf Grund der Artikel »Wie Höflinge und Absolutisten und wie konstitutionelle Staatsbürger ihren König beurteilen« Bay. V. 1832, Nr. 39, 2. Semester, »Antwort des bayerischen Staatsministers auf eine von Würzburger Bürgern eingereichte Petition« Bay. V. 1832, Nr. 25, 2. Semester, der Amtsehrenbeleidigung schuldig auf Grund des Artikels »Pazifikation des Rheinkreises« Bay.V., 1832, Nr. 75, 2. Semester; Vgl. GÜNTHER, Chronik 683 f.
[90] HOFFMANN, Johann Gottfried Eisenmann, 55—59; Heinrich BORNGÄSSER, Gottfried Eisenmann — ein Kämpfer für die deutsche Einheit und Vertreter des bayerischen Machtgedankens, Diss. Frankfurt 1931.

c. Ausbau der Regierungspresse

Zensur ist ein Mittel der Unterdrückung und indirekt der Propagierung einer bestimmten politischen Richtung, eines bestimmten kulturellen Wertsystems. Sie dient der Gestaltung der Öffentlichkeit. Zensur wirkt somit »als Integrationsversuch unter negativem Vorzeichen«[91].

Demgegenüber existieren auch positive Maßnahmen, durch eigene Stellungnahmen die politische Meinungsbildung zu beeinflussen, die öffentliche Meinung zu lenken[92].

Die bayerische Regierung, das Innenministerium betrieb eine gezielte Pressepolitik[93]. Sie baute als Antipoden zum Mittel der Zensur periodische Blätter mit offiziellem Charakter, offiziöse und gouvernementale Presseorgane auf[94]. Der Regierungsstandpunkt trat dadurch aktiv in Konkurrenz mit anderen politischen Überzeugungen und Richtungen. Man war sich sicher, letztendlich oppositionelle Meinungen zu verdrängen und das Vertrauen der Bevölkerung zu gewinnen.

Staatlicher Einfluß auf regierungsnahe Presse

Pläne für eine Staatszeitung bestanden seit 1825. Am 1. Januar 1829 wurden sie durch die Gründung der täglich erscheinenden Zeitung »Inland« verwirklicht[95]. Herausgegeben wurde das »Inland« durch den renommierten Augsburger Verleger Johann Friedrich Freiherr von Cotta[96]. Sie hatte die Funktion eines ministeriellen Organs. Die Staatsbehörden waren zum Bezug der Zeitung verpflichtet. Die Redaktion[97] verfügte über ein eigenes Büro im Innenministerium, in dem Aktenstücke eingesehen und exzerpiert werden konnten. Amtliche Mitteilungen der Regierung sollten vorzugsweise im »Inland« gebracht werden. Die Regierung garantierte eine finanzielle Entschädigung des Verlags bei einem Absatz von weniger als 700 Exemplaren[98]. Jedoch löste sich das »In-

---

[91] Ulla Otto, Zensur — Schutz der Unmündigkeit oder Instrument der Herrschaft (Publizistik 13/1) 1968, 11. Zur Problematik der Zensur vgl. Ulla Otto, Die literarische Zensur als Problem der Soziologie der Politik (Bonner Beiträge zur Soziologie 3) Stuttgart 1968; Dieter Breuer, Geschichte der literarischen Zensur in Deutschland, Heidelberg 1982, 14—20; Edda Ziegler, Literarische Zensur in Deutschland 1819—1848: Materialien, Kommentare (Literatur-Kommentare 18) München 1983, 98—103.

[92] Vgl. Treml, Pressepolitik 166.

[93] Zur Aufgabe der Pressepolitik: Eberhard Naujoks, Pressepolitik und Geschichtswissenschaft (Geschichte in Wissenschaft und Unterricht 22/1) 1971, 7 ff.

[94] Zur Problematik des Unterschieds zwischen offiziöser und Staats-Zeitung: Manfred Overesch, Presse zwischen Lenkung und Freiheit. Preußen und seine offiziöse Zeitung von der Revolution bis zur Reichsgründung (1848 bis 1871/72), (Dortmunder Beiträge zur Zeitungsforschung 19) Pullach 1974, 11—16.

[95] Oskar Steuer, Cotta in München, Diss. München 1931, 37—41.

[96] Johann Friedrich Cotta von Cottendorf (1764—1832) war die führende deutsche Verlegerpersönlichkeit. In seinem Verlag erschien die damals angesehenste politische Zeitung, die »Allgemeine Zeitung« in Augsburg. Cottas größter Konkurrent in Bayern war der Münchner Verleger Friedrich Gottlob Frankh (»Bayerischer Beobachter«, »Aurora«, »Deutscher Merkur«, u. a.). 1832 übernahm Cottas Sohn den Verlag; vgl. Liselotte Lohrer (NDB 3) 1957, 376—380.

[97] Die Redaktion des Inlands übernahm Januar 1829 Wilhelm Bernhard Mönnich, J. J. Lautenbacher, Friedrich Ludwig Lindner; vgl. Steuer, Cotta, 41 f.

[98] Steuer, Cotta, 49; Treml, Pressepolitik, 128; Erika-Margarete Rupp, Die Pressepolitik unter Ludwig I. mit besonderer Berücksichtigung der Münchner Presse, Diss. München 1952, 75 f.

land« immer wieder aus der Rolle eines Regierungsblatts[99]. Zum Jahreswechsel 1830/31 versuchte die Regierung ihren Einfluß auf die Zeitung wiederzugewinnen. Die Verhandlungen des Landtags 1831 und kommentierende offizielle Artikel sollten im »Inland« gedruckt werden; das »Inland« sollte während der Landtagsperiode den Standpunkt der Regierung gegenüber der Oppositionspresse vertreten[100]. Als ministerieller Mitarbeiter 1831 wirkte der konservative Staatsrechtler Friedrich Julius Stahl[101]. Seit Mai 1831 arbeitete mit Einverständnis des Innenministeriums Johann Georg August Wirth an der Zeitung mit[102]. Nach der Zensurinstruktion 28. 1. 1831 entwickelte sich das »Inland« zur Oppositionszeitung, seit dem 16. 4. 1831 war es daraufhin unter Zensur gestellt. Die Regierung erklärte öffentlich, daß das »Inland« nicht mehr als offizielles Organ angesehen werden könnte[103]. Cotta löste Ende Juni die Zeitung auf, ab 1. 7. 1831 gab Wirth eine eigene Zeitung die »Deutsche Tribüne« heraus. Sie war 1831/1832 ein führendes Blatt der Opposition in Deutschland. Am 2. 3. 1832 wurde sie durch Bundesbeschluß verboten.

Angesichts der Schwierigkeiten mit dem »Inland« eine wirksame Regierungspresse zu organisieren, gründete die Regierung den »Freund des Thrones und des Volkes«. Er erschien seit 1. 5. 1830 einmal wöchentlich, ebenfalls im Cotta-Verlag. Der Thron und Volksfreund war als Antipode zum »Bayerischen Volksblatt« gedacht. Als Mitarbeiter wählte man hohe Regierungsbeamte, Innenminister Eduard von Schenk, die Staatsräte Maurer und Stürmer, Ministerialrat Abel und Kabinettssekretär Grandaur[104]. Leitender Redakteur war Friedrich J. Stahl. Nach den ersten acht Ausgaben wurde das Erscheinen des Thron- und Volksfreunds jedoch wegen finanzieller und redaktioneller Schwierigkeiten wieder eingestellt[105].

Diese Versuche, eine Regierungpresse zu aktivieren, waren 1830 und 1831 gescheitert. Eine direkt vom Innenministerium geleitete und finanzierte Zeitung existierte nicht. »Inland« und »Thron- und Volksfreund« waren keine Staatszeitungen im engeren Sinn. Die politische Richtung war zwar durch regierungstreue Redakteure festgelegt. Sie besaßen jedoch eine gewisse Selbständig-

---

[99] Uneinigkeiten zwischen Regierungsbehörden und Redaktion nahmen seit Ende 1829 zu; vgl. STEUER, Cotta, 47 f.

[100] Ebda, 70 f.

[101] Friedrich Julius Stahl (1802—1861) lehrte 1832, 1834 bis 1840 an den Universitäten Würzburg und Erlangen als Professor für Staats- und Kirchenrecht; 1840 wurde er nach Berlin berufen. Stahl gehörte 1837 als Abgeordneter dem bayerischen Landtag an; vgl. Ernst LANDSBERG (ADB 35) 1893, 392—400.

[102] Otto Heinrich MÜLLER, J. G. A. Wirth und die Entwicklung des radikalen Liberalismus 1830—48, Diss. Frankfurt 1925.

[103] In der »Münchner politischen Zeitung« April 1832 Nr. 99, »Allgemeine Zeitung« 1832 Nr. 107, »Preussische Staatszeitung« 1832 Nr. 111; vgl. STEUER, Cotta, 79.

[104] STEUER, Cotta, 66 ff. — Zu Abel vgl. S. 221, Anm. 106; zu Maurer vgl. Karl DICKOPF, König Ludwig I. und Staatsrat Ludwig von Maurer. Beiträge zur Geschichte des Vormärz in Bayern (ZBLG 29) 1966, 157—198; zu Grandaur vgl. Max SPINDLER, Bernhard Grandaur, Kabinettssekretär und Staatsrat unter Ludwig I. (Erbe und Verpflichtung, Aufsätze und Vorträge zur bayerischen Geschichte, hrsg. v. Andreas KRAUS) München 1966, 264—279; zu Schenk vgl. S. 10, Anm. 4; zu Stürmer vgl. S. 92, Anm. 21.

[105] TREML, Pressepolitik, 129 f.; Treml sieht als Grund des Scheiterns des Thron- und Volksfreunds die persönliche Voreingenommenheit der ministeriellen Mitarbeiter, sich eines Mediums zu bedienen, deren Anspruch als politische Kraft sie eigentlich ablehnten.

keit, wie die Entwicklung des »Inlands« von der ministeriellen zur oppositionellen Zeitung zeigte.

Die Regierung verfügte dennoch über ein publizistisches Sprachrohr, die »Münchner politische Zeitung«. Sie war jedoch ein reines Nachrichtenorgan. Darüber hinaus hatten die »Allgemeine Zeitung« in Augsburg und der »Nürnberger Korrespondent von und für Deutschland« zugesichert, Beiträge der bayerischen Regierung abzudrucken[106].

Etablierung einer Staatszeitung durch Innenminister Öttingen-Wallerstein

Die Regierung bemühte sich weiterhin, politischen Einfluß auf die Öffentlichkeit durch eigene oder der Regierung nahestehende Organe auszuüben. Durch einen Vertrag zwischen dem Innenministerium und der »Münchner politischen Zeitung« 14. 6. 1831 war die Wahl des Redakteurs dem Innenministerium vorbehalten, das auch dessen Bezahlung übernahm[107]. Ein Büro der »indirekten, ministeriellen Presse«, das dem Innenministerium unterstand und von Freiherr von Lichtenstein geleitet wurde, verfügte über einen Finanzfonds, aus dem die »Münchner politische Zeitung« bezuschußt wurde. Mit Hilfe dieses Fonds sollten Ende 1831 zwei regierungsnahe Zeitungen, im Rheinkreis und Untermainkreis gegründet werden[108].

Der 1832 zum Innenminister ernannte Öttingen-Wallerstein knüpfte an diese Ansätze an. Seit dem 1. 3. 1832 erschien die »Bayerische Staatszeitung« mit einer Beilage, die »Bayerischen Blätter für Geschichte, Statistik, Literatur und Kunst«. Die Staatszeitung unterstand der Regie des Innenministeriums. Finanziert wurde sie durch Zuschüsse des Innenministeriums und durch die Zahlungen der von Ämtern und Behörden abgenommenen Exemplare. Die »Münchner politische Zeitung« stellte Februar 1832 ihre Tätigkeit ein. Die »Bayerische Staatszeitung« war das erste offizielle Presseorgan der bayerischen Regierung im Vormärz. Der Ausbau der Regierungspresse wurde durch Innenminister Öttingen-Wallerstein vorangetrieben.

In der Ankündigung der Staatszeitung betonte das Innenministerium die Neuartigkeit des Projekts: »Die Staatszeitung ist daher, wenn gleich in das Privilegium der Münchner politischen Zeitung getreten, doch nie als Fortsetzung jenes Blattes zu betrachten, welches durchaus nur einem Privatunternehmen angehörend, weder direkt noch indirekt als Regierungs-Organ zu betrachten war.«[109]

»Die Staatszeitung hat die Bestimmung«, so Öttingen-Wallerstein am 23. 3. 1832, »ein längst gefühltes Bedürfnis zu befriedigen, indem sie der Staatsregierung ein officielles Organ in Beziehung auf die inneren Angelegenheiten des Königreichs gewährt, die Nation mit den Regierungsgrundsätzen bekannt macht, dem streng verfassungsmäßigen Regierungs-Systeme Offenkundigkeit giebt, und den gesamten Organen der vollziehenden Gewalt das Panier entfal-

---

[106] BayHStA MInn 15888, München 8. 1. 1832, Öttingen-Wallerstein an Frhr. v. Lichtenstein.
[107] BayHStA MInn 15888.
[108] Ebda, Öttingen-Wallerstein, München 8. 1. 1832, auf kgl. Entschl. vom 19. 11. 1831.
[109] StAN, Reg. Mfr. Abgabe 1968, XVII, 201, München 17. 2. 1832; vgl. Rupp, Pressepolitik, 151 f.

tend, an welches sich dieselben offen und freudig anzuschließen haben.«[110] Die politische Bedeutung einer Staatszeitung wurde folgendermaßen begründet: »... durch Bekanntmachung der Motive, die den Regierungshandlungen zum Grunde liegen, werden diese verständlich, indem sie zugleich in den Kreis der Oeffentlichkeit eintreten; und bey dieser Oeffentlichkeit gewinnt die große leidenschaftslose Mehrheit der Nation die Möglichkeit einer Prüfung der Gründe und Gegengründe bey den allseitigen Verhandlungen über die Allgemeinen Interessen; endlich wird, durch alle diese Vortheile, der wahren öffentlichen Meinung die Basis einer selbständigen, ächt nationalen Ausbildung gesichert.«[111] Das war ein anspruchsvolles Programm mit volkserzieherischen Motiven.

Vor dem Hintergrund der Julirevolution und den nachfolgenden Aufständen sollte eine Regierungspresse als Gegengewicht zur »ultraliberalen« Presse organisiert werden[112].

Das Innenministerium forderte die Beamten der Kreisregierungen auf, für eine möglichst große Verbreitung der »Bayerischen Staatszeitung« bei Klerus, Gutsbesitzern, Gastwirten und insbesondere in den Lesevereinen, Harmonien und Museen zu werben[113].

Artikel der Staatszeitung sollten in Provinzialblättern und anderen auflagenstarken Zeitungen abgedruckt werden, im Rezatkreis eine weitere lokale Regierungszeitung geschaffen werden[114].

Die Finanzierung der Staatszeitung erfolgte durch einen dem Innenministerium gewährten Kredit. Die einzelnen Staatsministerien sollten aus ihrem Etat zusätzliche Beträge überweisen[115].

Die »Bayerische Staatszeitung« existierte jedoch nur drei Monate. Auf Beschluß Ludwigs vom 26. 6. 1832 wurde sie reformiert. Ab 1. 7. 1832 erschienen Staatszeitung und »Bayerische Blätter« als eine Zeitung und Zugabe zum Regierungsblatt. Das neue Presseorgan hatte wieder offiziellen Charakter, nannte sich »Bayerische Annalen«, sollte sich ausschließlich auf innenpolitische Berichte beschränken. Das Ressort der Außenpolitik wurde durch die »Münchner politische Zeitung« abgedeckt, die im Gegensatz zu den Annalen als reines Privatunternehmen wieder ins Leben gerufen wurde[116].

Die Redaktion der Annalen übernahm Friedrich Ludwig Lindner, der schon am »Inland« mitgearbeitet hatte[117]. Sie unterstand direkt einer Ministerialkommission des Innenministeriums. Wie bei der »Bayerischen Staatszeitung« wa-

---

[110] StAN, Reg. Mfr. Abgabe 1968, XVII, 201, Öttingen-Wallerstein, München 23. 3. 1832 an Reg. Rezatkr.
[111] Ebda, Vorankündigung der Staatszeitung vom 17. 2. 1832.
[112] KA, E 83.
[113] StAN, Reg. Mfr. Abgabe 1968, XVII, 201, Öttingen-Wallerstein, München 2. 3. 1832 an Reg. Rezatkr.
[114] Ebda, München 2. 3. 1832; ebda, Nürnberg 12. 5. 1832 erster Bürgermeister Binder an Reg. Rezatkr.
[115] Die Ministerien weigerten sich anfänglich dagegen, KA, E 83, München 29. 3. 1832 MInn an MK; ebda, München 2. 4. 1832 MK an MInn; ebda, München 1. 4. 1832 MInn an König. Erst nach ausdrücklicher Anordnung Ludwigs wurde nachgegeben: »Jedes Ministerium soll 200 fl. aus seiner Regie zu dem Fonds der ministeriellen Presse geben.« Ludwig 3. 4. 1832 München, siehe KA, E 83.
[116] STEUER, Cotta, 42.
[117] BayHStA MInn 45200; StAN, Reg. Mfr. Abgabe 1968, XVII, 201.

ren alle staatlichen Behörden zur Abnahme eines Exemplars der »Bayerischen Annalen« verpflichtet. Zu der bisherigen Aufgabe eines Regierungsorgans erhielten die Annalen ein historisch-politisches Programm. Die politischen, wissenschaftlichen und künstlerischen Tendenzen sollten der Bevölkerung erläutert, Rechts- und Verwaltungsgeschichte seit 1800 dargestellt werden. Mitglieder der bayerischen Akademie der Wissenschaften schrieben dafür Beiträge[118].

Ausbau einer institutionalisierten Gouvernements-Presse

Verglichen mit den Anfängen 1829, als das Innenministerium noch selbständige Zeitungen für eine der Regierung gewogene Berichterstattung zu gewinnen versuchte, war Juli 1832 eine große Entwicklung durchschritten. Die Regierung besaß mit den »Bayerischen Annalen« eine durch das Innenministerium geleitete Zeitung. Zugleich bestand innerhalb des Innenministeriums eine Ministerialkommission für die Gouvernements-Presse. In einem Rechenschaftsbericht vom 3. 3. 1833 betonte Öttingen-Wallerstein die Erfolge der »Gouvernements-Presse«. Dabei unterschied er zwei Bereiche, das eigentliche Staatsorgan, die »Bayerischen Annalen« und die indirekte Gouvernements-Presse: »Die indirekte Presse soll dagegen polemisch auftreten, sie soll revolutionäre Tendenzen kräftig und entschieden bekämpfen und mit dem Schwerdte des Journalismus dort eindringen, wo der ruhige Gang der Annalen keinen Anklang findet. Als Organ für diese Presse ist die Münchner politische Zeitung gewonnen . . .«[119]

Hier förderte die bayerische Regierung ganz bewußt ein parteipolitisches Kampfblatt, während sie sich in der Öffentlichkeit mit den »Bayerischen Annalen« als erkennbarem Staatsorgan den Anschein sachlicher Pressepolitik gab.

Die »Münchner politische Zeitung« war einem eigenen »Büro der indirekten Presse« innerhalb der Ministerialkommission für die Gouvernements-Presse eingegliedert. Von Lichtenstein war als Kommissionsleiter seit März 1833 vertraglich verpflichtet, die »Münchner politische Zeitung« ». . . zu der höchsten Stufe politischer Bedeutsamkeit in jener Weise, nach jenen Gesichtspunkten und nach jenen Verfassungs-Interpretationen« zu erheben, »welche der kgl. Staatsminister demselben jeweils bezeichnen wird;«[120] Eine finanziell sichere Basis war durch Zuschüsse des Innenministeriums und die Garantie Ludwigs geschaffen, mindestens 2000 Exemplare pro Ausgabe zu übernehmen[121].

Die neu errichtete »Ministerialkommission für die Gouvernements-Presse« war eine Art Pressestelle der bayerischen Regierung. Sie sollte täglich eine Übersicht aller Meldungen der in- und ausländischen Presse über Bayern zusammenstellen. Darüberhinaus verfaßten die Mitarbeiter der Pressekommission nach den Direktiven des Innenministers Artikel, die in regierungsnahen Zeitungen erschienen, wie der Augsburger »Allgemeinen Zeitung«, der »Münchner politischen Zeitung«, dem Nürnberger »Korrespondent von und für Deutsch-

[118] StAN, Reg. Mfr. Abgabe 1868, XVII, 201, München 12. 7. 1832 Öttingen-Wallerstein an Reg. Rezatkr.; Honorarlisten der Professoren der BAdW für ihre Beiträge 1833, 1835, siehe BayHStA MInn 15885.
[119] BayHStA MInn 45200, München 3. 3. 1833, MInn an König.
[120] Ebda, München 14. 3. 1833 »Protocoll über die Verpflichtung des K. Kämmerers Regierungs-Rath Freyherrn von Lichtenstein in Bezug auf die Gouvernements-Presse«.
[121] Ebda, Öttingen-Wallerstein 3. 3. 1833 an König mit Randbemerkung Ludwigs 4. 3. 1833.

land«[122]. Die von Lichtenstein geleitete Presseabteilung betreute neben den »Bayerischen Annalen« und der »Münchner politischen Zeitung« seit dem 1. 1. 1833 den »Allgemeinen Anzeiger«. Er war als Intelligenzblatt konzipiert, druckte öffentliche Bekanntmachungen und Ausschreibungen der Justiz- und Verwaltungsstellen der Kreise ab[123].

Die Hauptaufgabe der Ministerialkommission war laut einer Instruktion des Innenministeriums: »... die Angriffe der Journale auf den Gang des Gouvernements zu widerlegen oder zu bekämpfen ...«[124] Als Mittel dafür diente die »Münchner politische Zeitung«. Vor allem in Krisenzeiten und während der Landtagsverhandlungen sollte sie »als politische Macht dem Regierungs-System zur Seite« stehen[125]. Dies spiegelt die Erfahrungen während des Landtags 1831 wider, als die meisten Zeitungen die Regierungspolitik scharf angriffen[126]. Das politische Programm der »Münchner politischen Zeitung« legte Öttingen-Wallerstein 1833 fest: die politische Richtung, Interpretation der Verfassung, der Gesetze und der Regierungspolitik sollten sich nach den Worten des Innenministeriums richten. »Historisches Recht« und monarchisches Prinzip waren die Leitprinzipien. Dogmatische und populäre Aufsätze sollten das Prinzip der ».... Revolution in ihren ostensiblen Sätzen, nämlich in der so verderblichen Lehre von der Rechtmäßigkeit der Insurrektion ... und in jenem Dogma der Volkssouveränität ...« widerlegen[127]. Republikanische Staatsformen, die Verfassungen Frankreichs von 1791 und 1830 wurden explizit abgelehnt. Diese Bestimmung der »Münchner politischen Zeitung« als antirevolutionäres, antirepublikanisches Presseorgan der Regierung wurde auch später wieder betont. Es sollte nicht nur der Standpunkt der Regierung dargestellt, sondern die öffentliche Meinung direkt beeinflußt werden. Insofern war die »Münchner politische Zeitung« ein pressepolitisches Propagandainstrument der Regierung. Die »Ministerialkommission für die Gouvernements-Presse« war die erste staatliche Behörde, die eine gezielte, aktive Pressepolitik der Regierung koordinierte.

Das zwiespältige Verhältnis der Staatsverwaltung gegenüber dem Medium Presse wird bei der Darlegung der Motive deutlich, die der Pressepolitik zu Grunde lagen. »Das Journalwesen und insbesondere die politische Presse ist in unseren Tagen eine Macht geworden, welche die Aufmerksamkeit der Regierungen im höchsten Grade in Anspruch zu nehmen geneigt ist, und eine radikale Heilung des auf diesem Wege auch bei uns verursachten Übels, wird nur dadurch mit der Zeit bewirkt werden können, daß man die schlechte, verdorbene und verderblich gewordene Presse durch eine gute und nützliche verdrängt und ersetzt.«[128]

[122] BayHStA MInn 45200, München 2. 7. 1832 Öttingen-Wallerstein an Freiherr von Lichtenstein.
[123] KA, E 83, Ankündigung der Redaktion, München 21. 12. 1832.
[124] BayHStA MInn 45200, München 11. 4. 1833 MInn »Instruction für den königlichen Kämmerer und Regierungsrath Freyherr von Lichtenstein«.
[125] Ebda.
[126] Siehe Kap. V (V.1.–V.3.).
[127] BayHStA MInn 45200, München 11. 12. 1833 Öttingen-Wallerstein an Freiherr von Lichtenstein.
[128] StAN, Reg. Mfr. Abgabe 1968, XVII, 201, Reg.Präs. Rezatkr. Stichaner 27. 10. 1833 an Lg., Hg., Stadtkomm.

2. POLITISIERUNG DER VEREINE

Die Vereine des 18. und frühen 19. Jahrhunderts waren vorwiegend Vereine des gehobenen städtischen Bürgertums, Lese- und Schützengesellschaften, Gesangs- und Kulturvereine. Geselligkeit, Unterhaltung und Bildung waren der Zweck dieser Vereinigungen[129]. Politische Inhalte standen nicht im Vordergrund. Eine Ausnahme bildeten der Geheimbund der Illuminaten und die allgemeine deutsche Burschenschaft. Politische Vereine wurden in großem Umfang während der Revolution 1848/49, den Wahlen und Verhandlungen der Frankfurter Nationalversammlung ins Leben gerufen[130]. Der Übergang von den Vereinen zu politischen Fraktionen und Parteien war fließend.

a. Vereinsaufrufe und -gründungen

Seit der Julirevolution wuchs das Interese der Bevölkerung an politischen Entwicklungen. Dies zeigte sich auch in der Tendenz, sich in politisch motivierten Vereinen zusammenzuschließen[131].

Die ersten Neugründungen waren die Polenvereine 1831 und 1832. Ursprünglich als philantropische und karitative Vereine konzipiert, stellten sie erste Organisationen der politischen Opposition dar[132]. In Bayern sind Polenvereine bekannt in Nürnberg, Regensburg, München, Würzburg, Hof, Bayreuth, Ansbach, an der sächsischen Grenze in Mellrichstadt[133] und weitere in der Rheinpfalz. Insgesamt bildeten sich in Bayern mehr Polenvereine als im Großherzogtum Baden und Königreich Württemberg.

1832 war ein Höhepunkt von Vereinsgründungen[134]. Aufrufe hierzu waren in Zeitungen gedruckt. Presse und organisierte politische Öffentlichkeit arbeiteten stark zusammen.

---

[129] Otto DANN, Die Anfänge politischer Vereinsbildung in Deutschland (Ulrich ENGELHARDT, Hg., Soziale Bewegung und politische Verfassung. Beiträge zur Geschichte der modernen Welt) Stuttgart 1976, 198—210; Frolinde BALSER, Die Anfänge der Erwachsenenbildung in Deutschland in der ersten Hälfte des 19. Jahrhunderts. Eine kultursoziologische Deutung (Beiträge zur Erwachsenenbildung) Stuttgart 1959; Wolfgang MEYER, Das Vereinswesen der Stadt Nürnberg im 19. Jahrhundert (Nürnberger Werkstücke zur Stadt- und Landesgeschichte 3, Schriftenreihe d. Stadtarchivs Nürnberg) Nürnberg 1970; Ingo TORNOW, Münchner Vereinswesen in der ersten Hälfte des 19. Jahrhunderts, mit einem Ausblick auf die zweite Jahrhunderthälfte (MBM 27) Diss. München 1977; Richard THOMA, Gesellschaft und Geistesleben im vormärzlichen Augsburg, München 1953, 83—88; vgl. Anm. 6, S. 144.
[130] Werner BOLDT, Die Anfänge des deutschen Parteiwesens. Fraktionen, politische Vereine und Parteien in der Revolution 1848, Paderborn 1971, 73—84, 107—163, 44—53.
[131] Dieser Aspekt ist in der Forschung bisher wenig bearbeitet worden, Vereinstätigkeit nach der Julirevolution erwähnt bei: ZIMMERMANN, Einheits- und Freiheitsbewegung, 136 f.; Gabriele GLASHAUER, Das Entstehen der politischen Parteien in Bayern 1848, Diss. München 1944, 23—28.
[132] Siehe ausführlich Kap. III.5.c.
[133] Ebda; Stadtarchiv Nürnberg, C 7, V. d. 15, Nr. 2, Nürnberg 4.1., 9.1.1832; GÜNTHER, Chronik, 618 ff. Bay. V.: Nr. 4, 10.1.1832 / Nr. 24, 25.2.1832 / Nr. 26, 1.3.1832 / Nr. 27, 25.2.1832.
[134] BayHStA MInn 45718.

Das Würzburger »Bayerische Volksblatt« berichtete über die Gründung der Polenvereine, den Stand und die Höhe der Geldspenden, rief zu weiteren auf. Der im Februar 1832 errichtete Closenverein ging auf eine Initiative des Herausgebers und Redakteurs des »Bayerischen Volksblatts« Johann G. Eisenmann zurück. Der Nürnberger Redakteur Viktor A. Coremans kündigte in seiner Zeitung im August 1832 einen eigenen Oppositionsverein an, jedoch ohne Erfolg[135]. Auch der Anstoß zur Gründung des Preß- und Vaterlandsvereins erfolgte maßgeblich durch den Redakteur der »Deutschen Tribüne« Johann Georg A. Wirth und den radikalen Landtagsabgeordneten Friedrich Schüler[136]. Der Vereinsaufruf erschien in der »Deutschen Tribüne« und zirkulierte als eigenes Flugblatt[137]. Weitere Publizität wurde durch den Abdruck in anderen Zeitungen erreicht: im »Bayerischen Volksblatt«, im »Volkstribun«, den »Neuen Zeitschwingen«, der Nürnberger Zeitung »Die alte und die neue Zeit«[138]. Der Augsburger Redakteur Heinrich Kurz lud in der »Zeit« zur Teilnahme an einem süddeutschen Presseverein ein[139]. In der Würzburger Zeitung »Scharffschütz« schrieb ihr Herausgeber Freiherr Karl E. von Dalberg am 24. 3. 1832 unter dem Motto: »Auf! Ihr Patrioten! In Vereine sammelt Euch! — Unser Kampf für die Volkspartei erweitert sich, denn so wie wir auf der einen Seite die absoluten Höflinge mit Feuereifer angreifen, kommen auf der anderen Seite die absoluten Ohnehosen zum Vorschein, ... Volk lese, Volk einige dich!«[140] Dieses Zitat weist auf den Grad der Politisierung Anfang 1832 hin. Die Vereinstätigkeit war ein Zeichen politischer Opposition, bedeutete Kampf gegen die Regierungspolitik. In diesem Sinne schrieb auch Gottfried Widmann in dem von ihm herausgegebenen »Volkstribun«: »Ihr könnt die Freiheit und Gleichheit erwirken, Ihr sollt sie auch schützen. Dieses vermöget Ihr durch Vereine, schließt Euch fest und innig aneinander; besprecht freimütig, was jetzt not tut, besteht standhaft auf Verbannung jeder Willkür, fordert unerschütterlich die Herrschaft der Gesetze, ...«[141] In Presse und Flugschriften wurden Aufforderungen, patriotische Gesellschaften zu gründen, erhoben[142]. Patrimonialrichter Müller aus Rothwind im Untermainkreis regte in einem Flugblatt die Errichtung eines »Landvereins am Zusammenfluß des weißen und rothen Mains« an: »Aufruf. Bewohner des Landes! Patriotische Vereine erheben sich in deutschen Gauen für Volksbildung und Volkswohl ... brüderlich eine auch Euch ein Verein für geistige Bildung, Gesittung und Wohltätigkeit, und erhebt Euch zur

---

[135] Die Ankündigung erschien in Nr. 10 u. 13 der »Blätter aus Franken«, StAN, Reg. Mfr. Abgabe 1932, XVII, 68, München 10. 7. 1832 MInn an Reg. Rezatkr.

[136] FOERSTER. Preß- und Vaterlandsverein, 20 ff.; zu Wirths vorhergehender journalistischer Tätigkeit siehe Kap. IV.1.c., S. 103; MÜLLER, J. G. A. Wirth; siehe S. 138.

[137] Der Aufruf »Deutschlands Pflichten« wurde in 50000 Flugblattexemplaren aufgelegt, vgl. FOERSTER, Preß- und Vaterlandsverein, 23 ff. Der Aufruf wurde in Nr. 29 der »Deutschen Tribüne« vom 3. 2. 1832 gedruckt.

[138] »Volkstribun«, Nr. 6, 11. 2. 1832; »Neue Zeitschwingen«, Nr. 21, 18. 2. 1832; »Die alte und die neue Zeit«, Nr. 11; StAN, Reg. Mfr. Abgabe 1932, XVII, 94; Bay.V. druckte den Aufruf nicht direkt ab, sondern berichtete regelmäßig über den Verein, druckte Verlautbarungen des Vereinsvorstands: Nr. 23, 23. 2. 1832; Nr. 24, 25. 2. 1832; Nr. 26, 1. 3. 1832.

[139] »Die Zeit«, Nr. 29, 1. 5. 1832; Stadtarchiv Augsburg, A, 4 Z 6.; zu Kurz siehe S. 158 161.

[140] »Scharffschütz«, Nr. 12, 24. 3. 1832. Zu Dalberg siehe S. 35 und Anm. 178 dort.

[141] GÜNTHER, Chronik, 613.

[142] Bay.V. Nr. 32, 29. 9. 1831.

vollen Erkennung Eurer Menschenwürde, ...«[143] 400 Menschen versammelten sich am Tag der Vereinsgründung[144].

Die Closen- und Pressevereine sind eindeutig als oppositionelle Vereine einzustufen. Am 7. 2. 1832 veröffentlichte das »Bayerische Volksblatt« (Nr. 16) Eisenmanns »Aufruf an das bayerische Volk«. Er hob das Verdienst des Abgeordneten Karls Freiherr von Closen, »als Bayerns erster constitutioneller Staatsbürger«, um die Unabhängigkeit der »Volkskammer« hervor[145]. Closen war einer von fünf Abgeordneten, denen Ludwig die Wahrnehmung des Abgeordnetenmandats verweigerte. Als Staatsdiener mußte er um Beurlaubung vom Amt zum Eintritt in die Abgeordnetenkammer beim König nachsuchen. Dies wurde auf Grund seiner politischen oppositionellen Haltung nicht bewilligt. In der Öffentlichkeit entzündete sich heftiger Protest gegen diese als willkürlich empfundene Maßnahme[146]. Closen selbst trat aus dem Staatsdienst aus, um als Privatmann den Sitz in der Kammer einzunehmen. Daraus wäre, so Eisenmann, eine »Ehrenschuld der bayerischen Nation« gegenüber Closen entstanden. Eisenmann rief zur Bildung von Vereinen in Form einer Nationalsubskription auf, mit deren Geldern Closen finanziell entschädigt werden könne. Der Verein sollte aber nicht auf die Person Closens beschränkt sein, sondern immer aktiv werden, »wenn ein Vaterlandsfreund im redlichen gesetzlichen Kampfe für unsere politische Freiheit zu Schaden kömmt.«[147]

Das erste Closenkomitee konstituierte sich am 5. 2. 1832 in Würzburg[148]. Mitte März 1832 existierten weitere in Nürnberg, Regensburg, Feuchtwangen, Königshofen, Kitzingen, Marktbreit, Ansbach, Dinkelsbühl, Wunsiedel[149]. In Kempten und Kaufbeuern bestanden ebenfalls kurze Zeit Filialvereine; nach ihrer zwangsweisen Auflösung durch die bayerische Regierung schickten einzelne Bürger weiterhin Mitgliedsbeiträge an den Hauptverein in Würzburg[150].

Der Closenverein hatte in ganz Bayern Mitglieder. Zum Teil sehr hohe Geldbeiträge wurden aus Augsburg (500 fl.), Fürth (226 fl. 41 kr.), Frankenthal, Immenstadt, Kronach, Lindau, München und von anonymen Einsendern gezahlt[151]. Eisenmann berichtete auch über Kontakte zu Donauwörther, Oggersheimer und Speirer Einwohnern[152]. Ende August 1832 betrugen die Gesamteinnahmen aus Mitgliederspenden 2736 fl.[153]

[143] StAND, Reg., Nr. 6912, Weismain 5. 3. 1832 33. Brigade an 6. Gend.Comp. Corps; vgl. StAB, K 3, F I b, 2000 I, Bayreuth 10. 1. 1833 an MInn.
[144] Ebda; die Regierungsbehörden bestritten jedoch die tatsächliche Gründung eines solchen Vereins.
[145] Bay.V. Nr. 16, 7. 2. 1832.
[146] Kap. V.1.
[147] Bay.V. Nr. 16, 7. 2. 1832.
[148] Ebda; Mitglieder waren Bürgermeister Wilhelm Joseph Behr, Güterbestatter Bär, Gemeindebevollmächtigter Braunwart, Bordenwirker Gutbrod, Büttnermeister Huth, Handelsmann und Abgeordneter des LT 1831 Joseph Leinecker, Handelsmann Pabstmann, Fabrikant Schönecker, Apotheker und Gemeindebevollmächtigter Wiskemann, Weinhändler, Magistratsrat und Abgeordneter des LT 1831 Adalbert Ziegler, Redakteur Johann G. Eisenmann.
[149] Bay.V. Nr. 19, 14. 2. 1832 / Nr. 22, 21. 2. 1832 / Nr. 26, 1. 3. 1832 / Nr. 29, 8. 3. 1832 / Nr. 35, 22. 3. 1832 / Nr. 37, 27. 3. 1832; vgl. StAN, Reg. Mfr. Abgabe 1968, II, 10.
[150] StAND, Reg., Nr. 7145, Stadtkomm. Kaufbeuern 4. 5. 1832; ebda, Nr. 7146.
[151] StAND, Reg., Nr. 7146, MInn 18. 3. 1832; ebda, Nr. 7145, Stadtkomm. Lindau 6. 5. 1832; StAB, K 3, 859; ebda, K 3, 933.
[152] Bay.V. Nr. 16, 7. 2. 1832.
[153] Bay.V. Nr. 27, 1. 9. 1832.

Interessant ist das geographische Übergewicht mittelfränkischer und schwä-bisch-allgäuischer Filialvereine. In Unterfranken gab es demgegenüber relativ wenig Closenvereine, obwohl er in Würzburg gegründet wurde.

Die oppositionelle Richtung des Vereins zeigte sich auch in der Begründung Eisenmanns; die Organisation eines solchen Vereins wäre durch den Kampf und Schutz verfassungsmäßiger Rechte und Freiheiten gerechtfertigt, hier des Wahl-rechts und der Wahlfreiheit[154].

Viele Mitglieder der Closenkomitees waren prominente Liberale: der Würz-burger Bürgermeister Wilhelm Joseph Behr, Redakteur Johann G. Eisenmann und Handelsmann Pabstmann aus Würzburg, Gottlieb Freiherr von Thon-Dittmer aus Regensburg, der Nürnberger Kaufmann und Gemeindebevollmäch-tigte Johann Georg Bestelmaier, die oppositionellen Abgeordneten des Land-tags 1831 Bürgermeister N. Brandenburg aus Wunsiedel, Kaufmann Joseph Leinecker aus Würzburg, Lederfabrikant und Magistratsrat Karl Scheuing aus Ansbach, Weinhändler Adalbert Ziegler aus Würzburg, Kaufmann und Ma-gistratsrat Christoph Zinn aus Dinkelsbühl[155].

Soweit Berufsangaben der Vereinsmitglieder überliefert sind (so für die Ver-eine in Würzburg, Dinkelsbühl, Nürnberg, Ansbach, Regensburg, Kempten) läßt sich eine starke Anteilnahme des gehobenen Bürgertums erkennen: Kaufleute, Magistratsräte, Gemeindebevollmächtigte, Apotheker, Rechtsanwälte, Hand-werksmeister.

Mitte Februar 1832 verbot das Innenministerium den Closenverein als unge-setzliche staatsverräterische Vereinigung. Er wurde bisher in der Forschung we-nig beachtet, stand im Schatten des Preß- und Vaterlandsvereins. Der Closen-verein war auf die innenpolitischen Entwicklungen in Bayern bezogen, nannte sich auch der »Bayerische Verein«. Der Preßverein, oder auch »Teutsche Ver-ein«, dagegen richtete sich an die Öffentlichkeit in ganz Deutschland[156]. Sein Ziel war allgemeiner politischer Natur, er erhob eine zentrale Forderung des Liberalismus zum Hauptanliegen, die Pressefreiheit und politische Reform Deutschlands. Mit den Vereinsbeiträgen wurden Zeitungen, Zeitschriften, Ein-zelpersonen unterstützt, die von Zensur- und Polizeibehörden verfolgt wur-den; die Vereinsmitglieder sollten die öffentliche Diskussion durch Aufsätze in Zeitungen, durch Flugschriften und Volksreden mitgestalten[157].

Die Idee der organisierten finanziellen Unterstützung lag Closen- und Preß-vereinen zugrunde. Die Form der Organisationsbildung war dadurch ein Kampfmittel der Opposition. Die Teilnahme an einem Unterstützungsverein war ein Akt politischer Solidarität. Die Mitgliedschaft wurde durch die Sub-skription, die Unterschrift unter einen Spendenschein erworben. Auch in Frank-

---

[154] Siehe Vereinsaufruf, Bay.V. Nr. 16, 7. 2. 1832.
[155] Mitgliederverzeichnis zum Teil bei den Vereinsankündigungen in Artikeln des Bay.V. enthalten, siehe Anm. 110, S. 175. — Die Angaben zu den Landtagsabgeord-neten aus: Franz Xaver FRENINGER, Die Kammern des Landtags des Königreiches Bay-ern. Matrikel oder Verzeichnis der Direktorien und der Mitglieder der beiden hohen Kammern von 1819 bis 1870, München 1870; Robert D. CONKLIN, Politics and Poli-ticians in Baden and Bavaria 1815—1848: A socio-political comparison of Landtag deputies, Diss. Kent State 1972. Siehe S. 37 f.
[156] Bay.V. Nr. 23, 23. 3. 1832. Eisenmann betonte jedoch, daß die Tätigkeit und Wirksamkeit des Closenvereins nicht auf Bayern beschränkt bleiben sollte.
[157] FOERSTER, Preß- und Vaterlandsverein, 66—96, 119—126.

reich existierte diese Art von Unterstützungsfonds »zur Abdeckung von Geldstrafen als Form des Protests gegen Regierungsmaßnahmen«[158]; September 1835 wurden sie auf Grund ihrer enormen Zunahme verboten. Frühjahr 1831 empfahl der ehemalige Landrichter Wellmer in einer Flugschrift diese französischen Volksvereine als organisatorische Vorbilder für neue Vereine in Bayern[159]. Zweibrücker Bürger initiierten unter Anlehnung an die französischen Vorbilder im November 1831 Subskriptionen, um Geldstrafen des Redakteurs Philipp Jakob Siebenpfeiffer auf Grund einiger Zensurverstöße zu bezahlen[160]. Ebenfalls November 1831 schlug ein anonymer Kaiserslauterner Leserbrief im »Westboten« die Subskription als permanenten Verein vor. Ein solcher Verein soll »... durch monatliche Beiträge einen Fonds bilde(n), woraus die über liberale Journalisten ... verhängten Geldstrafen und Prozeßkosten bezahlt würden. Dadurch würde sich eine neue Opposition gegen die Feinde des Lichts in Deutschland bilden, welche ... eine sichere Gewähr gegen künftige Verfolgungen der Organe der öffentlichen Meinung, und für deren gutes Fortbestehen abgebe, ...«[161] Diese Aufforderung gilt als Vorstufe für den Preß- und Vaterlandsverein. Das Motiv, eine neue Opposition zu bilden, lag auch den Closenvereinen zugrunde. In Organisationsform und Motivation waren Closen- und Preßverein eng verwandt.

Der Verbreitungsschwerpunkt des Preß- und Vaterlandsvereins war jedoch die bayerische Rheinpfalz. Am 29. 1. 1832 wurde er während eines Festempfangs in Bubenhausen für den heimkehrenden Zweibrückener Landtagsabgeordneten Friedrich Schüler gegründet[162]. Von insgesamt 26 Filialkomitees hatten 19 ihren Sitz in der Pfalz[163].

Auch im rechtsrheinischen Bayern fand der Preß- und Vaterlandsverein viele Anhänger. Der Vereinsaufruf, der in der Würzburger und Nürnberger Presse veröffentlicht wurde, wurde auch als gesondertes Flugblatt im Würzburger Umland, in Bayreuth verbreitet, an den Leseverein in Kaufbeuren und in Kempten, an den Kemptener Bürgermeister und den Eggenfeldener Landrichter verschickt[164]. Eigene Filialvereine des Preß- und Vaterlandsvereins bestanden August 1832 in Nürnberg, Ansbach, Dinkelsbühl und Feuchtwangen[165]. Der Versuch des Ansbacher Bürgermeisters Endres, des Vorstands der Gemeindebevollmächtigten Advokat Greiner und des Abgeordneten des Landtags 1831 Scheuing, einen Aufruf zum Preßverein zu publizieren, wurde durch die Regierung unterdrückt. In Würzburg, Wunsiedel und Kronach existierten weitere Preßvereine; in Kronach war das Offizierskorps der Landwehr geschlossen bei-

---

[158] Ebda, 18, Anm. 11.
[159] ZIMMERMANN, Einheits- und Freiheitsbewegung, 136 f.
[160] »Westbote« 156, 1831; FOERSTER, Preß- und Vaterlandsverein, 18; Hans BRAUN, Philipp Jakob Siebenpfeiffer. Ein liberaler Publizist des Vormärz. 1789–1845, Diss. München 1956. Siehe S. 73, Anm. 255.
[161] Zitiert bei FOERSTER, Preß- und Vaterlandsverein, 19.
[162] Ebda, 20 ff. Siehe S. 66 f.
[163] FOERSTER, Preß- und Vaterlandsverein, 194 ff.
[164] BayHStA MInn 24186, Würzburg 13. 2. 1832 Reg. Umkr. an MInn; ebda, Bayreuth 6. 3. 1832; ebda, Augsburg 5. 4. 1832, 19. 5. 1832, 6. 4. 1832 Reg. Odkr. an MInn; ebda, Passau 1. 5. 1832.
[165] Ebda, Ansbach 3. 8. 1832 Stichaner an MInn; ebda, München 4. 5. 1832 Reg. Isarkr. an MInn.

getreten[166]. In Erlangen leisteten 86 Studenten Subskriptionen für den Preßverein, in München 26 Einwohner, in Aschaffenburg zwei weitere und einer aus
Stadtprozelten[167].

Am 17. 2. 1832 verbot das Innenministerium auch den Preß- und Vaterlandsverein als staatsverräterische Verbindung.

1832 war in Bayern ein weit verbreitetes Netz politischer Vereine vorhanden. Die Mitgliedschaft war ein Bekenntnis zu liberalen Grundauffassungen,
war vor allem der Ausdruck von Opposition und Protest gegen die Regierungspolitik. Unmittelbarer Anlaß waren die Beschränkung der Wahlfreiheit und
eine repressive Pressepolitik. Der Umfang dieser Vereinsbewegung und die häufigen Aufrufe zur Organisierung zeigen zugleich die starke politische Anteilnahme der Bevölkerung. Eine politisch aktive Öffentlichkeit etablierte sich.

b. Staatliche Vereinspolitik

Eine eigene Rechtsgrundlage für das Vereinswesen existierte im Vormärz
nicht. Die bayerische Verfassung von 1818 nahm keinen Bezug darauf. Das
Grundrecht der freien Meinungsäußerung war verankert, nicht erwähnt waren
jedoch die Vereinigungs- und Versammlungsfreiheit[168].

Die ersten vereinsähnlichen Assoziationen hatten sich schon Mitte des 18.
Jahrhunderts zusammengeschlossen. Es entwickelte sich jedoch kein grundsätz-
licher Gegensatz zu Staatsformen und staatlicher Obrigkeit. »Die in den öko-
nomischen, patriotischen und Lesegesellschaften organisierte Selbsttätigkeit der
Staatsuntertanen nutzte das Wissen, die Kritikfähigkeit und die Handlungs-
bereitschaft einer größer werdenden Zahl von aufgeklärten Staatsbewohnern im
Dienst einer umfassenden Wohlfahrtssteigerung. Die Vereinsbewegung traf dabei auf das dringende ökonomische Modernisierungsbedürfnis des Staates.«[169].

Zur Jahrhundertwende vom 18. zum 19. Jahrhundert wandelte sich die
Staatszwecklehre. Die wohlfahrtsstaatliche Auffassung, der Monopolanspruch
des Staates auf Sicherung des Gesamtwohls der Staatsuntertanen wurde zu-
rückgedrängt. Eine sich emanzipierende bürgerliche Gesellschaft forderte die
Sicherung der Privatinteressen des Einzelnen[170]. Der Verein als Assoziation
einer mündig werdenden Staatsbürgergesellschaft konnte sich zu einem vom
Staat losgelösten Element entwickeln. Solange jedoch keine dezidiert politischen
Vereinszwecke aufgestellt wurden, kam es zu keinen Auseinandersetzungen
zwischen Staat und Gesellschaft.

---

[166] Ebda, München 7. 3. 1832; ebda, Würzburg 12. 4. 1833 Stadt- u. Kreisger. an
App.-ger. Umkr.; StAB, K 3, 933, Kronach 28. 6. 1832; ebda, K 3 F I b, 2000 I, Bayreuth 10. 1. 1833 an MInn.
[167] BayHStA MInn 45525, 7. 3. 1832 Vortrag der Bundeszentralbehörde; FOERSTER,
Preß- und Vaterlandsverein, 195 ff.
[168] VU 1818, Präambel. — Zu den Grundrechten: Wolfgang von RIMSCHA, Die
Grundrechte im süddeutschen Konstitutionalismus. Zur Entstehung und Bedeutung der
Grundrechtsartikel in den ersten Verfassungsurkunden von Bayern, Baden und Württemberg (Erlanger Juristische Abhandlungen 12) Köln 1973.
[169] HARDTWIG, Gesellschaft, 338 f., vgl. die dort angegebene Literatur.
[170] Ebda, 342 ff.; Diethelm KLIPPEL, Politische Freiheit und Freiheitsrechte im deutschen Naturrecht des 18. Jahrhunderts (Rechts- und staatswissenschaftliche Veröffentlichungen d. Görres-Gesellschaft 23) Paderborn 1976.

Bis zur Mitte des 19. Jahrhunderts war im deutschen Vereinswesen das »Konzessionssystem« bestimmend[171]. Die Vereinsbildung wurde durch staatliche Behörden genehmigt, Statuten und Mitgliederverzeichnis wurden geprüft. Die Entscheidung über die Rechtsfähigkeit eines Vereins, einer Assoziation blieb der alleinigen Interpretation des Staats überlassen. In Bayern fiel dies in die Kompetenz der inneren Verwaltung, unter die Zuständigkeit der öffentlichen Sicherheit.

Vereinsverbote werfen ein genaueres Licht auf die Genehmigungspraxis und zugleich auf das Verhältnis von Staat und Gesellschaft im bayerischen Vormärz. Die Vereinbarkeit von Vereinszweck und Vereinsziel mit den geltenden Staatsgrundsätzen war ausschlaggebend für die Bewilligung beziehungsweise Nichtbewilligung.

Das Verbot des Weismain-Landvereins[172] begründete die Bayreuther Kreisregierung damit, daß der Vereinszweck zu allgemein angegeben wäre und der Verein sich auf einen Bezirk ohne bestimmte Begrenzung erstrecke[173].

Eindeutiger politisch motiviert war das Verbot des Preß- und Vaterlandsvereins am 10. 2. 1832, zwei Wochen nach dessen Gründung. Das Innenministerium sah im Preßverein eine staatsverräterische Verbindung, einen Angriff auf die bayerische Verfassung. Die im Vereinsaufruf erhobenen Forderungen nach Freiheit der Völker, einem deutschen Reich mit demokratischer Verfassung, einer europäischen Staatengesellschaft durch den Bund des französischen, polnischen und deutschen Volks, waren die Gründe der Ablehnung. Die Vereinsgrundsätze zielten nach der Auffassung des Innenministeriums auf »die Aufhebung der Selbständigkeit der einzelnen deutschen Bundesstaaten«, auf »Umwälzung ihrer ... auf das monarchische Prinzip gebauten Verfassung«[174]. Das Verbot des Preßvereins wurde in einer Ministerialentschließung staatsrechtlich begründet: »Wenn schon im Allgemeinen politische Gesellschaften ein für die Staatspolizei höchst wichtiger Gegenstand sind, wenn der an sich höchstwohlthätige Assoziations Geist von dem Augenblicke an, wo er aus dem Nationalökonomischen in das politische und staatsrechtliche Gebiet übergeht, die öffentliche Ordnung und die Herrschaft der Gesetze in dem Grade zu gefährden vermag, in welchem seine Erzeugnisse von den Zeit-Verhältnissen unterstützt und berechnet sind, die gesetzliche Wirksamkeit der Regierung durch scheinbare Loyalität und durch Widerstandsfähigkeit zu lähmen, so erheischen verbrecherische, die Selbständigkeit des Staates und dessen Verfassung offen bedrohende Verbindungen in ungleich höherem Maße das kräftigste Entgegenwirken der öffentlichen Behörden.«[175] Das Vereinsverbot wurde durch die Sorge um die Erhaltung öffentlicher Ruhe und Ordnung gerechtfertigt.

Dieses Verbot knüpfte an ältere Bestimmungen gegen geheime Gesellschaften und unerlaubte Verbindungen an. Ursprünglich waren sie gegen Illuminaten

---

[171] HARDTWIG, Gesellschaft, 347; Thomas VORMBAUM, Die Rechtsfähigkeit der Vereine im 19. Jahrhundert. Ein Beitrag zur Entstehungsgeschichte des BGB (Münsterische Beiträge zur Rechts- und Staatswissenschaft) Berlin 1976, 8 f.,23 ff., 26, 82—85; Friedrich MÜLLER, Korporation und Assoziation. Eine Problemgeschichte der Vereinigungsfreiheit im deutschen Vormärz (Schriften zum öffentlichen Recht 21) Berlin 1965.
[172] Siehe Kap. IV.2.a., S. 109.
[173] Bay.V. Nr. 29, 6. 9. 1832.
[174] MInn-Entschl. 10. 2. 1832 an Reg. Odkr., Rezatkr., StAND, Reg., Nr. 7147 und StAN, Reg. Mfr. Abgabe 1932, II, 63.
[175] Ebda.

und Freimaurer gerichtet[176], und erstreckten sich seit 1814 allgemein auf ».. .
alle geheime(n) Gesellschaften und Verbindungen, politischen, religiösen oder
angeblich wissenschaftlichen Zwecks, wenn solcher verhehlt oder anders angegeben wird...«[177] Das bedeutete, daß jeder staatlich nicht angemeldete Verein
illegal war. Diesen Maßnahmen lag eine wohlfahrtsstaatliche Rechtsauffassung
zugrunde. Die Verordnungen vom 4. 11. 1799 und 5. 3. 1804 standen ganz in
dieser Tradition. Ein Verbot geheimer Gesellschaften war in einer Verordnung
vom 13. 9. 1814 dadurch gerechtfertigt, daß »das wahre Wohl des Staates,
und das Beßte der Staatsbürger nur durch die Regierung befördert werden
kann...«[178]
Mit dem Argument unterlassener Vereinsgenehmigung begründeten die Kreisregierungen einzelne Verbote, zum Beispiel eines Polenvereins am 3. 1. 1832[179].
Bei der Auflösung des Closenvereins am 12. 3. 1832 argumentierte die Würzburger Regierung damit, daß keine Bewilligung der Münchner Staatsregierung
erfolgt wäre; daher galt er als »unerlaubte politische Association« und als ungesetzlich[180]. Dieses im Untermain-, Rezat- und Oberdonaukreis geltende Verbot bestätigte das Innenministerium am 8. 7. 1832. Der Initiator des Closenvereins suchte nachträglich um Sanktion des Vereins nach. Das Innenministerium
verweigerte dies nun mit politischen Gründen: »Nie könne aber zugegeben werden . . ., daß unter der Firma von Unterstützungen ein *politischer* Verein mit
gegliederter Organisation und mit einer förmlichen Hierarchie konstituirter
Behörden und zwar insbesondere zum ausgesprochenen Zwecke des Kampfes
gegen die konstituirten Gewalten in das Leben gerufen werden.«[181]
Dabei bezog man sich auf eine am 1. 3. 1832 erlassene Verordnung der bayerischen Regierung. Hier wurde zum ersten Mal der Rechtscharakter politischer
Vereine allgemein geregelt: »Die bayerische Verfassung räumt den Staatsbür-
gern nirgends das Rechte ein, politische Associationen in willkürlicher Weise
einzugehen, und neben den bestehenden Staatsbehörden, Communalbehörden
und Repräsentativkörpern einen gegliederten Organism für politische Zwecke
mit förmlichen Geldbeträgen und leitenden Comités über ganze Kreise oder
über die Gesamtmonarchie zu verbreiten, vielmehr ist vor, wie nach dem Erscheinen der Verfassung die Bildung jedes Vereins, ohne Ausnahme von vor-
gängiger Überreichung der Statuten, und von der Genehmigung der Staatsregierung abhängig zu machen.«[182] Die Regierung berief sich zur Begründung des
Verbots auf die Verfassung; dort wären Umfang und Organe festgelegt, »...
durch welche die Mitwirkung der Staatsangehörigen zu den öffentlichen Angelegenheiten und die Gewähr constitutioneller Rechte statt finden soll.«[183]

---

[176] Mandate seit 13. 8. 1745, Mandate vom 15. 6. 1751, 2. 3. 1785, 16. 8. 1785, 16. 8.
1787, 15. 11. 1790, 18. 1. 1791, 3. 8 1791, VO 22. 6. 1784 »Von den heimlichen Logen
und Verbindungen« (DÖLLINGER, Verordnungssammlung 13, 713—717).
[177] Ebda, 721 f., VO 13. 9. 1814 »Erneuerung des Verbots geheimer Gesellschaften
und Verbindungen betr.«.
[178] Ebda, 718—721.
[179] Bay.V. Nr. 45, 14. 4. 1832.
[180] Würzburg 12. 3. 1832 Reg. Umkr., Rezatkr., Odkr., StAND, Reg., Nr. 7146 und
StAN, Reg. Mfr. Abgabe 1932, II, 63.
[181] Bayreuth 16. 7. 1832, StAB, K 9, II, 24.
[182] VO 1. 3. 1832 »Die Aufforderungen zur Bildung politischer Vereine betr.« (DÖL-
LINGER, Verordnungssammlung 13, 723).
[183] Ebda, 722.

Es war zwar damit der Verein als möglichem Faktor politischer Willensbildung und Interessensvertretung anerkannt, jedoch sein Betätigungsfeld stark beschränkt.

Eine Erweiterung des Handlungsspielraums, der Mitwirkung und Teilnahme der Bevölkerung an politischen Entscheidungsprozessen wurde nicht zugelassen. Aus der Verordnung vom 1. 3. 1832 spricht die generelle Ablehnung des Staates gegenüber der Etablierung neuer politischer Organe alternativ zu den bestehenden. Die Regierung orientierte sich streng am Text der Verfassung; ein liberaler Ausbau verfassungsmäßiger Bestimmungen, wie es sich zu Beginn der Regierungszeit Ludwigs I. angedeutet hatte, stand nicht mehr zur Debatte[184]. Die Rechte politischer Partizipation blieben auf die Wahl der Landtagsabgeordneten, die beratende und zustimmende Funktion der Abgeordnetenkammer bei Gesetzgebung, der Festsetzung des Staatshaushalts, Verfassungsänderungen und auf das Petitionsrecht begrenzt[185]. Jedoch waren aktives und passives Wahlrecht an einen Zensus in Form von Grundbesitz oder Gewerbevermögen gebunden; so waren zum Beispiel nur 0,27 Prozent der Einwohner von Städten und Märkten wählbar[186]. Der Großteil der Bevölkerung war von politischen Entscheidungsprozessen ausgeschlossen.

Gerichte und Polizeibehörden waren angewiesen, gegen Vereine, »... aus deren Ankündigungen, Aufrufen, Verhandlungen und sonstigen Verhältnissen ein der Verfassung des Reichs oder der Souveränität des Bayerischen Staates zuwiderlaufendes Bestreben hervorgeht, ...« einzuschreiten[187]. Das bedeutete Zwangsauflösung der Vereine und Strafverfahren gegen die Mitglieder.

In Baden und Württemberg verlief die Entwicklung des Vereinsrechts ähnlich. Vor den württembergischen Landtagswahlen 1831 hatten sich Wahlkomitees gebildet. Die Regierung verbot daraufhin »die Constituierung von Vereinen, welche die Beratung in landständischen Angelegenheiten, sowie die Belehrung der Abgeordneten oder Rücksprache zum Zwecke haben.«[188] Inhaltlich fast identisch zum bayerischen Vereinsverbot 1. 3. 1832 stellte auch die württembergische Regierung am 21. 2. 1832 fest: »Die Mitwirkungsbefugnis der Staatsangehörigen liege im Wahlrecht und sei ›mit Beendigung der Wahlen erschöpft‹; in den durch das Staatsgrundgesetz festgesetzten Organismus dürfe ›ein neues Glied ... nicht eingeschaltet werden‹, ...«[189] Ein Gesetz der badischen Regierung 7. 6. 1832 untersagte alle frei gebildeten Vereine[190].

Der Deutsche Bund erließ in dem Gesetz vom 5. 7. 1832 ein für das gesamte Bundesgebiet gültiges Vereinsverbot. »Politische Vereine, das heißt ›alle Vereine, welche politische Zwecke haben oder unter anderem Namen zu politischen Zwecken benutzt werden‹, waren von den Gliedstaaten zu unterdrücken.«[191]

Die Unterdrückung der Closenvereine in Bayern schien Herbst 1832 verwirklicht zu sein. Preßvereine bestanden dagegen länger.

---

[184] Siehe Kap. V., S. 126 ff.
[185] VU 1818, Präambel, Tit. VI, § 13, Tit. VII, § 2—22, Tit. X, § 7.
[186] MÖCKL, Staat, 267, 264—268.
[187] VO 1. 3. 1832 »Die Aufforderung zur Bildung politischer Vereine betr.« (DÖLLINGER, Verordnungssammlung 13, 723).
[188] HARTDWIG, Gesellschaft, 349.
[189] Ebda.
[190] Ebda, 348.
[191] HUBER, Verfassungsgeschichte 2, 162.

Ein anderes Mittel, um Vereinsgründungen zu verhindern, war die Beschlagnahme von Vereinsaufrufen in Zeitungen, Zeitschriften und Flugzetteln. Der Aufruf für den Preß- und Vaterlandsverein von Wirth, »Deutschlands Pflichten«, wurde schon am 4. 2. 1832 konfisziert[192]. Auch in den rechtsrheinischen Kreisen ordneten die Regierungsbehörden die Beschlagnahme an[193]. Auch Aufforderungen in anderen Zeitungen, sich an einem Preßverein zu beteiligen, wurden eingezogen[194].

Das Verbot des Preßvereins wurde jedoch durch ein Gerichtsurteil stark revidiert. Wirth war als Verfasser des Gründungsaufrufs des Hochverrats angeklagt. Das Zweibrückener Appellationsgericht erkannte auf Freispruch und erklärte, daß der »Verein keine strafbaren Aktivitäten beinhalte. ... Die liberale Öffentlichkeit ... folgerte daraus seine Legalität.«[195] Seit März 1832 nahm die Beteiligung am Preßverein zu[196]. Die Opposition gegen das Verbot politischer Vereine vom 1. 3. 1832 wuchs[197]. Im selben Maß verschärfte sich die Haltung der Regierung. Die Polenvereine betrachtete sie 1831/32 als reine Wohltätigkeitsvereine. 1833 wurden sie politisch eingestuft. Polen-, Preß- und Closenvereine stellten nach Ansicht des Innenministeriums »das schon fertige revolutionäre Behördengebäude für den Tag des Ausbruchs« dar[198]. Und weiter führte das Innenministerium Mai 1833 aus: »An diese schlössen sich allenthalben unter verschiedenen Namen aufkeimende Vereine (durch revolutionäre Lieder bearbeitet, und auf den Gymnasien, Lyzeen und chirurgischen Schulen allmählich in Teutonias und Germanias umgewandelt), die Museen und Lesegesellschaften (zu Verbreitung revolutionärer Doctrinen, durch Auflegung von dahin zielenden Journalen und Flugschriften), ja jene Frauenvereine an, ... Als die königl. bayerische Regierung die Vereine gewaltsam niederschlug und andere Regierungen mit ähnlichen Maßregeln theils folgten, theils vorangiengen, wirkten die Vereine im Stillen fort.«[199]

Während 1832 die Unterdrückung von Vereinen sich gezielt gegen bestimmte politische Vereine richtete und anhand der Vereinsstatuten begründet wurde, war 1833 jegliche Vereins- und Versammlungstätigkeit politisch suspekt und verboten.

Mitte 1832 setzte die polizeiliche und gerichtliche Kontrolle auch nicht politischer Vereine ein. Generell überprüften Polizei und Gerichte bestehende bürgerliche Vereine und Gesellschaften nach ihrer politischen Aktivität. In Würzburg wurden drei große Bürgervereine, der »Bund zum eisernen Helm«, der »Grüne Bund« und die »Reichsstadt« zwangsweise aufgelöst. Ihnen hatten führende oppositionelle Abgeordnete und Journalisten angehört, die Mitglieder waren gleichzeitig im Closen- und Preß- und Vaterlandsverein beteiligt[200]. In München überwachte man zwei Gesellschaften bei Caffetier Eder und bei

---

[192] BayHStA MInn 24186, Speyer 4. 2. 1832.
[193] Ebda, Würzburg 13. 2. 1832; ebda, Regensburg 21. 2. 1832.
[194] Ebda, Augsburg 3. 5. 1832; ebda, Würzburg 12. 4. 1833. — Vereinsaufrufe in anderen Zeitungen, siehe S. 112.
[195] FOERSTER, Preß- und Vaterlandsverein, 61.
[196] Ebda.
[197] Siehe Kap. V.4.
[198] StAW, Reg. Ufr. Abgabe 1943/45, Nr. 9852, 6. 6. 1833; BayHStA MInn 46019, MInn. 19. 5. 1833.
[199] Ebda.
[200] StAW, Reg. Ufr., Abgabe 1943/45, Nr. 9830/II; ebda, Nr. 9837; ebda, Nr. 12757.

Zahler; sie standen in Kontakt mit den Münchner Burschenschaften, organisierten Polenfeste[201].

In Augsburg verlangte im Dezember 1832 die Kreisregierung Einsicht in die Akten der Stadt über alle Gesellschaftsvereine. Bis zum Frühjahr 1832 war die obrigkeitliche Genehmigung locker gehandhabt worden; teilweise lagen keine Vereinssatzungen und Mitgliederverzeichnisse vor, die jährlich eingereicht werden mußten[202]. Die Augsburger Stadtkommission mahnte nun die Mitgliedslisten wiederholt an[203]. Die Ressource, eine »Vereinigung gesitteter und gebildeter Männer zu wissenschaftlicher und geselliger Unterhaltung«[204] hatte sich Mai 1832 geweigert, erneut ein Mitgliedsverzeichnis bei der Stadt anzugeben. Der Vereinsvorstand Albrecht Volkhart, Buchdrucker und Verleger der oppositionellen Zeitung »Die Zeit«[205], verlangte, über den Grund der Überprüfung informiert zu werden[206]. Die Kreisregierung schaltete sich ein, ein Verzeichnis der Ressource-Mitglieder wurde nicht präsentiert[207]. Die Stadt Augsburg erließ daraufhin gegen Volkhart mehrere Geldstrafen[208]. Juni 1832 löste Volkhart den Verein selbst auf, da die Stadt auf ihrer Forderung beharrte, der Verein jedoch die Namen seiner Mitglieder nicht offenlegen wollte[209].

3. VOLKSVERSAMMLUNGEN UND FESTE

1832 war der Höhepunkt von Zensurmaßnahmen gegenüber politischen Zeitungen und Schriften, politische Vereine waren verboten, Bürgergesellschaften unterlagen einer verschärften obrigkeitlichen Kontrolle. Auch andere Formen politischer öffentlicher Meinungsäußerung unterstellten die bayerische Regierung und der Deutsche Bund antirevolutionären Maßnahmen.

Volksversammlungen und -feste erhielten 1832 immer deutlicher politischen Charakter, wurden zur Plattform öffentlicher politischer Diskussion. Einerseits war dies ein Zeichen der zunehmenden Politisierung nach der Julirevolution. Andererseits war es die Reaktion auf die repressive Politik. Nach dem Verbot politischer Vereine wich man auf andere Möglichkeiten politischer Tätigkeit aus.

---

[201] WEHNER, Bewegung, 79—87; BayHStA 45830, München 4. 5. 1832.

[202] Stadtarchiv Augsburg, 4, 0 15, Augsburg 22. 12. 1832, Stadtkomm. an Mag. Augsburg; ebda, Augsburg 29. 12. 1832 Stadtkomm. an Mag. Augsburg.

[203] Stadtarchiv Augsburg, 4, 0 15, Augsburg 29. 12. 1832, 4. 1. 1833 Stadtkomm.; zwischen 4. 1. und 14. 1. 1833 wurden Verzeichnisse der Gesellschaften »Harmonie«, »Dramatischer Verein im oberen Baugarten«, »Auf dem Stapfinger Thor«, der Gesellschaften »Erheiterung«, »Frohsinn«. »Caecilia«, »Handbogen-Schützengesellschaft im Schießgraben«, der Schützengesellschaft »In der Rosenau« eingesandt.

[204] Stadtarchiv Augsburg, 4, R 60, Statuten des Vereins, Augsburg 18. 2. 1828 an Stadtmag. Die »Ressource« bestand seit 1. 1. 1829, war am 30. 12. 1828 vom Mag. genehmigt worden; StAND, Reg., Nr. 7150.

[205] Zur »Zeit« vgl. Kap. IV.1.b., S. 99—101; DIRR, Albrecht Volkhart.

[206] Stadtarchiv Augsburg, 4, R 60, Augsburg 6. 5. 1832.

[207] Ebda, Augsburg 12. 5. 1832 Mag. an Volkhart, Augsburg 15. 5. 1832 Volkhart an Mag., Augsburg 22. 5. 1832, 6. 5. 1832, 12. 5. 1832, 15. 5. 1832, Augsburg 22. 5. 1832 Mag. an Volkhart.

[208] Ebda, Augsburg 7. 6. 1832, 19. 6. 1832 Mag. an Volkhart.

[209] Ebda, Augsburg 21. 6. 1832 Volkhart an Mag., Augsburg 5. 7. 1832 Mag. an Volkhart.

In Südwestdeutschland lassen sich rund 30 Volksfeste mit politischem Charakter nachweisen: in Bubenhausen, Butzbach, Weinheim, St. Wendel, Frankfurt (Sandhof), Gaibach, Bergen, Badenweiler, Mannheim, Hambach, Niederwald/Rüdesheim, Wilhelmsbad, Königshofen/Taunus, Wollenberg/Wetter, Schmalkalden, Spaichingen, Gießen, Hannoverisch-Gmünden, Winterhausen/Würzburg, Augsburg, Kassel, Fulda, Herborn, Regensburg, Hanau, Amberg, Dinkelsbühl, Battenberg, Überlingen, Roßbichl, Rorschach[210].

Die Rückkehr liberaler und oppositioneller Abgeordneter des Landtags 1831 an ihren Heimatort Januar 1832 war Anlaß für feierliche Empfänge und Volksfeste.

Mehr als 400 Würzburger feierten den Abgeordneten Adalbert Ziegler, Weinhändler und Gutsbesitzer, als »entschlossenen Oppositions-Mann«[211]. Kurz darauf luden Mitte Januar 1832 Gemeindebevollmächtigte und Magistrat Würzburgs zu einem Festessen für die oppositionellen Abgeordneten des Regierungsbezirks Joseph Leinecker, ein Würzburger Kaufmann, Nepomuk Schmauß, Weinhändler aus Kitzingen, den Würzburger Adalbert Ziegler und Johann Adam Seuffert, Universitätsprofessor in Würzburg, ein[212].

Uffenheimer und Marktbreiter Bürger gaben zu Ehren des Abgeordneten Friedrich Christian Thomasius, Stadtpfarrer in Uffenheim, der während des Landtags 1831 für eine Kürzung der königlichen Zivilliste eintrat, ein Bankett[213].

Magistrat und Gemeindebevollmächtigte aus Wunsiedel und Bayreuther Bürger feierten den Abgeordneten und Bürgermeister aus Wunsiedel Brandenburg[214].

In Königshofen veranstaltete ein eigenes Festkomitee ein »konstitutionelles Volksfest« für die oppositionellen Abgeordneten Peter Binder, Gutsbesitzer aus Adelsberg, und Karl Christian Michael Weinmann, protestantischer Pfarrer in Aubstadt[215].

Festessen mit über 70 geladenen Gästen wurden anläßlich der Rückkehr des Abgeordneten Christoph Zinn, Kaufmann und Magistratsrat, in Dinkelsbühl und des Abgeordneten Andreas Christ. Weinmann, Kaufmann und Magistratsrat, in Nördlingen gegeben[216].

Diese Feste trugen einen symbolischen politischen Charakter; nach dem unbefriedigenden, erfolglosen Verlauf des Landtags 1831 erhielten diese Abgeordneten nachträgliche Anerkennung und Bestätigung durch die Wähler. Die Versammlungen hatten auch eine direkte politische Aussage. Es wurden schwärmerische Gedichte vorgetragen, in denen der ›Kampf des Volkes für Freiheit und Recht‹ gepriesen wurde[217]. Während einer Feier des Ansbacher Gemeindekollegiums für den Abgeordneten, Magistratsrat und Lederfabrikanten aus Ans-

[210] FOERSTER, Preß- und Vaterlandsverein, 101 f.
[211] Bay.V. Nr. 3, 7. 1. 1832.
[212] Bay.V. 16. 1. 1832.
[213] Der erste Präsident der Abgeordnetenkammer 1831, Sebastian Freiherr von Schrenk, stufte Thomasius in einer Liste als oppositionellen Abgeordneten ein, bei: GÖLZ, Landtag, 149 ff.
[214] Bay.V. Nr. 6, 14. 1. 1832.
[215] Bay.V. Nr. 20, 16. 2. 1832.
[216] Bay.V. Nr. 26, 1. 3. 1832.
[217] In Königshofen, Dinkelsbühl und Nördlingen.

bach, Karl Scheuing, würdigte man sein Eintreten für die Pressefreiheit und ehrte ihn »als wahrhaft constitutionellen Staatsbürger«. Bei einem zweiten Fest der Ansbacher Bürger waren Transparente »Preßfreiheit; Wahlfreiheit; politische Unabhängigkeit; Abgabenminderung« aufgestellt[218]. Das »constitutionelle Fest« im mittelfränkischen Marktbreit war als großes Oppositionsfest geplant, eingeladen waren als Ehrengäste die Würzburger Abgeordneten Prof. Johann Adam Seuffert und Adalbert Ziegler, der Adelsberger Abgeordnete Peter Binder, gekommen waren von den Abgeordneten: Ernst Günther, Bürgermeister aus Marktsteft, Nepomuk Schmaus, Weinhändler in Kitzingen, der Würzburger Kaufmann Joseph Leinecker, Joseph Sartorius, Gutsbesitzer in Randersacker, der Ochsenfurter Gutsbesitzer Adam Heim, der Uffenheimer Pfarrer Thomasius und der Ansbacher Magistratsrat Karl Scheuing. Man pries sie als »Männer des Volkes«, auf Plakaten bekannte man sich zu Pressefreiheit, Freiheit der Religionsmeinungen, Gleichheit vor dem Gesetz, Steuergleichheit[219]. Auf dem Bubenhausener Fest in der Rheinpfalz beschloß man die Gründung des Preß- und Vaterlandsvereins; dieser Verein erklärte das Fest als Form der politischen Aktion[220].

Einen eindeutigeren politischen Charakter trugen die Verfassungsfeste im Mai 1832. Zeitungen wie das »Bayerische Volksblatt«, das »Augsburger Tagblatt«, »Die Zeit«, die »Deutsche Tribüne« und der »Westbote« regten an, anläßlich des Jahrestags der Verfassungsgebung in Bayern Konstitutionsfeste am 27. Mai abzuhalten. Auf diesen Volksversammlungen wurden politische Meinungen öffentlich vertreten und diskutiert. Das größte und bekannteste Fest dieser Art war das Hambacher Fest[221]. Auch in Paris feierten deutsche Emigranten, der Deutsche Volksverein am 27. 5. 1832 ein Verfassungsfest. Der Anlaß der Verfassungsfeier war Vorwand, sie verstanden sich als deutsche Feste. Reformprogramme für eine politische Neuordnung Deutschlands, die Staatsform der Republik wurden diskutiert[222].

Die Verfassungsfeste in den rechtsrheinischen Kreisen sind dagegen bisher nicht dargestellt worden. 400 Einwohner des Oberdonaukreises, meist aus Augsburg, waren einer Einladung eines Augsburger Festkomitees gefolgt. Der Magistrat, Beamte der Kreisregierung waren jedoch nicht gekommen; die Landräte veranstalteten ein eigenes Festessen. Das Augsburger Verfassungsfest wurde zu einem Oppositionsfest. Der führende oppositionelle Landtagsabgeordnete Christian Heinzelmann, ein Großhändler aus Kaufbeuren, erhielt allgemeine Zustimmung für seine Rede; er hob die Bedeutung von Volks- und Verfassungsfesten hervor, in einer Zeit, »... wo die Gegner des constitutionellen Systems thätiger sind als je, ... wo freie Rede, freies Urtheil für Aufregung gilt, wo die Presse mehr als je verfolgt wird, ...«[223]

---

[218] Bay.V. Nr. 12, 28. 1. 1832.
[219] Bay.V. Nr. 19, 14. 2. 1832.
[220] FOERSTER, Preß- und Vaterlandsverein, 102 ff., 66, 99. Andere politische Aktionsformen des Preßvereins waren die Unterstützung einzelner Zeitungen, oppositioneller Abgeordneter und Journalisten, und publizistische Tätigkeit.
[221] FOERSTER, Preß- und Vaterlandsverein, 100—119, 30—38; Kurt BAUMANN (Hg.), Das Hambacher Fest 27. 5. 1832 — Männer und Ideen (Veröffentlichungen der Pfälzischen Gesellschaft zur Förderung der Wissenschaften 35) Speyer 1957.
[222] BayHStA MInn 45525, Frankfurt 11. 3. 1835 Vortrag der Bundeszentralbehörde.
[223] Bay.V. Nr. 69, 12. 6. 1832; vgl. StAND, Reg., Nr. 9399.

In Regensburg veranstaltete der Stadtrat am 26. 5. 1832 zwei Verfassungs-
feiern, bei denen der ehemalige Innenminister und gegenwärtige Regierungspräsident Eduard von Schenk und der ehemalige Staatsminister Maximilian Joseph Graf von Montgelas anwesend waren. Gottlieb Freiherr von Thon-Dittmer rief einen Trinkspruch aus: »Dem großen Kampf in Teutschland für die
Freiheit der Presse, für die Freiheit der Gedanken und Meinungen, ...«[224]
Das eigentliche Volksfest fand am 27. 5. 1832 in Regensburg statt. Toasts auf
»Freies Bürgertum, freie Presse, freie Wahl...« wurden ausgesprochen, Freiheitslieder gesungen[225].

Ein Bürgerverein, der in Amberg am 1. 3. 1832 gegründet wurde und über
68 Mitglieder besaß, lud ebenfalls zu einem Verfassungsfest[226].

Ähnliche Konstitutionsfeste wurden in Bayreuth, Dinkelsbühl, Vach bei Erlangen veranstaltet[227]. Mehrere hundert Gäste aus der Umgebung kamen zusammen, man verlangte die verfassungsmäßige Verwirklichung der Freiheits-
und Gleichheitsrechte.

Das Fest in Gaibach bei Würzburg besuchten 5—6000 Bürger. Wie im Vor-
jahr traf man sich bei einer von Graf Schönborn errichteten Konstitutionssäule.
In verschiedenen Reden wurde der Geist der Verfassung beschworen, man forderte ein anderes, demokratischeres Wahlrecht und wahre Volksrepräsentation,
Ministerverantwortlichkeit, Pressefreiheit. Größten Beifall fand die Rede des
Würzburger Oppositionellen Wilhelm Joseph Behr. Auf seine Anregung unterzeichneten 2000 Festteilnehmer eine Adresse an den König, die eine Reform der
Verfassung und eine Kontrolle der Regierung vor Willkühr und Machtmiß-
brauch propagierte[228].

Politische Bedeutung hatten mehrere Versammlungen und Waldfeste in der
Würzburger Gegend. Am 27., 28. 6. 1832 trafen sich in Würzburg Burschenschaftsstudenten, Mitglieder der Bürgervereine Reichsstadt, grüner Bund und
eiserner Helm. Man beschloß durch »festes Zusammenhalten, die Sklavenketten
(zu) durchbrechen«, »Freiheit und Einheit Deutschlands (zu) erkämpfen«[229].
Ähnliche Versammlungen fanden Juni und Juli 1832 in Reichenberg, in der
Rosenmühle bei Lengfeld, in Landgaststätten bei Gerbrunn und Sommerach
statt. Über 100 Teilnehmer forderten Freiheit, Gleichheit, »Gleichheit der
Glücksgüter«, Abschaffung der Steuern, Gilt, Zehnt; man brauche weder König, Landrichter, noch Pfarrer, das Volk solle selbst regieren[230]. Am Gutten-
ger Waldfest am 6. 8. 1832 nahmen 600 Würzburger Bürger und Studenten
teil[231].

---

[224] Bay.V. Nr. 68, 9. 6. 1832. — Gottlieb Karl Freiherr von Thon-Dittmer (1802—
1853) war 1836—1848 Bürgermeister in Regensburg; in den bayerischen Landtag wurde
er 1840 und 1842/43 gewählt. 1848 war er leitender Minister des Inneren, führte das
sogenannte März-Ministerium der Revolution 1848 in Bayern; vgl. CONKLIN, Politics,
516.
[225] Bay.V. Nr. 68, 9. 6. 1832.
[226] Bay.V. Nr. 72, 19. 6. 1832.
[227] Bayreuth: StAB, Präs.Reg. K3, 859 Bayreuth 31. 5. 1832; »Bayreuther Zeitung«
Nr. 111; Dinkelsbühl: Bay.V. Nr. 73, 21. 6. 1832; Vach: StAM, App.ger. 5148/20, § 66.
[228] Bay.V. Nr. 70, 71, 14. und 16. 6. 1832; DOMARUS, Bürgermeister Behr, 168—171;
vgl. S. 85 und Anm. 90, S. 63.
[229] StAW, Reg. Ufr. Abgabe 1943/45, Nr. 9830 I, Würzburg 4. 7. 1832 Stadtkomm.
an Reg. Umkr.
[230] Ebda, Würzburg 4. 7. 1832 und 24. 11. 1832 Stadtkomm. an Reg. Umkr.
[231] Ebda, 1. Brigade Würzburg 8. 8. 1832 an Reg. Umkr.

Die Organisation großer Voksversammlungen war von einer Genehmigung der Kreisregierung beziehungsweise der Polizeibehörden abhängig. Dabei machten die Regierungsbehörden mit der großen Ausnahme des Hambacher Festes keine Auflagen. Häufig organisierten Regierungsbeamte selbst das Fest (Gaibach) oder waren dazu eingeladen (Augsburg, Regensburg).

Das Hambacher Fest hatte der rheinpfälzische Regierungspräsident Freiherr von Andrian-Werburg am 8. 5. 1832 verboten und gleichzeitig für die Zeit 26. bis 28. Mai besondere Sicherheitsmaßnahmen für die Hambacher Gegend getroffen. Der Aufenthalt von Fremden, öffentliche Versammlungen von mehr als fünf Personen und die Einreise von Studenten waren untersagt, die Polizeistunde auf 20 Uhr vorverlegt. Diese Reaktion hing mit der besonderen Situation des Rheinkreises zusammen. Hier konzentrierten sich oppositionelle Zeitungen, der Preß- und Vaterlandsverein verfügte über eine große Mitgliedschaft; bei Verhaftungen von Preßvereinsmitgliedern entstanden mehrere Tumulte. Dies war der Grund strenger Vorsichtsmaßregeln[232]. Die geschilderten Reglementierungen führten zu großen Protesten, Unterschriftensammlungen und einer Zunahme des Preßvereins als Zeichen der Solidarität. Auch der bayerische Innenminister kritisierte die Politik Andrians, da er darin die Gefahr einer politischen Provokation sah. Der Ministerrat bestätigte zwar das Verbot des Festes, hob jedoch die Verhängung des Ausnahmezustands auf[233]. Zwei Tage darauf, am 7. 5. 1832, hob Andrian seinerseits auf Druck der Landräte das Festverbot völlig auf. Das Hambacher Fest am 27. 5. 1832 wurde zur bisher größten politischen Volksversammlung mit Besuchern aus allen deutschen Bundesstaaten, aus Frankreich und einigen polnischen Flüchtlingen[234].

Seit dem Hambacher Fest ergriffen bayerische Regierung und der Deutsche Bund gezielte Maßnahmen, um politische Versammlungen zu kontrollieren beziehungsweise ganz zu unterbinden. Die Bundesgesandten waren sich über die Bedrohung für innere Sicherheit und öffentliche Ruhe einig. Am 30. 5. 1832 beschlossen sie, die einzelnen Regierungen Deutschlands zu einem generellen Verbot von Volksversammlungen zu bewegen[235]. Der österreichische Bundesvorsitzende beantragte Anfang Juni 1832, gegen öffentliche politische Reden auf Volksfesten als erklärtem Mittel der revolutionären Partei einzuschreiten[236].

Die bayerischen Maßnahmen gegen Volksversammlungen bezogen sich zunächst nur auf die Pfalz. Das Innenministerium schickte ein Truppenkontingent in die Pfalz und konnte dadurch einer Bundesintervention zuvorkommen. Ende Juni ging Karl Philipp Fürst von Wrede als außerordentlicher Hofkommissär mit 8500 Soldaten in die Pfalz[237]; er erließ am 28. Juni Sicherheitsmaßregeln, die ein Verbot von Vereinen, politischen Abzeichen und Schriften beinhalteten.

Am 5. Juli 1832 wurde ein für das ganze Bundesgebiet gültiges Verbot außerordentlicher Volksversammlungen und -feste erlassen. Öffentliche politische Reden auch auf genehmigten Versammlungen waren untersagt[238]. Am 6. Juli verfügte die bayerische Regierung ein Verbot politischer Reden; die ob-

---

[232] FOERSTER, Preß- und Vaterlandsverein, 112, 126—133.
[233] Ebda, 112 ff.
[234] Ebda, 117 ff.
[235] Die Verhandlungen der Bundesversammlung, 77.
[236] Ebda, 79 f., 83.
[237] ZUBER, Fürst-Proletarier, 110 f.
[238] HUBER, Dokumente 1, 120 f.

rigkeitliche Bewilligung öffentlicher Aufzüge, Volksfeste und Versammlungen sollte nicht mehr gegeben werden[239].

Der Bundesbeschluß vom 5. Juli 1832 hatte gleichzeitig das Abfassen von Adressen und Petitionen der Bevölkerung an die Bundesversammlung verboten. Die Bundesbeschlüsse, vor allem die Sechs Artikel 28. 6. 1832, riefen eine Welle von Protestadressen in ganz Bayern hervor. Würzburger Stadträte und Gemeindebevollmächtigte planten eine Versammlung, auf der über eine gemeinsame Adresse gegen die Bundesbeschlüsse vom 28. Juni beraten werden sollte. Daraufhin erließ das Innenministerium eine für ganz Bayern gültige Anordnung, die die Organisation von Volksversammlungen mit dem Ziel, Unterschriften zu sammeln und Petitionen abzufassen, untersagte[240].

4. POLITISCHE ABZEICHEN UND SYMBOLE

Im Zusammenhang mit diesen Verboten wurden repressive Maßnahmen gegen ein weiteres Mittel politischer Meinungsäußerung ergriffen, gegen politische Symbole. Nachdem politische Bekenntnisse in Wort und Schrift, in Organisationen verboten waren, gewannen Symbole als stumme politische Demonstration stärkere Bedeutung. Die Verwendung von Zeichen mit politischer Aussage knüpfte an Traditionen aus der Zeit der Revolution 1789 an. Die Trikolore wurde 1789 Nationalflagge Frankreichs, stand später kennzeichnend für die Inhalte revolutionärer Ideen. Die Annahme der Trikolore während der Ernennung Louis Philippes zum König der Franzosen und ihre Erwähnung in der Verfassung vom 4. 8. 1830 als Nationalfahne geschah ganz bewußt zur Unterstreichung der revolutionären Tradition des Julikönigtums. In Bayern wurde vereinzelt die Kokarde gefunden. Am 31. 5. 1832 verbot das Innenministerium die Verwendung blau-weiß-roter Kokarden und Bänder als Farben der Revolution von 1830[241].

Verbreiteter waren die Farben der deutschen Burschenschaft, schwarz-rot-gold. Bei der Gründung der allgemeinen deutschen Burschenschaft in Jena 12. 6. 1815 bestimmten die Statuten Schwarz und Rot zu den Farben der Burschenschaft. Dabei lehnte man sich an die Uniformfarben des Lützow'schen Freikorps an, dem einige Gründungsmitglieder der Burschenschaft angehört hatten. 1813 hatten sie während der Befreiungskriege an der Leipziger Völkerschlacht teilgenommen, als die Koalitionsmächte Napoleon besiegten und den Zusammenbruch des napoleonischen Systems herbeiführten. Am 31. 3. 1816 erklärte die Burschenschaft endgültig schwarz-rot-gold zu ihrer Farbe. Sie galten seitdem als Zeichen des Kampfes für politische Freiheit und Einheit Deutschlands[242].

[239] StAB, Präs.Reg. K 22, XVIII, 1312, MInn 6. 7. 1832 »Die im Sinne der Umwälzungs-Tendenz beabsichtigten Volksversammlungen betr.« vgl. StAND, Reg., Nr. 4299; Stadtarchiv Nürnberg, ÄMR 194. Diese Min.Entschl. gedruckt bei DÖLLINGER, Verordnungssammlung 13, 707 f., MInn München 6. 7. 1832.
[240] StAN, Reg. Mfr. Abgabe 1968, II, 10, 29. 7. 1832; StAW, Reg. Ufr. Abgabe 1943/45, Nr. 9837.
[241] MInn-Entschl. 31. 5. 1832 »Tragen nationaler Kokarden betr.« (DÖLLINGER, Verordnungssammlung 13, 390 f.).
[242] 1832–1982. Hambacher Fest. Freiheit und Einheit. Deutschland und Europa. Katalog zur Ausstellung des Landes Rheinland-Pfalz zum 150jährigen Jubiläum des Hambacher Festes, Neustadt 1982, 36; vgl. Paul WENTZCKE, Die deutschen Farben. Ihre

Neben diesen nationalen Symbolen wurden auch Freiheitssymbole verwandt. Solche Symbole waren seit dem Mittelalter gebräuchlich. Während des amerikanischen Unabhängigkeitskriegs 1776 bis 1783 und der französischen Revolution erlangten sie größere politische Bedeutung. Das Pflanzen eines Freiheitsbaums ist dem Volksbrauch des Maibaum-Aufstellens verwandt. Die Sitte, einen Baum als Symbol für politische Freiheit aufzustellen, entstand während des amerikanischen Unabhängigkeitskriegs. Zusammen mit der Trikolore und der Jakobinermütze war der Freiheitsbaum seit 1790 das Siegeszeichen der französischen Revolution[243]. In der Zeit der napoleonischen Herrschaft in Deutschland wurden Freiheitsbäume durch die französischen Truppen bekannt, vor allem in den bis 1812/13 zu Frankreich gehörenden linksrheinischen Gebieten, auch in der späteren bayerischen Rheinpfalz.

Nach der Julirevolution tauchten Freiheitsbäume vor allem nach dem Ende des bayerischen Landtags im Frühjahr 1832 auf. Das Innenministerium berichtete von über 50 Freiheitsbäumen in der Rheinpfalz[244], allein im Regierungsbezirk Pirmasens zähte man 26[245].

Auch im rechtsrheinischen Bayern waren 1832 Freiheitsbäume ein gebräuchliches Mittel politischer Demonstration. Am Jahrestag der bayerischen Verfassung wurden in Klingenberg und Würzburg[246], Juni 1832 in Miltenberg und Haßfurt[247] Freiheitsbäume mit der Inschrift »Gerechtigkeit, Freiheit für das Vaterland. 1832« gesetzt. April 1833 pflanzten Studenten des Dillinger Lyzeums einen Freiheitsbaum mit schwarz-rot-goldenen Bändern; das Innenministerium ordnete darauf die Exmatrikulation der Studenten an[248].

Mai 1832 verbot das Innenministerium allgemein das Aufstellen von Maibäumen, Beschwerde- und Wünschebäumen. Auch wenn sie nicht als Freiheitsbäume gedacht waren, sah man darin die Gefahr politischer Propaganda und Volksaufwiegelung[249]. Ein generelles Verbot politischer Abzeichen sprach Artikel vier der Zehn Artikel 5. 7. 1832 aus; das »öffentliche Tragen von Abzeichen in Bändern, Cocarden, ... das nicht autorisierte Aufstecken von Fahnen und Flaggen, das Errichten von Freiheitsbäumen und dergleichen Aufruhrzeichen« standen unter Strafe[250].

Entstehung und Deutung sowie ihre Stellung in der deutschen Geschichte, Heidelberg 1955; W. WEGENER, Die Farben und Symbole der Bundesrepublik in historischer und verfassungsrechtlicher Sicht (Annales Saraviensis, Serie Rechts- u. Wirtschaftswissenschaften Bd. 8, Hf. 1/2) 1960, 33—50.
[243] Arthur M. SCHLESINGER, Liberty tree. A genealogy (New England Quarterly 25) 1952, 435 ff.; Arnold van GENNEP, Manuel de folklore français contemporain, Bd. 1, Paris 1943; Hans TRÜMPY, Der Freiheitsbaum (Schweizerisches Archiv f. Volkskunde 57) 1961, 103 ff.; Suzanne ANDEREGG, Der Freiheitsbaum, ein Rechtssymbol im Zeitalter des Rationalismus, Zürich 1968.
[244] SPINDLER, Regierungszeit, 183.
[245] 1832—1932. Hambacher Fest, 225 Abb. u. Erläuterung Nr. 363 S. 226.
[246] StAW, Reg. Ufr. Abgabe 1943/45, Nr. 9838, 33. Brigade Klingenberg 27. 5. 1832 an 7. Gend.Comp.Cdo.; ebda, Würzburg 27. 5. 1832 Mag.
[247] Ebda, Gend. Station Miltenberg 24. 6. 1832; ebda, 59. Brigade Haßlach 13. 6. 1832.
[248] StAND, Reg., Nr. 6911, Augsburg 19. 4. 1833 Reg. Odkr.; ebda, Rektorat d. Lyceums Dillingen 22. 4. 1833.
[249] MInn-Entschl. 27. 5. 1832 an Reg. Rheinkr., Rezatkr., Umkr., siehe StAN, Reg. Mfr. Abgabe 1952, II, 1652; StAW, Reg. Ufr. Abgabe 1943/45, Nr. 9838.
[250] HUBER, Dokumente, Bd. 1, 121.

Trotz dieser Verbote waren in Bayern bis 1833 viele politische Symbole verbreitet.

Ein Fürther Kaufmann hatte 1831 Futterstoff für Westen erhalten, in dem das Wort »Liberté« eingewirkt war. Sogenannte »Freiheitswesten« waren Mai und April 1833 in ganz Bayern, vor allem in der Gegend um Ansbach und München im Handel[251]. Ab Juli 1833 verfügten die Kreisregierungen die Beschlagnahme der Westen, da nach Farbe und Wortlaut die Westen als Abzeichen der revolutionären Partei galten[252].

Schwarz-rot-goldene Verzierungen waren auf Pfeiffenköpfe, Tabaksdosen, Schürzen, Taschentücher und Mützen gedruckt. Die Verwendung solcher Abzeichen auf Gegenständen täglichen Gebrauchs war besonders in Mittelfranken und der Bayreuther Gegend verbreitet. Allegorische Freiheitsfiguren, Darstellungen des Hambacher Festes und Porträts führender Oppositioneller und Teilnehmer des Hambacher Festes waren auf Gebrauchsgegenständen abgebildet. Auf Tüchern und Pfeiffenköpfen waren Sprüche zu lesen wie »Vive la Liberté et la Siusse«[253], »Revolution« und »Constitution, Öffentlichkeit, Preßfreiheit«[254].

[251] BayHStA MInn 46030, Ansbach 28. 6. 1832, 4. 7. 1832, 22. 7. 1832; ebda, 9. 7. 1832, Verzeichnis der Flachfelder'schen Handlung über Absatz der Westen (Angabe in Ellen): am 7. 5.: 43¹/₂ nach München, 109 nach Hürbern, 31¹/₂ nach Fischbach, 8⁵/₈ nach Ulm, 8 nach Mainstockheim, 8 nach Hag; 14. 5. 1833: 16²/₃ nach Kirchberg; Mai 1833 bis März 1834: 54¹/₈ nach Ansbach; Mai bis Juli 1833 je 4 nach Floß und Neustadt, je 2 nach Forchheim und Bamberg; August 1833: 12 nach Illereichen, Reste nach Nürnberg, 5¹/₃ nach Gunzenhausen, 3¹/₃ nach Thalmersingen, 10¹/₃ nach Kleinerdlingen, 3 nach Kreilsheim, 9 nach Hüttenbach, 31 nach Kempten, 29 nach Pappenheim, 11¹/₃ nach Sulzbach. Vgl. StAN, Reg. Mfr. Abgabe 1968, II, 26.
[252] BayHStA MInn 46030, Ansbach Reg. Rezatkr. 19. 4. 1834 an MInn; ebda, MInn 22. 5. 1834; StAN, Reg. Mfr. Abgabe 1968, II, 26, Reg. Rezatkr. Ansbach 2. 7. 1832 an Pol.beh.; ebda, Reg. Regenkr. Regensburg 8. 7. 1832.
[253] Die Schweiz bot politischen Emigranten Asyl; vgl. Kap. III.5.b.
[254] BayHStA MInn 46030.

V. Opposition und Auseinandersetzung
mit der Regierungspolitik

Bayern galt bei Ausbruch der französischen Julirevolution als konstitutionell fortschrittlicher Staat. Insbesondere durch die Pressepolitik besaß Ludwig I. den Ruf als liberalster deutscher Regent. Er war vor seinem Regierungsantritt an der Ausarbeitung der bayerischen Verfassung von 1818 beteiligt. Später erklärte er sich vor der Eröffnung des Landtags 1827/28 für einen weiteren Ausbau des Konstitutionalismus: »Nicht von Mängeln frei ist unsere Verfassung ... gibt uns die Verfassung selbst die Wege zu Verbesserungen an...«[1] Die Regierung Ludwigs legte dem Landtag über 25 liberale und reformerische Gesetzentwürfe vor, eine neue Gerichtsordnung, ein Steuergesetz, Kulturgesetz, Lehensedikt, Adelsgesetze und eine Zollordnung wurden vorgeschlagen. Diese politisch richtungsweisende Initiative führte zur Bildung einer konservativen Opposition während des Landtags[2].

Liberale Kräfte setzten Herbst 1830 große Hoffnungen in Ludwig, er werde die Zeichen der Zeit nach der Julirevolution durch eine Reform des Verfassungslebens aufgreifen. Die Erwartungen waren besonders hoch, da 1831 der bayerische Landtag wieder einberufen wurde und hier politische Entscheidungen getroffen werden konnten[3].

Das »Bayerische Volksblatt« gab ein repräsentatives Bild der Reformerwartungen im Herbst 1830[4]. Es wurden eine Verbesserung des Steuerwesens und Herabsetzung der Abgaben, der Zölle, der indirekten Steuern, vor allem des Stempelaufschlags, der Gerichts- und Polizeitaxen gefordert. Weitere Postulate waren zugleich Programmpunkte des Liberalismus im 19. Jahrhundert: Öffentliche Zivilrechtpflege, einheitliches Zivilgesetzbuch, Öffentlich- und Mündlich-

---

[1] DOEBERL, Entwicklungsgeschichte III, 96.

[2] Ebda, 97 f.; SPINDLER, Regierungszeit, 138 f.; Ludwig GRÖSSER, Der gemäßigte Liberalismus im bayerischen Landtag 1818—1848, Diss. Augsburg 1929; Josef MAIER, Die Konservativen und die wirtschaftspolitischen Grundauffassungen im Bayerischen Landtag 1819—1848, Diss. München 1937; Franz RENZ, Der bayerische Landtag von 1827/28, Diss. München 1928; Lothar SACHS, Die Entwicklungsgeschichte des Bayerischen Landtags in den ersten drei Jahrzehnten nach der Verfassungsgebung 1818—48. Im Zusammenhang mit der allgemeinen politischen Geschichte jener Zeit, Würzburg 1914; OSTADAL, Kammer.

[3] GÖLZ, Landtag; Wilhelm LEMPFRIED, Der bayerische Landtag 1831 und die öffentliche Meinung (ZBLG 24) 1961, 1—101. Interessant zum Aspekt des Verhältnisses zwischen Ludwig I. und dem Landtag 1831: GOLLWITZER, Ludwig I. von Bayern; BÖCK, Wrede, 91—131.

[4] Das »Bayerische Volksblatt« war die führende liberale, seit 1831 oppositionelle Zeitung im rechtsrheinischen Bayern mit der größten Auflagenzahl und Verbreitung. Die Zusammenstellung der Forderungen stammt aus Bay.V. Nr. 47 und 49, 20.11. 1830, 4.12.1830.

keit des Strafverfahrens, verbesserte Strafgesetzgebung, Trennung von Justiz und Verwaltung, Zuordnung der Polizei zur Verwaltung, Ministerverantwortlichkeit, Beseitigung des Lehensinstituts, der Patrimonialgerichtsbarkeit, Pressefreiheit, größere Einflußmöglichkeiten und Rechte des Landtags und der Landräte, demokratischere Wahlen zum Landtag[5]. Darüber hinaus standen spezifisch bayerische Verhältnisse zur Debatte: Reform des Schul- und Studienwesens, Zurückdrängung des jesuitischen Einflusses, gerechtere geographische Verteilung der Staatsgelder bei Bauaufträgen. Viele der Forderungen, Senkung der Abgaben, Zölle und Steuern, Abschaffung der Lehensinstitute, Unzufriedenheit mit Beamten, größere politische Mitbestimmungsrechte, waren auch den Tumulten im Herbst 1830 zugrunde gelegen[6].

Führende Liberale, wie der Würzburger Wilhelm Joseph Behr, traten für eine Erweiterung des Wirkungskreises der Vertretungskörper, Landtag und Landrat, ein[7].

Die Zeitung »Constitutionell« schrieb jedoch Dezember 1830, »... für den König von Bayern sey der rechte Augenblick sich an die Spitze der Bewegung zu stellen, gekommen gewesen, aber seine Umgebungen seyen leider nicht dazu geeignet, ihn über sein wahres Interesse aufzuklären.«[8]. Hier deutete sich erste Resignation an. Das »Bayerische Volksblatt« und der oppositionelle »Scharffschütz« berichteten vermehrt über Regierungsmaßnahmen gegen die Presse, Ausweisung von Journalisten, Beschlagnahme[9]. Die Bundesbeschlüsse Oktober 1830 kommentierte das Volksblatt mit der Befürchtung, daß sie einem Wandel in der bis dahin geübten liberalen Pressepolitik in Bayern bewirken könnten. Die Beschlüsse selbst nannte die Zeitung gesetzes- und verfassungswidrig, für Bayern nicht bindend[10].

Noch herrschte keine offene Auseinandersetzung, die ablehnende Haltung Ludwigs und der bayerischen Regierung gegenüber oppositionellen Äußerungen war noch nicht nach außen hin erkennbar. Ende Januar 1831 wurden jedoch zwei Regierungsverordnungen bekanntgegeben, die Zensurverordnung und der Ausschluß gewählter Abgeordneter von den Landtagsverhandlungen[11]. Seitdem meldeten sich oppositionelle und kritische Stimmen in Presse, Flugschriften, Petitionen und während der Landtagssession in zunehmenden Maß zu Wort. Die öffentliche Diskussion 1830 bis 1831 war geprägt von dem Kampf gegen die seit Ausbruch der Julirevolution eingeleitete antirevolutionäre Regierungspolitik.

---

[5] Der Liberalismus hielt dagegen am Zensurwahlrecht fest. Peter Michael EHRLE, Volksvertretung im Vormärz — Studien zur Zusammensetzung, Wahl und Funktion der deutschen Landtage im Spannungsfeld zwischen monarchischem Prinzip und ständischer Repräsentation (Europäische Hochschulschriften, Reihe III, Geschichte und ihre Hilfswissenschaften 127) Frankfurt 1979, 693—709.
[6] Siehe Kap. II.3.
[7] Wilhelm Joseph BEHR, Bedürfnisse und Wünsche der Bayern. Begründet durch freimütige Reflexionen über die Verfassung, die Gesetzgebung und Verwaltung des bayerischen Staates, Stuttgart 1830.
[8] Zitiert in Bay.V. Nr. 52, 25. 12. 1830.
[9] Bay.V. Nr. 51, 13. 12. 1830 / Nr. 36, 4. 9. 1830 / Nr. 37, 11. 9. 1830 / Nr. 40, 2. 10. 1830 / Nr. 47, 20. 11. 1830 / Nr 42, 16. 10. 1830 / Nr. 48, 27. 11. 1830 / Nr. 1, 1. 1. 1831.
[10] Bay.V. Nr. 50, 11. 12. 1830 / Nr. 42, 16. 10. 1830.

1. AUSGESCHLOSSENE ABGEORDNETE

Am 31. 1. 1831 wurde eine Anordnung Ludwigs I. bekanntgegeben, die unter dem Eindruck der Julirevolution zu sehen ist. Fünf gewählten Abgeordneten verweigerte Ludwig den Eintritt in die Abgeordnetenkammer. Rechtliche Grundlage hierfür war § 44 b des X. Verfassungsedikts über die Ständeversammlung. Beamte, Staatsdiener und Angestellte des öffentlichen Diensts bedurften zur Wahrnehmung des Abgeordnetenmandats einer Bewilligung des Königs. Sinn des Paragraphen war die Überprüfung der Unabkömmlichkeit vom Amt, um nachteiligen Arbeitsausfall zu vermeiden[12]. Dieses Ausschließungsrecht war in allen frühkonstitutionellen Verfassungen verankert und ». . . bei der Vielzahl der Beamtenabgeordneten ein Mittel, um die Zusammensetzung der Kammern zu beeinflussen.«[13]

Die Wahlen zum Landtag, der vom 21. 2. bis zum 29. 12. 1831 tagte, hatten im Dezember 1830 stattgefunden. Das Wahlergebnis spiegelte die Erwartungen an die Verwirklichung liberaler Reformen wider. Die führenden radikalen und liberalen Männer wurden gewählt, insgesamt besaßen sie eine knappe Mehrheit[14]. Die vom Ausschluß betroffenen Abgeordneten waren der Würzburger Bürgermeister Wilhelm Joseph Behr, der Nürnberger Kaufmann und zweite Bürgermeister Johann Georg Bestelmaier (öffentliche Diener), Kämmerer Karl Freiherr von Closen, der Bamberger Franz Ludwig Hornthal und Kämmerer Leopold Graf von Tauffkirchen (Staatsbeamte). Sie gehörten alle der Opposition und der liberalen Verfassungsbewegung an.

Schon 1825 und 1827/28 hatte Ludwig einigen Oppositionellen die Beurlaubung vom Staatsdienst verweigert, jedesmal war der Würzburger Behr davon betroffen[15].

Am 7. 1. 1831 hatte Ludwig die Ausschließung einiger Abgeordneter (Tauffkirchen, Closen und Kämmerer Sebastian Freiherr von Schrenk) angekündigt; er forderte von Innenminister Schenk ein Gutachten über die Abgeordneten, die eine Urlaubsbewilligung erhalten sollten[16]. Das Gutachten Schenks am 27. 1. 1831 weist auf die eigentlichen Gründe eines Abgeordnetenausschlusses: Behrs Auftreten auf dem Landtag 1819, seine politischen Schriften und Überzeugungen galten als zu liberal, auch Bestelmaier und Tauffkirchen wurden als oppositionell eingestuft[17]. Regierungstreue und politische Zuverlässigkeit liberaler Abgeordneter wie Closen und der Bayreuther Regierungsdirektor Ignatz Rudhart, radikaler pfälzischer Abgeordneter wie der Advokat Christ. August Cul-

---

[11] Reg.bl. Nr. 4, 31. 1. 1831, Spalte 34—40.

[12] SPINDLER, Regierungszeit, 153; GÖLZ, Landtag, 24.

[13] SPINDLER, Regierungszeit, 153. 1831 waren 41 % der Abgeordneten Beamte, vgl. ebda, 152.

[14] Liste der Landtagspräsidenten Sebastian Freiherr von Schrenks 1831: »Opposition« = 46 Abgeordnete, »Verlässige« = 46 Abgeordnete, »Zweifelhafte« = 36 Abgeordnete. Eine Aufstellung Öttingen-Wallersteins: unbedingte, beharrliche Opposition = 24 Abgeordnete, Anhänger der Opposition = 22 Abgeordnete, nahestehend der Opposition = 20 Abgeordnete, unbedingt Gouvernementelle = 31 Abgeordnete, mit Ihnen stimmen = 20 Abgeordnete, der Regierung nahestehend = 7 Abgeordnete, lose der ministeriellen Partei angehöend = 4 Abgeordnete, — das wären also 62 regierungstreue gegenüber 66 oppositionellen Abgeordneten, vgl. GÖLZ, Landtag, 40 ff., 149 ff.

[15] Ebda, 24 f.

[16] GÖLZ, Landtag, 25.

[17] Ebda, 25 ff.

mann aus Zweibrücken, der Neustädter Gutsbesitzer Jakob Schoppmann, des Zweibrückener Advokaten und Publizisten Friedrich Schüler und des Kämmerers Karl Graf Drechsel, wurden in diesem Gutachten geprüft. Für und Wider einer Urlaubsverweigerung wurde nach dem jeweiligen Einfluß der Abgeordneten in der Landtagskammer und ihrem politischen Auftreten abgewogen[18]. Der § 44 b bot die verfassungsrechtliche Grundlage des Ausschlusses politisch nicht opportuner Abgeordneter aus dem Landtag.

Die Bevölkerung reagierte jedoch äußerst empfindlich auf diese Maßnahme[19]. Der Protest fiel 1831 um so stärker aus, da tags zuvor die Zensurverordnung 28. 1. 1831 veröffentlicht wurde. Diese beiden Maßnahmen lösten eine grundsätzliche Ablehnung der bayerischen Regierungspolitik aus. Im allgemeinen Sprachgebrauch bezeichnete man die Verordnungen als bayerische Januarordonnanzen, den kontrasignierenden Innenminister Schenk als bayerischen Polignac[20]. Dadurch verglich man die Maßnahmen mit den französischen Ordonnanzen, die den Ausbruch der Julirevolution in Paris provoziert hatten. Damit sollte zum Ausdruck gebracht werden, daß große Teile der Öffentlichkeit die bayerischen Verordnungen als staatsstreichähnliche Maßnahmen empfanden. Das Vertrauen in die Regierung war erschüttert, die hohen Erwartungen enttäuscht.

Der Protest der Bevölkerung äußerte sich Anfang Februar 1831 in einer Reihe von Adressen, Beschwerden, Petitionen. Eine von 300 Bürgern unterzeichnete Adresse des späteren Abgeordneten in der Paulskirche Waibel aus Kempten zirkulierte in hunderten von Exemplaren in Kempten, Kaufbeuern, Lindau und Augsburg[21]. In ähnlichen Adressen protestierten 200 bis 400 Bürger gegen die Ausschließung des Würzburgers Wilhelm Joseph Behr, des Bambergers Franz Ludwig Hornthal und Nürnbergers Johann Georg Bestelmaier. Sie waren von Einwohnern dieser drei Städte, sowie den Stadträten und Gemeindebevollmächtigten in Nürnberg und Würzburg unterzeichnet[22]. Sie appellierten an den »allgemein als liberal verehrten König«[23], forderten die Zurücknahme des Ausschlusses, insbesondere da die jeweiligen Abgeordneten mit großer Mehrheit gewählt worden waren. Die Wahlfreiheit, einer der »vorzüglichsten Theile der gesetzlichen Volksrechte«, dürfe in diesen Fällen nicht angetastet werden. Dabei verstanden sich die Adressen als Vertreter der öffentlichen Meinung.

Berücksichtigt wurden sie jedoch nicht. So versuchten die Abgeordneten Closen und Tauffkirchen mit anderen Mitteln den Eintritt in die Kammer zu erreichen. Tauffkirchen beantragte die Entlassung aus dem Staatsdienst, um so nicht mehr von der königlichen Urlaubsbewilligung abhängig zu sein. Die Abgeordnetenkammer lehnte jedoch seinen Protest ab[24]. Closen verzichtete am 4. 2. 1831 auf sein staatliches Ruhegehalt[25]. Sodann suchte er bei der Einweisungskommission des Landtags um seine Einberufung nach, mit der Begründung,

---

[18] Ebda, 26 ff.
[19] GBÖ II, 304 ff.
[20] GBF II, 325, 9. 2. 1831. Diese Bezeichnungen kehrten in der Presse und während des Landtags immer wieder.
[21] StAND, Reg., Nr. 6889.
[22] StAB, Präs.Reg. K 3, 925; Stadtarchiv Nürnberg, HR 10124; zu den Adressen auch GÖLZ, Landtag, 31 ff.
[23] Laut Nürnberger Adresse.
[24] Gölz, Landtag, 30.
[25] LV Abg. 1831, Bd. 1, Prot. 4, S. 45 ff.

daß er durch seine Entlassung dem König gegenüber bezüglich des § 44 nicht mehr verpflichtet wäre[26]. Fast einstimmig beschloß die Abgeordnetenkammer mit 110 gegen 5 Stimmen die Einberufung Closens in die Kammer[27]. Hier mußte die Regierung sich dem Widerstand der Abgeordnetenkammer beugen, die nach Ansicht des Rechtshistorikers Ernst Rudolf Huber ». . . das Recht zur selbständigen Wahlprüfung damit durchsetzte.«[28] Dieser Fall wirkte noch lange nach. 1832 nahm der Würzburger Redakteur Johann G. Eisenmann dies zum Anlaß, einen Verein zur Entschädigung aller im Kampf für die gesetzliche Freiheit betroffenen Oppositionellen zu gründen[29].

Auch in Kurhessen und Sachsen-Coburg entstanden im Vormärz Konflikte zwischen Regierung und Landtag auf Grund der politischen Anwendung der Urlaubsverweigerung und Wahlprüfung durch die Regierung[30].

Die Petitionen an den Landtag und die Initiative Closens lösten eine allgemeine Diskussion des Wahlrechts aus. Der zweite Präsident der Abgeordnetenkammer 1831, der Würzburger Universitätsprofessor Johann Adam Seuffert, kritisierte scharf das bestehende Wahlrecht[31]. Die Anwendung des § 44 war in den Augen der Mehrheit der Abgeordneten eine Mißachtung des Volkswillens und eine Zensur der Wahl. Der radikale Pfälzer Abgeordnete und erste Sekretär der Kammer Christian August Culmann führte aus: »Der § 44 . . . gibt der Staatsregierung nach vollbrachter Wahl zur Ständeversammlung, ein diese Wahl zerstörendes Recht; . . . ein Recht, das mit nichts mehr gerechtfertigt werden kann, wenn einmal das Princip der freien Volkswahl aufgestellt ist.«[32] Das Rechtsgefühl des Volkes sah Culmann verletzt[33].

Die völlige Aufhebung des Paragraphen wurde gefordert. Schon während der Eröffnung des Landtags beantragten die Abgeordneten ein erläuterndes Gesetz[34]. Der Gesetzentwurf der Regierung brachte jedoch keine wesentlich neue Rechtsposition, sondern legte nur fest, welche Abgeordneten der königlichen Bewilligung zum Kammereintritt bedurften[35]. Der § 44 wurde also in der alten Form beibehalten, als »reine Prärogative der Krone, ein an keine Bedingungen geknüpftes Gesetz«[36]. Nach dreitägiger Debatte wurde der Gesetzentwurf mit 93 zu 23 Stimmen abgelehnt[37]. Die Begründung der Rechtmäßigkeit des § 44 auf Grund eines königlichen Vorrechts wurde zurückgewiesen, da diese hier will-

[26] Ebda.
[27] LV Abg., Bd. 1, Prot. 4, S. 154.
[28] HUBER, Verfassungsgeschichte 2, 35.
[29] Kap. IV.2.a., S. 109—111.
[30] EHRLE, Volksvertretung, 754—757; Arnulf von HEYL, Wahlfreiheit und Wahlprüfung (Schriften zum öffentlichen Recht 262) Berlin 1975; Manfred BOTZENHART, Deutscher Parlamentarismus in der Revolutionszeit 1848—50 (Handbuch der Geschichte des deutschen Parlamentarismus) Düsseldorf 1977, 464—466.
[31] LV Abg. 1831, Bd. 4, Prot. 18, S. 18 f. Siehe S. 63, Anm. 191.
[32] Ebda, S. 42.
[33] Ebda, S. 46. Siehe S. 128, S. 203, S. 217, S. 221.
[34] LV Abg. 1831, Bd. 1, 3. geheime Sizung, S. 33.
[35] LV Abg. 1831, Bd. 2, Prot. 6, S. 41—53. Der Personenkreis, der um Urlaubsbewilligung nachsuchen sollte, war in dem Gesetzentwurf bestimmt: besondere Hofdiener, unmitelbare Staatsdiener, rechtskundige Bürgermeister in Städten erster Klasse, Offiziere und im Offiziersrang stehende Militärbeamte, Pensionisten etc. aus Hof- und Staatsdiensten.
[36] LV Abg. 1831, Bd. 2, Prot. 6, S. 41 ff.; SPINDLER, Briefwechsel, 176.
[37] LV 1831, Bd. 5, Prot. 23, S. 2 ff.

kürlich angewandt würde[38]. Der neue Entwurf stelle eine Erweiterung der Prärogative dar; so unterstelle man rechtskundige Bürgermeister nur deshalb der
Bewilligung, um den Würzburger Bürgermeister Behr für immer aus der Abgeordnetenkammer ausschließen zu können[39].

Eine grundsätzliche, radikale Kritik des Wahlrechts stand während des Landtags noch nicht zur Debatte. Die Forderungen blieben allgemein, freie, demokratischere Wahlen wurden nicht postuliert. Die Regierungspolitik wurde jedoch
pauschal abgelehnt. Im Zusammenhang mit dem § 44 erklärte der Bayreuther
Abgeordnete Ignatz von Rudhart: »Eine Regierung, die sich nur darauf be-
ruft, auf ihrem formellen Rechte zu stehen, bedient sich dessen als einer Waffe;
sie ruft, indem sie nach ihren Rechten in diesem Sinne ruft, zu den Waffen, erinnert dadurch die Kammer, daß auch sie Waffen habe, und provocirt, statt
mit ihr in Einklang zu wirken, eine Opposition, die in keines Bayern Herzen
sich je erhoben hätte.«[40] Seuffert appellierte an die Regierung: »... sie sollte
ein einzelnes verfassungsmäßiges Recht nicht in der Art ausüben, daß erhebliche
Zweifel darüber entstehen können, ob sie es mit dem Ganzen der Verfassung
ernstlich meyne.«[41]

Die während der Landtagsdebatten um den Abgeordnetenausschluß und das
Wahlrecht angekündigte Opposition kulminierte in der Auseinandersetzung mit
dem Zensuredikt vom 28. 1. 1831.

2. DER KAMPF UM DIE PRESSEFREIHEIT

Das Zensuredikt 28. 1. 1831 hatte die bisher geübte Pressefreiheit periodischer
Organe für innenpolitische Berichterstattung aufgehoben[42]. In den Auseinandersetzungen um diese Maßnahme ging es jedoch nicht nur um eine Frage spezifisch bayerischer Innenpolitik, die Wiederherstellung eines vorherigen Rechts-
zustands, sondern um ein Kernproblem der Geschichte des Vormärz. Pressefreiheit war ein Wesenselement der öffentlichen Meinung, eine Voraussetzung
für die Bildung politischer Öffentlichkeit.

Vor allem der Liberalismus war im 19. Jahrhundert Vorkämpfer für unbe-
schränkte Pressefreiheit. Der pfälzische liberale Journalist Johann Georg August
Wirth bezeichnete die Freiheit der Meinungsäußerung als ein Urrecht der Völker; freie Presse wäre Vorbedingung und Instrument öffentlicher Meinungs-
und Willensbildung[43]. Einer der Hauptvertreter des südwestdeutschen Liberalismus, der Badener Abgeordnete Karl Theodor Welcker betrachtete die Pressefreiheit als verfassungsmäßig verankertes bürgerliches Recht, als »das heiligste Recht
des Privatmanns, ein Privatpersönlichkeitsrecht; daraus leitete er eine sittliche
Verwerflichkeit der Zensur ab[44].

---

[38] LV Abg. 1831, Bd. 4, Prot. 18, S. 24 ff.; Prot. 19, S. 115; Prot. 20, S. 67.
[39] LV Abg. 1831, Bd. 4, Prot. 18, S. 35, Abg. Seuffert.
[40] LV Abg. 1831, Bd. 1, Prot. 4, S. 87.
[41] Ebda, S. 65.
[42] Kap. IV.1.a., S. 94 f.
[43] Ziegler, Zensur, 138.
[44] Zitiert nach ebda, 137; vgl.: Carl Theodor Welcker, Die vollkommene und ganze
Preßfreiheit nach ihrer sittlichen, rechtlichen und politischen Nothwendigkeit, und ihrer
Übereinstimmung mit deutschem Fürstenwort und nach ihrer völligen Zeitgemäßheit

Die Philosophen der Aufklärung hatten die Freiheit des Denkens zum Postulat erhoben[45]. Christoph M. Wieland gab den »Teutschen Merkur«, die erste bedeutende deutsche Zeitschrift heraus. Gegenüber Rechtfertigungsversuchen der Zensur auf Grund von Staatsrücksichten verfocht sein Sohn Ludwig den Grundsatz: »Die Pressefreiheit gehört zu dem angestammten Rechte jedes menschlichen Wesens . . .«[46]

Die Philosophie des Naturrechts übte großen Einfluß auf die Argumentation für Pressefreiheit im 18. Jahrhundert aus. Ihre Befürworter sahen sie als ein Teil der Denkfreiheit, »dieses vom Himmel abstammende Palladium der Menschheit«[47], als ein »charakteristisches Vorrecht« der Menschen, »von keinem geringeren als Gott uns verliehen«[48]. Die Erklärung der Menschen- und Bürgerrechte während der französischen Revolution am 26. 8. 1789 umfaßte auch den Satz: »La libre communication des pensées et des opinions est un des droits le plus précieux de l'homme;«[49] Dies blieb politischer Glaubenssatz, der in Deutschland erst durch die Revolution 1848/49 verwirklicht wurde. In dem von der deutschen Nationalversammlung 1848 als Gesetz erlassenem Grundrechtskatalog war die Garantie der Pressefreiheit aufgenommen. Während des Vormärz blieb die Pressefreiheit noch Programmpunkt, umkämpftes Gut. Im »Hochwächter ohne Zensur« formulierte 1832 Lohbauer: »Die Preßfreiheit (ist ein) Menschenrecht, das nicht erst von einer Verfassung garantiert, sondern so gut als die Luft von keinem Sterblichen angetastet und verkümmert werden sollte.«[50]

Der Kampf um die Pressefreiheit war seit der Julirevoution zentrales Thema. Die Julirevolution selbst war unter anderem durch die Beseitigung der Pressefreiheit ausgelöst worden und erlangte ihre verfassungspolitische Verankerung wieder zurück. Im Gebiet des Deutschen Bundes erhielt der Widerstand gegen die Karlsbader Beschlüsse von 1819, die die Zensur vorgeschrieben hatten, seit 1830 neue Impulse. Die badische Abgeordnetenkammer hatte, geführt von Karl W. Rotteck und Karl Th. Welcker, ein liberales Pressegesetz durchgesetzt[51]. Auf Druck des Deutschen Bundes mußte jedoch Großherzog Leopold dieses Gesetz wieder aufheben. Der Preß- und Vaterlandsverein trat für vollkommene Pressefreiheit ein. Johann Georg August Wirth führte in dem Gründungsaufruf »Deutschlands Pflichten« aus: »Die Aufgabe . . . besteht . . . darin, die Nothwendigkeit der Organisation eines deutschen Reiches, im demokratischen Sinne, zur lebendigen Überzeugung aller deutschen Bürger zu erheben.

dargestellt in ehrerbietigster Petition an die Hohe deutsche Bundesversammlung, Freiburg 1830; BAUER, Meinung, 317, »Begründung der Motion des Abgeordneten Welcker, Aufhebung der Zensur oder Einführung vollkommener Preßfreiheit betreffend, Karlsruhe 1831«.
[45] SCHNEIDER, Pressefreiheit, 128 f.
[46] Ludwig WIELAND, Bemerkungen über die vom Bundesgesandten Herrn von Berg vorgetragene Übersicht der verschiedenen Gesetzgebungen über Pressefreiheit besonders in Teutschland, Weimar 1819, 4 f., bei SCHNEIDER, Pressefreiheit, 158 f.
[47] »Vorrede von dem Ursprunge, Fortgang und Nutzen der Bücher-Censur«, 121 f., bei SCHNEIDER, Pressefreiheit, 128.
[48] J. J. Cella, Freimüthige Aufsätze, Über die Bücher-Zensur, Anspach 1785, 8, bei SCHNEIDER, Pressefreiheit, 160.
[49] GODECHOT, constitutions, 34, Artikel 11.
[50] 31. 8. 1832, bei SCHNEIDER, Pressefreiheit, 160.
[51] HUBER, Verfassungsgeschichte 2, 41 ff.

... Das Mittel zur Vereinigung Deutschlands im Geiste ist aber einzig und allein die freie Presse.«[52]

Über die theoretischen politischen Inhalte hinaus besaß die Forderung nach Pressefreiheit Schlagwortcharakter. »Pressefreiheit« war mit einem Gefühlswert belegt, der Breitenwirkung und Gewicht für das politische Verhalten der Bevölkerung ausmachte[53]. »Die Entwicklung verlief nach dem Prinzip des Pars pro toto — Teilfreiheit in symbolischer Vertretung der Gesamtfreiheit ... Die Freiheit der Schriftsteller vertritt die gesamte bürgerliche Freiheit und wird damit zum Kriterium für den Status rei publicae«[54]. Der radikale Publizist Gustav von Struve schrieb 1831, die Pressefreiheit wäre »eine Frage, welche über das geistige Leben oder den geistigen Tod Deutschlands entscheidet.«[55] Emotional überhöht wurde die Pressefreiheit im Vormärz mit dem Begriff der Heiligkeit belegt. Hier trafen sich Schlagwortcharakter der Pressefreiheit und der Anspruch, den Pressefreiheit als unverletzliches, somit heiliges und unabdingbares Natur- und Menschenrecht besaß[56].

Der Protest gegen die Ausdehnung der Zensur 28. 1. 1831 äußerte sich vehement in Petitionen der Bevölkerung. Der Kampf für Pressefreiheit konzentrierte sich zunächst auf die Aufhebung der Verordnung vom 28. 1. 1831. Die Adressen aus Nürnberg, Bamberg und Würzburg Anfang Februar 1831 anläßlich des Abgeordnetenausschlusses wandten sich ebenfalls gegen die Zensurverordnung. Februar/März 1831 verlangten in weiteren Beschwerdeschriften 300 Kemptener Bürger, Stadtrat und Gemeindebevollmächtigte aus Nürnberg, Fürth, die Buchhändler und -drucker aus Würzburg, Bamberg, Augsburg und Kempten, sowie der Nürnberger Redakteur Viktor A. Coremans die Zurücknahme des Zensuredikts[57]. Diese Eingaben waren an den Landtag gerichtet und stellten die Grundlage der Kammerdebatten April, Mai 1831 dar. Seit Februar 1831 hatten die meisten Zeitungen die Verordnung kritisiert, ausgenommen die offiziöse »»Münchner politische Zeitung« und die konservative »Eos«[58].

Da die Zensurverordnung die Zensur für periodische Organe vorschrieb, umgingen die führenden regierungskritischen und oppositionellen Zeitungen die Verordnung, indem sie als unperiodische Flugblätter erschienen: das »Bayerische Volksblatt« als »Konstitutionelles Bayern«, der »Scharffschütz« als »Gegenminister«, der »Rheinbayerische Volksfreund« als »Zeitschrift für Menschen- und Bürgerrechte, Aufklärung, Religion und Sittlichkeit«, die »Freien Blätter« als Flugblatt mit wechselnden Titeln. Sie griffen den Erlaß der Verordnung scharf an. Auch der vom Landtag ausgeschlossene Abgeordnete Franz Ludwig Hornthal wandte sich in einer Flugschrift an die Öffentlichkeit[59].

---

[52] »Deutsche Tribüne« Nr. 29, 3. 2. 1832.
[53] SCHNEIDER, Pressefreiheit, 232—235; vgl. SCHLUMBOHM, Freiheit.
[54] SCHNEIDER, Pressefreiheit, 326 f.
[55] Gustav von STRUVE, Positiv-rechtliche Untersuchung der auf die Presse sich beziehenden bundesgerichtlichen Bestimmungen und Bezeichnungen der Mittel, deren Freiheit zu erlangen. Kassel 1831, 8, bei SCHNEIDER, Pressefreiheit, 237.
[56] SCHNEIDER, Pressefreiheit, 238.
[57] LV Abg. 1831, Beil.bd. 2, Beil. 14.
[58] TREML, Pressepolitik, 144; zur Zeitschrift »Eos«: Hans KAPFINGER, Der Eos-Kreis 1828—1833. Ein Beitrag zur Vorgeschichte des politischen Katholizismus in Deutschland (Zeitung und Leben 2) München 1928.
[59] Franz Ludwig HORNTHAL, Zum bayerischen Landtag, Nr. 4, Nr. 5, Nürnberg 1831.

Im Mittelpunkt der Petitionen, Flugschriften und Beschwerdebriefen standen die Verfassungs- und Gesetzwidrigkeit der Verordnung und die Anklage gegen Innenminister Schenk, der die Verordnung gegengezeichnet hatte. Die Verordnung würde die Mündigkeit des Volkes aufheben und sein Vertrauen in die Regierung schwächen; der Landtag hätte die Pflicht, die Zurücknahme der Verordnung zu erreichen und dadurch »... unter den Augen der ganzen darauf gespannten civilisirten Welt die Bürgerkrone zu erstreiten.«[60]

Am 9. 4. 1831 legte der 5. Ausschuß der Abgeordnetenkammer die Adressen der Städte dem Plenum vor[61]. Mit einer Mehrheit von sechs zu einer Stimme hatte der Ausschuß die erhobene Beschwerde für berechtigt erachtet, die Zensurverordnung stelle eine Verletzung der bayerischen Verfassung von 1818 dar[62]. Zur Begründung der Verfasungsverletzung und während der Diskussion im Landtag wurden jedoch nicht ideelle Werte für und gegen das Recht der Pressefreiheit, sondern formaljuristische Argumentationen vorgetragen. Die materielle Verfassungsverletzung wäre dadurch gegeben, daß die Verfassung die Pressefreiheit garantiere und das erläuternde Edikt eine Zensur periodischer Schriften und Zeitungen ausschließlich politischen und statistischen Inhalts vorschriebe[63]. Politische Artikel wären nach geltender Rechtsauffassung und Sprachgebrauch außenpolitische Artikel. Die Zensurverordnung unterwerfe demgegenüber nun auch innenpolitische Artikel der Zensur[64].

In seiner Verteidigungsrede am 5. 5. 1831 führte dagegen Schenk an, daß keine genaue Trennung bei »politischen« Artikeln laut Verfassungsedikt vorgesehen wäre; somit könnten sowohl innen-, als auch außenpolitische Artikel unter Zensur gestellt werden[65]. Nachdem damit keine materielle Verfassungsverletzung nach Schenks Ansicht gegeben wäre, entfalle auch die Anklage der formellen Verfassungsverletzung. Sie gründete sich nach den Ausführungen des 5. Abgeordnetenausschusses darauf, daß die Zensurverordnung als Zusatz beziehungsweise authentische Interpretation zur Verfassung und nicht wie vorgegeben als Vollzugsinstruktion anzusehen wäre. Erläuterungen und Änderungen eines Gesetzes oder Verfassungsartikels waren jedoch an die Zustimmung des Landtags gebunden. Dies war nicht erfolgt[66]. Nach der Auffassung des Ausschusses glich die zweifache Verfassungsverletzung durch die Zensurverordnung dem Staatsstreich des französischen Königs vor Ausbruch der Julirevolution; man assoziierte eine revolutionäre Situation: »... das bayerische Volk, welches mit Entrüstung wahrnimmt, wie seine Lenker eilen, die traurige Verlassenschaft Karls X. sich anzueignen.«[67]

Auch in der heutigen historischen Forschung ist kein einheitliches Urteil über

---

[60] LV Abg. 1831, Beilage 14, S. 32.
[61] LV Abg. 1831, Bd. 4, Prot. 15, S. 4.
[62] LV Abg. 1831, Bd. 30, Beilage 14, S. 103 f.
[63] III. konstitutionelles Edikt zur VU 1818, § 2; Garantie der Pressefreiheit in VU 1818, Tit. IV, § 11.
[64] LV Abg. 1831, Bd. 30, Beilage 4, S. 2, S. 22—28, S. 38 ff., S. 46 ff.
[65] LV Abg. 1831, Bd. 5, Prot. 23, S. 20—25; der ganze Wortlaut der Rede Schenks: Ebda, S. 13—50.
[66] LV Abg. 1831, Bd. 30, Beilage 4, S. 28 ff., S. 38 ff., S. 51 ff.
[67] LV Abg. 1831, Bd. 30, Prot. 14, S. 103 f.

Verfassungsverletzung oder Verfassungsmäßigkeit der Zensurverordnung gefällt[68].

Das Abgeordnetenplenum schloß sich dem 5. Ausschuß an und erkannte mit 96 zu 29 Stimmen eine Verfassungsverletzung; die Erhebung des Innenministers in den Anklagestand wurde aber abgelehnt (73 zu 50 Stimmen)[69].

Innenminister Schenk zog aus dem Widerstand der Kammer die Konsequenz. Nach mehrmaligen Andeutungen gegenüber Ludwig I. wurde sein Entlassungsgesuch am 24. 5. 1831 angenommen[70]. Der gemäßigt-liberale Johann Baptist Stürmer wurde zum Ministerverweser ernannt[71]. Dies konnte als Zugeständnis Ludwigs und der Regierung gegenüber Landtag und Bürgerprotesten aufgefaßt werden.

Anfang Juni 1831 forderte auch der Ministerrat unter Androhung des gemeinsamen Rücktritts die Aufhebung der Zensurverordnung[72]. Die Abgeordnetenkammer kündigte an, Schenk nachträglich anzuklagen und die Zustimmung zum Haushalt für die Finanzperiode 1831 bis 1837 zu verweigern, falls die Zensurverordnung nicht falle. Die Drohung des Steuerboykotts war auch schon Anfang 1831 in der Presse angedeutet worden[73].

Unter diesem Druck hob Ludwig gegen seine innere Überzeugung die Verordnung am 12. 6. 1831 auf[74]. Auch hier mußte der König seine seit Herbst 1830 eingeschlagene Regierungspolitik revidieren. Proteste der Bevölkerung, in der Presse und der Landtagskammer hatten zum Erfolg geführt.

Jedoch war nach der Aufhebung des Zensuredikts kein eindeutiger Rechtszustand erreicht. Im Gegenteil, durch die Diskussionen war die geltende Regelung der Zensur politischer (innen- oder außenpolitisch?) Artikel noch unklarer.

In der Thronrede Februar 1831 hatte Ludwig die Vorlage eines Gesetzentwurfes angekündigt. Der vorgelegte Gesetzentwurf enthielt die Pressefreiheit als Grundsatz. Größere Rechtssicherheit sollte durch ausführende Gesetze erzielt werden, in denen Strafen und gerichtliches Verfahren, Verwaltungsmaßregeln bei Verstößen und »Mißbrauch« der Pressefreiheit geregelt wurden[75].

---

[68] TREML (Pressepolitik, 143), BAYERLE (Situation, 61 ff.) sehen in der Zensurverordnung eine Verfassungsverletzung; HUBER (Verfassungsgeschichte 2, 33), SPINDLER (Regierungsgeschichte, 153) betonen dagegen die Verfassungsmäßigkeit.

[69] Der 5. Ausschuß hatte die Ministeranklage mit nur 4 zu 3 Stimmen abgelehnt, LV Abg. Bd. 30, Beilage 4, S. 103 f. Abstimmung des Plenums gegen die Anklage: LV Abg. 1831, Bd. 6, Prot. 30, S. 2 ff.

[70] SPINDLER, Briefwechsel, 189, 190 ff., 192 ff.; in der Sache hielt Schenk jedoch an der Rechtmäßigkeit der Zensurverordnung fest; Schenk wurde 1831—1841 Regierungspräsident in Regensburg. Siehe S. 15, Anm. 3.

[71] Johann Baptist Stürmer war 27. 5. 1831—31. 12. 1831 Ministerverweser des MInn; siehe S. 92, Anm. 21.

[72] GÖLZ, Landtag, 83; TREML, Pressepolitik, 150. Die geschlossene Opposition des Ministerrats war auch hervorgerufen durch die autokratische Regierungsweise Ludwigs: Ministerratssitzungen fanden kaum mehr statt, die Minister wurden über politische Entscheidungen schlecht unterrichtet; vgl. BÖCK, Wrede, 109 ff.; Max SPINDLER, Das Kabinett unter König Ludwig I. (Max SPINDLER, Erbe und Verpflichtung. Aufsätze und Vorträge zur bayerischen Geschichte, hrsg. v. Andreas KRAUS) München 1966, 252—263; GOLLWITZER, Ludwig I., 391—403.

[73] BÖCK, Wrede, 105—108.

[74] Reg.bl. 1831, Nr. 22, S. 377.

[75] Gesetzentwurf in: LV Abg. 1831, Beil.bd. 4, S. 49 ff.; die Regierung kündigte ebenso ein Gesetz über Geschworenengerichte an, in dem das Prinzip der Öffentlichkeit der gerichtlichen Verhandlungen wegen Pressevergehen verankert sein sollte.

Nun trat der Kampf für uneingeschränkte Pressefreiheit in den Vordergrund. Hauptstreitpunkt war die Beibehaltung der Zensur für außenpolitische Themen. War diese Zensur in früheren Diskussionen relativ unbestritten, solange die Innenpolitik unzensiert blieb, forderte die Mehrheit der Abgeordneten nun die gänzliche Aufhebung jeder Art von Zensur. Für die Regierung waren Pressegesetz und Zensur jedoch conditio sine qua non; zur Rechtfertigung führte Ludwig an, durch Bundesbeschlüsse gebunden zu sein. Die Abgeordneten stritten dies unter Hinweis auf die bayerischen Widerstände 1819 gegenüber repressiven Bundesgesetzen ab[76]. Innen- und Außenministerium versuchten eine Verständigung zwischen Kammer und König, arbeiteten Entwürfe zur Lossagung von den Karlsbader Beschlüssen von 1819 aus. Alles jedoch ohne Erfolg, Kompromißvorschläge wurden von beiden Seiten immer wieder abgelehnt[77].

Eine Einigung konnte nicht erzielt werden. Der Versuch, ein Pressegesetz zu erlassen war gescheitert. Die Instruktion 30. 9. 1831 faßte den nun gültigen Rechtsstand zusammen; sie wurde jedoch nicht publik gemacht. Darin hielt man an der Zensur für außenpolitische Themen in der Instruktion fest. In diesem Punkt hatte sich die Regierung auf dem Weg der Verwaltungsmaßnahmen durchgesetzt. Dieses Mittel wandten Regierung und untergebene Behörden 1832 zur Ausübung der Zensur in verschärftem Maß an[78].

Pressefreiheit war insbesondere für die außerparlamentarische Öffentlichkeit der Kernpunkt konstitutioneller Garantien, galt als Inbegriff staatsbürgerlicher Freiheit[79]. Die geschichtliche Entwicklung der bayerischen Presse 1799 bis 1831 griff Victor Amadeus Coremans in einer Schrift, »Die Freiheit — ein Recht!«[80] auf. Johann Gottfried Eisenmann veröffentlichte eine Artikelserie über die Geschichte der bayerischen Pressegesetzgebung, in der er die Argumente der Abgeordnetenkammer 1831 unterstützte und für Zensurfreiheit innenpolitischer Berichterstattung auftrat[81]. Die strenge Handhabung der Zensur

---

[76] TREML, Pressepolitik, 212 ff.
[77] Genaue Schilderung der Verhandlungen: TREML, Pressepolitik, 155 f.; BÖCK, Wrede, 115 f.; OSTADAL, Kammer, 105; ARMANSPERG, Joseph Ludwig Graf Armansperg, 41—44.
[78] Kap. IV.1.b.
[79] In Flugschriften: »Die Censur-Verordnung vom 28. Jänner 1831 und die Anklage gegen den königl. Minister des Inneren. Eine Rede, welche bei den Verhandlungen über diesen Gegenstand in der Kammer der Abgeordneten zur bayerischen Ständeversammlung hätte gehalten werden sollen, aber nicht gehalten ward.« München 1831; Hartwig HUNDT-RADOWSKY, Über die Gewaltstreiche der Regierungen in konstitutionellen Staaten, besonders in Rücksicht der neuesten Maßregeln gegen die Preßfreiheit in Bayern, Württemberg und Baden. Nebst einem Anhang, Straßburg 1832. J. M. H. v. ELLENRIEDER, Über die Freiheit der Presse. Aufruf an Bayerns Volk und seine Vertreter, im Jahre 1831, Nördlingen 1831; Philipp J. SIEBENPFEIFFER, Freie Wahl und Freie Presse in Bayern, 1831; SIEBENPFEIFFER, »Die bayerischen Preßgesetze und der Knalleffekt« (Rheinbayern, 3 Bde.) 1831; Fr. HELDENBERG, Über Preßfreiheit und Preßzwang, 1832; J. G. SAVOYE, Garantien der freien Presse im bayerischen Rheinkreis, 1832.
[80] Viktor Amadeus COREMANS, Die Freiheit — ein Recht! Eine Flugschrift. Über die Verhandlungen der periodischen Presse in Bayern 1799—1831, 1831.
[81] Bay.V. Nr. 7, 18. 6. 1831 / Nr. 8, 25. 6. 1831; Kommentar zum Preßgesetzentwurf 1831 in: Bay.V. Nr. 9, 25. 6. 1831 / Nr. 10, 2. 7. 1831 / Nr. 12, 16. 7. 1831; Artikelserie »Der gegenwärtige factische Zustand der Preßfreiheit in Bayern« in: Bay.V. Nr. 45, 14. 4. 1832 / Nr. 46, 17. 4. 1832 / Nr. 50, 28. 4. 1832 / Nr. 51, 1. 5. 1832; »Zur Preßfreiheit in Bayern« in: Bay.V. Nr. 69, 12. 6. 1832 / Nr. 70, 14. 6. 1832; »Das Morgenroth der Preßfreiheit in Teutschland« in: Bay.V. Nr. 3, 7. 1. 1832.

gegen andere bayerische Zeitungen prangerte er in kleinen Notizen an[82]. Johann Georg August Wirth gab eine Reihe von »censurfreyen« Flugblättern »als Entschädigung für die Abonennten des Inlandes« heraus, da die Zeitung »Inland« regelmäßig zensiert und konfisziert wurde. Die Zensurverordnung, Innenminister Schenk und die Regierung wurden scharf angegriffen, auch nach der Aufhebung der Verordnung die Verfassungstreue der Regierung bezweifelt[83].

Während der bayerischen Verfassungsfeste im Mai 1832 stand die Pressefreiheit im Mittelpunkt. Der oppositionelle Abgeordnete aus Kaufbeuern Christian Heinzelmann erhielt für seine Worte während des Augsburger Konstitutionsfestes 27. 5. 1832 starken Beifall: »So lange wir aber in constitutionellen Staaten die Schmach der Censur haben !!! so lange nicht Preßfreiheit, diese unentbehrliche Gewähr der Verfassungen ... statt finden ..., so lange wird alles Stück- und Flickwerk bleiben und wir der wahren Entwicklung der Verfassung vergeblich entgegen sehen.«[84]

Die Redakteure versuchten selbst sich den 1832 verschärften Maßnahmen der Zensoren zu entziehen. Der ersatzweise Druck gestrichener Artikel als unperiodische, somit der gesetzlichen Zensur nicht unterworfene Flugblätter war häufig geübte Praxis[85]. Einige Zeitungen druckten zensierte Artikel dennoch mit großen Lücken ab, protestierten damit indirekt gegen die der Öffentlichkeit verdeutlichten Zensur. »Die Zeit« nahm den Titel eines gestrichenen Artikels auf und setzte darunter in Fettdruck »Censur-Strich« über zwei Seiten[86]. Die Behörden verboten daraufhin die bloße Aufnahme von Artikel-Überschriften und ähnliche Mittel, die auf die Vornahme der Zensur hinweisen könnten[87].

Auch 1832 setzten die Angriffe gegen König und Regierung immer wieder an dem Erlaß der Zensurverordnung 28. 1. 1831 und weiterer Zensurregelungen an. Die als Rechtsbruch empfundene Beschränkung der Pressefreiheit begründeten und vertieften das Mißtrauen gegen Regierung und König.

Der Rücktritt des bayerischen Innenministers Eduard von Schenk war von großer Bedeutung. Er war zurückgetreten, da die Mehrheit der Abgeordneten in einem entscheidenden Punkt der Regierungspolitik (Zensurverordnung) sich gegen ihn gestellt hatten. Man könnte hier einen Ansatz zur Entwicklung eines konstitutionellen Parlamentarismus' nach französischem Muster sehen[88]. Die französischen Minister Decazes, Villèle, Martignac blieben nur so lange im Amt, als sie der Unterstützung der Deputierten und des Kabinetts sicher waren[89].

---

[82] Z. B. gegen Maßnahmen gegen die Deutsche Tribüne, in: Bay.V. Nr. 23, 8. 9. 1831.
[83] »Die bayerische Charte, die Ordonnanzen und die Censur«; — »Über die Nothwendigkeit eines Ministerwechsels in Bayern«; — »Gründe für die Versezung des bayerischen Ministers des Inneren, Eduard von Schenk, in den Anklagestand«; — »Die Congregation, der Absolutismus und die Presse«; — »Das neue Preßgesetz für Bayern, der Ministerverweser und die Kongregation«; — »Das neue Preßgesetz für Bayern, die Opposition und die Censur«; — »Die Fünfziger der Censur« 1831.
[84] Bay.V. Nr. 69, 12. 6. 1832.
[85] Siehe S. 133.
[86] »Die Zeit«, 1832, Nr. 91.
[87] StAND, Reg., Nr. 7057, Augsburg 19. 7. 1832.
[88] BOTZENHART, Parlamentarismus, 43.
[89] Klaus von BEYME, Die parlamentarischen Regierungssysteme in Europa, München 1970, 402 f.; HUBER, Legitimität, 81 f.

Auch die Zurücknahme einer Regierungsverordnung war in Bayern 1831 durch den Druck der Kammermehrheit erlangt worden. »Durch eine Kette ähnlicher Präzedenzfälle hätte sich in Deutschland der Konstitutionalismus in den Parlamentarismus verwandeln können.«[90]

Das Mittel, das neben der wiederholten Drohung einer Ministerklage entscheidend den Rücktritt Schenks bewirkt hatte, war die Drohung mit der Nichtbewilligung des Budgets. Alle sechs Jahre, so auch 1831, wurde der Haushalt für die kommende Finanzperiode festgesetzt. Er konnte nur mit Zustimmung des Landtags verabschiedet werden[91]. Die Regierung war also auf die Mitarbeit der Abgeordnetenkammer angewiesen, die diese durch die Budgetverweigerung aufzukündigen drohte. Der pfälzische Abgeordnete Culmann forderte immer wieder zur Ablehnung des Regierungsprogramms auf: »Unter diesen Umständen und bey solchen Beweisen kann ich unmöglich irgend ein Gesetz votieren, das die Rechte und Funktionen dieses Ministeriums betrifft, und für welches irgend ein Vertrauen erforderlich ist. Ich sage: kein Gesetz dieser Art, auch kein Geldgesetz.«[92] Schenk selbst gab die Sicherung des Haushalts als Grund seines Rücktritts an: »Die Opposition hat nämlich, nachdem die Anklage mißlungen, ein anderes, kühneres Mittel ersonnen; sie arbeitet, ... nunmehr dahin, mehrere wichtige Positionen des Budgets, namentlich die Zivilliste solange nicht zu bewilligen, als der inkonstitutionelle Minister, wie sie mich nennt, noch in dem Rate Eurer Majestät Sitz und Stimme hat.«[93]

Auch die Zensurverordnung wurde aufgehoben, da Kammeropposition und Ministerrat mehrmals andeuteten, daß anderenfalls eine Annahme des Haushalts nicht garantiert werden könne[94].

Die Verfassung wollte solche Entwicklungen durch § 9 Titel VII ausschließen: »Die Stände können die Bewilligung der Steuern mit keiner Bedingung verbinden.«[95] Die Budgetverweigerung stellte hier jedoch ein Mittel des Verfassungskampfes dar, wurde als Korrektiv einer als verfassungswidrig empfundenen Regierungspolitik eingesetzt[96].

Nachdem die Drohung der Budgetverweigerung Erfolg und Ludwig I. zum Nachgeben gezwungen hatte, hätte eine Erweiterung des Budgetrechts des Landtags zur Frage stehen können. Der Haushalt und die Rechenschaftsvorlagen wa-

---

[90] HUBER, Verfassungsgeschichte 2, 35.

[91] VU 1818, Tit. VII, § 3—6.

[92] LV Abg. 1831, Bd. 4, Prot. 18, S. 58 f.: Culmann während der Debatte über den Gesetzentwurf zum § 44, Tit. 1 des X. Verfassungsedikts. In seiner Rede warf er der Regierung die Bildung einer geheimen politischen Polizei vor; zu politischer Polizei siehe Kap. V.3.

[93] SPINDLER, Briefwechsel, 191; dies schrieb Schenk am 22. 5. 1831 in seinem Entlassungsgesuch; schon am 25. 4. und am 5. 5. 1831 hatte er inhaltlich Dasselbe geschrieben, in: ebda, 184, 186.

[94] BÖCK, Wrede, 109 ff.; TREML, Pressepolitik, 150; DOEBERL, Verfassungsleben, 81 f.; GÖLZ, Landtag, 83.

[95] VU 1818, Tit. VII, § 9.

[96] Karl Heinrich FRIAUF, Der Staatshaushaltsplan im Spannungsfeld zwischen Parlament und Regierung. Bd. I: Verfassungsgeschichtliche Untersuchungen über den Haushaltsplan im deutschen Frühkonstitutionalismus mit einer kritischen Übersicht der Entwicklung der budgetrechtlichen Dogmatik in Deutschland, Bad Homburg 1968, 110 f.; BEYME, Regierungssysteme, 398, Beyme bezeichnet die Drohung mit Ministeranklage und Budgetverweigerung als Druckmittel »legaler parlamentarischer Revolution«.

ren während des Landtags 1831 hart umkämpft. Der Prüfungsausschuß[97] und die Abgeordnetenkammer beantragten große Kürzungen, vor allem am Bauetat. Man warf Ludwig eine einseitige Bevorzugung Münchens in der Festsetzung der Bauausgaben vor, zudem ein Ungleichgewicht zwischen den hohen Geldzuweisungen für Kunstbauten gegenüber vernachlässigten, dringend notwendigen Ausgaben für Straßenbau, Krankenhäuser und allgemein für wohltätige Zwecke. »Luxusbauten ohne Staatszweck«, Verkennung der wahren Bedürfnisse des Landes und der Bevölkerung waren die Schlagworte, die fester Bestandteil der Kritik gegen Ludwig I. seit 1831 bis 1848 blieben[98].

Die Gelder für das Kabinettssekretariat und für die königliche Zivilliste wollten die Abgeordneten stark gekürzt sehen[99]. Hier kulminierte die Ablehnung gegen Ludwigs persönliches Regierungssystem[100].

Während der Diskussionen über die Rechenschaftsvorlage 1826 bis 1829 in der Abgeordnetenkammer deutete sich an, daß Landtagsabgeordnete und Budgetausschuß aus dem verfassungsmäßigen Recht des Beirats zur Haushaltsfestsetzung ein Prüfungsrecht der Kammer und damit auch die selbständige Vorlage von Haushaltsausgaben entwickeln wollten[101].

Der Ausbau eines parlamentarischen Konstitutionalismus scheiterte jedoch an der Frage des Budgetrechts und bei den Beratungen über die Vorlage eines Gesetzes über Ministerverantwortlichkeit[102].

Während der Auseinandersetzungen um die Regierungspolitik (Zensurverordnung, Abgeordnetenausschluß) und den Haushalt hatten sich die Standpunkte von König, Ministerrat und Abgeordnetenkammer festgefahren. Gemeinsame Beschlüsse waren nicht mehr möglich.

---

[97] Mitglieder des Finanzausschusses der Abg.kammer 1831 waren: Christian Heinzelmann, Großhändler aus Kaufbeuern (radikal), der Bayreuther Regierungsrat Johann Martin Karl Vetterlein (liberal), der Zweibrückener Advokat Friedrich Schüler (radikal), der Ansbacher Magistratsrat und Lederfabrikant Karl Scheuing (radikal), der Opfenbacher Pfarrer Anton Mätzler, der Redwitzer Fabrikbesitzer Kaspar Finkentscher; siehe LV Abg. 1831, Bd. 1, Wahl d. Ausschusses 3. 1. 1831, 3. geheime Sitzung, S. 28.
[98] LV Abg. 20. 6. 1831, Prot. 47, S. 26—28 (Abg. Dr. Peregrin Schwindl, radikal); ebda, 22. 6. 1831, Prot. 49, S. 100 ff. (Abg. Karl von Korb); ebda, S. 134 (pfälzischer Abg. Johann Schickendanz); ebda, 23. 6. 1831, Prot. 50, S. 74 f. (fränkischer Abg. Karl Chr. Friedrich von Harsdorf); ebda, 25. 6. 1831, Prot. 51, S. 118—120 (Abg. Karl Scheuing); ebda, 18. 6. 1831, Prot. 44, S. 123 (Abg. Georg Rabel); vgl. LV 13. 6. 1831, Prot. 42; 14. 6. 1831, Prot. 43; 18. 6. 1831, Prot. 44; 20. 6. 1831, Prot. 47; 21. 6. 1831, Prot. 48. — Kritik in Flugschriften 1830 bis 1848 vgl. Kap. II.2.; BayHStA MInn 44216, 45380, 45381, 45387, 45395, 46066; StAM, RA 15896.
[99] Die von der Regierung beantragte Etatsumme für das Kabinettssekretariat wurde von der 2. Kammer mit 114 zu 9 Stimmen abgelehnt, LV Abg. 1831, Bd. 11, Prot. 55. — Die Zivilliste des Königs wurde zusammen mit dem Budget alle 6 Jahre dem LT zur Genehmigung vorgelegt. 1831 kritisierten die Abg. erstmals die Höhe der Zivilliste (übertriebene Bautätigkeit, zu wenig soziale Verwendung). LV Abg. 1831, Bd. 18, Prot. 100, mit 63 zu 56 Stimmen beantragten die Abg. eine Kürzung der Zivilliste, die Ludwig akzeptieren mußte. Ignatz v. Rudhart setzte sich für die lebenslängliche Festsetzung der Zivilliste ein. Der LT 1834 erließ ein dementsprechendes Gesetz; SPINDLER, Regierungszeit, 186 f.
[100] Siehe Anm. 72, S. 135.
[101] GÖLZ, Landtag, 85—88; LV Abg. Bd. 9, Prot. 46, 50; LEMPFRIED, Landtag, 37.
[102] Während des Landtags forderten viele Abgeordnete (vor allem v. Closen) die Vorlage eines Gesetzentwurfs über Ministerverantwortlichkeit. Die Minister arbeiten einen Entwurf aus. Nachdem Ludwig die Gesetzesvorlage stark modifiziert hatte, wollte kein Minister diesen Entwurf dem Landtag vorlegen, vgl. BÖCK, Wrede, 112 ff.

3. EXISTENZ EINER GEHEIMEN POLITISCHEN POLIZEI?

Ein Vertrauensdefizit der bayerischen Regierung seit 1831 bei der öffentlichen Meinung lag den starken Protesten und Widerständen im Parlament,
Presse und Bürgertum zugrunde. Entzündet hatte sich die Opposition an der
als repressiv und ungesetzlich empfundenen Regierungspolitik in Bezug auf
Wahlrecht und Presse. Während der Landtagsdebatten über die königliche Wahlprüfung legte der radikale Zweibrückener Abgeordnete, Advokat Culmann am
28. 4. 1831 einen weiteren Grund seines Mißtrauens dar: »Ich habe sehr gegründete Ursache zu glauben, daß der Herr Minister des Inneren eine geheime
Polizey im Königreiche organisiert hat.«[103] Als Beweis zitierte er ein Schreiben
des Münchner Polizeidirektors vom 26. 10. 1830. Darin bat der Polizeidirektor
von München um Zusammenarbeit mit anderen bayerischen Stadtkommissären
und um die Weitergabe von Informationen, einer »politischen schwarzen Ta-
fel«[104]; dadurch könnten »Umtriebe ... zur Störung der öffentlichen Ruhe, zur
Aufwiegelung der unteren Volksklassen, oder zur Stiftung und Verbreitung
geheimer Verbindungen« genauer beobachtet und verfolgt werden könnten[105].
Die Existenz einer solchen Liste politisch verdächtiger Personen konnte Innenminister Schenk, unterstützt von den Staatsräten Karl von Abel und Karl
Graf von Seinsheim[106], nicht widerlegen[107]. Tatsächlich verschickte das Innenministerium alphabetische Verzeichnisse dieser Art und Listen verbotener Schriften an Polizeibehörden, Landgerichte, Stadtkommissariate[108].
Eine direkt vom Innenministerium ausgehende Initiative zur Errichtung einer
geheimen Polizei-»polizeiliche Späher auf politische Meinungen«—stritt Schenk
jedoch ab. Schenk und Abel führten wiederholte Anweisungen des Innenministeriums an, die diesbezügliche Anträge[109] des Regierungspräsidenten des Isarkreises und des Münchner Polizeidirektors ablehnten[110]. Dies war aber das Ein-
geständnis, daß bei den untergebenen Behörden die Organisation einer geheimen politischen Polizei forciert wurde.
Der Verdacht einer geheimen, politischen Polizei seitens einzelner Abgeordneter, insbesondere von Culmann, Christian Heinzelmann und Professor Jo-

---

[103] LV Abg. 1831, Bd. 4, Prot. 18, S. 52.
[104] Ebda, S. 54.
[105] Ebda, S. 53.
[106] Karl Graf von Seinsheim (1784—1864) war 1830 bis 1840 Regierungspräsident
des Isarkreises, 1840 bis 1847 bayerischer Finanzminister; politisch ist er dem Görres-
Kreis und dem politischen Katholizismus zuzurechnen. Seinsheim war Vertrauter und
Freund, Reisegefährte Ludwigs I. vgl. CONKLIN, Politics, 508. — Carl August Ritter
von Abel (1788—1859) war 1837 bis 1847 bayerischer Innenminister; er trat für das
ständische Prinzip ein; vgl. HEIGEL (ADB 1) 1875, 14 f.
[107] LV Abg. 1831, Prot. 19, S. 34—40 (Schenk); ebda, S. 41 ff. (Seinsheim, Abel);
ebda, Prot. 20, S. 90 (Abel), S. 88 f. (Culmann).
[108] Kap. III.5., S. 65 ff.
[109] 19. 11. 1830 Reg.Präs. Widder an MInn, beantragte Geldmittel für die Pol.direk-
tion München zur Nachforschung von »Umtrieben und Verbindungen fremder Emmis-
säre«; vgl. Pol.direktion München an Reg. Isarkr. 17. 11. 1830, Reg.Präs. Isarkr. 24. 11.
1830 an MInn, in: LV Abg. 1831, Prot. 20, S. 91, S. 94.
[110] LV Abg. 1831, Prot. 19, S. 36—40 (Schenk); ebda, Prot. 20, S. 90—98 (Abel). —
Ablehnende Antworten des MInn 23. 11. 1830, 17. 12. 1830; ebenso MInn 24. 12. 1830
»... dennoch die Anordnung einer geheimen Polizey, und daher auch die Aufstellung
geheimer Polizeyagenten unter keiner Form und Bedingung statt finden ...« in: LV
Abg. 1831, Prot. 20, Vortrag Karl von Abels, S. 91—97.

140

hann Adam Seuffert geäußert, setzten bei den Anweisungen des Innenministeriums für eine verstärkte Wachsamkeit der Polizeibehörden, vor allem der Fremdenpolizei seit 1830 an[111].

Die bayerische Regierung wollte diese Anordnungen im Rahmen einer präventiven Sicherheitspolizei verstanden sehen. Die Gefahr des Übergangs von der Sicherheits- zur Geheimpolizei war jedoch groß. Die Regierung versuchte klare Grenzen zu ziehen. Eine Entschließung vom 8. 10. 1830 bekräftigte die Funktion der Gendarmerie ausschließlich für den Sicherheitsdienst und verbot jegliche Tätigkeit, die ». . . zu einer geheimen Polizei führen und den Gendarmen zum Auflauscher machen könnte.«[112] In einer späteren Verordnung März 1833 hieß es: »Insbesondere ist es gegenwärtig absolut nöthig, die Reisen der das Königreich berührenden Fremden genau beurkundet zu wissen, da nur auf dem Wege legaler offener Controlle des einer Controllierung Bedürfenden, das gehäßige und undeutsche Institut einer geheimen Polizei entbehrt.«[113]

Die Schwierigkeiten der Funktionszuweisungen für die Polizei hängt mit dem Wandel des Polizeibegriffs vom 18. zum 19. Jahrhundert zusammen. Im Lauf des 18. Jahrhunderts verengte sich der Polizeibegriff, der bisher ». . . die Staatstätigkeit, die der jeweilige Landesherr für erforderlich hielt, um einen Zustand guter Ordnung herzustellen und (oder) zu erhalten«[114] umfaßte. Hauptschwergewicht der Polizei bis Ende des 18. Jahrhunderts war Wohlfahrtspflege, solange zwischen Glücksorge der Obrigkeit und Wohl der Bürger als Staatszweck kein Interessenkonflikt gesehen wurde[115].

Der Wohlfahrtsgedanke wurde im Laufe des 19. Jahrhunderts aus dem Rechtsinhalt der Polizei eliminiert. Diese Entwicklung war durch den Wandlungsprozeß in der Auffassung des Staatszweck- und Staatsrechtsgedankens beeinflußt. Die Vorrangstellung von Recht gegenüber Wohlfahrt deutete Ansätze eines Rechtsstaatsdenkens an. Die individualistische Naturrechtslehre setzte die ». . . ›natürliche Handlungsfreiheit des Einzelnen‹ als absolute Grenze staatlicher Intervention«[116] fest. »Die Kant'schen Freiheitspostulate ermöglichten die Anschauung von Recht und Freiheit des einzelnen im rechtsstaatlichen Sinne. Fichte weist dann in Fortführung Kant's der Polizei zwei große Zentralbereiche zu, nämlich zum einen die allgemeine Gefahrenabwehr sowie die Sicherheits- und Schutzfunktion, zum anderen die Überwachung der Einhaltung der Gesetze.«[117]

---

[111] LV Abg. 1831, Prot. 18 ff.; vgl. Kap. III.5., S. 65 ff., S. 69—71.

[112] VO 8. 10. 1830 »Dienst der Gendarmeriemannschaft betr.« (DÖLLINGER, Verordnungssammlung 13).

[113] VO 24. 3. 1833 »Die polizeiliche Aufsicht auf Reisende und Fremde betr.« (DÖLLINGER, Verordnungssammlung 13, 682—685).

[114] Franz-Ludwig KNEMEYER, Polizeibegriffe in Gesetzen des 15. bis 18. Jahrhunderts (Archiv d. öffentlichen Rechts, 92/1) 1967, 179; Gustav SCHMELZEISEN, Polizeiordnungen und Privatrecht (Forschungen zur Neueren Privatrechtsgeschichte 3) Münster 1955, 11; Hans-Harald SCUPIN, Die Entwicklung des Polizeibegriffs und seine Verwendung in den neuen deutschen Polizeigesetzen, Marburg 1970; F. X. FUNK, Die Auffassung des Begriffs der Polizei im vorigen Jahrhundert (Zeitschrift für die gesamte Staatswissenschaft 19) 1863, 489—555.

[115] Hans MAIER, Die ältere deutsche Staats- und Verwaltungslehre (Polizeiwissenschaft). Ein Beitrag zur Geschichte der politischen Wissenschaft in Deutschland (Politica 13) Neuwied 1966, 230—247.

[116] MAIER, Staats- und Verwaltungslehre, 246 f.

[117] Franz-Ludwig KNEMEYER, Polizei (Geschichtliche Grundbegriffe 4) 889.

Seit Ende des 18. Jahrhunderts betonten erstmals die Staatsrechtler Püttner, von Berg, Sonnenfels, Jakob, Harl und der Philosoph und Staatsmann Wilhelm von Humboldt die Grenzen landesherrlicher Gewalt und Polizeigewalt[118]. »Polizei« wurde rechtlichen Definitionen und Kodifizierungen unterworfen. Wurden Zustand und Tätigkeit von Polizei nun in einem Polizeirecht festgehalten, so entwickelte sich seit Mitte des 18. Jahrhunderts die Definition von »Polizei« als einer Behörde aus[119].

In Gesetzen und Verordnungen wurde der Polizeibegriff auf Gefahrenabwehr und Erhaltung öffentlicher Ruhe, Sicherheit und Ordnung festgelegt. Das Preußische Allgemeine Landrecht wird in dieser Entwicklung oft als Wegbereiter genannt[120], steht aber noch zum Teil in der Tradition wohlfahrtsstaatlicher Aufassungen[121].

Auch in bayerischen Verordnungen[122] und im Kreittmayer'schen Strafgesetzbuch von 1813[123] lag das Schwergewicht auf Vorbeugung beziehungsweise Unterdrückung von Störungen öffentlicher Ruhe und Sicherheit.

Dennoch war in der Rechts- und Verwaltungspraxis des Vormärz keine eindeutige Trennung zwischen Sicherheits- und Ordnungsaufgaben einerseits und Wohlfahrtsaufgaben andererseits vollzogen[124]. Vertreter des konstitutionellen Staatsrechts des 19. Jahrhunderts lehnten Elemente des wohlfahrtsstaatlichen Polizeibegriffs strikt ab. »Im verbreiteten ›Staatsrecht der constitutionellen Monarchie‹ (Aretin/Rotteck) hieß es 1839, es sei ›keine Regierungsgewalt für die Freiheit gefährlicher . . ., als die Polizei, nicht bloß jene geheime und sogenannte höhere, sondern überhaupt die sie so nennende Wohlfahrtspolizei. Hauptzweck des Staates‹ sei allein die ›Herrschaft des Rechts . . . Nach den constitutionellen Grundsätzen‹ könne es nur ›Eine Polizei geben, nämlich diejenige, welche Sicherheit und Ordnung im Staat handhabt; das hingegen, was man Wohlfahrtspolizei nennt (sonderlich die Beglückungs- und Aufklärungspolizei) ist ein offenbarer Eingriff in die Freiheit der Staatsbürger‹.«[125]

Geheimpolizei als unkontrollierbares, der Öffentlichkeit entzogenes Instrument stand den Grundauffassungen konstitutioneller rechtsstaatlicher Prinzi-

---

[118] Kurt WOLZENDORFF, Die Entwicklung des Polizeibegriffs im 19. Jahrhundert (Grenzen der Polizeigewalt 5) Marburg 1906, Teil 1, 65 ff.

[119] KNEMEYER, Polizeibegriffe, 180, 165.

[120] SIEMANN, Ruhe, 9; MAIER, Staats- und Verwaltungslehre, 144 ff. — SCUPIN (Entwicklung, 10—21) nimmt Stellung gegen Wolzendorff (Entwicklung, 73 ff.). Zum Pr. ALR: Reinhart KOSELLECK, Preußen zwischen Reform und Revolution. Allgemeines Landrecht, Verwaltung und soziale Bewegung von 1791—1848 (Industrielle Welt 7) Stuttgart ³1981.

[121] MAIER, Staats- und Verwaltungslehre, 24 ff.; KNEMEYER, Polizei, 891; vgl. Gerd KLEINHEYER, Staat und Bürger im Recht. Die Vorträge Carl Gottlieb Svarez vor dem Preußischen Kronprinzen (1791—92), (Bonner rechtswissenschaftliche Abhandlungen 47) Bonn 1959, 143—157.

[122] VO 15. 8. 1803, VO 17. 7. 1808 (Befugnisse d. Generalkommissare), VO 1. 9. 1808 (Errichtung einer Polizeisektion im Innenministerium), VO 11. 10. 1822 (Errichtung der Gend.), (DÖLLINGER, Verordnungssammlung 13).

[123] »Polizeiübertretungen sind Handlungen, die wegen der Gefahr für rechtliche Ordnung und Sicherheit verboten sind«, WOLZENDORFF, Entwicklung, Teil 2, 44.

[124] KNEMEYER, Polizei, 892.

[125] Ebda, 892.

pien als offensichtlicher Gegensatz gegenüber[126]. Abwertend gemeint war das Schlagwort »absolutistischer Polizeistaat«.[127]

Die Auseinandersetzungen um die Existenz einer geheimen Polizei kennzeichnen die Probleme einer Entwicklungsphase, einer Übergangszeit, als sich die Elemenierung des Wohlfahrtsprinzips aus dem Polizeirecht in der Polizeipraxis durchsetzte und an diese Stelle rechtsstaatliche Prinzipien traten.

Die Vorwürfe blieben trotz der Bemühungen der Regierung, sich von einer angeblich bestehenden Geheimpolizei zu distanzieren, bestehen. Die Kritik setzte an der verstärkten polizeilichen Aufsicht hinsichtlich »politischer Umtriebe« an, der nicht nur einzelne Personen, Vereine, Volksversammlungen, sondern auch ganze Orte unterzogen wurden[128].

1832 plante der Kronacher Stadtrat, eine Ministerialkommission zu beantragen, um sich über die ungebührliche Ausdehnung des Vollzugs des staatlichen Aufsichtsrechts auf die Einwohner Kronachs auf Grund politisch liberaler Meinungsäußerungen zu beschweren[129].

Zeitungsartikel schilderten anklagend polizeiliches Spitzelwesen. »Die Zeit« sah bürgerliche Rechte und Freiheiten durch ein staatlich sanktioniertes Denunziantentum, durch die Versetzung von Staatsbeamten aus politischen Gründen bedroht[130]. Das »Bayerische Volksblatt« sprach von einer »moralischen Vergiftung der Nation durch ein organisiertes Spionier- und Denunziantensystem«[131]. Auf Grund dieses Artikels beschlagnahmte das Innenministerium die ganze Ausgabe der Zeitung[132]. Das Volksblatt beschrieb verschiedene Fälle, so auch die Vorladung von Wirten, Brauern und »Gastgebern« durch das Augsburger Stadtkommissariat März 1832; sie wurden aufgefordert, schriftlich zu erklären, bei Polizeibehörden Anzeige zu erstatten, wenn Fremde und Reisende aufrührerische Schriften mit sich führten, politischen Vereinen angehören oder für sie werben würden. Nur vier Wirte verweigerten den Revers[133].

4. WIDERSTAND GEGEN DAS VEREINSGESETZ 1. 3. 1832

Am 1. 3. 1832 hatte die Regierung in einer von allen Ministern gegengezeichneten Entschließung bestehende und die Bildung neuer politischer Vereine verboten. Darüberhinaus legte die Regierung erstmals in einer amtlichen Verordnung offen, daß sie der Beteiligung der Bevölkerung an »öffentlichen Angele-

---

[126] Ebda, 893.
[127] Bei Carl Th. WELCKER, Die letzten Gründe von Recht, Staats und Strafe philosophisch und nach den Gesetzen der merkwürdigsten Völker rechtshistorisch entwickelt, Giessen 1813; MAIER, Staats- und Verwaltungslehre, 22 ff., 27 ff.; KNEMEYER, Polizei, 893.
[128] Kap. III.5., S. 65 f.
[129] StAB, Präs.Reg., K 3, 926, Bericht des Landrichters Dresch, Kronach 25. 10. 1832.
[130] »Die Zeit«, Nr. 16, 16. 4. 1832 »Die sogenannten Freunde des Thrones«.
[131] Bay.V. Nr. 55, März 1832 »Das Spioniersystem in Bayern. 2«.
[132] BayHStA, MA, 1887.
[133] Bay.V. Nr. 54, März 1832, »Das Spioniersystem in Bayern. 1.«, Stadtarchiv Augsburg, 4, Y 49, Stadtkommissariat Augsburg 30. 3. 1832 an 1. Bürgermeister.

genheiten« deutliche Grenzen setzte. Politische Partizipation sollte auf das Wahlrecht beschränkt bleiben. Nach der schon länger dauernden Unterdrückung der Pressefreiheit, wurde seit 1. 3. 1832 die Vereins- und Assoziationsfreiheit in Bayern durch ein allgemeines Verbot eingeschränkt[134]. Bald erhoben sich in einzelnen Zeitungen Proteste.

Der Würzburger »Scharffschütz« schrieb am 24. 3. 1832: »In konstitutionellen Staaten würde die Untersagung der öffentlichen patriotischen Gesellschaften gerade soviel heißen: der Staat ist aufgelöst, die Konstitutionen umgestoßen, die Willkühr herrscht ... Die Erfahrung lehrt, daß die Unterdrückung des Volkslebens höchst gefährlich ... für jeden Staat ist ..., und da patriotische Vereine zum Volksleben gehören, so ist es Pflicht eines jeden Staatsbürgers, falsche Ansichten darüber zu bekämpfen ...«[135]

Hier deutete sich der Tenor der Kritik am Vereinsgesetz an. Nicht bloße Verfassungswidrigkeit, Verfassungsverletzung, wie bei der Pressedebatte 1831, sondern Mißachtung des konstitutionellen Prinzips an sich warfen auch das »Bayerische Volksblatt« und der »Freisinnige« der Regierung vor[136].

Das Vereinsverbot bedeutete nach Auffassung des »Würzburger Volksblatts« einen Staatsstreich der bayerischen Regierung; die Entschließung selbst charakterisierte die Zeitung als eine »alle Menschenwürde, alle bürgerliche Freiheit mit Füßen tretende Ordonnanz«[137]. Das Verbot dreier Bürgergesellschaften in Würzburg, die Ritter zum eisernen Helm, zum grünen Bund und die Reichsstadt als »staatsverräterische Verbindungen« unter Berufung auf die Entschließung vom 1. 3. 1832, kommentierte das Volksblatt ironisch als »Sieg der bayerischen Regierung über die Revolution.«[138].

Neu bei dieser Protestwelle gegen die bayerische Regierungspolitik war der aktive Widerstand staatlicher und städtischer Behörden.

Das heutige Mittelfranken war ein Zentrum erster Vereinsgründungen Februar/März 1832[139]. Hier konzentrierten sich auch die Einwände gegen die Unterdrückung der Vereine.

Am 23. 3. 1832 legte der Nürnberger Stadtrat Verwahrung gegen die Verordnung vom 1. 3. 1832 ein, erklärte sie als rechtlich nicht bindend, sie daher nicht vollziehen zu können. Das Verbot des Preß- und Closenvereins entbehre rechtlichen Grundlagen, da »... es den freien Bürgern eines constitutionellen Staates nimmermehr gewehrt werden könne, Associationen einzugehen, welche bestimmt sind, politische Zwecke zu erreichen, die dem Wesen und Geist der Repräsentativ-Verfassung entsprechen, ...«[140]

Der Dinkelsbühler Stadtrat protestierte am 8. 4. 1832 gegen die Zwangsauflösung des dortigen Closenvereins. Die Entschließung vom 1. 3. 1832 wäre

---

[134] Vgl. Kap. IV.2.b., S. 115 f.
[135] »Scharffschütz«, Nr. 12, 24. 3. 1832, StAW, Reg. Ufr. Abgabe 1943/45, Nr. 1168.
[136] »Freisinnige«, 1832, Nr. 10; Bay.V. Nr. 30, 10. 3. 1830 / Nr. 32, 15. 3. 1832 / Nr. 35, 22. 3. 1830.
[137] Bay.V. Nr. 32, 15. 3. 1832.
[138] Bay.V. Nr. 28, 4. 9. 1832.
[139] Kap. IV.2.a., S. 110.
[140] StAN, Reg. Mfr. Abgabe 1932, XVII, 63, »Allerunterthänigste Vorstellung des Magistrats der k. b. Stadt Nürnberg, die Verwahrung derselben gegen seine Mitwirkung zum Vollzug des allerhöchsten Rescripts d. d. München, den 1. Maerz l. J. wegen der Aufforderungen zur Bildung politischer Vereine« 23. 3. 1832.

die Ergänzung der »Fundamental-Akte eines konstitutionellen Staates aus den Gesetzen einer absoluten Monarchie«[141].

Auch bayerische Justizstellen, so die Appellationsgerichte Ansbach und Neuburg, protestierten gegen die Entschließung vom 1. 3. 1832[142].

Am 16. 4. 1832 erklärte ebenfalls der Ansbacher Magistrat, das Vereinsverbot vom 1. 3. 1832 nicht anzuwenden[143].

Stadträte und Presse verwarfen die staatliche Begründung der Verordnung vom 1. 3. 1832 als ungesetzlich und rechtswidrig, beschuldigten die Regierung der Rechtsbeugung. Eine Rechtslücke werde eigenmächtig restriktiv interpretiert. Ein allgemeines Vereins-, Vereinigungs- oder Versammlungsrecht war bisher weder in der Verfassung noch in Gesetzen formuliert. Angesichts fehlender konkreter Regelungen leitete die Regierung das Recht für sich ab, eine neue Verordnung erlassen zu können, wodurch jede Vereinsgründung einer staatlichen Genehmigungspflicht unterworfen war. Die Entschließung wurde auch rückwirkend angewandt; dadurch waren bestehende Vereine als ungesetzlich gebildete verboten.

Demgegenüber erklärte der Nürnberger Stadtrat: »Es kommt ... nicht(s) darauf an, daß unsere Staatsverfassung politische Associationen nicht ausdrücklich festgesetzt hat; es genügt ..., daß sie nicht verboten sind, und wir können daher nicht glauben, daß sie deshalb, weil sie darin nicht enthalten sind, verboten werden können ... Das Verbiethungsrecht, das die Staatsverfassung nicht kennt, ist aber auch den vor ihr erschienenen Gesetzen fremd.«[144]

Ähnlich schrieben die Dinkelsbühler: »Die persönliche Freiheit ist nicht weiter eingeschränkt, als es die bestehenden Gesetze erfordern.« — »Wo kein Unrecht vorliegt, bedarf es keiner Verantwortung.«[145] Die Entschließung vom 1. 3. 1832 widerspreche außerdem dem Preußischen Allgemeinen Landrecht, das in einigen fränkischen Bezirken noch rechtskräftig war[146].

Diese Argumente vertrat auch das »Würzburger Volksblatt«: »›Was nicht verboten, ist erlaubt‹, ist ein Grundsatz, der überall anerkannt wird, wo das Recht selbst Anerkennung findet; die von unserer Regierung aufgestellte Behauptung ist rechtswidrig, sie entwürdigt unsere Verfassung zu einem Leibeigenschafts-Vertrag.«[147] Das Recht, Vereine zur »gegenseitigen intellektuellen und moralischen Bildung« zu gründen, ginge »aus dem unveräußerlichen Urrechte der Menschen hervor.«[148]

Das in der Entschließung 1. 3. 1832 zur Rechtfertigung angeführte ältere »Vereinsgesetz« vom 14. 9. 1814 bezeichneten Nürnberger Stadtrat und »Würz-

---

[141] Gemeint ist die bayerische Verfassung 1818; StAN, Reg. Mfr. Abgabe 1932, XVII, 63, Dinkelsbühl 8. 4. 1832 Mag. an Stadtkomm. Dinkelsbühl. Der Protest hatte jedoch keinen Erfolg; nach der Drohung der Einziehung der Vereinsunterlagen und -gelder durch die Dinkelsbühler Stadtkomm. am 11. 4. 1832, löste sich der Verein selbst auf.

[142] Bay.V. Nr. 45, 14. 4. 1832.

[143] BayHStA MInn 24186, Mag. Ansbach 16. 4. 1832 an Pol.dir. München (Abschrift 1. 5. 1832).

[144] StAN, Reg. Mfr. Abgabe 1932, XVII, 63, Nürnberger Verwahrung 23. 3. 1832.

[145] StAN, Reg. Mfr. Abgabe 1932, XVII, 63, Mag. Dinkelsbühl 8. 4. 1832.

[146] Ebda.

[147] Bay.V. Nr. 32, 15. 3. 1832.

[148] Ebda.

burger Volksblatt« als hier nicht zutreffend. Die Verordnung von 1814 beziehe sich auf geheime Verbindungen, die betreffenden Closen- und Preßvereine jedoch hatten Gründung und Vereinsziele in Zeitungen öffentlich bekannt gemacht[149].

Die bayerische Regierung reagierte insbesondere auf den angekündigten Nichtvollzug des Vereinsedikts empfindlich. Sie bekräftigte am 12. 4. 1832 nochmals ihren Standpunkt: »Jedes factische Eingreifen politischer durch die Verfassungs-Urkunde nicht eingeräumter Rechte, und jede Constituierung neuer, noch überdies in die konstitutionellen Attributionen der Stände eingreifender Volksorgane, erscheint ... als offenbare Verletzung der Verfassungsurkunde.«[150] Der Regierungspräsident des Rezatkreises von Stichaner wurde am 12. 4. 1832 zu Verhandlungen nach Nürnberg geschickt, damit »... die Stadt Nürnberg sich nicht an die Spitze der Opposition stelle.«[151] Der Stadtrat in Nürnberg wurde durch das Innenministerium, die Kreisregierung und das Nürnberger Stadtkommissariat an seine Pflicht als vollziehende Polizeibehörde, an seine »Unter-Ordnungs-Verhältnisse« als Regierungsbehörde erinnert und mehrmals aufgefordert, die Entschließung vom 1. 3. 1832 zu akzeptieren[152]. Als die Nürnberger Verwahrung vom 23. März auch in der von Victor Amadeus Coremans redigierten Zeitung »Nürnberger Friedens- und Kriegskurier« veröffentlich wurde, bestand die Kreisregierung auf einer schriftlichen »submissesten Erklärung« des Stadtrats[153].

Eine übergroße Sensibilität gegenüber jedem Ansatz von Opposition kennzeichnete auch das Bemühen des Innenministeriums, die Handhabung des Vereinsverbots im Oberdonaukreis zu regeln. Der Augsburger Regierungspräsident hatte unter Bezug auf das Vereinsverbot vom 1. 3. 1832 Polizeibehörden und Stadtkommissariate des Kreises angewiesen, die Bevölkerung von einer Teilnahme am Closenverein abzuhalten, denn: »Dieser Verein entbehrt bisher der Genehmigung durch die Staatsregierung und kann daher als ein gesetzlich bestehender nicht angesehen werden.«[154] Dieses Vorgehen war dem Innenministerium zu zaghaft, die Anweisung der Augsburger Behörde stünde sogar im Widerspruch mit der Entschließung. Der Innenminister ermahnte den Regierungspräsidenten: »Die allerhöchste Entschließung vom 1. d. M. hat die Unzulässigkeit solcher Vereine und das Verbot derselben so bestimmt ausgedrückt, daß es auffallen muß, wie in dem Ausschreiben der Kreisregierung noch von Genehmigung dieser Verbindungen unter irgend einer Supposition die Rede seyn könnte. Es wäre vielmehr angemessen gewesen, die Unterbehörden

<hr />

[149] Ebda; StAN, Reg. Mfr. Abgabe 1932, XVII, 63, Nürnberger Verwahrung 23. 3. 1832.
[150] BayHStA MInn 24186, MInn 12. 4. 1832 an Reg. Rezatkr.; StAN, Reg. Mfr. Abgabe 1968, II, 10,
[151] Ebda.
[152] StAN, Reg. Mfr. Abgabe 1968, II, 10; ebda, Abgabe 1932, XVII, 63.
[153] StAN, Reg. Mfr. Abgabe 1968, II, 10, Reg. Rezatkr. 2. 5. 1832 an MInn. Der Nürnberger Magistrat hatte zunächst erklärt, nach eigener Überzeugung von Fall zu Fall ein Vereinsverbot zu erlassen. Stichaner scheute anfangs die Konfrontation mit dem Magistrat, um keinen größeren Widerstand zu provozieren; er war sich einer starken Opposition in Nürnberg bewußt. — Erklärung des Stadtrats, daß er bedaure, daß »seine Bemühungen, die Beschränkung staatsbürgerlicher Freiheit zu verhüten, vergeblich gewesen sind ...« Stadtarchiv Nürnberg, HR 10125.
[154] StAND, Reg., Nr. 7146, Reg. Odkr. Augsburg 23. 3. 1832.

146

auf die Verfassungswidrigkeit und Gefährlichkeit solcher politischer Vereine aufs nachdrücklichste hinzuweisen ...«[155]

Diese Worte unterstreichen, daß die Regierung keine positive Behandlung des Vereinswesens, die Einführung staatlicher Genehmigungspflicht, beabsichtigte, sondern ein klares Verbot politischer Vereine wollte.

Die geschilderten Proteste zeigen, daß innerhalb der staatlichen Bürokratie starker Widerstand gegen die Regierungspolitik herrschte. Die Städte Mittelfrankens besaßen ein anderes Rechtsgefühl, warfen dem bayerischen Innenministerium Rechtsbeugung und Verfassungswidrigkeit vor. Dementsprechend scharf war die Reaktion der Regierung. Staatsrat Karl Graf Seinsheim begründete die Zurechtweisung der Städte mit den Worten: »... solches Benehmen macht am Ende jedes Regieren unmöglich.«[156]

5. PROTEST GEGEN DIE BUNDESBESCHLÜSSE

1832 traf der Deutsche Bund eine Reihe von Beschlüssen, die in die Innenpolitik der Mitgliedstaaten stark eingriffen. Motiv und Absicht waren, ein Anwachsen der Oppositionsbewegung zu verhindern, und richteten sich gegen die deutsche Einheits- und Freiheitsbewegung. Staatliche Einheit und Neuorganisation eines geeinten Deutschlands waren ein Hauptziel, wobei über die künftige politische Verfassung — monarchisch, republikanisch, demokratisch — unterschiedliche Auffassungen vertreten wurden. Die Forderung nach Freiheit, das hieß hier nach mehr politischen Rechten des Einzelnen, Mitsprache und politische Teilhabe beziehungsweise Teilnahme an den Regierungsgeschäften ohne staatliche Beschränkungen, staatsbürgerliche Freiheit und rechtliche Gleichstellung Aller, waren weitere Programmpunkte.

Die Bundesbeschlüsse 1832 hingegen versuchten, elementare Freiheitsrechte und Möglichkeiten der Entfaltung eines mündigen, politisch verantwortlichen Staatsbürgers einzuengen und unter Kontrolle der Regierungen und des Deutschen Bundes zu halten. Die Presse unterlag den meisten Beschränkungen und Zensurmaßregeln seit 1819. 1832 wiesen das Verbot des badischen Pressegesetzes und dreier rheinbayerischer Zeitungen auf eine Verschärfung dieser Pressepolitik hin. Die Sechs Artikel vom 28. 6. 1832 und die Zehn Artikel vom 5. 7. 1832 faßten alle Reglementierungen in Einem zusammen. Durch sie waren Vereins-, Versammlungs-, Rede- und Pressefreiheit und das Recht, Petitionen zu verfassen und zu initiieren, generellen Verboten beziehungsweise Zensur und staatlicher Observanz unterworfen.

Auch indirekte politische Meinungsäußerung durch Abzeichen und Symbole wurden untersagt. Darüberhinaus schränkten die Sechs Artikel vom 28. 6. 1832 verfassungsmäßig verankerte Rechte der Ständeversammlung ein. Alle dem monarchischen Prinzip entgegengesetzten Petitionen der Landtage waren untersagt (Art. 1). Die Budgetgewalt durfte nicht zur Durchsetzung anderer Forde-

---

[155] StAND, Reg., Nr. 7146, MInn München 25. 3. 1832 an Reg.Präs. Odkr.
[156] StAN, Reg. Mfr. Abgabe 1968, II, 10, München 4. 5. 1832 Reg.Präs. Isarkr. Seinsheim an Reg.Präs. Rezatkr. Stichaner. Seinsheim nahm hier Bezug auf die Verwahrung des Ansbacher Mag. gegen die Entschließung 1. 3. 1832; diese Verwahrung wurde an die Münchner Pol.dir. geschickt.

rungen eingesetzt werden, dies würde den Fall der Auflehnung bedeuten und eine Bundesintervention nach sich ziehen. Insbesondere durften die Landtage Mittel zur Erfüllung von Bundespflichten nicht verweigern (Art. 2). In der Gesetzgebung durften die Einzelstaaten keine dem Bundeszweck und den Bundespflichten widersprechenden Entscheidungen treffen (Art. 3)[157].

Der bayerische Bundesgesandte Lerchenfeld hatte die Zustimmung für Bayern zu den Beschlüssen vom 28. 6. 1832 gegeben. Bayern befand sich hier in einer besonders schwierigen Lage und sah sich großem Druck ausgesetzt, mit dem Deutschen Bund konform zugehen. Das Hambacher Fest war für die österreichische Präsidialmacht im Bund ein willkommenes Argument, um die Schwäche der bisherigen bayerischen antirevolutionären Regierungspolitik zu beweisen. Die endgültige Annahme der Bundesbeschlüsse durch König und Minister war jedoch noch nicht getroffen. Hierüber herrschte auch innerhalb der Regierung keine Einstimmigkeit. Innenminister Ludwig von Öttingen-Wallerstein hatte große Bedenken gegen die Beschlüsse auf Grund verfassungsrechtlicher Vorbehalte und bayerischer Souveränitätsrechte[158]. Ludwig I. stimmte zwar in der Sache mit den Inhalten der Beschlüsse überein[159], jedoch rührte die Frage der Annahme der Beschlüsse vom 28. 6. und 5. 7. 1832 an einen heiklen Punkt bayrischer Politik. Besonders die geschilderten Bestimmungen des Beschlusses vom 28. 6. 1832 griffen stark in einzelstaatliche Rechte ein. Es stand zur Frage, inwieweit die Gültigkeit der bayerischen Verfassung, bayerische Hoheitsrechte und Souveränität der Bundespolitik unterworfen werden sollten. Der Beschluß vom 28. Juni wurde in Bayern erst am 17. Oktober 1832 in Kraft gesetzt[160].

Zuvor erhob sich vehementer Protest der bayerischen Bevölkerung gegen die Annahme der Sechs Artikel vom 28. 6. 1832. Nachdem sie seit Juli in den Zeitungen besprochen wurden[161], zirkulierten vor allem im Obermain-, Untermain- und Rezatkreis eine Reihe von Flugschriften und Petitionen, die zum Teil von mehreren hundert Einwohnern unterzeichnet wurden. Darin appellierten sie an die Liberalität des Königs zu Beginn seiner Regierung und forderten, dem Deutschen Bund eine Absage zu erteilen. Am stärksten verbreitet waren die Würzburger Flugschriften »Die sechs Gebote des deutschen Bundestages«[162], »Fränkische Männer blickt um Euch«[163], eine Eingabe der Gemeindebevollmächtigten Würzburgs[164] und die pfälzische Adresse »Vorstellung vaterlandsliebender Bürger Rheinbayerns; oder vielmehr: Erklärung über und Verwahrung gegen die Bundestags-Beschlüsse vom 28. Juni 1832«[165], die an den König gerichtet waren[166].

Der Verlust der Rechte des Landtags, vor allem die Beschränkungen des Rechts der Steuerbewilligung und der Pressefreiheit wurden empfindlich kriti-

---

157 Die Bundesbeschlüsse abgedruckt bei: HUBER, Dokumente 1, 119.f.
158 ZUBER, Fürst-Proletarier, 132 ff.
159 GOLLWITZER, Ludwig I., 303—306.
160 Reg.bl. 17. 10. 1830, Nr. 39, S. 657—663.
161 Bay.V. Nr. 6, 14. 7. 1832.
162 StAW, Reg. Ufr. Abgabe 1943/45, Nr. 9836.
163 BayHStA MInn 45582, Würzburg 11. 8. 1832.
164 StAW, Reg. Ufr. Abgabe 1943/45, 9836.
165 Ebda.
166 In Bayern war auch die Flugschrift »Offene Erklärung kurhessischer Staatsbürger, hervorgerufen durch die Bundestags-Beschlüsse vom 28. Juni 1832« verbreitet, BayHStA MInn 45582.

siert[167]. Durch den Bundesbeschluß vom 28. Juni würden Tyrannei, Despotismus und Sklaverei wiederhergestellt. »Vater im Himmel, rette Deutschland, befreie es von der schweren Tyrannei, die schwerlich dräunt, entwinde es den Armen des Despotismus, der die Freiheit des Landes zu erwürgen droht!«[168], hieß es zu Beginn der »Sechs Gebote des deutschen Bundestags«. »Niemals war die Freiheit der teutschen Völker mehr bedroht, als in dem jetzigen Augenblicke, ... Vermögen, Ehre, Recht und Freiheit, alles, was dem Volke am theuersten ist, ist seiner Verfügung entzogen, und der Willkür der Fürsten anheimgestellt.«[169] Ähnlich war der Tenor in der »Vorstellung vaterlandsliebender Bürger Rheinbayerns«: »Bürgerkrieg, so lautet die Losung des Bundestages; Tod dem konstitutionellen Systeme in Deutschland und in ganz Europa, ... Vertilgung jeder freien Regung des menschlichen Geistes, ...«[170] In der Flugschrift »Fränkische Männer blickt um Euch« standen soziale Aspekte im Vordergrund: »... haben die Fürsten durch ihre Gesandten am Bundestage sich dahin vereinigt, daß Einer den Anderen unterstützen und ihm behülflich seyn will, seine Unthertanen unterm Drucke und in der Sklaverei zu erhalten und besonders wollen sie den Landständen das Recht der Steuerverweigerung nehmen, damit sie nach Gutdünken Steuern und Abgaben auflegen, große Armeen halten, Kriege führen ... Alles ist verloren, wir werden wieder Sklaven, und wahre Leibseigene ...«[171]
Die Ratifizierung der Bundesbeschlüsse wurde als Verlust bayerischer Souveränität und Unterordnung unter die politisch dominierenden Bundesstaaten Österreich und Preußen empfunden, deren Regierungen an keine Verfassungen gebunden waren. Die pfälzische Adresse klagte an: »In dem sonst unabhängigen, mächtigen und nach landständischen Grundsätzen regierten deutschen Reiche spielen jetzt die Kabinette von Östreich und Preußen, mit Rußland im Hintergrunde, die Diktatoren. Diese Handhaber des Absolutismus wollen die ehemals freie deutsche Nation unterdrücken und nach ihrer Laune und Willkühr beherrschen. ... Die Souveränität der minder mächtigen deutschen Fürsten und somit auch Bayern ist verloren. Der ehemals souveräne, constitutionelle König von Bayern wird der Vasall und Dienstmann jener drei absoluten Großmächte.«[172] Die Bundesbeschlüsse wurden hier als ein Element der Politik der Staaten der Heiligen Allianz, der sogenannten Ostmächte gesehen. Ähnlich in den sechs Geboten. »Gleichfalls schwer entrüstet sind die deutschen Völker über die Artikel 4, 5, und 6[173], die ihnen die Selbständigkeit rauben, sie unter die Zuchtruthe des absolutistischen Preußen und Oestreichs stellen und den Fortschritten der Einheit und Beglückung Deutschlands jämmerlich den Weg ver-

[167] In: Die sechs Gebote; Fränkische Männer; Petition der Würzburger Gemeindebevollmächtigten.
[168] StAW, Reg. Ufr. Abgabe 1943/45, Nr. 9836.
[169] Ebda, Die sechs Gebote.
[170] Ebda.
[171] BayHStA MInn 45582.
[172] StAW, Reg. Ufr. Abgabe 1943/45, Nr. 9836, Vorstellung vaterlandsliebender Bürger Rheinbayerns.
[173] Art. 4 bis 6 des Beschlusses 28. 6. 1832: Beschränkung der Rede- u. Berichtsfreiheit der Landtage zur Sicherung öffentlicher Ruhe in Deutschland, keine Angriffe gegen den Bund in den Ständeversammlungen, alleiniges Auslegungsrecht der Bundes- u. Schlußakte durch den Bund.

sperren.«[174] Den Bundesbeschluß vom 28. Juni beurteilte diese Schrift als Absage einer Bundesreform, als Schlag gegen die deutsche Einheitsbewegung.

Die Adresse der Würzburger Gemeindebevollmächtigten legte als einzige den Hauptakzent auf bayerische Selbstbestimmungsrechte. »Wir stehen nur zu Euerer Majestät im Unterthans-Verhältnisse, gegen den Bund haben wir keine Staatspflicht, den Beschlüssen des Bundes sind wir keinen Gehorsam schuldig, wenn sie nicht die Zustimmung Euerer Majestät und der Landstände erhalten haben. ..., daß es nur eines Rufes Euerer Majestät bedarf, und es wird sich mit uns das ganze Volk der Bayern erheben, um den Thron Euerer Majestät, die Souveränität des Staates und die Rechte der Verfassung mit Gut und Blut gegen jeden Angriff zu vertheidigen.«[175]

Das Echo dieser Schriften war sehr groß. Mehrere Exemplare wurden schwerpunktmäßig August und September 1832 in Würzburg und Umgebung, in Höchberg, Kist, Reichenberg und Lindflur[176], in Bamberg, Bayreuth[177], Kronach[178], in der Stadt und dem Landgerichtsbezirk Hof, in Leimitz, Zedwitz und Köditz[179], in Nürnberg und Windsheim[180] gefunden.

Die Adresse der Würzburger Gemeindebevollmächtigten vom 19. 7. 1832 unterzeichneten am 25. Juli 392 Einwohner der Stadt[181]. Vor allem auf dem Land fand diese Petition großen Anklang. Am 29. bis 30. 7. 1832 unterschrieben sie 101 Bürger aus Randersacker, 39 aus Nordheim, 102 aus Sommerach, 57 aus Escherndorf[182], 69 aus Rothenfels, 44 aus Hafenlohr und 52 aus Neustadt am Main[183].

Im Vergleich zu den Protesten gegen die Beschränkung der Wahlfreiheit, der Presse- und Vereinsfreiheit, gegen eine politische Geheimpolizei 1831/32 beteiligten sich hier wie im Herbst 1830 unmittelbar breite Schichten der Bevölkerung.

Innenministerium und Kreisregierungen verfügten bis Mitte September 1832 Verbot und Beschlagnahme der Flugschriften[184]. Die Initiative zur Würzburger Adresse war trotz Verbots des Innenministeriums von den Gemeindebevollmächtigten, insbesondere von dem Abgeordneten des Landtags 1831, Kaufmann

---

[174] StAW, Reg. Ufr. Abgabe 1943/45, Nr. 9836.

[175] Ebda.

[176] StAW, Reg. Ufr. Abgabe 1943/45, Nr. 9836, Würzburg 23. 7. 1832 Reg. Umkr.; ebda, Nr. 9830 I, 61. Brigade an 7. Gend.Corps.Cdo. 1. 8. 1832.

[177] BayHStA MInn 45582, Bayreuth 10. 9. 1832; ebda, Bayreuth 1. 9. 1832.

[178] Ebda, Bayreuth 15. 9. 1832.

[179] Ebda, Bayreuth 1. 9. 1832; StAB, Präs. Reg., K 3, 862, Lg. Hof 25. 8. 1832; ebda, Mag. Hof 27. 8. 1832.

[180] BayHStA MInn 45582, Ansbach 3. 9. 1832, 14. 9. 1832; ebda, München 17. 8. 1832; StAB, Präs.Reg., K 3, 862.

[181] StAW, Reg. Ufr. Abgabe 1943/45, Nr. 9836, dort liegt eine Abschrift der Unterschriftenliste an; soweit Berufsangaben gemacht wurden, unterzeichneten vorwiegend Handwerker (Handwerksmeister und gehobenes Handwerk), Wirte und Cafetiers, Kaufleute und Handelsmänner.

[182] StAW, Reg. Ufr. Abgabe 1943/45, Nr. 9836, Lg. Volkach 28. 8. 1832.

[183] Ebda, Würzburg 28. 7. 1832.

[184] BayHStA MA 1630, MInn 31. 7. 1832 an die Kreisreg., Verbot der »Sechs Gebote«; ebda, MInn 9. 9. 1832 an die Kreisreg., Verbot der »Vorstellung vaterlandsliebender Bürger Rheinbayerns«; ebda, MInn 45582, Würzburg 11. 8. 1832 7. Comp. an Gend.Corps.Cdo, Verbreitung der »Fränkischen Männer« verhindern.

Josef Leinecker, ausgegangen[185]. Ludwig wies die an ihn gerichtete Petition am 8. 8. 1832 mit der Bemerkung zurück: »Seine Majestät sind diesen Beschlüssen[186] beigetreten, weil dieselben der beschworenen Verfassung nicht zuwiderlaufen, und würden, verhielte sich dieses anders, Ihrem Eide getreu, die Zustimmung verweigert haben.«[187]

---

[185] BayHStA MInn 45582, Würzburg 18. 7. 1832 Reg. Umkr. an MInn. Leinecker hatte eine Versammlung der Gemeindebevollmächtigten einberufen, um über eine Adresse gegen die Annahme der Bundesbeschlüsse durch Bayern zu beraten; Verbot der Versammlung am 16. 7. 1832, MInn an Mag. Würzburg. Die Würzburger Adresse war Anlaß für ein allgemeines Verbot von Versammlungen zu Initiierung von Petitionen und Sammeln von Unterschriften: ebda, MInn 29. 7. 1832 an alle Kreisreg., vgl. S. 194.
[186] Bundesbeschluß 28. 6. 1832.
[187] BayHStA MA 1630, München 8. 8. 1832 an Reg. Umkr.

VI. Zusammenfassung

In den beiden Jahren nach der französischen Julirevolution, Herbst 1830 bis Ende 1832, entwickelte sich in Bayern eine zahlenmäßig starke und in ihren Artikulationsformen breitgefächerte Opposition.

In den ersten Monaten September bis November 1830 ereigneten sich Unmutsäußerungen verschiedenster Art, spontaner Tumult und gezielter Protest. Die Julirevolution und die Aufstände in den Nachbarstaaten Bayerns wirkten hier als Katalysator. Angestaute Unzufriedenheit der Bevölkerung manifestierte sich in gewalthaften Aktionen. Es zeigten sich Ansätze einer außerparlamentarischen Opposition, die jedoch noch unorganisert und unkoordiniert war. Inhalte und Forderungen der Proteste ließen dennoch einen gemeinsamen Nenner erkennen. Soziale und wirtschaftliche Besserungen (Seuernachlaß und -gleichheit, Abschaffung grund- und gerichtsherrlicher Rechte, Abhängigkeiten und Leistungen, Aufhebung des Zollsystems) standen im Vordergrund. Das Postulat politischer Freiheit und Gleichheit tauchte als stereotypes Schlagwort bei diesen Tumulten immer wieder auf. Um diese Aktionen einzudämmen, griff die Regierung zu massiven polizeilichen und militärischen Maßnahmen. Zugleich nahm sie bestimmte Forderungen (Preissenkungen) auf und versuchte, durch soziale Maßnahmen wirtschaftliche Voraussetzungen für den Ausbruch eines Aufstands abzubauen.

1832 trat die außerparlamentarische Opposition in der Vereinsbewegung, auf den Volksversammlungen und Verfassungsfesten, bei Flugschriften- und Petitionsaktionen gegen die Bundesbeschlüsse wieder hervor. Dabei standen wie während der Landtagsverhandlungen 1831 politische Themen im Mittelpunkt: Pressefreiheit, Freiheit der Meinungsäußerung, politische Partizipation und Mitgestaltung des politischen öffentlichen Lebens.

Die Verlagerung der Gewichte der politischen Ziele war durch die bayerische Regierungspolitik bedingt. Sie versuchte im Sinne eines antirevolutionären Staatsschutzes staatlich nichtkontrollierte und nichtopportune politische Äußerungen und Aktivitäten abzuwehren. Heftigkeit und Ausmaß dieser Regierungspolitik waren durch die Angst vor dem Ausbruch einer Revolution beeinflußt. Dieser Befürchtung lag der Glaube an eine europäische Verschwörungspartei, ein comité directeur zugrunde, das durch Propaganda und direkte Aktionen den Umsturz der politischen Ordnung erreichen wollte. Der Kampf gegen »politische Umtriebe der Umwälzungspartei« griff zum Teil stark in das tägliche Leben des Einzelnen ein. Presse-, Vereins- und Versammlungstätigkeit waren repressiven Maßnahmen und Verboten unterworfen. Hatte sich ein politischer Verdacht erhoben, drohten unter Umständen jahrelange polizeiliche und gerichtliche Untersuchungen und harte Strafen. Oppositionelle Gruppen, die sich gegen diese Regierungspolitik wandten, und politisches Engagement nahmen zu.

Der Zustrom zum Preß- und Vaterlandsverein wuchs nach seinem Verbot stark an. Oppositionelle Abgeordnete wurden auf Volksfesten gefeiert. 1832 wurde vermehrt zur Gründung politischer Vereine aufgerufen. Die Formierung des Closenvereins war eine direkte Reaktion auf den Ausschluß eines Abgeordneten vom Landtag 1831 durch Ludwig I. Die Adressenbewegung gegen die Bundesbeschlüsse vom 28. 6. 1832 fand gerade auf dem Land große Zustimmung. Die Querverbindungen zwischen politischer Presse, ehemaligen Landtagsabgeordneten, Preßverein, Studenten und Bürgervereinen wurden 1832 immer enger.

1830 bis 1832 erhob sich eine grundsätzliche Opposition gegen die bayerische Regierungspolitik. Dennoch ist es schwer, von einer einheitlichen Oppositionsbewegung zu sprechen. Feste Gruppen waren schwer auszumachen. Der Begriff Partei war negativ belastet, galt als blinde Parteinahme. Charakteristisch für diese Auffassung ist die Äußerung Johann Gottfried Eisenmanns im »Bayerischen Volksblatt«. »Oppositionsblätter gehören übrigens nothwendig zum Eigenthum wahrhaft constitutioneller Staaten, ... bestimmt ... die öffentliche Meinung, ... die vox populi aus(zu)drücken ... so verirren sie sich doch wieder von ihrem gesteckten Ziele, wenn sie sich einseitig ... aussprechen, wenn sie blose Sache der Parteien verfechten.«[1]

Ebenso wehrte der Würzburger Bürgermeister Wilhelm Joseph Behr, ein prominenter Vertreter des bayerischen Liberalismus, die Behauptung von der Existenz einer Behr-Hornthal-Partei ab, obwohl auch der Bamberger Franz Ludwig Hornthal dem Liberalismus zugerechnet werden konnte[2].

Erste ideologische Grenzen waren trotzdem erkennbar. Der in Nürnberg ansässige Redakteur Viktor Amadeus Coremans war einer der stärksten Kritiker der bayerischen Regierung. Man kann ihn jedoch nicht als Vertreter traditionell fränkischen Oppositionsgeistes bezeichnen. Das städtische Bürgertum war zwar regierungskritisch, wie in vielen Flugzetteln des Herbstes 1830 und im Streit um das Vereinsgesetz 1832 zu lesen war. Coremans Position wurde dennoch von Bürgern, Stadtrat und Gemeindebevollmächtigten stark abgelehnt. Diese Haltung war einerseits in einem Fremdenhaß gegenüber dem Belgier Coremans begründet. Schwerwiegender waren politische Gegensätze. Er vertrat ein vages sozialpolitisches Programm. Dezember 1831 forderte Coremans Maßnahmen der Stadt gegen Armut und Erwerbslosigkeit, die Offenlegung des städtischen Budgets und Öffentlichkeit der Sitzungen der Gemeindebevollmächtigten. Hier fand Coremans bei Handwerkern, Taglöhnern und Handlangern viele Anhänger[3].

Diese Konstellation in Nürnberg und die Haltung Eisenmanns und Behrs

[1] Bay.V. Nr. 1, 2. 1. 1830.
[2] GLASHAUSER, Entstehen, 29. — Franz Ludwig Hornthal (1763—1833), Rechtsanwalt, war 1818 Bürgermeister von Bamberg, 1828 bis 1833 Bamberger Magistratsrat. Auf den LT 1819 und 1822 gehörte er, zusammen mit W. J. Behr, zur liberalen Opposition; er setzte sich besonders für den Eid des Heeres auf die Verfassung ein. 1825 und 1831 wurde er zum Abgeordneten gewählt, jedoch vom Eintritt in den Landtag auf Grund § 44 ausgeschlossen, CONKLIN, Politics, 460. Siehe S. 202.
[3] Stadtarchiv Nürnberg, HR 3099; dieselben Fronten zeigten sich auch während des Nürnberger Tumults Mai 1832, siehe S. 85 f.; zu Coremans siehe S. 156, S. 173, S. 210, S. 215.

sind meines Erachtens symptomatisch für den Verlauf der Revolution von 1848. Das gehobene, städtische Bürgertum, das zusammen mit konservativen Kräften in Bayern die führende Rolle 1848 übernahm, schreckte vor radikaler Parteinahme zurück, wollte keine sozialrevolutionäre Umbildung des politischen Systems[4]. Auch 1848 waren Unruhen sozialen Ursprungs vor allem auf dem Land vorausgegangen[5]. Nach 1830 und in den 40er Jahren war eine krisenhafte Situation virulent stets vorhanden und kam in Excessen und Krawallen zum Ausbruch[6]. Die in Bayern politisch tonangebenden Kräfte der Opposition, die durch Presse und Landtag in einflußreichen Organen vertreten war, war mehrheitlich nicht an sozialen Veränderungen interessiert.

Politische Abstufungen zeigten auch der Preßverein und der Burschenschaftsverband Germania. Beide vertraten radikalere Programme als der Closenverein und Vertreter des gemäßigten Liberalismus. Dies spiegelte sich auch innerhalb der Landtagsopposition und der Oppositionspresse wider. Die Äußerungen der pfälzischen Abgeordneten zeichneten sich von anderen ab, das »Würzburger Volksblatt« war gemäßigter als die »Deutsche Tribüne«.

1832 verwischten sich hingegen politische Differenzierungen. Die antirevolutionäre Regierungspolitik rief den Protest gemäßigter und radikaler Opposition gemeinsam hervor.

Untersucht man die Sozialstruktur oppositioneller Gruppen, lassen sich deutliche Unterschiede feststellen. Die Landtagsabgeordneten gehörten dem Besitz- und Bildungsbürgertum an, bedingt durch die Bindung des passiven Wahlrechts an Grund- beziehungsweise Gewerbebesitz. Redakteure führender oppositioneller Zeitungen waren akademisch gebildet: Dr. Eisenmann (»Bayerisches Volksblatt«), Dr. Kurz (»Die Zeit«), Dr. Wirth (»Deutsche Tribüne«), Dr. Siebenpfeiffer (»Rheinbayern«), Dr. Coremans (»Freie Presse«), Dr. Grosse (»Bayerische Blätter«), Dr. Pistor (»Bürgerkatechismus«, Flugblattsammlung). Die Mitglieder der Closen-, Preßvereine, Bürgergesellschaften entstammten denselben Schichten: Akademiker, Rechtsanwälte, Kaufleute, Redakteure, Handwerksmeister, Stadträte, Landtagsabgeordnete. Demgegenüber war das Adressen- und Petitionswesen von einer breiteren Bevölkerungsschicht getragen. Nicht nur das gehobene und akademisch gebildete, städtische Bürgertum, auch Landbevölkerung und Gesellen beteiligten sich hier. Die Teilnehmer an den Tumulten Herbst 1830 gehörten ebenfalls dieser Gruppe an.

Geographische Unterschiede waren schnell zu erkennen. Neben der Rheinpfalz war das breiteste Spektrum oppositioneller Erscheinungen in den fränkischen Bezirken (Rezat-, Ober- und Untermainkreis) und darüberhinaus in

---

[4] Karl-Joseph HUMMEL, München in der Revolution von 1848/49 (Schriftenreihe der Historischen Kommission bei der BAdW 50) Göttingen 1987.

[5] ZIMMERMANN, Einheits- und Freiheitsbewegung; Dietmar NICKEL, Die Revolution 1848/49 in Augsburg und Bayerisch-Schwaben (Schwäbische Geschichtsquellen und Forschungen 8) Augsburg 1965; Herrmann KESSLER, Politische Bewegungen in Nördlingen und dem bayerischen Ries während der deutschen Revolution 1848/49, München 1939.

[6] Werner K. BLESSING, Konsumentenprotest und Arbeitskampf, Vom Bierkrawall zum Bierboykott (Streik, Zur Geschichte des Arbeitskampfes in Deutschland während der Industrialisierung, hrsg. v. Klaus TENFELDE, Heinrich VOLKMANN) München 1981; Werner K. BLESSING, »Theuerungsexcesse« im vorrevolutionären Kontext — Getreidetumult und Bier-Krawall im späten Vormärz (Werner CONZE, Ulrich ENGELHART, Hg., Arbeiterexistenz im 19. Jahrhundert) Stuttgart 1981, 356—384.

154

den Städten München, Augsburg, Kempten vorhanden. Jedoch kann man in den fränkischen Gebieten keine dominierenden oppositionellen Zentren mehr benennen. Oppositionelle Gruppen waren 1832 breit gestreut, auch in kleinen Städten, in Feuchtwangen, Dinkelsbühl, Ansbach, Hof, Kronach, Wunsiedel und das ganze ländliche Grenzgebiet in Nordbayern. Am Beispiel Würzburg war zu verfolgen, wie verstärkte staatliche Überwachung, Untersuchungen gegen oppositionelle Leitfiguren zu einem Ausweichen der Oppositionsbewegung auf das Umland führte. Man traf sich in Landgaststätten, die Adressen und Flugschriften gegen die Bundesbeschlüsse zirkulierten vornehmlich auf dem Land.

In ihrem Selbstverständnis trat die Opposition selbstbewußt auf. Über Stellung und Bedeutung der Opposition äußerte der gemäßigte liberale Abgeordnete Ignatz von Rudhart aus Bayreuth vor dem Landtag 1831: »Einer der vorzüglichsten Zwecke der Repräsentativ-Verfassung ist, dem Volk durch einen Antheil, welcher ihm an den öffentlichen Angelegenheiten gegeben wird, die Gewähr zu leisten, daß nur im öffentlichen Interesse regiert werde. Daher übt das Volk eine stete Aufsicht auf die öffentliche Verwaltung; daher wird jene, den Ministern unbequeme, aber heilsame Opposition ins Leben gerufen, welche bewirkt, daß kein Ministerium in Unthätigkeit versinke, oder in falsche Thätigkeit sich verirre; ... jenes vortreffliche Mittel, welches die menschliche Kraft schärft und dahin zielt, daß an die Spitze der Regierung stets die vortrefflichsten und einsichtsvollsten Männer des Volks gestellt werden; — jenes Mittel endlich, das, wenn es nicht bestünde, nach dem Ausdrucke eines großen Redners des englischen Parlaments die Regierung selbst hervorrufen müßte.«[7]

Opposition und Öffentlichkeit galten als untrennbare, sich gegenseitig bedingende Bestandteile konstitutioneller Staaten. Der Redakteur der oppositionellen Zeitung »Scharffschütz« bezeichnete den Zweck einer »vernünftigen« Opposition, das ».. . Volk dann auch zur Mündigkeit und zum Bewußtsein seiner ursprünglichen Rechte zu führen, und so zum moralischen wie bürgerlichen Glück des Vaterlandes nach Kräften beizutragen.«[8] Opposition erhielt hier eine emanzipatorische Funktion.

Die Haltung des bayerischen Innenministers Ludwig von Öttingen-Wallerstein war widersprüchlich. Anläßlich verschiedener Verfassungsfeste Mai 1832 erläuterte er seine Einstellung gegenüber »Opposition«. Das Augsburger Fest charakterisierte er »als Fest einer Opposition, welche als ein Muster einer würdigen und einer solchen Opposition betrachtet werden kann, die nicht im Umsturze der Verfassung, sondern im Wächteramte für die Erhaltung und im Ankämpfen gegen, wenn auch erträumte Gefahr ihren Beruf findet.«[9] Hier wurde die Notwendigkeit und Daseinsberechtigung einer Opposition anerkannt, jedoch im Rahmen des bestehenden Regierungssystems. Oppositionsbewegungen, die auf eine politische Reform zielten, standen im Ruf einer umstürzlerischen, illegalen Opposition.

Die Julirevolution hatte für die bayerische Innen- und Verfassungspolitik, für das Verhältnis zwischen Regierung und Opposition einschneidende Bedeu-

---

[7] LV Abg. 25. 4. 1831, Bd. 4, Prot. 18, S. 63.
[8] »Scharffschütz«, Nr. 49, 4. 12. 1830; siehe S. 59, S. 156, S. 173.
[9] StAND, Reg., Nr. 6701, München 1. 7. 1832 MInn Öttingen-Wallerstein.

tung[10]. Das Regierungssystem des bayerischen Königs war jedoch schon zuvor autokratisch angelegt, besaß absolutistische Züge[11]. Ludwigs Regierungsweise entsprach schon vor 1830 nicht den Prinzipien des Liberalismus und konstitutionellen Parlamentarismus, doch in den Inhalten wurden liberale Elemente aufgegriffen und politisch durchgesetzt. Solange Ludwig I. und die Regierung eine liberale Politik unterstützten, gab es wenig Konfrontation mit einer innerbayerischen Opposition.

Nach der Julirevolution wurde für jedermann sichtbar eine konservativ-restaurative antirevolutionäre Regierungspolitik eingeleitet. Eisenmann beschrieb resümierend die Situation nach Ende des Landtags 1831 im »Bayerischen Volksblatt«: »Die Julirevolution hat die Freisinnigkeit unserer Staatsregierung zerknickt, wie der leiseste Nordwind eine Treibhauspflanze dahinrafft...«[12] Je aktiver sich die empfindlich reagierende Opposition verhielt, um so härtere repressive, politische, polizeiliche und gerichtliche Maßnahmen ergriff die Regierung.

---

[10] Viele Historiker sprechen hier von einem Wendepunkt der Regierungsgeschichte Ludwigs I.; SPINDLER, Regierungszeit, 150, 154, 157; LEMPFRIED, Anfänge, 160; Eugen FRANZ, Bayerische Verfassungskämpfe. Von der Ständekammer zum Landtag, München 1926, 151; GRÖSSER, Liberalismus, 45. Diese Wende vollzog sich endgültig während des LT 1831, nach GÖLZ, Landtag, 7 f., 33, 128, 142 ff., 148; OSTADAL, Kammer, 101; ARMANSPERG, Joseph Ludwig Graf Armansperg, 74.
[11] Hanns Hubert HOFMANN, Adelige Herrschaft und souveräner Staat. Studien über Staat und Gesellschaft in Franken und Bayern im 18. und 19. Jahrhundert, München 1962, 426—432, 429; DOEBERL, Entwicklungsgeschichte, 96; ZIMMERMANN, Einheits- und Freiheitsbewegung, 201 ff., 207.
[12] Bay.V. Nr. 64, 13. 12. 1831.

Personenregister

Abel, Karl von 103, 140.
Andrian-Werburg, Freiherr von (Regierungspräsident Rheinpfalz) 122.
Arco, Maximilian Graf 49.
Armansperg, Josef Ludwig von 91.

Behr, Wilhelm Joseph 38, 51, 88, 111, 121, 127, 128, 129, 131, 153.
Bem (General) 82.
Bestelmaier, Johann Georg 38, 111, 128, 129.
Binder, Peter 119, 120.
Börne, Ludwig 73, 74.
Brandenburg (Bürgermeister Wunsiedel) 111, 119.
Braunmühl, Anton von 68.
Buonarotti, Filippo 64, 74.

Closen, Karl Freiherr von 38, 56, 86, 110, 128, 129 f.
Coremans, Victor Amadeus 38, 52, 97, 109, 133, 136, 153, 154.
Cotta, Johann Friedrich Freiherr von 102, 103.
Culmann, Christian August 79, 86, 128 f., 130, 138, 140.

Dalberg, Karl Emmerich Freiherr von 38, 97, 109.
Drechsel, Karl Graf 129.
Dwernicki, Joseph 82, 83.

Eberts 86.
Eisenmann, Johann G. 38, 88, 97, 100, 101, 109, 110, 111, 136 f., 153, 154, 156.
Endres (Bürgermeister Ansbach) 112.

Fleischmann (Magistratsrat Nürnberg) 51 f.
Fourier, Charles 74.
Freyberg, Freiherr von 61.

Garnier, Joseph 74.
Grandauer, Bernhard 103.
Greiner (Ansbach) 112.
Grosse, Ernst 154.
Günther, Ernst 120.

Heffner (Regierungsrat) 54, 55.
Heim, Adam 120.
Heine, Heinrich 73.
Heinrichen, Arnold Joseph von 67 A.
Heinzelmann, Christian 28, 70, 120, 137, 140.
Hörmann, Joseph von 68.
Hornthal, Franz Ludwig 28, 38, 128, 129, 133, 153.
Huber, Ernst Rudolf 130.
Humboldt, Wilhelm von 142.

Karl X. 1, 2, 6, 40.
Kotzebue, August von 63, 84.
Kurz, Heinrich 97, 99, 100, 101, 109, 154.

La Fayette 2.
Lautenbacher, J. J. 102 A.
Leinecker, Joseph 37, 111, 119, 120, 151.
Lerchenfeld, Karl Freiherr von 45, 92, 93, 148.
Lichtenstein, Freiherr von 104, 106, 107.
Lindner, Friedrich Ludwig 102 A.
Lindner, Wolf 97.
Lohbauer 132.
Louis-Philippe, Duc d'Orleans 2, 6, 40 f.

Manso, Edmund 98.
Martignac, Jean Baptiste Gay de 1, 137.
Maurer, Georg Ludwig von 103.
Maximilian I. Joseph 51, 84.
Mazzini, Giuseppe 5, 65, 74. 75.
Metternich 42, 84.
Mönnich, Wilhelm Bernhard 102 A.
Montgelas, Maximilian Joseph Graf 84, 121.
Müller (Patrimonialrichter Rotwind) 109.

Nagler (preußischer Gesandter, München) 93.
Negle, Franz 97.
Nikolaus I. 78.
Österreicher, Valentin 97, 98 f.
Öttingen-Wallerstein, Ludwig von 53, 62, 77, 83, 104, 106, 107, 148, 155.

Owen, Robert 74.

Ortsregister

Die Zuordnung zu den betreffenden Landkreisen erfolgte nach dem Gebietsstand 1. 10. 1964, siehe Amtliches Ortsverzeichnis für Bayern, Heft 200 der Beiträge zur Statistik Bayerns, hersg. v. Bayerischen Statistischen Landesamt, München 1964.

Aachen 11.
Adelsberg (Lkr. Gemünden, Unterfranken) 119, 120.
Altenburg 3, 11, 50, 72, 81, 84.
Alzenau (Unterfranken) 11, 13, 53, 54, 55.
Amberg (Oberpfalz) 119, 121.
Ansbach (Mittelfranken) 14, 17, 37, 43, 58, 60, 80, 108, 110, 111, 112, 119 f., 125, 145, 155.
Arzberg (Lkr. Wunsiedel, Oberfranken) 21.
Aschaffenburg (Unterfranken) 12, 13, 28, 30, 33, 54, 55, 60, 80, 113.
Aubstadt (Lkr. Königshofen i. Grabfeld, Unterfranken) 38, 119.
Aufenau (Lkr. Gelnhausen, Hessen) 13, 55.
Augsburg (Schwaben) 11, 12, 43, 48, 60, 61, 62, 80, 81, 83, 97—101, 109, 110, 117, 119, 120, 129, 133, 137, 143, 146, 155.

Baden 4, 81, 116, 132.
Baiersdorf (Lkr. Erlangen, Mittelfranken) 20.
Bamberg (Oberfranken) 28, 33, 38, 43, 52, 54, 60, 129, 133, 150.
Bayreuth (Oberfranken) 8, 17, 30, 33, 38, 43, 60, 61, 65, 81, 108, 112, 114, 119, 121, 125, 128, 150, 155.
Badenweiler 119.
Basel (Schweiz) 75.
Battenberg 119.
Belgien 3, 41, 76.
Bergen 119.
Berlin 81.
Bern (Schweiz) 75, 77.
Bissingen (Lkr. Dillingen a. d. Donau, Schwaben) 14.
Borna 84.
Braunschweig 3, 11.
Brückenau (Unterfranken) 18, 45, 54, 55.
Brüssel (Belgien) 11.
Bubenhausen 112, 119, 120.
Burgau 61.

Burgsinn (Lkr. Gemünden a. Main, Unterfranken) 19, 55.
Butthard (Lkr. Ochsenfurt, Unterfranken) 13.
Butzbach 119.

Chemnitz 11.

Darmstadt 31.
Dillingen a. d. Donau (Schwaben) 124.
Dinkelsbühl (Mittelfranken) 110, 111, 112, 119, 121, 144, 145, 155.
Donauwörth (Schwaben) 80, 110.
Dresden (DDR) 11, 81.

Eggenfelden (Niederbayern) 112.
Eibelstadt (Lkr. Ochsenfurt, Unterfranken) 15.
Eichstätt (Mittelfranken) 43.
Elberfeld 11.
England 3, 8.
Erlangen (Mittelfranken) 14, 30, 38, 85, 86, 87, 88, 113.
Escherndorf (Lkr. Gerolzhofen, Unterfranken) 150.

Feuchtwangen (Mittelfranken) 34, 80, 110, 112, 155.
Frankenthal 110.
Frankfurt (Hessen) 53, 67, 68, 75, 85, 86 f., 119.
Frankreich 1, 2, 6, 7, 8, 40 f., 73, 75, 76, 77, 83, 112.
Fürth (Mittelfranken) 14, 17, 81, 110, 125, 133.
Fulda 119.

Gaibach (Lkr. Gerolzhofen, Unterfranken) 119, 121, 122.
Gemünden a. Main (Unterfranken) 55.
Gerbrunn (Lkr. Würzburg, Unterfranken) 121.
Gern (Lkr. München, Oberbayern) 38.
Gießen 83, 86, 119.
Guttenberg (Lkr. Würzburg, Unterfranken) 121.

160